庭師のトップが
直伝する

必携

寺院の作庭全書

日本造園組合連合会理事長
白井 昇

興山舎
KOHZANSHA

はじめに

私たち日本造園組合連合会では、年一回、組合員を募って海外視察ツアーを行っている。私もほぼ毎年参加しており、これまでアメリカ、カナダ、イギリス、スイス、オーストリア、フィンランド、ニュージーランドなど、様々な国の庭園や自然風景を見てきた。どの国もそれぞれに素晴らしい庭園文化、そして自然景観をもっており、それらを目の当たりにして、思わず感動を覚えることもあった。特にアメリカのヨセミテ国立公園の氷河がつくった大渓谷には圧倒された。今でもその雄大な景観美は瞼《まぶた》の裏に焼きついて離れない。

しかし、毎回ツアーから帰国して、我が国の庭を見たときに、この上なくほっとする。この、ほっとする感覚を味わいたいがためにツアーに参加しているといったら、いい過ぎになるかもしれないが、そんな思いも強くする。確かに、単に母国に戻った安堵感だけではない何かが、日本の庭にはある。穏やかに私たちを包んでくれる何かが……。

本書の元になった、月刊『寺門興隆』の連載「自然の説法・お寺の庭づくり」の執筆は、改めて庭そのものを根本から見つめ直す、いい機会となった。慣れない執筆に四苦八苦しながら、ここは一度、庭の原点に立ち戻る必要があるのではないかと考えた。

時代とともに、いかに庭のスタイルが変わろうとも、変えてはならないものがある。

それは多様な文化を育んできた、我が国の自然の存在である。たとえば、ヨセミテの壮大さに対して、我が国には青森の奥入瀬などの繊細な渓谷美が存在する。そのような細やかな自然に寄り添う精神性が、庭づくりの根底にはしっかりと流れていなくてはならない。そこに海外の庭とは一線を画す、独自の造景が生まれると確信している。実際、自然の植生に忠実に木を植えたり、石を自然のままの形をいかして組み合わせる発想は、欧米の庭づくりにはない。

歴史をひもとくと、日本の庭園文化の礎を築いたのは、ほかでもない仏教寺院である。平安時代後期から南北朝時代にかけて、作庭に従事してきたのは「石立僧《いしだてそう》」と呼ばれる僧侶たちであった。なかでも、京都の西芳寺や天龍寺の庭を造営した、臨済宗の高僧として名高い、夢窓国師（疎石）の存在は、日本庭園史において特筆すべきものがある。

夢窓国師は、深い洞察力をもって自然と対峙し、自然のなかに自己の心のあり方を求めた。それを、はっきりと目に見える形で表現したのが庭である。

国師にとっての庭づくりは、自らの悟りを開くための修行であった。庭の泉石草木のすべてが自己の本分と同化したとき、真の悟りに至ることを意味していた。

国師は足利直義との問答をまとめた『夢中問答』のなかで《山水に得失なし、得失は人の心にあり》と語っている。この言葉こそ、庭をつくることによって至った、国師の悟りの境地を表しているといえよう。この思想が原点となって、後世に枯山水という極めて芸術性の高い庭園形式が生まれることになる。

時代が変わっても、たとえ庭園のスタイルが変わっても、決して変わることがない自然の存在が、常に日本庭園の根底には流れている。それを大切に継承していかなくてはならない。そのことを夢窓国師は教え諭してくれている。

とりわけお寺は庭園文化発祥の地である。私たちと同様に、その責任は重いといえよう。ご住職も修行僧の方々も、ここは夢窓国師が行ったように、庭づくりを修行としてとらえてみてはいかがだろうか。現代の「石立僧」になって、自然と向き合ってみていただきたいと思う。それは決して難しいことではない。まずは一本の木を、一草の草花を、小さな苔に至るまで慈しみ、しっかりと手入れすることからはじめていただきたい。手をかけただけ木や草花は相応に応えてくれる。そうすれば、おのずと自然と向き合うということがどのようなことか、お分かりいただけると思う。

本書は、常日頃、私たちが行っている庭づくり、および植物管理の実践的な方法を詳らかに紹介している。そして、庭や植物に関する四方山話を「緑の説法」として語っている。

本書が現代の「石立僧」に有意義に活用されることを心より願うばかりである。叶うれば、私たちと一緒に庭をつくり、庭を守り、ひいては、ともに日本の庭園文化の継承に勤めていただければ、これ以上喜ばしいことはない。

なお、本書の刊行にあたっては、日本造園組合連合会の井上花子事務局長、そして堀内正樹氏、また興山舎の矢澤澄道編集長はじめ同社出版部の長谷川葉月さん、月刊『寺門興隆』編集部のみなさんに多くのご助力をいただいた。ここに深く感謝の意を捧げたい。

平成二十五年三月

著者

庭はこうしてつくられる

二〇一〇年全国都市緑化ならフェア
㈳日本造園組合連合会出展庭園「せせらぎの里に聞く秋の詩」より

完成した「せせらぎの里に聞く秋の詩」。郷愁ただよう景を演出

全国都市緑化ならフェアへの出展

二〇一〇年に開催された全国都市緑化ならフェア「やまと花ごよみ二〇一〇」（於：奈良県営馬見丘陵公園）に私たち社団法人日本造園組合連合会（以下、造園連と略記する）が「せせらぎの里に聞く秋の詩」と題した庭を出展した。

その施工過程を紹介することにより、庭はこうしてつくられるということを多少なりともご理解いただければ幸いである。

庭園は、野辺の花が咲くなかを小川が流れ、石垣の上に五重塔の石塔が建ち、植栽はモミジやカキといった構成で、「大和の里の秋」を表現したものである。

また、さざれ石を敷き詰めた延段《のべだん》が特徴的で、古瓦でつくった光悦《こうえつ》寺垣《じがき》風のモニュメントがアクセントとなっている。

この庭は展示庭園として、来場したお客様に観賞していただくことを第一義としたのは当然のことだが、我々としては若手の研修の場とするというのも重要な目的であった。

造園連の組合員のなかでも、「現代の名工」として厚生労働大臣より表彰を受けた卓越した技能の持ち主をはじめ、指折りの熟練技能士たちが指導にあたり、今後が期待される若手の職人が実際の庭園づくりを行った。

八月の十七日から十九日の三日間、そして九月八日～九日に仕上げを行った。まさに猛暑の盛りの作業であった。

流れの施工

恒久的に残す庭であれば、流れの底部にコンクリートを打って防水モルタルを施したりするのだが、今回の庭は展示のためのいわば仮設庭園なので、防水シートを流れの底部に敷いてつくった。

まず、流れの形に沿って地面を掘って防水シートを敷

流れのラインを地面に描く

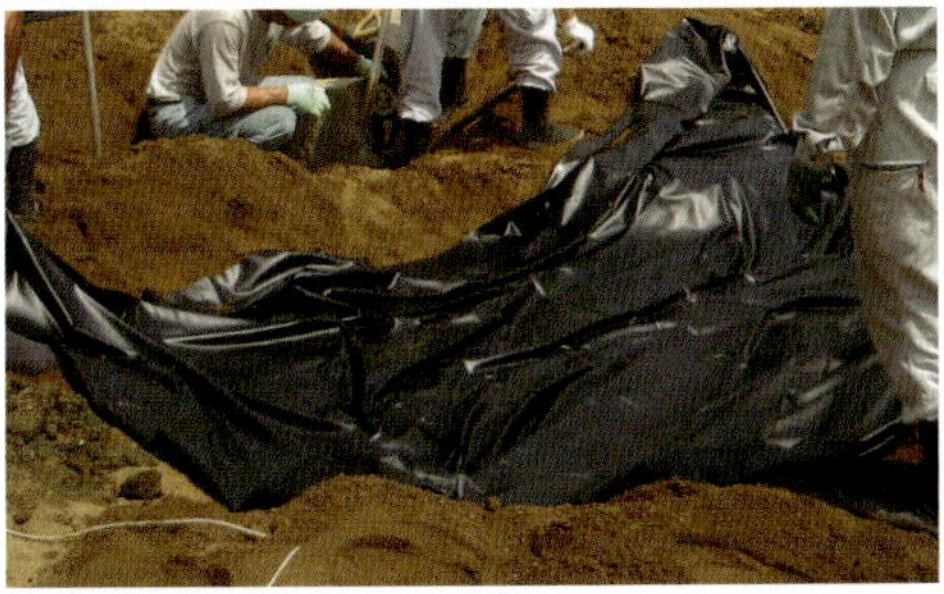
流れの底に防水シートを敷く

流れの底に石を。上流はゴロタ、下流は砂利

流れの水源となる水掘れ石の水鉢を施工する

完成した流れ。ポイントに草花をあしらった蛇籠を置いて、季節の彩りを添える

いたら、護岸石《ごがんせき》や流れのなかで水を分ける大小の石を据えつける。

上流部には水掘《みずぼ》れ石（川の浸食や長年風雨にさらされたりして自然に水穴ができた石）の水鉢《みずばち》を据えて水源とした。これらの石によって導かれて、水はいきいきとした表情を見せてせせらぐ。

上流は渓谷のような軽やかな流れ、途中、二つの瀬落《せお》とし（小滝）を経て、中流、下流に行くにしたがって徐々にゆったりとした流れへと変化させた。底には上流はゴロタ石、下流は砂利を敷いていた。

自然の川に忠実な流れの再現である。

また、ところどころ秋の花をあしらった蛇籠《じゃかご》を置いて彩りを添えるとともに、流れ全体の表情をほどよく和らげる工夫もした。

蛇籠とは竹や柳の枝などを円筒形に編んだ籠の中に、玉石《たまいし》や栗石《ぐりいし》を詰め込んだもので、その姿が蛇に似ることから名づけられた。江戸時代から続く伝統的な河川工法の一つで、川の護岸に並べて水流による浸食を防ぐ役割を担った。庭づくりの世界でも、池や流れの護岸に昔から利用されている。

目地の模様が石積みの美しさをつくる

石積みの施工。下から徐々に積み上げる

完成した石積み。古寺の鐘楼をイメージしたもので、上に五重塔の石塔を据える

石積みの施工

古いお寺の鐘楼を思わせる石積みは、福井県敦賀に産する疋田石《ひきたいし》を使って、石の表面の自然のままの表情をいかして、石一つ一つをどっしりとした安定感をもたせて丹念に積み上げた。

水平線と垂直線を強調した整然とした目地《めじ》の模様を出すように心掛け、その目地模様を基調としつつも、整いすぎて、ややもすれば人工的な風情となりすぎる部分を、ところどころ小ぶりの石の乱積《らんづ》みで多少崩しを入れることにより和らげた。

さらに草や苔をさりげなくあしらって、昔からこの場所に存在していたような古色蒼然とした雰囲気をつくり出すことを意図した。

石積みの上には五重塔の石塔を据えた。これは大和の古寺を象徴するものである。

さざれ石の延段の施工風景。目地の模様に留意して一つ一つ丹念に組み合わせる

瓦を何層にも積んだモニュメントの作成

さざれ石の延段

庭の導入部にあたる延段は「さざれ石」を敷き詰めてつくった。

国歌『君が代』にも歌われているさざれ石は、雨水などで石灰石が溶解し、その石灰分によって気の遠くなるほど長い年月をかけて小石をコンクリート状に凝結させて徐々に大きくなった石である。滋賀・岐阜県境に位置する伊吹山の麓に産するものが有名だが、ここでは京都産のさざれ石を用いた。

石一つ一つの形をじっくりと吟味しつつ、まるでジグゾーパズルを完成させるかのように、試行錯誤を繰り返しつつ敷き並べた。その甲斐あって美しい目地模様の延段をつくり出せたと思う。

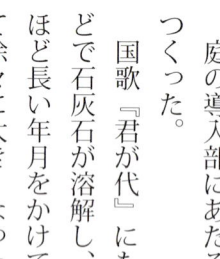

施工風景全景。モミジを中心とした植栽は真夏の作業のため根を乾かさないことに留意

アプローチの舗装面に小石でトンボを散らす

「みぎいせみち」と刻む道しるべを添景にした

植栽は環境づくりから

さて、最も苦労したのが高木の植栽であった。モミジをメインにソヨゴやカキなどを植えたが、本来、真夏には木に大きな負担を与えるため、植えつけは行わないのが普通である。

これから植えようという木は鉢を大きくしすぎないように根が切られており、活着に時間がかかるうえに、水分を吸収する力も弱い。

葉からの水分蒸散量が多い真夏に木を植えると、水分

苔を張って秋の草花をあしらって完成。大和の秋の風情を表現。やがてモミジが色づく

石垣の上の五重塔。秋が深まりカキが実る

の蒸散と吸収のバランスが著しく崩れ、衰弱してしまうことが多い。

加えて二〇一〇年の夏は連日の猛暑であった。しかしフェア開催時期に合わせるには植えるしかない。

したがって、それぞれの木は植える前に多少枝葉を落として水分の蒸散量を抑え、根にたっぷりと水を与えながらの植えつけとなった。

また、土には全体に竹炭を混ぜた。

竹炭には土壌に酸素を供給し、通気、水はけ、保水性をよくする働きがある。さらにミネラルの補給と同時に

完成した庭の全景。寸松庵（すんしょうあん）型置き燈籠が全体の景を引き締める

微生物も増殖させ木の発根を促す。優れた土壌改良材なのである。

木の生育に十分な環境づくりを第一歩として、植栽を考えたのである。さらに、植えてからも毎日の水やりは欠かさず、しっかりと養生をした。

世界でも稀な日本の庭づくり

木の姿、形は決して一様ではない。同じ種類の木でもよく見るとそれぞれに個性がある。

木を植えるときは、その場で木を回して向きを検討する。木には表と裏があり、どの方向に向ければ最も見栄えがし、庭の景色としていかせるかを十分に考えるのである。このような木の植え方をするのは世界中でも日本の庭師だけであろう。

こうして完成した庭園は、日本の秋を象徴するような、大和路のどこか郷愁を帯びた里山の風情を表現できたように思う。

先人が永々と培《つちか》ってきた、これらの作庭技術を決して絶やすことなく、次世代へと確実に伝えていくのが、我々造園連に課せられた重要な役割であると思っている。

庭師のトップが直伝する
必携 寺院の作庭全書

目次

季節の樹木管理法

企画・編集協力　堀内正樹

凡例

※作庭用語、技法等に関しては、『造園施工必携・改訂新版』（厚生労働省職業能力開発局・監修／日本造園組合連合会・発行）に準拠している。

※作庭の技法は、地方によりさまざまな伝統技法があったり、また人により独自なものもあり、それぞれに異なる場合がある。本書では一般的なものを採用した。

※樹木や石材などの庭園素材の呼称、および道具類、技法の呼称などは、地方によって独自のものがある場合がある。本書では標準的なものを採用した。

※樹木等、植物の開花・結実の時期、花芽分化期、剪定適期などは関東地方を基準としている。

※本書の内容は、二〇一三年三月現在のものである。

※本書は、月刊『寺門興隆』（興山舎刊）二〇〇六年一月号から二〇一三年一月号までの連載をもとに加筆、編集したものである。

第1編

庭の正しいつくり方

庭の「景」をつくるために

極意1 気勢を見て庭をつくる

●木と石の自然造景

日本独自の造景の真髄

庭は憩いの場といわれる。安らぎの場といわれる。癒しの場といわれる。日常のなかにあって日常の煩わしさをひととき忘れ、心の落ち着きを取り戻す空間が庭である。とりわけ寺院の庭、特に多くの参拝者が訪れるような寺院の庭の場合は、なおさら、その性格が強いように思う。静かなる美しさですべての参拝者の心を洗い浄めなくてはならないからである。

また、庭には人の心を動から静へと転換させる効能がなくてはならない。これは心を静から動へと転換させるよりもはるかに難しい。このことはお寺の皆様のほうがより熟知していることと思う。

緊張感ある峻厳な「景《けい》」（景観つまり美しさのこと）では心が粟立ち、かといって茫漠とした穏やかな景のみでは心は静まらない。穏やかさのなかにほどよい緊張感を織りまぜつつ、徐々に庭の景に心を馴染ませていくことが必要ではないかと考える。

つまり、庭を見ている主体である自己の意識が自然と庭と一体化し、庭の一部となったような感覚を得たとき、さまざまに動いていた心が平静となる。そこではじめて庭の美しさを堪能できるものと思っている。

そのために我々は木を植え、石を据え、苔を張り、自在に水を遊ばせる。そういった作業の一つ一つに見る側の視点を常に意識している。庭が見る人の心に礫《つぶて》を投げ込み、心のうちに波紋を立たせるようであってはならないと思っている。

わが国の庭の基本書『作庭記』流につくられた西芳寺洪隠山の石組。夢窓国師の作と伝えられる

同時に、もう一つ意識していることがある。「自然」という大きな存在である。我々に与えられる素材は自然からの贈り物である。したがって自然の秩序、摂理を曲げて庭をこしらえても、決していい庭にはならない。ここに永々と培ってきた日本独自の庭園造景の真髄がある。

『前栽秘抄』に説かれた秘伝

『前栽秘抄《せんざいひしょう》』という平安時代後期に編まれた日本最古の作庭秘伝書がある。江戸時代に入ってから『作庭記《さくていき》』と名づけられ、今日ではこの『作庭記』という名のほうが通りがいいかもしれない（以下『作庭記』と表記）。九百年以上も昔の書物であるが、今なお、我々の間では座右の書としている者が多い。少なくとも私はその一人である。自然の姿やその土地の相というものを重視し、それに基づいた作庭の精神は日本庭園の礎となるものである。

《石をたてん事、まづ大旨をこころふべき也》という一文を冒頭に置き、《一、地形により、池のすがたにしたがいて、よりくる所々に風情をめぐらして、生得の山水をおもはへて、その所々はさこそありしかと思いよせたつべきなり》と続く。

冒頭の《石をたてん事》は、石組《いしぐみ》のことではなく、庭づくりそのものを意味するものである。このことは作庭に従事する僧侶を「石立僧《いしだてそう》」と呼んでいたことからも分かる。当時は「庭」は儀式などを執り行う「場」を意味する言葉であり、「作庭」「庭づくり」「庭園」という言葉はなかった（ちなみに「作庭」は江戸時代、「庭園」は明治時代になってからつくられた言葉である）。

すなわち「庭をつくることはまず敷地の全体像をつか

図❶　気勢の発し方と樹木のそれぞれの気勢

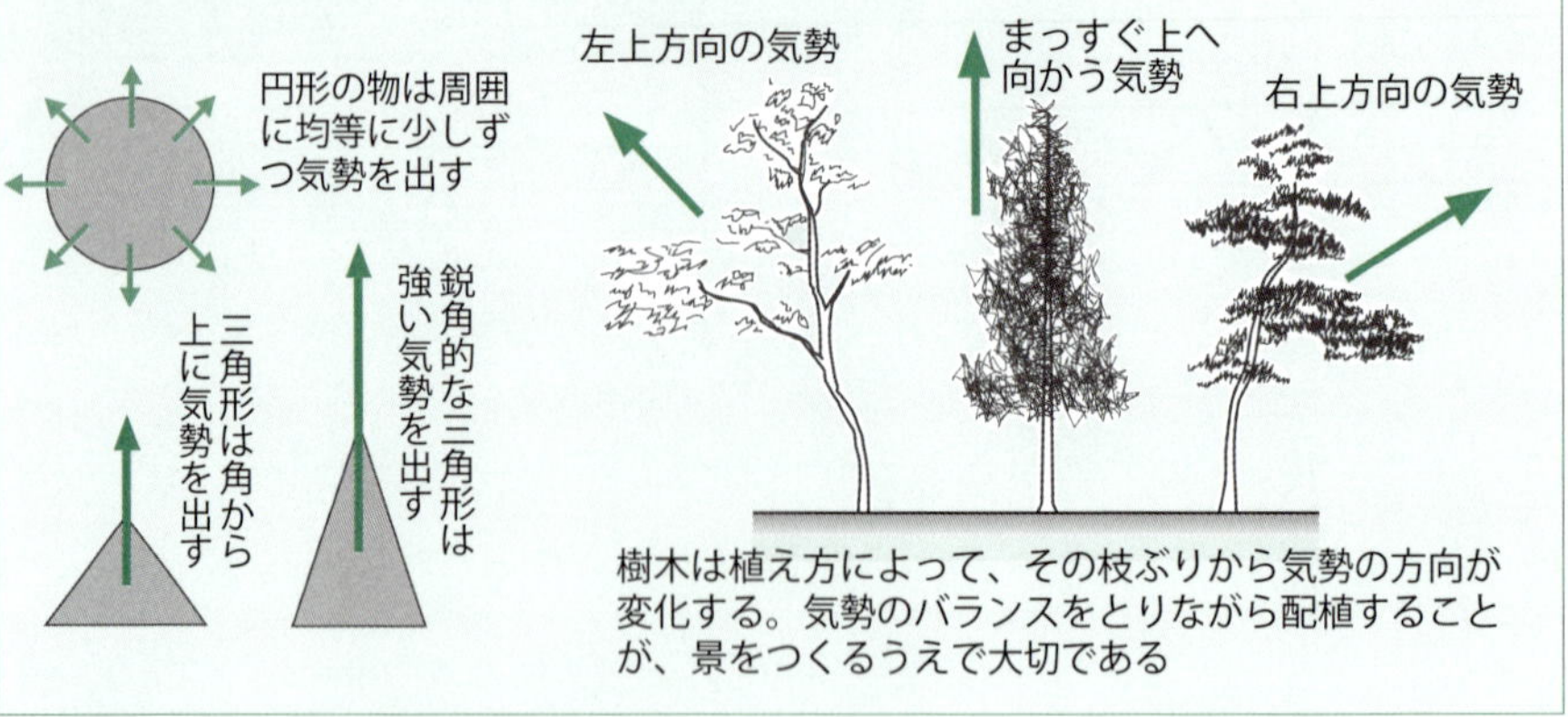
円形の物は周囲に均等に少しずつ気勢を出す
鋭角的な三角形は強い気勢を出す
三角形は角から上に気勢を出す
左上方向の気勢
まっすぐ上へ向かう気勢
右上方向の気勢
樹木は植え方によって、その枝ぶりから気勢の方向が変化する。気勢のバランスをとりながら配植することが、景をつくるうえで大切である

め。地形や池の姿など既存の風景にしたがって、すみずみにまで趣意を思い巡らせ、あるがままの自然の風景をモチーフにしつつ、ここは如何にもこのように……、というように作庭せよ」と意訳できる。このことは今日の作庭においても実に重要なポイントである。

　さらに『作庭記』の重要なキーワードに《こはんに従う》という一言がある。「こはん」にはさまざまな解釈があるが、「乞はん」という字を当てる説が有力視されている。木や石といった庭の構成要素が、自然の摂理にしたがって「ここにこのように植えたり、据えたりしてくれ」とつくり手に対して要求してくるというものである。木の心、石の心を読み解き、乞はんに従う、それが作庭の第一歩だということをいっている。

木や石の気勢を知る

その「乞はんに従う」ということを現代風に解釈してみることにする。

　庭に石を組んだり、樹木を配植したりするときは、常にバランスをとりながら行うが、このバランスには「気《き》勢《せい》」というものが重要な役割を果たしている。

　形あるすべての物は、その形や質感、模様などから空間に目に見えない線を生み出し、今にも動きだしそうな方向へ向かって伸びている。この見えない線を「気勢」と呼んでいる。

　気勢には強さと方向があり、比較的安定した形の物の気勢は弱く、不定形の形の物ほど気勢は強い。たとえば、

図❷ 石のそれぞれの気勢

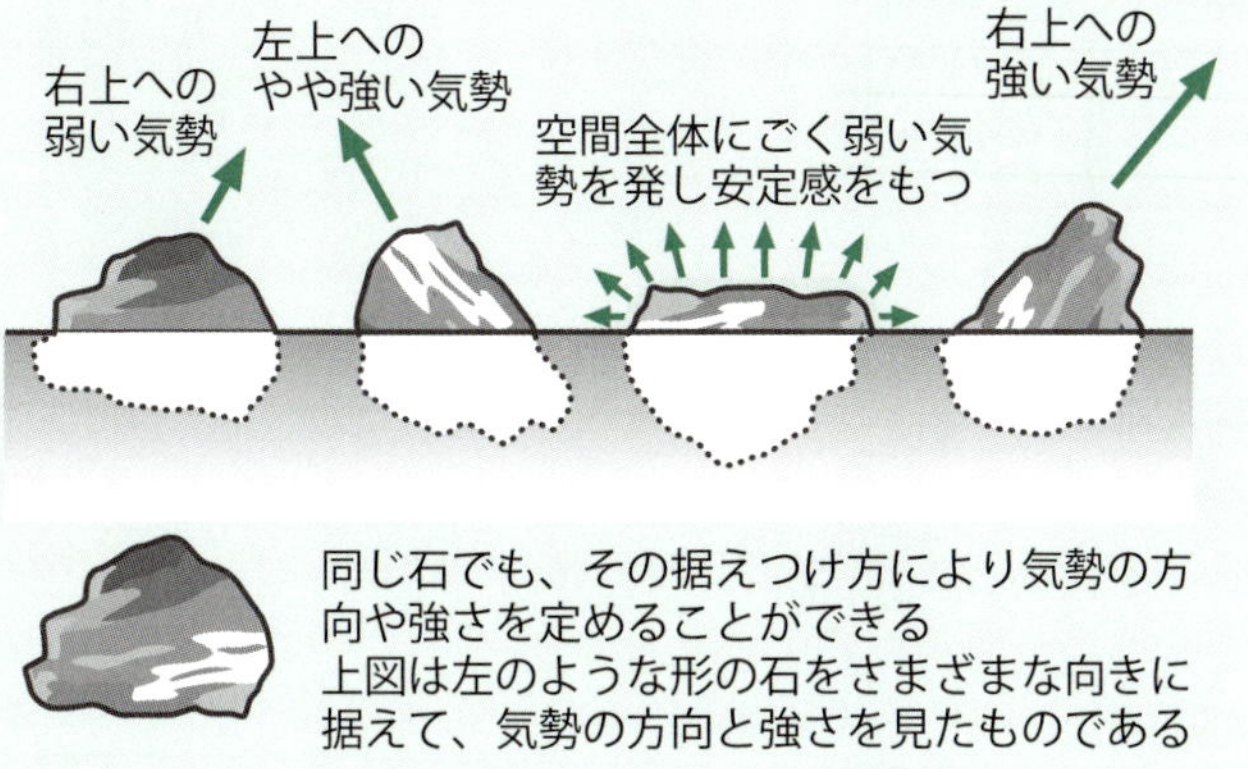
右上への
弱い気勢
左上への
やや強い気勢
空間全体にごく弱い気
勢を発し安定感をもつ
右上への
強い気勢
同じ石でも、その据えつけ方により気勢の方
向や強さを定めることができる
上図は左のような形の石をさまざまな向きに
据えて、気勢の方向と強さを見たものである

低く据えられた穏やかな形の石や、半球形に仕立てられた刈り込みは、周囲に向かって少しずつ気勢を発しており、先の尖った石や、長く枝が伸びている樹木などは、その先端から強い気勢を発している（図❶❷）。

この気勢を無視して配石や配植を行うと散漫で落ち着かない庭になりかねない。気勢は衝突や反発、あるいは途中で断ち切ったり、勝手気ままに分散したりするのを避け、できるだけ統一性をもたせて、まとまりのある空間をつくることが大切である。

また庭をつくる場合、我々はまず土地を見る。土地の周りを見る。庭というものは一般に一定の囲われた空間であるがゆえに周囲の建物や風景の気勢がどのようになっているか、庭にどう影響を与えるかが、ことさら重要なポイントとなる。

借景《しゃっけい》という昔からある修景手法を例にあげると分かりやすいかもしれない。借景は単に山などの外部の景観を庭の背景として取り入れるものではなく、その山がもつ気勢に合わせて庭に木や石を配し、景観を新しくつくり出すことと理解していただきたい。

石は奇数で組むべし

ここで石組を例に気勢のバランスについて具体的に解説していこうと思う。

二個の石を組み合わせる場合、二石が対等の関係になることも稀にあるが、一般的には大きさ、形の異なる石を選び、主従関係を持たせるように据える。大ぶりな方を主として、小さい方を従として添えるようにする。

たとえば、右上に気勢のある石を据えたら、その石の右方に、左上に気勢をもった石を添える。そうすると二石の気勢が「人」の字のように、互いに支え合うような均衡が生まれ、安定感のある石組となる（図❸）。

　気勢が真正面からぶつかり合うような据え方や、逆に反発し合うような据え方は、景観をつくるうえで大きくバランスを欠き、見る側を不安な気持ちにさせる。

　大きさや形が異なる三個の石を組み合わせる場合は、

図❸ 気勢を重視した石の組み方

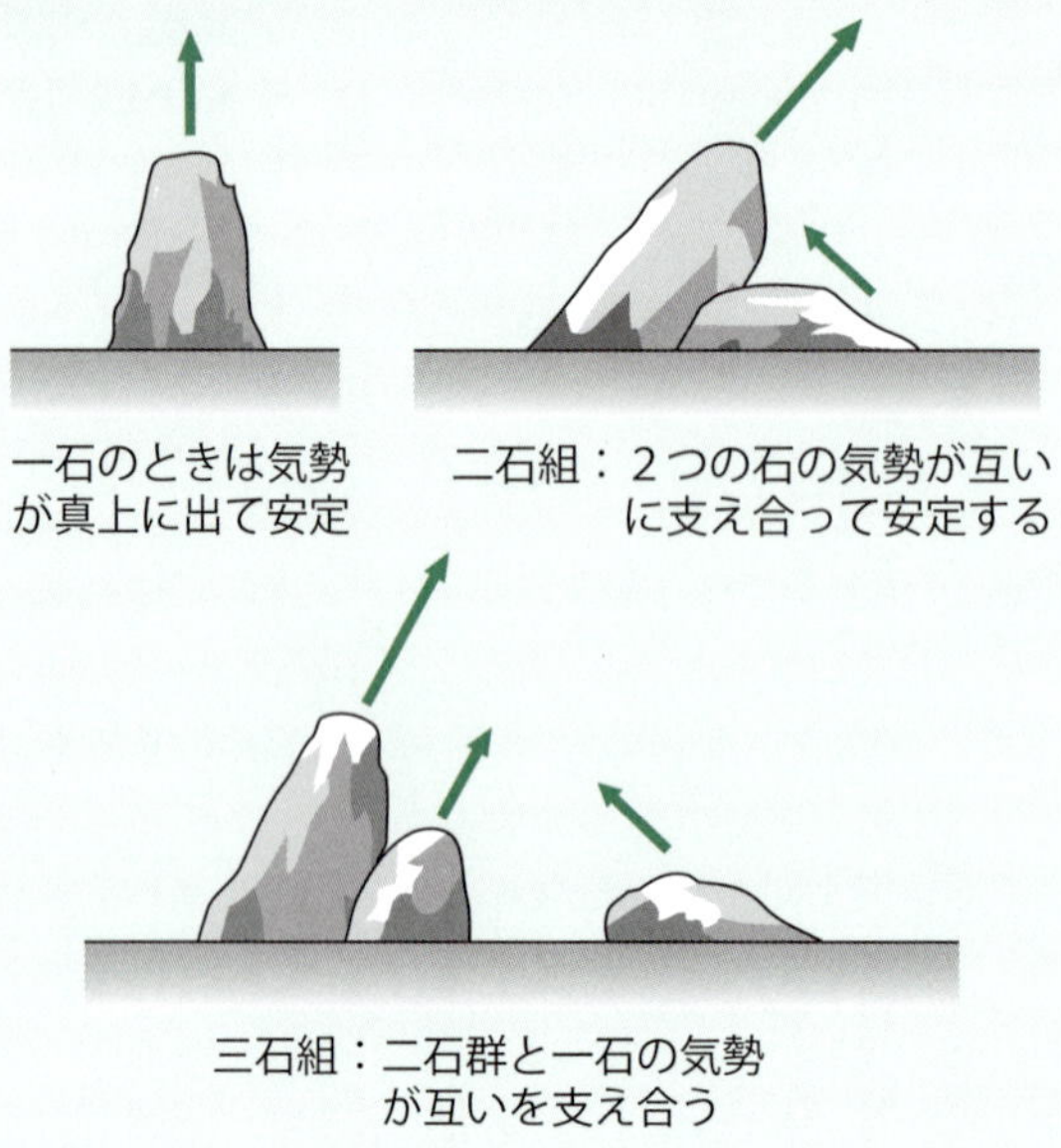
一石のときは気勢が真上に出て安定
二石組：２つの石の気勢が互いに支え合って安定する
三石組：二石群と一石の気勢が互いを支え合う

主の役割をもつ石と従の役割をもつ石、その二石をさらに調和させ均衡を保つために添える控えの石、以上の三石をもって組むのが基本となる。かつ正面から見て各石の頂点が、真上から見て各石の中心点が、それぞれ不等辺三角形になるように組むことが大切である。

　主の石は、三石のうちで最も安定感があり、大きさ、形のうえでも最も存在感をもって据えられる。その主の石の気勢を見て、二石めの添えの石を対応させる。

　さらに三石めの控えの石は、両者の気勢の大きさと方向をよく見て、巧く調和するように形と位置を考えて据える。各々の石の形や据え方、石と石との距離や位置関係の変化によって、たった三石でも、無限の景観構成が可能といえる。

　なお、前述の『作庭記』には《石は品文字に組む》という記述が見られ、また、仏教的に「三尊石組」という言葉も使われ、三石を組むことは古くから石組の基本単位とされてきた。これは、奇数を陽の数として尊ぶ思想の影響もあったと思われるが、自然風の不整形な造景を旨《むね》としてきた日本庭園の世界では、奇数をもって調和を図っている部分がある。したがって、なかには例外もあ

図❹ 数による石の組み合わせ

七石組の例：三石、二石、二石の組み合わせ　五石組の例：三石、一石、一石の組み合わせ　三石組の例

るが、石組は奇数で組まれるのが基本とされている。

　五石、七石……と多数の石を組む場合でも、一石、二石、三石を基本単位として、組み合わせることによってまとめられる。

　たとえば、五石で組む場合は「三・二」「三・一・一」「二・二・一」、七石で組む場合は「三・三・一」「三・二・二」などの組み合わせが考えられる。

　石の数が多くなるほど、なおのこと個々の石の気勢を見て組むことが大切である。気勢の正面衝突は避け、互いに逃がし合ったり補い合ったりして、それぞれが影響を及ぼし合いながら均衡を保つことが重要である。

　このように気勢とは一種の視覚効果でもあるが、それは人の心のうちへと波及するものである。どれか一つの石でも左右どちらかにずれたら、一気に均衡を崩してしまうような絶妙のバランスは、見る人に穏やかな安心感やほどよい緊張感を与える。この安心感と緊張感が行きつ戻りつ、徐々に心のなかの波はおさまり静かなる水面となる。

修行としての庭づくり

　ここまで石を例にして気勢の解説をしてきたが、気勢を読み取り、庭という空間のなかでそうした気勢を自在にあやつって、美しい景を創造することは並大抵のことではない。

　自然をよく見て自然の摂理を読み取る力、石や木といった素材を見る目、さらにその素材を生かす技術や感性、それらを経験のなかで十分に培っていかなくては、本当の庭づくりはできないと思っている。

　ご存じのとおり、鎌倉時代から室町時代、作庭そのものが僧侶たちの重要な修行であった。現代でもそれを実践している寺院もあると聞く。庭をつくるためには、常日頃から自然をよく見て、石や木と対話することが必要であり、これだけでも立派な修行なのだと思っている。

第1章 植栽の極意

極意2

どんな木を植えたらよいか

●適材適所に樹種を選ぶ

まず地元の木を選ぶこと

木は生き物である。

ゆえに、さまざまな制約や条件のなかで思い描く庭をつくることはそれほど容易なことではない。

まず、木を健全に生育させたいのであれば、第一条件として、地元に根づいている木を選ぶことが大切である。

日本列島は南北に長く、北海道と沖縄では別の国といってもいいほど気候が異なる。同じ本州でも太平洋側と日本海側では全く気象条件が違う。

ということは、地域ごとに植生も異なるということだ。

したがって、その地域の植生をよく見て、地域に馴染んだ樹木を選ぶことが必須条件となる。特に北海道や東北北部、信越、北陸などの寒冷地は植栽可能な樹種が限られてくるので注意が必要である。暖地性の木を植えても思うように育たない。

樹木図鑑などを見ると、たいてい樹種ごとに「植栽分布」の項目があり、樹種によって、たとえばイロハモミジやヤマモミジなら「東北南部以南」、ナツツバキならば「関東以西」などと記してあるので参考にするとよい。

敷地の微気象も考慮する

植栽にあたっては、その土地の微気象ということも考慮しなくてはならない。微気象とは、同じ地域でも敷地の形状や周囲の建物の状況、また地面の舗装の程度や植生など、周辺環境によって日当たり具合や風の向きと強さ、気温や湿度などが変わってくることをいう。これは敷地の東西南北など、局部局地でも微妙に違うので、それに合わせた樹木選びが必要となる。

北側の風当たりの強い場所には、防風効果があり日陰でも育つ常緑樹、たとえばアラカシやシラカシなどを選ぶようにする。強い風を和らげるとともに防音や遮蔽効果をも同時に発揮する。

西日の強いところにはカエデなどの落葉樹がいい。夏は強い日差しを遮《さえぎ》って涼しい木陰をつくり、冬は葉を落とすので、ゆるやかな日差しを招き入れて、暖かい日だまりを提供するだろう。

このように樹木の特性を考えて、しかるべきところに植栽すれば、樹木によって微気象を心地よく調節することにもなる。適材適所が大切なのである。

環境に応じて木を選ぶ

敷地の環境条件を考えた場合、次のような樹種選定にあたってのチェックポイントがある。

■生長速度

生長の速い樹種はすぐに大きくなって、狭い庭ではもてあましてしまったり、他の木と樹冠《じゅかん》が重なりあって枝が交差したり、植える場所によっては日当たりが悪くな

◆生長の速い代表的な樹木

種別		主な樹種
高木	常緑針葉樹	スギ、ヒマラヤスギ
	落葉針葉樹	メタセコイヤ、ラクウショウ
	常緑広葉樹	クスノキ、サンゴジュ スダジイ、タイサンボク トウネズミモチ、ネズミモチ マテバシイ
	落葉広葉樹	イチョウ、エゴノキ、ケヤキ コナラ、サクラ類、シラカバ プラタナス（スズカケノキ） ポプラ、モミジ類、モモ

※緑字は特に生長の速い樹種

◆生長の遅い代表的な樹木

種別		主な樹種
高木	常緑針葉樹	イチイ、イヌマキ カイヅカイブキ、カヤ キャラボク、ラカンマキ
	常緑広葉樹	イヌツゲ、サザンカ、ツバキ モチノキ、モッコク
	落葉広葉樹	ウメ、ウメモドキ、カキ カシワ、カンヒザクラ コバノトネリコ（アオダモ） ハナミズキ、ヒメシャラ ヤマボウシ

ってしまう。なるべく生長が遅く樹姿《じゅし》が乱れない木を植えたほうが管理が楽である。また最大どれくらい大きくなるかも、しっかりと考慮しておきたい。

■陽樹か陰樹か

近年、特に都市部などでは庭をつくるための十分な敷地が得られないことから、日当たりの悪い場所に木を植えざるを得ないケースが増えてきた。

そのような場所にアカマツやクロマツなどを植えても生育は思わしくない。アカマツ、クロマツは代表的な陽樹。陽樹とは太陽光線を強く要求する木で日陰を嫌う。

逆に陰樹は、日陰の弱い太陽光線でも十分に生育が良好な樹木のこと。午前中のみ日が当たる半日陰地での生育が最も良好。ただし、アオキやカクレミノなどは極陰樹と呼ばれ、日なたでは生育しにくい。

◆代表的な陽樹

種別		主な樹種
高木	常緑針葉樹	アカマツ、カイヅカイブキ クロマツ、コウヤマキ、スギ ヒマラヤスギ
	落葉針葉樹	カラマツ、メタセコイヤ
	常緑広葉樹	ウバメガシ、カナメモチ キョウチクトウ クロガネモチ、ミカン類
	落葉広葉樹	ウメ、カキ、コナラ サクラ類、ザクロ シダレヤナギ、シラカバ サルスベリ、ヤマボウシ
低木	常緑樹	ツツジ類、ハイビャクシン
	落葉樹	ドウダンツツジ、ハギ、バラ ボケ、ボタン、ユキヤナギ レンギョウ

※緑字は極陽樹

◆代表的な陰樹

種別		主な樹種
高木	常緑針葉樹	イチイ、イヌマキ、カヤ キャラボク、コウヤマキ ヒノキ
	常緑広葉樹	イヌツゲ、カクレミノ、カシ サザンカ、ネズミモチ ヒイラギモクセイ、モチノキ モッコク、ヤマモモ、
	落葉広葉樹	クロモジ
低木	常緑樹	アオキ、アセビ、クチナシ ジンチョウゲ、センリョウ トベラ、ヒイラギナンテン ヒサカキ、ヤツデ
	落葉樹	アジサイ、ガクアジサイ

※緑字は極陰樹

将来的に樹木が生長し、枝が込み合って日差しが遮られることも考慮して樹木を選ぶ必要もある。

■大気汚染に耐えられるか

都市部での環境の悪化とともに、大気汚染への耐性は樹木を選ぶ際の重要なポイントとなってきている。特に自動車の排気ガスに含まれる煤煙が葉面に付着すると、呼吸や光合成を妨げ樹木の生育を阻害する。

■地域に即した耐性にも配慮を

土壌の質（構造、土層厚、地下水位、硬度、pH）による適性も問題になるが、これは土壌改良によって樹種の特性に適応させることが可能である。

ほかに、乾燥地や湿地への耐性、強風に耐えるか否か、また地方によっては耐潮性、耐雪性なども考慮して庭に植える樹木を選ぶことが重要となる。

◆大気汚染に強い代表的な樹木

種別		主な樹種
高木	常緑針葉樹	アスナロ、イヌマキ、カヤ カイヅカイブキ、ヒノキ
高木	落葉針葉樹	メタセコイヤ
高木	常緑広葉樹	イヌツゲ、ウバメガシ キョウチクトウ、クスノキ クロガネモチ、サンゴジュ ソヨゴ、ツバキ、ネズミモチ マテバシイ、モチノキ
高木	落葉広葉樹	イチョウ、シダレヤナギ トウカエデ、プラタナス ポプラ、ユリノキ
低木	常緑樹	アオキ、アベリア、クチナシ シャリンバイ、トベラ マサキ、マンリョウ、ヤツデ
低木	落葉樹	アジサイ、ウメモドキ、ハギ レンギョウ

※緑字は特に大気汚染に強い樹種

◆大気汚染に弱い代表的な樹木

種別		主な樹種
高木	常緑針葉樹	アカマツ、コウヤマキ コノテガシワ、サワラ、スギ
高木	常緑広葉樹	キンモクセイ、シマトネリコ
高木	落葉広葉樹	カツラ、ケヤキ、コナラ サクラ類、ナツツバキ シラカバ、ハナミズキ モクレン、モミジ類、モモ
低木	常緑樹	シャクナゲ、チャボヒバ
低木	落葉樹	コデマリ、ハナカイドウ ボタン、ライラック リョウブ、ロウバイ

※緑字は特に大気汚染に弱い樹種

緑の説法 1

日本の庭師は世界一？

数年前にベストセラーとなった『国家の品格』（藤原正彦著／新潮新書）のなかに「日本の庭師は世界一」という項目がある。「日本人の自然に対する繊細な感受性」の例として、昭和のはじめに東京に滞在したイギリスの外交官夫人が実際に見た庭師のエピソードを以下のように紹介している。

イギリスの庭師は「庭のあそこにカエデを植えてくれ」と注文されると、いわれたとおりのところに穴を掘ってカエデをポンと植えてお金を貰って帰る。それに比べて日本の庭師は「あそこに植えたほうがいい」などと提案する。１本の木をあらゆる角度から眺め、庭師自身もあっちこっちに立ち位置を変えて、さまざまに検討して、最も美しく調和のとれたところに弟子たちに指示をして植える。かような内容で、「日本の庭師はオーケストラの指揮者のようで、見ていてわくわくする」とも述べている。

昔から自然を友として、自然を規範として腕と感性を磨いてきた我々「日本の庭師」にとって、このことは至極当然。これを「世界一」といわれても少々面映ゆい。一方、イギリスの庭師の（当時の）仕事ぶりのほうが、我々からすれば信じられないところである。

日本の庭づくりは、西欧のように自然に対峙して装飾性を求め、いたずらに華美になりすぎるものとは全く異なり、落ち着いた佇まいで土地の自然に馴染ませることを旨とする。完成したばかりでも、ずっと以前から存在していたような、そんな庭を我々は目指している。お寺に新たに庭をつくる場合などは、特にそうである。だから、我々は、たった１本の木を植えるにも最大限に神経を配る。よりよい庭をつくって喜んでもらうために、お施主さんに的確なアドバイスを試みる（決してお施主さんのいうことを聞かないわけではない）。

四季がはっきりと分かれ、特に夏場は高温多湿で降水量も多い。それゆえに植物相も多種多様。そして時折、台風や地震、水害、大雪などの自然災害に見舞われる。そのような一様でない自然環境をもつ日本という国で庭師をやっていくのは思いのほか大変だ。長年経験を重ねても学ばなくてはならないことが山ほどある。試行錯誤を繰り返し、日々の研鑽を積み重ねていかなくてはならない。それは他国の比ではないであろう。

やはり日本の庭師は世界一……、いや「世界一大変！」なのである。

極意3

どのように植えればよいか

●正しい配植で景色をつくる

木の表と裏の見分け方

木には表と裏がある。その見分け方は、一般に日照を受けて葉が多く茂り、幹の皮肌も艶やかで美しい方、または、枝振りが均等に前後左右にバランスよく整って見える方が表、その反対側が裏となる。株立ちの場合はすべての幹が見えるほうが表である。たとえば、二本の株立ちならば二本の幹が、三本の株立ちならば三本の幹すべてが他の幹と重ならないで見えるほうが表となる。とにかく表側は姿がいい、文句なく見栄えがいい。

図❶ 単植（一本植え）

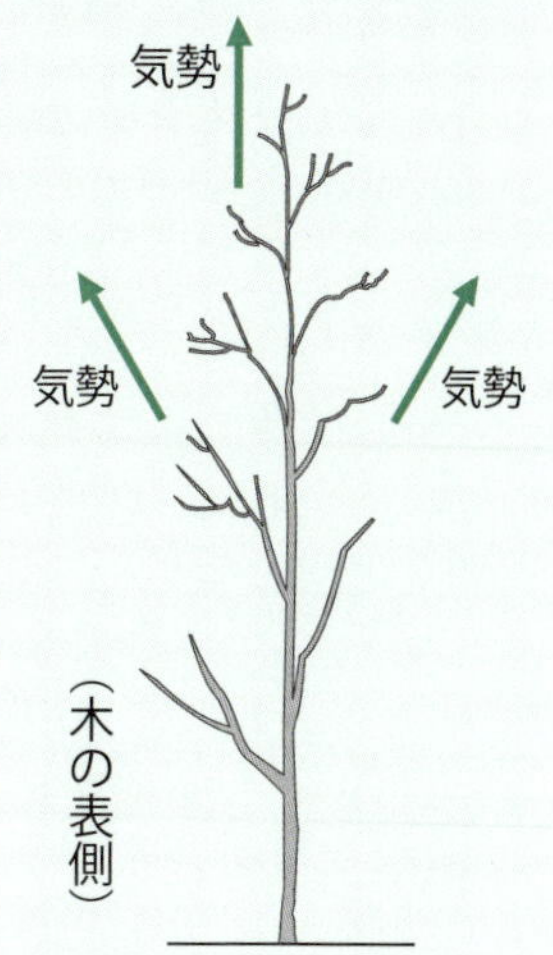

単植は、枝が均等に出ていて姿がよく、気勢に片寄りがない表側を観賞位置に向けること

一本の木をさまざまに見る位置を変えてじっくりと観察し、木の表と裏の違いをご理解いただきたい。四方から眺めて最も美しく見える部分が表と思ってもらっていいだろう。木の姿に関する美意識は、人によってそれほど差異があるものではない。

単植すなわち一本のみを独立樹として植える場合は、表を観賞位置の正面に向けて植えるのが普通である。

庭を左右する配植の心

木の表と裏ということをしっかりと踏まえていただいたところで、本題である配植の話に移ろう。

配植とは「庭のどこに、どのような樹種を何本、どのように植えるか」ということである。と一口にいうとわりと簡単そうに聞こえるが、これがなかなか難しい。その地域の気候や土壌、日照や通風といった環境条件を踏まえつつ、庭のテーマやデザインに即して選んだ樹木を組み合わせて植栽し、一つの景観を表現しなくてはならないのである。

配植の方法は、つくり手の感性によるものが多く、特に決まりがあるわけではない。「決まりがないから難しい、難しいからおもしろい」と我々は感じている。庭師の腕とセンスが最も顕著に表れるのが配植であろう。

見る視点と歩く動線、また樹木の生長度合いを考慮して数年後どのような景観となるかを念頭に置き、樹木と樹木の相互のバランス、水景や石組、建物や構造物との調和を十分に考えて配植することが大切である。

また、配植にも気勢が重要な役割を果たしている。球形に仕立てられた刈り込みは周囲に向かって少しずつ気勢を発しており、長く枝が伸びている樹木は、その先端から発した気勢が強く空間全体に影響を及ぼす。

この気勢を無視して配植を行うと、散漫で落ち着かない庭になりかねない。気勢は衝突や反発、あるいは途中で断ち切ったり、勝手気ままに分散するのを避け、できるだけ統一性をもたせて、まとまりのある空間をつくることが重要となる。

寄せ植えの基本

木を二本、三本と複数組み合わせて植えることを寄せ植えという。寄せ植えをするときは、単植の場合と異なり、すべての木を表を向けて植えるというわけにはいかない。恋人どうしが真正面を向いている構図より、互いに向き合っているほうが絵になるのと同じ道理で、二本なら二本、三本なら三本の木どうしのまとまりが互いに補完しあって一つの景観をつくるからである。

■二本植え　二本植えの場合、主木に対して添えとなるように主従関係をはっきりさせて植えるようにする。横に並列に並べて植えると単調になり、景に味わいがなくなるので、主木の斜め前か、斜め後ろに主木より低い添えの木を植えるとよい。この場合、大切なことは、それぞれの木の幹の傾きや枝の出方をよく見て、二本を配植したときの全体の気勢が地中の一点から上へ向かって放射状に出ているように植えることである。ただし、横方向への気勢が強すぎると二本の木が反発するように見えてしまうので注意が必要。
また、観賞位置から見て、「あや」といって幹どうしが×の字に交差したり、互いの木の気勢が正面衝突するような植え方をしてはならない。このような植え方をすると枝が伸長して互いにからみ合ってしまう。

■三本植え　三本植えの場合も、それぞれの樹姿をよく見て、三本の木の気勢が地中の一点から上へ向かって放射状に出ているように植える。また、三本の木は平面的に見ると根元を結ぶラインが不等辺三角形となり、立体的に見るとそれぞれの頂点を結ぶラインが不等辺三角形となるように植えるのが自然風植栽の基本である。

図❷ 二本植えの基本と留意点

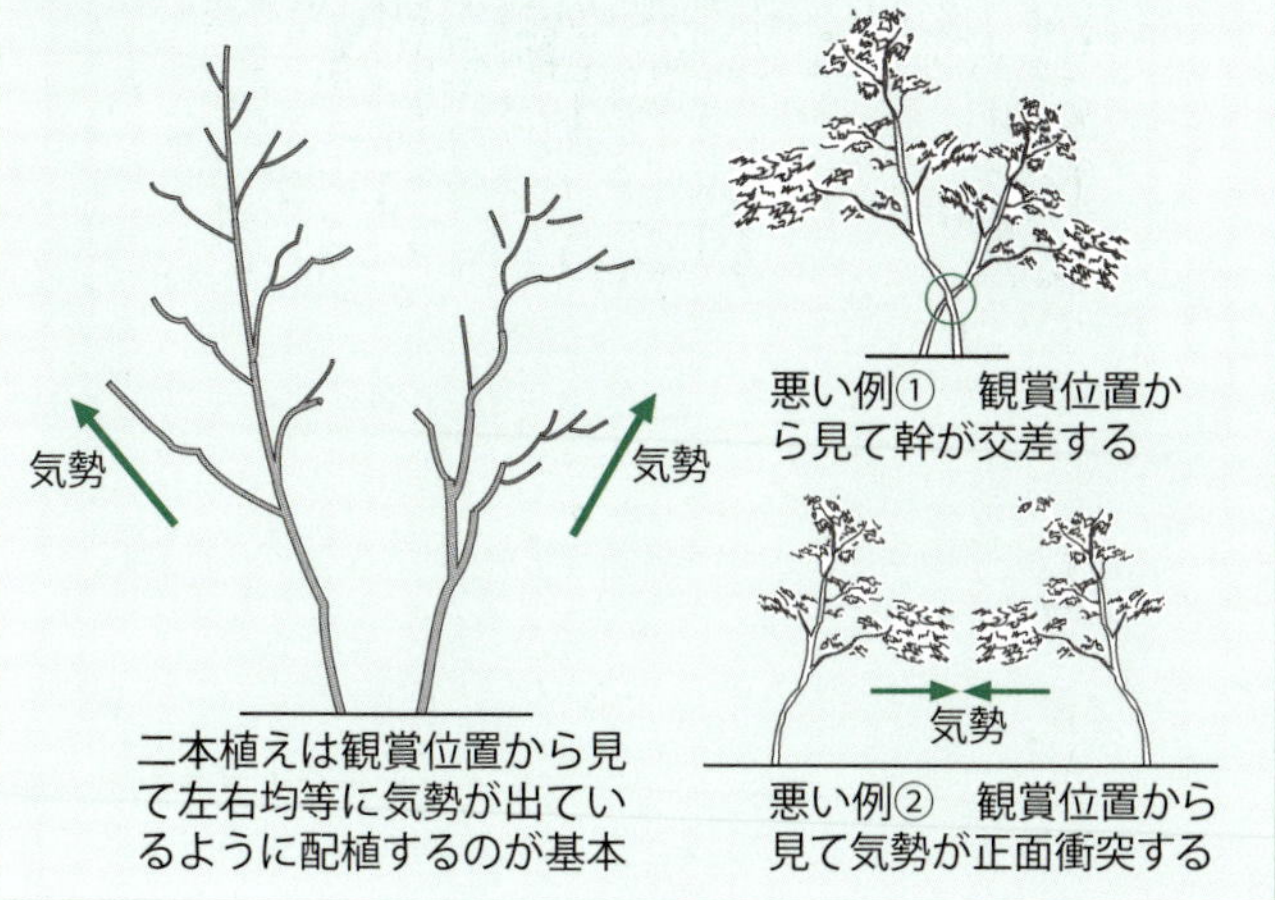
気勢
気勢
二本植えは観賞位置から見て左右均等に気勢が出ているように配植するのが基本
悪い例① 観賞位置から見て幹が交差する
気勢
悪い例② 観賞位置から見て気勢が正面衝突する

それ以上の本数の寄せ植えの場合は、単植、二本植え、三本植えを基本的な植栽単位として、さらに不等辺三角形をつくっていくように組み合わせることによって、自然風の調和を求めるようにするとよい。

常緑樹七割、落葉樹三割

二種以上の樹種の組み合わせにより、庭はさまざまな演出方法が可能となる。

樹木は葉の形から針葉樹と広葉樹、冬場の葉の有無で常緑樹と落葉樹、丈の高さから高木、中木、低木と分けられ、それぞれの樹種がそれぞれに特有の美しさ、味わいをもっている。配植に当たっては、その樹種のもつ個性を生かしつつ組み合わせることが重要である。

しかし、あまり樹種を多くしすぎると、庭が繁雑でまとまりのないものとなってしまう。狭い庭であればなおのこと注意が必要であろう。

特に常緑樹と落葉樹の割合に留意しなくてはならない。常緑樹が多いと、その濃い緑が庭にいくぶん暗い雰囲気を与えてしまう。逆に落葉樹が多いと冬場がさびしい風情になるばかりでなく、落葉の季節の掃除に大変な手間がかかってしまう。

一般的には、常緑樹七割に対して落葉樹三割くらいの割合で、常緑樹のなかに落葉樹を馴染ませるような感覚

図❷　三本植えの基本と留意点

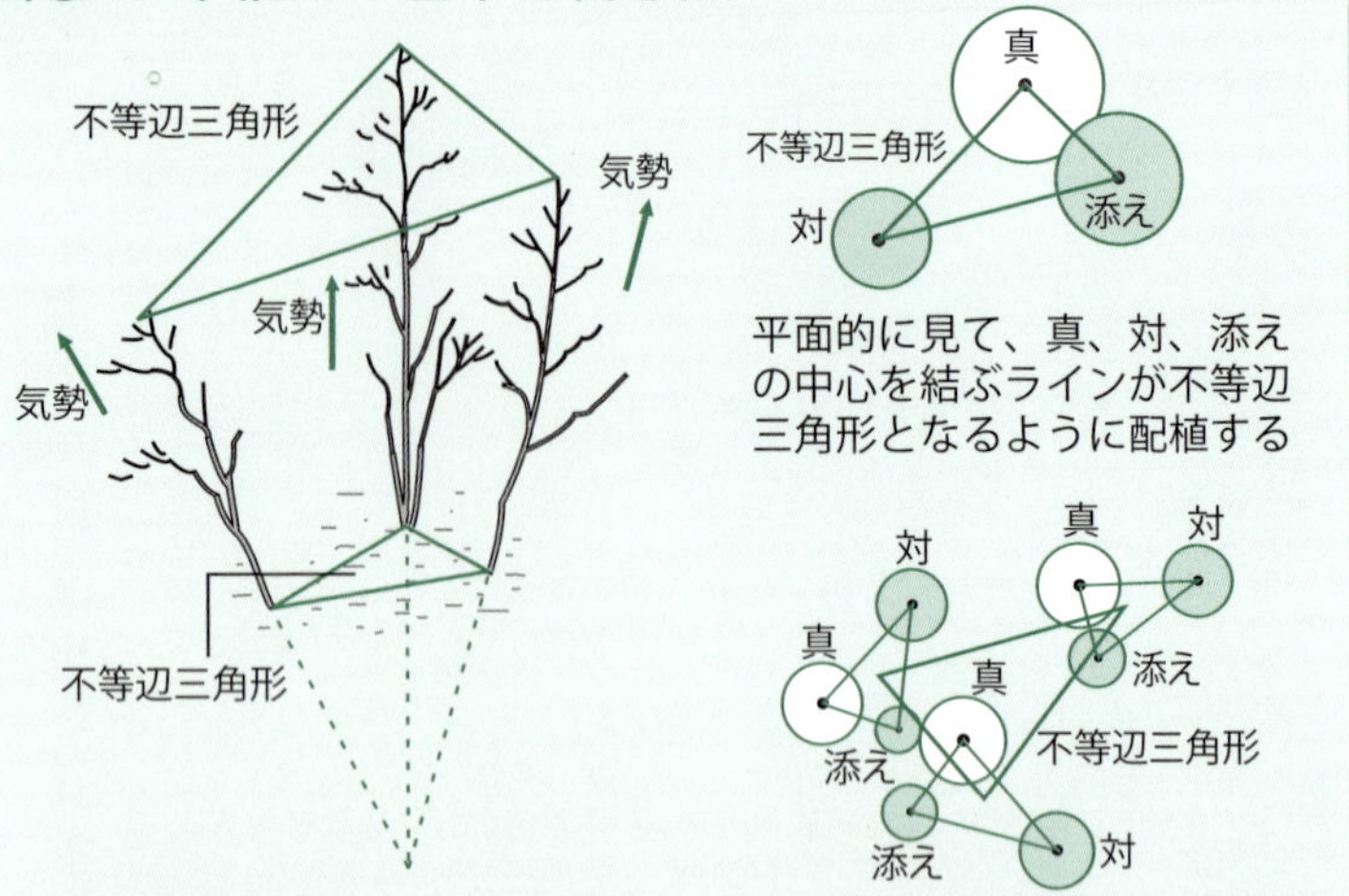

気勢が地中の１点から上へ向かって放射状に出ているように植える。また３本の木は平面的に見ても立体的に見ても不等辺三角形となるように植えるのが基本

平面的に見て、真、対、添えの中心を結ぶラインが不等辺三角形となるように配植する

３本以上の寄植えも、３本の不等辺三角形を基本単位として、さらに不等辺三角形をつくっていくように配植する

で植えるのがよい。常緑樹が空間全体を引き締め、落葉樹が開花、新緑、緑陰、紅葉、落葉と季節の彩りを添えてくれるのである。

見えない部分をいかす景観表現

日本庭園には、美しさを演出するためにじつに巧妙に仕組まれた仕掛けがある。石の使い方についてもしかり、配植についてもしかりである。

配植については、近景、中景、遠景の重なりをつくることにより、決して視線を一点に絞り込ませずに、分散あるいは連続させ、左右への広がり、または奥への深まりを表現している。これは隠れて見えない部分を暗示させ、期待感をもたせるという心理的効果を意図するものである。つまり、実際に見えている景の勢いや流れ、すなわち気勢が現実には見えない部分にまで連続し、見る人の心のうちに景を展開させてしまうのである。

遠近感、調和と対比、見え隠れ、緩急自在のリズムが、広さや奥行きなどの、さまざまな視覚的効果を生み出し、何気なく見ていても自身が風景のなかに溶け込んでいくような安堵感のある美しさを表現する。また、季節により、時間帯により、見る位置により、同一空間の趣が変容するように意図することも忘れてはいない。

このような配植手法は職人たちの経験により培った感性と、それに基づいた植栽の維持管理の賜物である。

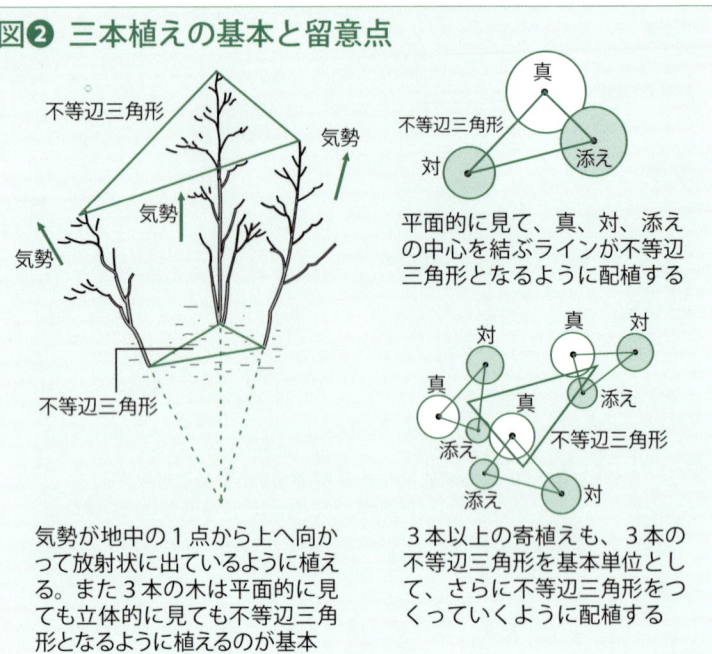

緑の説法 ②

日本庭園の役木①

日本庭園には古くから、庭の要所に植えて景趣を強調したり、他と調和させたり引き立てたりする「役木《やくぼく》」という手法があるので以下に紹介する。

正真木《しょうしんぼく》：庭のなかの主木で、景の中心となる。マツやマキ、モチ、モッコクなど主に常緑の高木が用いられる。

景養木《けいようぼく》：正真木と対比的に扱い、景観的に正真木を補うもので、たとえば正真木がマツなどの針葉樹であったら景養木には広葉樹を、正真木が広葉樹であったら景養木には針葉樹を植えるのが効果的。

寂然木《じゃくねんぼく》：南庭の東側（右）に植える木で、常緑樹を用いるのが普通。幹や枝葉が美しいものが望ましい。枝葉から朝の光がこぼれ輝くように植えるのがポイントである。

夕陽木《せきようぼく》：寂然木とは逆に南庭の西側に植える木で、カエデなど緑浅く紅葉する樹木が適し、西日が葉を美しく透かす。

見越《みこ》しの松：庭の背景を構成し、前面の景を引き立てる役割をもつ。マツ以外も用いられる。

飛泉障《ひせんさわ》りの木：滝の手前に添えて、滝口をあらわに見せないようにする木で、奥山の風情をつくり、滝のしぶきに揺れるさまを楽しむ。

「真之築山之全図」。江戸時代後期に刊行された『築山庭造伝・後編』より
※図中の文字は編集部による

極意4

木の移植は伝統的な技で

●木の掘り取りと根回しの仕方

移植は木のためによい

私たちは庭の模様替えをリガーデンなどと現代風な呼び方をして推奨しているが、本来、四～五年に一回くらいは簡単でもいいからリガーデンをして木を別の場所に移植、すなわち植え替えてやったほうが木のためになる。

移植によって木の向きを変えることにより、今まであまり日の当たらなかった部分に日が当たるようになり、枝葉がよく伸びてバランスのいい枝ぶりとなる。

それればかりではない。移植に際してまず木を掘り取らなくてはならず、そのとき横方向に伸びている根を切ることになる。切ったところから新しいひげ根（細根）が多く発生する。このひげ根は、土壌中の養分や水分を吸収する大切な役割を担っており、木に勢いをつけるもとなのである。

実際、植木屋の畑などでも植えっぱなしになっている木よりも、移植物といって何回か動かされている木のほうが商品価値が格段に高い。ひげ根が多く出ていて植えたあと問題なく根づき、まず枯れることはないのである。

このように木は根が大切。木を見るとき、とかく地上部の枝葉ばかりに目がいきがちだが、ふだんは見えない根の状態が重要なのである。

根の良し悪しの見分け方

本題の移植の話に入る前に、園芸センターや植木市などで木を選ぶ際の注意点を伝授しておこう。

前述のように、ひげ根がたくさん出ているか否かが木の良し悪しを決めるポイントとなるのだが、たいていの場合、根には鉢（根につけた土）がついており、根巻きがされていて、直接根を見ることはできない。根巻きとは後で詳しく述べるが、ワラやコモで鉢土が崩れないように締めつけ、根を養生するために行われるものである。

だから、鉢の大きさや形から根の良し悪しをおおよそ判断しなくてはならない。根の数が多く、ひげ根もたくさん出ている木は鉢の形がよく全体に厚みがある。鉢が小さく、ところどころにへこみがあったり、全体にいびつな形のものは根が貧弱であったり、根腐れを起こしている場合もあるので要注意である。

また、地植えや鉢植えで販売されている木は、樹勢や枝ぶり、葉の色つやなどを見て根の状態をある程度判断する。前述のような移植物であれば申し分ない。そのへんのところを店員などに相談してみるといいだろう。

なお、最近ではインターネットの通販などによって木を購入することができるが、写真のみで実際に現物を見ることができないので注意が必要であろう。

移植は時期を選んで

木を移植する際にまず注意しなくてはならないことは、掘り出した根を決して乾燥させてはいけないということである。だから本来、作業に向いていると思われる晴天の日は避けたほうがいい。風の強い日もよくない。根が乾きやすいばかりでなく、葉からの水分の蒸散が活発になるのである。雨の日とはいかずとも曇りの日を選ぶのが一番いいだろう。

また、移植の時期に関しては、ウメやモミジといった落葉樹は十一月から翌年の三月くらいの葉を落としている時期に行うと、葉から水分が蒸散しないので根が乾かない。ただし厳寒期は木に負担を与えるので避ける。ヒバ類などの常緑針葉樹は芽が動き始める三〜四月頃か、寒くなる前の十月頃。モッコク、シイ、カシなどの常緑広葉樹は六月か九月といった少々汗ばむ季節がベスト。移植適期に関しては種類や品種によって多少の違いがあるので樹種ごとに確認することをお勧めする。ただ、いずれにしろ真夏や真冬といった暑さ寒さの厳しい時期の移植は、木に大きな負担を与えるので避けるべきである。

我々の場合は、お施主さんの都合や工程上の都合で適期以外の移植もしなくてはならない場合が往々にしてあるが、そんな時は掘り上げた木にしっかりと根巻きをして、なおかつ枝葉を挟んで水分の蒸散をできるだけ少なくしたりと、根を極力乾かさないように努めている。いかなる条件下でもプロに失敗は許されないのである。

樹木の掘り取り方法

それでは我々が常日頃行っている移植の方法をご紹介しよう。まず樹木の掘り取りからである。

根の養生のために、植え込む場合も根に土をつけたまま掘り取るのが原則である。冬場の葉を落とした落葉樹の場合は、土を全部振るい落としてしまってもそれほど支障はないが、やはり土をつけたままにしたほうが無難である。

樹木を掘り取る際には、事前にだいたいの鉢の大きさを決めなくてはならない。根張りに合わせて鉢を大きくし過ぎると、移植が大変なばかりでなく、掘り上げるときに鉢土が崩れてしまう。鉢はできるだけ小さくし、根と土を密にした硬い鉢とすることが望ましい。

高木の鉢の直径は、一般に幹の根元の直径の四〜五倍を標準とする。この直径を現場で簡単に求める方法として、ロープで幹の根元の周囲を測り、そのロープを二つ折りにして、幹を中心として円を描くとよい。こうすると鉢の直径は幹の根元の直径の大体四倍強となる。

次に掘り取る作業だが、ここで問題となるのは鉢の深さ（厚さ）、つまり、どれくらい深く掘るかということである。鉢の深さは鉢の直径と同じか、その半分くらいの長さの範囲で決めるのが標準だが、実際には鉢の側面を掘ってみて、根の状況を見てからでないと決められない。

スコップで木の周囲に溝を掘るように掘り下げていって、横方向に伸びる根が現れたら剪定バサミや木バサミで切る。そして鉢の側面に現れる根が急に少なくなるあたりを鉢の深さとする。そこから鉢の底の中心部に向かって斜めに掘り進み、鉢の下のほうの土を取り除く作業にかかるのである。

根巻きは日本独自の技

同じ庭のなかで一本や二本の木を移植するときは、掘り取ったその日のうちに植えればいいので特に根巻きをする必要はないが、大幅なリガーデンのときなどのように数本の木を動かす際や離れた庭へと木を移すとき、あるいは日程などの都合で掘った木を数日置いてから植える場合などは、しっかりと鉢に根巻きをして根を養生する必要がある（次頁写真）。

根巻きは、①根を乾燥させない、②ひげ根が傷まないように保護する、③根と土の密着状態を移植以前のままに保つ、という目的で古くから行われている日本独自の植栽技法である。

鉢の直径が四〇センチに満たない比較的小さい木の場合は、掘り取って穴から出してワラやコモを当ててワラ

■木の根巻き作業の手順

❶木を掘り取って鉢をつくる

❷鉢にコモを巻きつける

❸ワラ縄を巻いて木づちで叩き締める

❹ワラ縄を四つ掛けでかがる

❺根巻き作業完了

縄を巻き締めるようにすればよいが、それより大きな木を同様の方法で行うと鉢土が崩れてしまう危険性がある。したがって大きな木は土を掘り取ったあと鉢が穴のなかに立っている状態で根巻きを行う。

この場合の根巻きの方法は、まず鉢土が崩れないように注意して鉢にワラやコモを当て、ワラ縄をきつく巻き締める。我々は、通常二人一組で、一人が縄を半分くらい巻くごとに、他の一人が木づちなどで鉢を叩いてしっかりと巻き締めていくというやり方をしている。最後に縄を鉢の上下に斜めに掛けながら叩き締める。

縄の掛け方は我々は主に次頁図❶のような「三つ掛け」「四つ掛け」「ぐるぐる巻き」などの方法で行っている。

これで、いつ植えても(できるだけ早く植えるのが望ましいが)十分に根づいて問題なく生育する庭木のでき上がりだ。

なお、近年はワラやコモに代えて、パルプに補強糸を織り込んだ不織布や、麻布（ジュート）なども根巻き材として使用されている。

大木は根回しを行う

大木や老木などは、根が広く深く地中に伸びているので、そのままでは鉢が巨大になりすぎてとても移植はできない。したがって、移植の半年から一年前くらいに「根回し」を行い、生育に必要なひげ根を生じさせなくてはならない。

根回しは、のちの移植の際の鉢よりもやや小さく根元周囲を掘り下げ、比較的細い根は切断し、三〜四本の太い根の皮を一〇センチくらいの長さで環状にはぎとっておく。

これを「環状剥皮」（図❷）といい、こうすることによって新しいひげ根を多数発生させ、鉢を大きくしなくても移植可能な状態となる。

これは大木ということもあり、専門家でなくては難しい作業であるが、知識として、そのメカニズムを知っておくと、より木についての理解が深まると思う。

図❶ ワラ縄の掛け方の種類

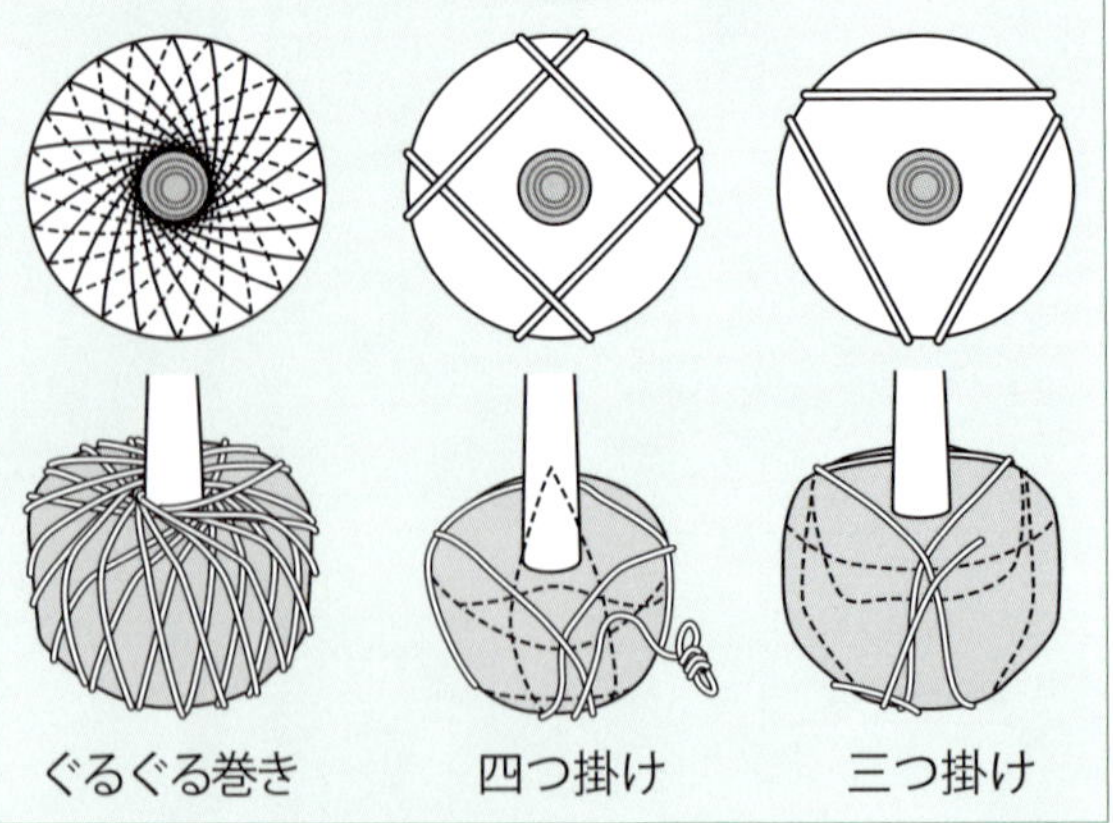
ぐるぐる巻き
四つ掛け
三つ掛け

図❷ 根回しの方法

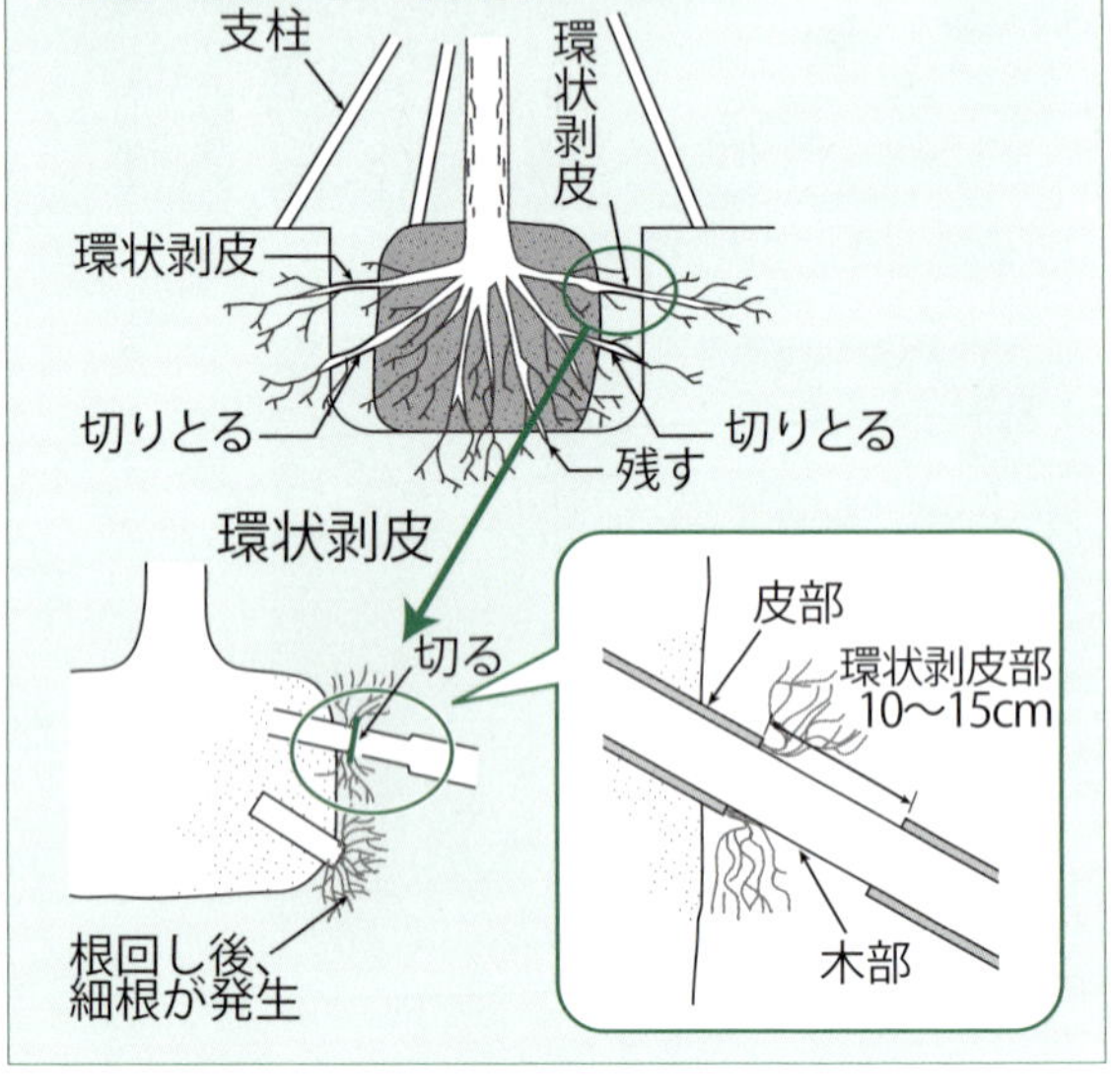
支柱
環状剥皮
環状剥皮
切りとる
残す
切りとる
環状剥皮
切る
皮部
環状剥皮部
10〜15cm
木部
根回し後、
細根が発生

極意5 木を植えるには技がある

●木の生育を考えた植え方

根巻きはどうすべきか

掘り取った木を植えつけて、その後、健全に生育するように養生するまでの一貫した作業を紹介する。

植木市などで購入した木でも、掘り取った木でも根巻きがしてある場合がある。はじめて木を植えてみようという人の多くは、せっせと根巻きを解いて植えようとすることが多いように思う。鉢についている土が崩れなければ、それでも何ら問題はないのだが、通常は、根巻きのワラやコモはすぐに腐るので、そのままにして埋め込むことが一般的なので覚えておいてもらいたい。

ただし、北海道や東北などの寒い地方で、冬場に植えつけるときなどは、ワラやコモの腐りが遅く、養分や水分を吸収するひげ根（細根）が伸びるのを妨げる恐れがあるので、取り除いて植えつけることが多い。

また、植える木は根が切られているので、通常よりも水分の吸収力が弱くなっている。だから、植える前に枝葉を少々はさんで過度に水分が蒸散することを防ぐことも必要である。

どんな植え穴を掘ればよいか

さて、実際の植えつけだが、まず植えつけ位置を決め、そこに穴を掘る。

穴の幅は、植えつける木の鉢の径よりも大きめに（鉢の径の一・五倍くらいが適当であろう）、深さは鉢の厚さよりも、やや深めに掘るようにする。

穴の底はよく耕し通気性をよくしておくことが大切だ。特に肥料を入れる必要はないが、造成地などのように土の状態がよくない場合には、畑土《はたつち》を入れたり、腐葉土《ふようど》や堆肥などを元肥《もとごえ》として入れて土壌改良をする必要がある。まあ、お寺の場合などは古くからずっとその場所に存在していることがほとんどと思われるので、現状の庭土のままで十分であろうが……。

さらに、穴の底の中央部を少し高く山型に土を盛っておく。山型に土を盛ることによって、木を回して向きを調整することが容易になるのである。

「水ぎめ」か「土ぎめ」か

鉢を穴に入れて木を立て込み、木の向きが決まったら土を埋め戻す作業にかかる。土を半分ほど埋め戻したあと、水をたっぷりと注ぐ。どろどろになった土を棒で突いたりかき回したり、あるいは木をゆすったりして土が根と根の間にまんべんなく入るように密着させる。このあと、さらに土と水を入れ、同じ動作を繰り返しつつ埋め戻していく。

水ぎめによる植えつけ作業。ホースで水を入れ埋め戻す

この方法を「水ぎめ」と呼び、多くの樹木はこの方法によって植えつけられる（図❶）。

なお、埋め戻し法に「土ぎめ」と呼ばれる水を使わない方法もある。

これは鉢を入れた植え穴に、少しずつ土を入れ、土と根が密着するように棒でよく突き固める方法である。この動作を数回繰り返しながら、少しずつ埋め戻していくことになるので少々手間がかかるが、どうしても厳寒期に木を植えなくてはならない場合など、水を使うと土壌が凍結する恐れがあるのでこの方法をとることがある。

また、マツやコブシ、モクレン、タイサンボクなど水気を嫌う木を植える場合や、土壌が粘土質であったり、地下水位が高く湿気の多い土地の場合などにも土ぎめで行うことがある。水ぎめで植えると根腐れを起こす恐れがあるからである。

植える深さと水鉢づくり

さて、植えつけ作業で一番問題になるのが、木を植える深さである。とかく深めに植えればしっかりと根づき、

図❶ 木の植えつけ（水ぎめ）の方法

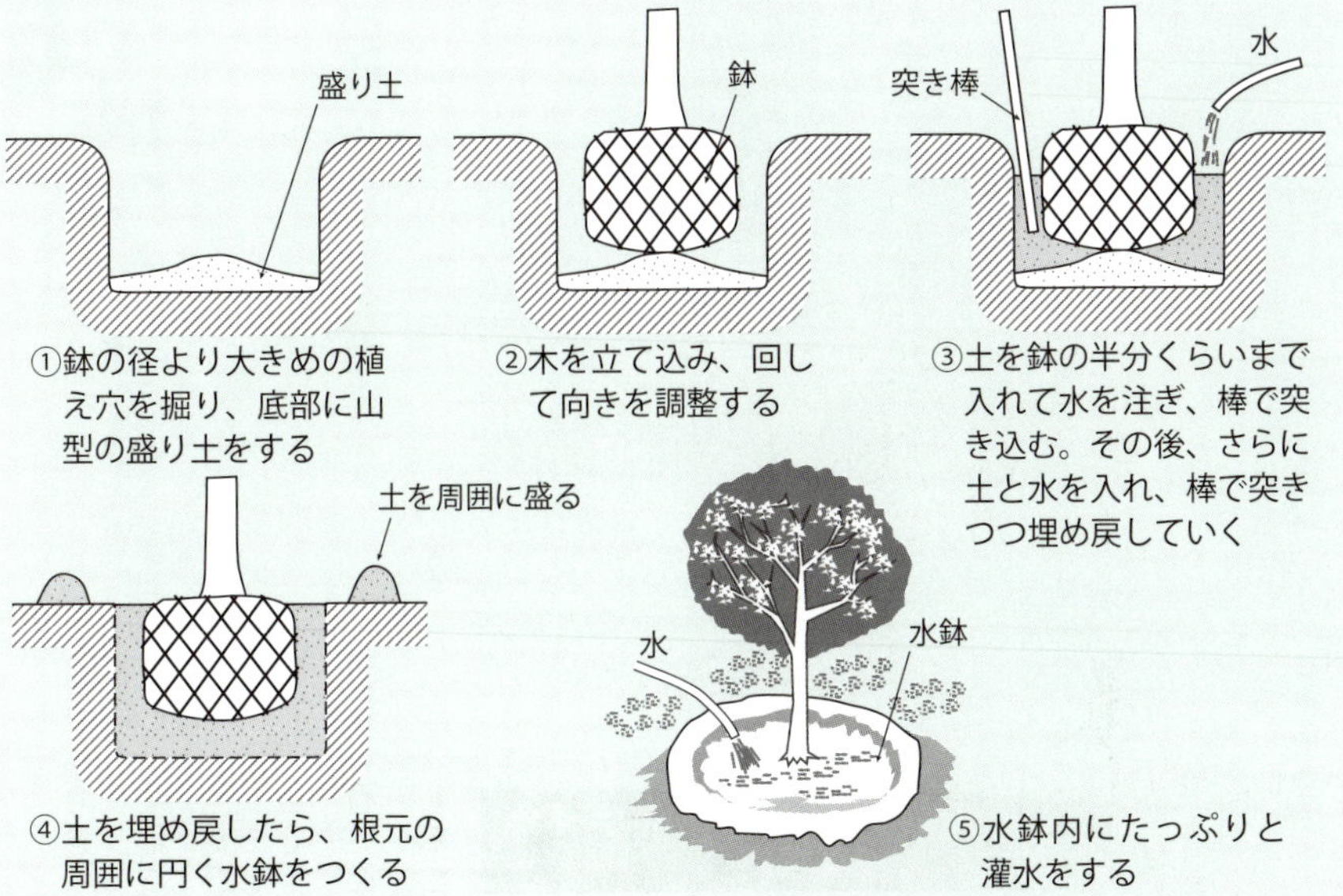
盛り土
①鉢の径より大きめの植え穴を掘り、底部に山型の盛り土をする
鉢
②木を立て込み、回して向きを調整する
突き棒
水
③土を鉢の半分くらいまで入れて水を注ぎ、棒で突き込む。その後、さらに土と水を入れ、棒で突きつつ埋め戻していく
土を周囲に盛る
④土を埋め戻したら、根元の周囲に円く水鉢をつくる
水
水鉢
⑤水鉢内にたっぷりと灌水をする

安定するだろうと考えてしまいがちだが、それは大きな間違い。深すぎると根に酸素が行き届かず根腐れを起こし生育が著しく悪くなる。根張りの部分が若干見えるくらい、ちょっと浅いかなというくらいがちょうどいい。

埋め戻しが終わったら、木の根元の外周に鉢の径ほどに盛り土を行い、輪状の土手を築く。これは「水鉢」と呼ばれるもので、活着の見通しがつくまでの間、灌水の水あるいは雨水を根元に溜めておくようにするためのものである。

この水鉢は、たとえ土ぎめで植えつけてもこしらえるようにしなくてはならない。水鉢ができたらたっぷりと灌水をする。

なお、水鉢はいつまでも残しておかず、活着の見通しがつけば今度は排水に心掛けなくてはならないので、つぶして平坦に均《なら》すようにする。

以上で木の移植は完了するが、植えられたばかりの木は何とも心許ないものである。

強い日差しや強風、寒風などから守るために幹巻きや支柱を取りつけるなどして、しっかりと養生してやらなくてはならない。

極意6

木を根づかせる養生法

●木を守る幹巻きと支柱掛け

乾燥を防ぐための幹巻き

移植したばかりの木は、夏の強い日差しや冬の厳しい寒さで幹肌が割れる等の被害を受けるので、幹巻きをしてしっかりと守ってやらなければならない。

木の表皮と木質部の間には、形成層という部分がある。我々は水吸いなどと呼んでいるが、根から吸い上げられた水分はこの形成層を通って枝や葉へと運ばれる。植えつけて間もない木は根が切られており水分の吸収が活発でないので、形成層が乾燥している。そんなところへ夏の強い日差しを受けたり、冬の寒風にまともにさらされようものなら形成層は死に、幹は割れ、木全体が枯死《こし》してしまうこともある。特に真夏は葉から蒸散が盛んなのでよけいに形成層は乾燥しやすい。

そのためにワラやコモなどで幹巻きを行い、樹木を保護する必要がある（写真❶）。幹巻きはもともと植えつけ

写真❶ ワラによる幹巻き

写真❷ 布テープによる幹巻き

後に行うものであるが、最近では、作業のやりやすさから、植えつける前に樹木を寝かせて行うことが多い。

幹巻きは、ワラやコモを根元から上へと巻き上げていくのが原則。上へ上へと重ねて巻き、ワラ縄やシュロ縄で結わえるのである。これが逆だと雨水などがたまってワラやコモが腐ってしまう。

なお、最近はワラやコモに代えて布テープなどが使われることが多い。包帯を巻くように幹に布のテープを巻きつけていくのである(写真❷)。この方法は確かに簡単で効率的であるが、やはりワラやコモに比べて風情という点では劣る。

写真❸ 八つ掛け支柱を掛ける作業

木を守る「支柱」の掛け方

移植したばかりの木は強風に倒されてしまう恐れがある。また、わずかな風でも木が揺り動かされることによって、根鉢にひび割れが生じ根が十分に水分を吸収しなくなることもある。このようなことを避けるため、移植した木には、丸太や竹を用いて支柱を掛ける必要がある。

高さが一～二メートルほどの丈の低い木の場合は添え木という簡単な支柱で十分だろう。太めの竹や丸太を一本、穴に埋め込み幹に添わせて立てて、縄で二～三カ所ほど幹に結びつけるようにすればよい。それより高い木にはもっぱら八つ掛け支柱(写真❸)を取りつけるのが、我々の間では普通である。

八つ掛け支柱とは三本の丸太あるいは竹を木の周囲から斜めに立て掛けて木を支える支柱で、三脚支柱とも呼ばれる。我々は「やつを掛ける」などといっている。

八つ掛け支柱の取りつけは以下のような要領で行う。

まず三本の丸太(竹)を立てる位置を決める。三点はほぼ等間隔とし、一本が観賞位置から見て真正面、すなわち木の表側正面にこないように注意する。丸太(竹)と地面との角度はだいたい七〇度くらいが適当であろう。

図❶ 八つ掛け支柱の取りつけ方

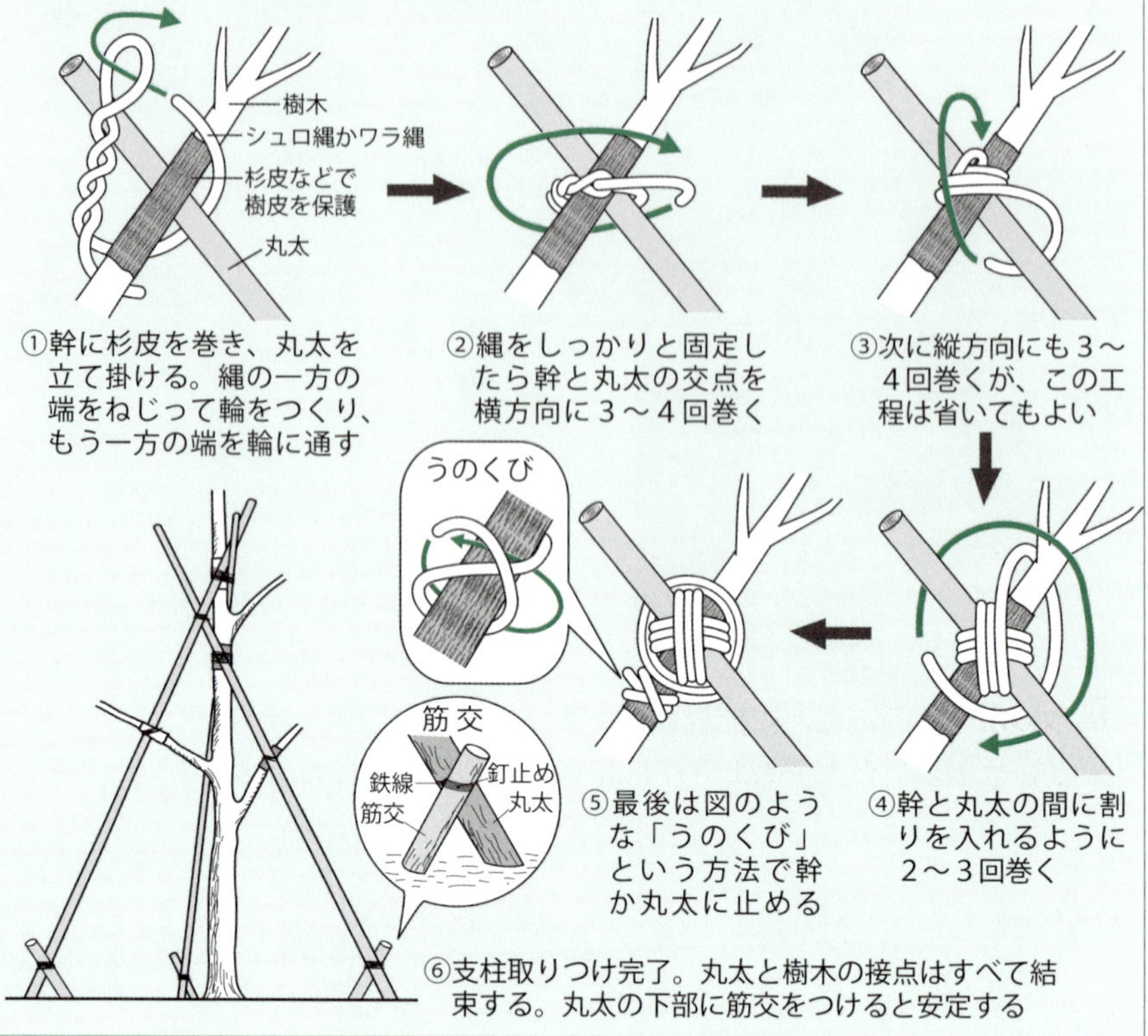
樹木
シュロ縄かワラ縄
杉皮などで
樹皮を保護
丸太
①幹に杉皮を巻き、丸太を立て掛ける。縄の一方の端をねじって輪をつくり、もう一方の端を輪に通す
②縄をしっかりと固定したら幹と丸太の交点を横方向に３～４回巻く
③次に縦方向にも３～４回巻くが、この工程は省いてもよい
④幹と丸太の間に割りを入れるように２～３回巻く
うのくび
⑤最後は図のような「うのくび」という方法で幹か丸太に止める
筋交
鉄線
釘止め
丸太
筋交
⑥支柱取りつけ完了。丸太と樹木の接点はすべて結束する。丸太の下部に筋交をつけると安定する

八つ掛け支柱は木の頂点から三分の二くらいのところを支えると最も安定する。幹や枝が丸太（竹）と接する部分に杉皮などを巻いて保護したのち、シュロ縄やワラ縄などで結束する。木は生長し幹も太くなるので杉皮などの保護材を巻かないと、支柱を外すとき幹に縄が食い込んでしまう。

結束は図❶のような要領で、結んだなかに縄の端を割り入れ、二重、三重にして締め上げるとしっかりと安定し、少々の風ではびくともしない。

丸太（竹）は穴を掘ってしっかりと地面に埋め込み、丸太の下部には短い丸太（竹）を交差させて筋交をつけてより安定させる。筋交は釘止めして鉄線（針金）で結束。結束方法は支柱と同様でかまわないが、鉄線は折れ曲がりやすいので結束は慣れないと少々難しいかもしれない。

取りつけた支柱は、二年ほど経って木がしっかりと根づいたら外すようにする。

緑の説法 3

日本庭園の役木②

日本庭園の役木を35頁で紹介したが、ほかにも以下のようなものがある。

燈籠控《とうろうひか》えの木：石燈籠の脇や後ろに添えて植栽する木で、常緑樹が用いられる。

灯障《ひざわ》りの木：枝葉が石燈籠の火口《ひぐち》にかかるように植える木で、カエデなどの、枝葉がしなやかな落葉樹が主に用いられる。夜、燈籠に火を入れた際に灯火に揺らめく葉影を楽しむためのもの。

垣留《かきど》めの木：袖垣の柱に添えて植える木で、ウメ、カキ、カエデなどが好まれて用いられる。ウメを植えた場合のみ特に「袖ヶ香《そでがか》」と呼ばれる。

庵添《いおりぞ》えの木：茶庭において茶室の軒や腰掛待合、また四阿《あずまや》などの近くに植えて風情をつくる木。現代では建物の周りに植栽し、調和を保つ木と理解してよい。

橋本《はしもと》の木：橋のたもとに植栽し、枝葉が水面に影を落とす風情を楽しむ。シダレヤナギやカエデのようなしなやかな枝葉をもつものが好ましい。

鉢請《はちう》けの木：蹲踞《つくばい》や縁先手水鉢《えんさきちょうずばち》に添える木で、枝葉が手水鉢の水穴にさしかかるように植える。**鉢囲《はちがこ》いの木**とも呼ばれる。

井戸会釈《いどあしらい》の木：井戸や井筒の脇に添えて風情をつくる木で、マツやウメ、ヤナギなどが用いられる。

門冠《もんかぶ》りの松：古書の類には見られないが、古くから役木の一つとされ、現代でも多く用いられている。正門の右または左に植えて、枝葉の一部が差し枝風に門扉の上に伸びるようにする。用いられる樹種はアカマツ、クロマツが主であるが、ラカンマキ、イヌマキなどのマキ類も、マツ類に代えて用いられる。

これらは実に巧妙な植栽による景の演出方法で、今日の和風庭園にも慣習的に継承されている基本的なものである。

しかし、これからの景の表現は定型にとらわれない新しい発想と、それにもとづく自由な空間構成が必要とされている。

遠近感、調和と対比、見え隠れ、緩急自在のリズムが、広さや奥深さなど、さまざまな視覚的効果を生み出している。

季節により、時間帯により、見る位置により、同一空間の趣が変容するように意図することも大切である。

第2章

石と砂の極意

極意7

石はどのように据えるのか

●石の据え方と石組の妙

山石と川石と海石にしたがう

石組の素材はいうまでもなく岩石、我々は庭石という。庭石はその成因によって火成岩、堆積岩、変成岩に大別され、さらに火成岩は花崗岩、安山岩、玄武岩など、堆積岩は凝灰岩、砂岩、粘板岩など、変成岩は石灰岩、緑泥片岩などにそれぞれ分けられる。

ただし、我々にとってはそのような科学的なことよりも、まず着目するのが、どこで採れたかということである。銘石といわれる御影石《みかげいし》や鞍馬石、筑波石など、ほとんどの石材はその産地の名を冠して名づけられているが、我々は石を大きく山石、川石、海石と大別している。

山石は山間部の地表面に露出していたり地中に埋まっていたものでゴツゴツした角張ったものが多い。鞍馬石や筑波石などがこれに当たる。

川石は河床から採石したもので流れによる転石でおおむね丸みを帯びている（ただし現在は河川法により特別な許可がなくては採石禁止）。貴船石などの種類がある。

海石は海岸近くに産する石が海中に落ち込み、波に洗われ浸蝕されたもので、表面が変化に富んでいる。伊予青石、伊豆石などは代表的な海石である。

我々は、これら山石、川石、海石を混在させて石組《いしぐみ》を行うことはまずない。山のものは山に置き、川のものは川に置き、海のものは海に置く。

たとえば、滝や渓谷の景は山石を用いて表現し、流れに配る石には川石、大海や磯を表現するときは海石を用いる。これは先に述べた「乞はんに従う」ことである。

思うような石材が手配できなくて不可能な場合もあるが、自然がつくる統一性を損なわないために、できるだけそうすることに努めている。少なくとも一つの景のなかに山石、川石、海石が混じり合うということはありえない。我々にとっては同じ水槽に海魚と川魚が一緒に泳ぐようなものなのである。

石を据える基本中の基本

ひと口に石といっても、その大きさや形、色は千差万別であり、自然界には一つとして同じものはない。

石組に用いる石材は、基本的にあまり個性の強過ぎるものは避けたほうが無難である。たとえば、色や表面の模様が派手な石、石肌に凹凸があり過ぎる石、また、逆に光沢があり過ぎる石、極端に尖っている石、以上のような石は、それだけが目立って

図❶　石の据え方の良し悪し

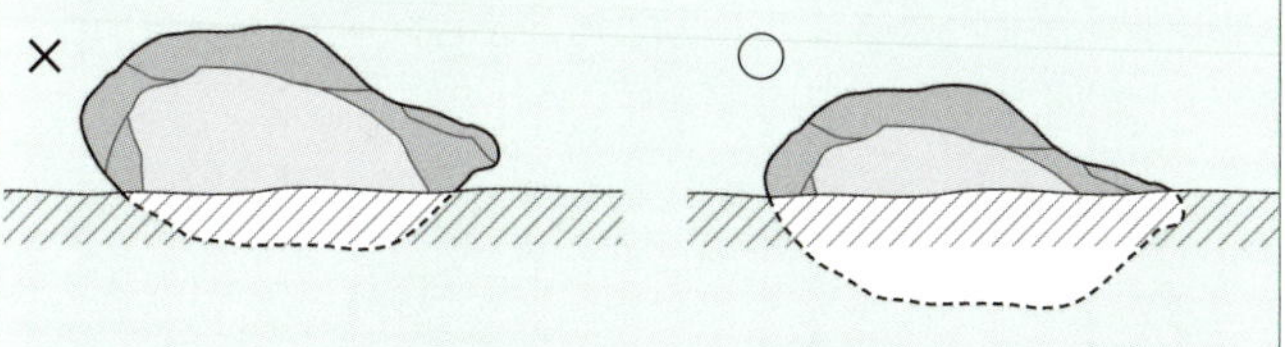
×
○
悪い例：根が切れて不安定
良い例：根入れが深く安定

しまい全体の風情を損ねてしまう。表現したい景観に合わせた大きさや形の石を選び、色はできるだけ統一感をもたせるようにしたい。

石は穴を掘って据えるわけだが、石をできるだけ大きく見せようと、根入れを浅くして地表に出る部分を多くすると、石の稜線が地際部分で下に向かってすぼまっていく感じになる。これでは、実際の石の大きさが分かってしまうと同時に、実に不安定な据え方となる。こういう状態を「根が切れる」などという（図❶）。

逆に、石の稜線が地際の部分で下に広がるように深く据えると、地中に埋まっている部分が実際よりも大きいように想像させられる。あたかも巨石が地表面に頭だけ覗かせているような風情である。石を据えるときは、石がただそこに置いてあるというのではなく、その石がずっと地中に根をおろしているかのように、どっしりとした安定感をもって据えられなくてはならない。

これは石を据える際の基本中の基本である。

石組の最低限の留意点

石組は作者の幾多の経験のなかから研ぎすまされた感

性の産物にほかならない。石組には「このように組めばよい」という答えはなく、庭のなかで個人の創意が最も顕著に表れるものである。石にはそれぞれに表情と個性がある。したがって、石の選び方、扱い方、組み方で無数のバリエーションの景観表現が可能となるのである。

ただ石組には前述の「山石、川石、海石を混ぜて組まない」ということのほかに、最低限、「こう組んだら景趣が表現できない」といういくつかの留意点があるので、以下に紹介する。

■石を一直線に配さない

石を直線的に配すと、平面的なものとなり、立体感も奥行きも創出できない。これでは、石を組んだことにならない。並べただけである。

■同じ高さに揃えない

石の頭部が揃って均一になると景趣が損なわれる。

図❷　景観的によくない石組の例

石が一直線に並んだ例
同形同大の石を
同じ高さに組んだ例

■同形同大の石を組まない

石は、その向きや傾きに変化をつけて、それぞれが同じ形に見えないように気をつけなければならない。

■色彩の全く異なる石を組み合わせない

全体の統一感を考え、自然界には見られないような造景にならないように注意することが大切である。

■立石をむやみに使わない

抽象的、象徴的意味をもたせたいときには石を縦に高く据えることもあるが、強い表現になり過ぎて、孤立、競争、不妥協、不協調といった感じを与えがちである。

■庭全体のバランスを考慮する

石組は立派でも、庭に威圧感、圧迫感を与え、全体的に窮屈な感じになると景そのものが台なしになる。逆に貧弱な石組で植栽などほかの要素に負けてしまうのも見栄えが悪い。常に庭全体の空間的バランスを考慮することが大切である。

石組に限らず、庭をつくることは景をつくるということだ。山野、荒磯、渓谷、河原など自然の風景をよく見て、自然の摂理を読みとる訓練が大切であり、そのなかから必然的に景をつくる感性が磨かれていくのである。

緑の説法 4

仏教と石組

我々の先人たちは、自然と共生する生活のなかから、独自の美意識をもって芸術・文化を育んできた。自然を神の造形物として尊重し、西欧では全く気にもかけないであろう河原に転がる石にさえ美を見いだし、さらにその石を自然のままの姿で組み合わせることによって、もう一つ別の世界を庭のなかに創造したのである。

石組はその時代背景に基づいた思想や祈念を表現してきた。たとえば、古代インド仏教の宇宙観をテーマに、天上人の住む須弥山や九山八海を石組で象徴したり、釈迦三尊、阿弥陀三尊、薬師三尊、不動三尊を三石を用いて表したりした。

また、中国道教の影響を受けて仙郷である蓬莱山や鶴亀をかたどった石組なども庭に組まれた。

特に室町時代に禅宗寺院で形式化された枯山水は、石組が中心となって構成され、まさに庭の主題となっていった。

このように、石組は日本庭園の骨格をなしてきたものであり、この石組という手法があったからこそ、多くの歴史的な名園が今日その姿を変えることなく残されているのである。

仏教の宇宙観を著す須弥山石組

中央の中尊を高く据えた三尊石組

極意8

砂紋を描くは僧侶の修行

●枯山水と砂紋の描き方

白砂なくして枯山水はならず

京都の枯山水庭園を訪れると、石組のみならず地表を覆う清楚な白砂に心洗われる。

この白砂は正式には白川砂といい、比叡山系の北白川一帯で採取される風化した花崗岩の白川石を直径一センチ前後に砕いて洗浄した砂である。この白川砂なくしては枯山水という形式の庭が、もっといえば枯山水という言葉自体が、今日これほど人口に膾炙《かいしゃ》することはなかったと思われる。

龍安寺の庭（57頁参照）も大仙院の庭も白川砂あってこそ稀代の名庭として、その美を称賛されている。銀閣寺の造形的な砂盛として有名な銀紗灘と向月台は、江戸初期に庭を改修した折に、池を埋めつくしていた白川砂を掘って盛り上げたことに始まったといわれている。

ただし、現在では風致の保全や防災、治水などの見地から、白川砂の採取は全面禁止されている。採取には特別な許認可が必要であり（最近、十四年間にわたり許可なく採取していた業者を京都市が放置していたことが発覚し、問題となっている）、したがって他の地方で採れる花崗岩を粉砕洗浄して白砂として利用することが多い。

水を象徴すべき砂紋

古来、日本庭園は一定の空間のなかに大自然を象徴するものであった。それは、島嶼《とうしょ》が浮かぶ海原であったり、滝から渓谷、野川、そして河口から海へと至る水の生々流転のストーリーを表現するものであったりした。池、流れ、滝といった水の景は庭園に不可欠なものであったのである。

ところが、室町時代に禅観の境を表す手法として、枯山水という庭園表現が現れた。枯山水はそれ以前の庭とは異なり、水を一滴も用いずに石や砂をもって山水の景を抽象表現する形式の庭である。本来は「涸《か》れ山水」という文字を当てたほうがしっくりくるかもしれない。

このように水を一滴も使わない枯山水ではあるが、海景であったり、流れであったり、あくまでもその主題は

「水」であることが多い。そして「水」を象徴するのが砂の存在である。さらにその「水」をいきいきと豊かな表情にするのが砂紋である。

砂紋を描くことによって庭は動き出す。平板だった砂面に陰影を与え、個々の石のもつ意味や役割がいっそう明確になる。ある石は軽快に波を分け、ある石は静かに波紋を広げる。また、ある石はダイナミックに水を滾《たぎ》らせる。砂紋によって石の気勢がより強調され、メリハリのある景をつくり出すのである。

砂紋の乱れは心の乱れ

砂紋がいつどのような目的で描かれはじめたか、その来歴は明らかではない。清掃後の美観を整えるために必然的に生まれ、それが美しい紋様へと昇華していったと考えるのが妥当なところであろう。そのため「箒目《ほうきめ》」とも呼ばれている。

海外のとあるビーチで、砂浜に巨大な絵を描いたところ、海水浴客がゴミを捨てなくなり常に美しく保たれるようになったという話が、あるテレビ番組で紹介されていた。絵を汚したり壊したりしたくないという人間の心理をついた、実に巧みなクリーンアップ作戦だと思ったが、私は職業柄すぐにこの砂紋のことを思い浮かべた。

砂紋は、その模様の美しさ、おもしろさもさることながら、庭を常に美しく保っているという証《あかし》といえる。

ほんの小さなゴミや落ち葉が落ちただけで、砂紋の美しさは失われる。風雨で形が崩れてしまう。砂紋に乱れがないように常に美しく整えておきたいという心理が働くのは庭を管理する者として当然のことであろう。そのため日々、庭の清掃に心がけ、その清掃の仕上げとして、砂紋を描き整えることが僧侶の大切な作務の一つとなっているお寺も多い。

庭の汚れは心の汚れ、砂紋の乱れは心の乱れ。庭は修行する者の心を映す鏡と銘じていただきたい。

数多くの紋様がある砂紋

ここで砂紋の紋様について述べておきたい。

砂紋は水のない枯山水庭園において水を象徴するものである。そのため海の波や渦、流水、水面の波紋などが表現される場合が多い。

紋様の種類を類型化すると次頁の図❶のようになるが、

図❶ 枯山水につくられる主な砂紋のパターン

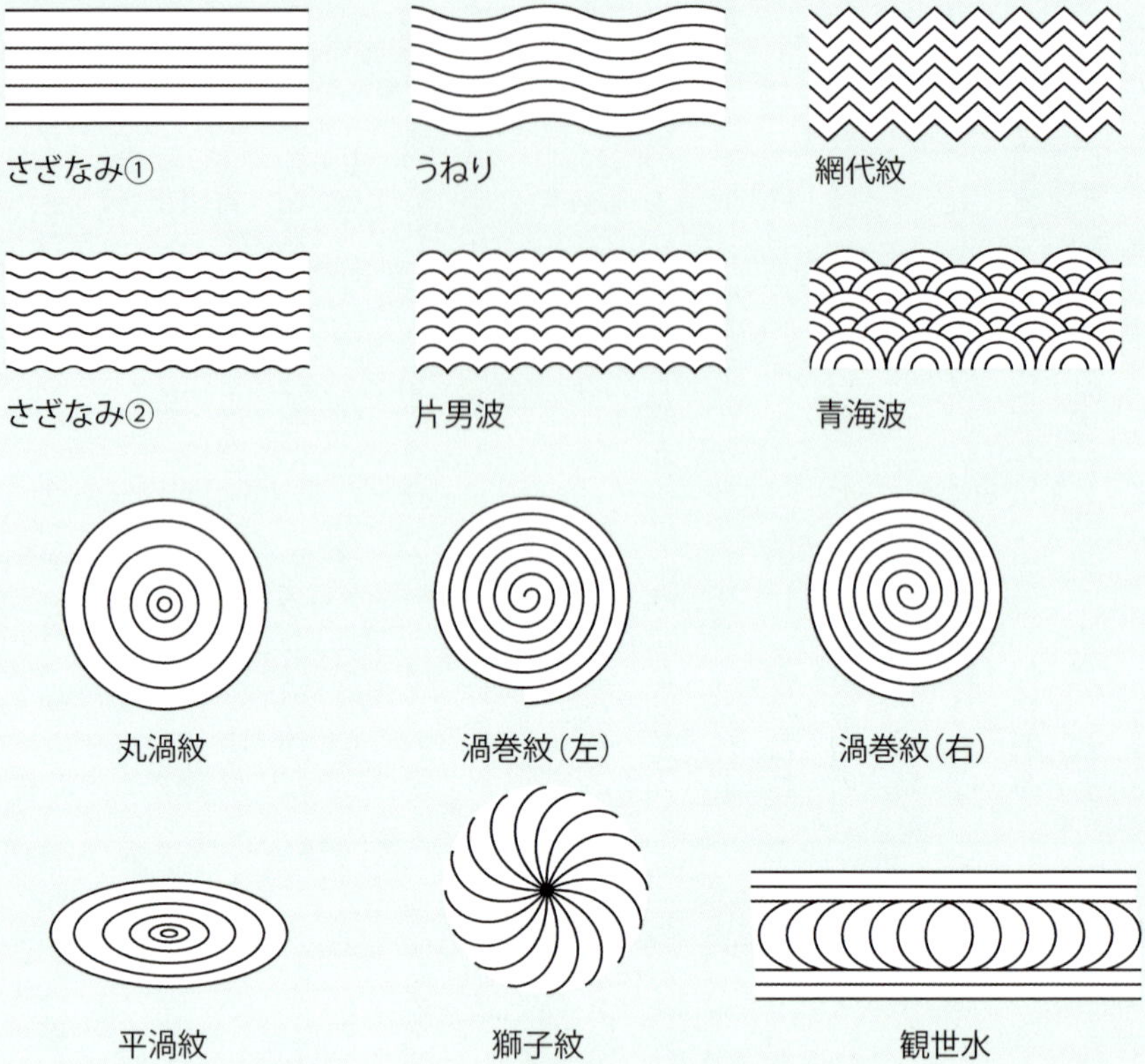
さざなみ①
うねり
網代紋
さざなみ②
片男波
青海波
丸渦紋
渦巻紋（左）
渦巻紋（右）
平渦紋
獅子紋
観世水

それぞれを簡単に解説する。

■さざなみ　直線あるいは細かく蛇行する線を平行に引いて静かな水面を表現する。

■うねり　ゆるやかに蛇行する線を平行に引いて穏やかにうねる水面を表現する。

■網代紋（あじろもん）　ジグザグな折線で波立つ水面を表現する。幾何学的かつ抽象的な表現方法でいくぶん硬質な感じを与える。

■片男波（かたおなみ）　半円形の連なりで打ち寄せる高い波を表現。ちなみに「片男波」とは『万葉集』に収められている山部赤人の歌「和歌の浦に潮満ち来れば潟《かた》を無《な》み葦辺をさして鶴《たづ》鳴き渡る」の「潟を無み」をもじってできた言葉である。

■青海波（せいかいは）　半円形を同心円状に重ねた扇のような紋様を連ねて、片男波よりも力強い波を表現する。ただし、これは自然の波の表現というよりも、着物の帯などに使われる紋様「青海波」をそのまま砂紋の表現としたものと思われる。

■**丸渦紋（まるうずもん）・平渦紋（ひらうずもん）**　大小の円または楕円を重ねて水面にできる波紋の広がりを表現。砂上に据えられた石を中心として、その周りに描かれることが多い。

■**渦巻紋（うずまきもん）**　「鳴門紋」などとも呼ばれ渦潮を表現する。さざなみやうねりなどの水面の表現に突発的な変化を与えてアクセントとする。

■**獅子紋（ししもん）**　旋紋《つむじもん》とも呼ばれ、中心から八方へ同じ形の曲線が出ている紋様。渦巻紋と同様に水面にアクセントを与える。

■**観世水（かんぜすい）**　さざなみと渦巻紋を組み合わせたような連続紋様で、直線と曲線を合わせて、流れの変化を象徴した、やや特殊な紋様。これも青海波と同様に着物や扇などに用いられた紋様を砂紋に応用したものと思われる。ちなみにこの紋様は、京都で古くから名水として知られている観世水という井戸に由来する。そこは地下水の合流点であったために井戸の底にはいつも渦が巻いていたことから紋様が生まれたという。

いかに砂紋を描くか

それでは、砂紋はどのようにして描けばよいのだろうか。

描く用具は現在、専用のレーキを使うことが多いのだが、その形はお寺によってさまざまである（次頁図❷）。

通常、描いている砂紋によって大きさが異なるし、爪の数や爪の間隔が異なる。広い庭に大きく砂紋を描く場合は、大きく爪の間隔が広いレーキが使われ、細かい砂紋を描く場合は小さく爪の間隔が密なレーキが使われる。また使い

さざなみを基調に石周りに丸渦紋を描いた枯山水

図❷ 砂紋を描く各種レーキ

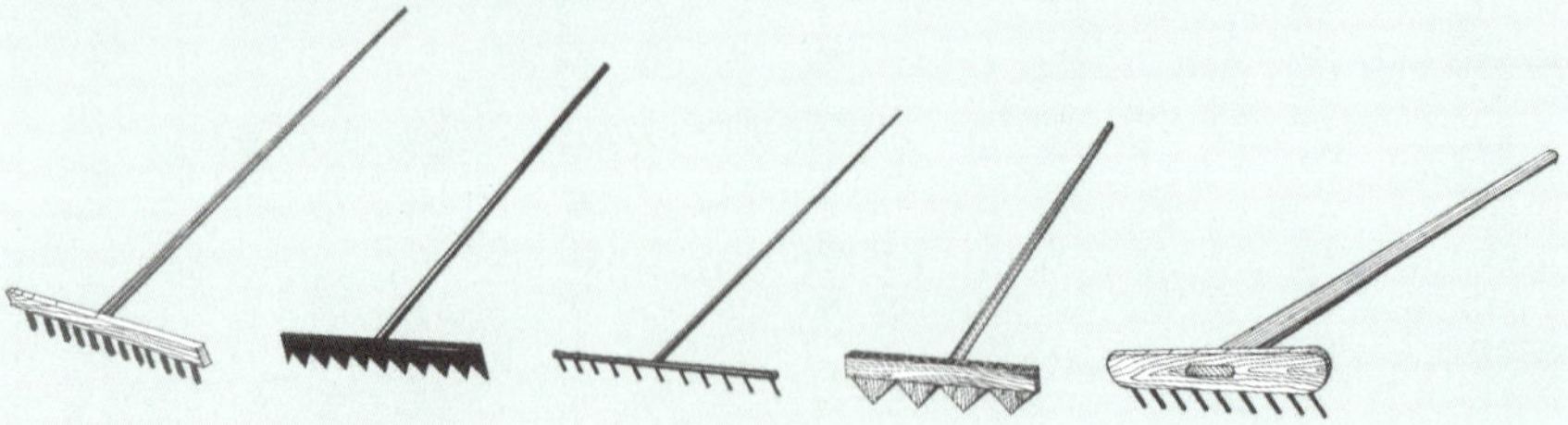

勝手によって木製のものを選んだり、鉄製のものを選んだりする。要は手に馴染み、思い通りの砂紋が描きやすいレーキを選ぶことである。なかには手製のレーキを使っているお寺もあると聞く。我々も仕事柄、レーキのほかにも植木バサミやスコップ、コテなどさまざまな道具を使うが、道具選びは非常に大切である。

さて、実際に砂紋を描く番だが、これが思いのほか重労働。腰をしっかりと安定させて、腹に力を入れなくてはならない。かなりの集中力も必要とされ、少しでも気をゆるめると、線が歪んだり途切れたりしてしまう。描く前に十分に呼吸を整えて精神統一する必要があろう。

砂紋には、前述のように穏やかなものから、激しいものまでさまざまな紋様があるが、描き方次第で庭の様相は全く異なってくる。一つ間違えば、ちぐはぐで落ち着きのない風情となったり、茫漠としてとりとめのない景となったりしてしまう。

庭全体を見渡して、砂を水に見立ててその水がどのような動きをするかを思い巡らせる。石の気勢をより見て、気勢の方向に逆らうことなく、気勢により自然に曲線が描かれるようにすることが肝要である。

美しい砂紋を描くには、最低三年はかかるといわれている。毎日毎日ひたすら無心に砂紋を描いていれば、自分自身の存在が消えて、庭と一体化したかのような感覚をもつ瞬間が必ず訪れる。

石のもつ気勢、あるいは水のもつ気勢に身体が自然に反応して動かされるのである。そのときはじめて思いどおりの砂紋が描ける。

それは同時に、心と身体が庭を理解した瞬間ともいえるのである。

緑の説法 5

龍安寺石庭、心に波紋を広げる石

京都・龍安寺石庭

古色を帯びた油土塀に囲まれた、わずか75坪の空間には木も草も花もない。華やかさから遠く離れたモノトーンの世界がそこにはある。一面に敷かれた白砂の上に、黙して佇む大小15個の石……。

幾数千、幾数万、天空の星の数ほど存在する石のなかから、誰が、どのような意図で、たった15の石を選び出し、白砂の舞台の上に配したのか。

室町時代につくられた京都・龍安寺の石庭。この庭ほど多くの謎を秘めた庭はない。

真っ白な和紙に墨を滴らせつつ、一気に筆を走らせ完成させた即興の抽象画。作者にとっては、そんな心境で描いた瞬間芸術だったのかもしれない。数百年の時空を超えて、今日、稀代の名庭と称賛されることを、誰が予期しえたであろうか。

その無造作ともいえる石の並びはさまざまに解釈される。

大海原に浮かぶ島々、あるいは雲海に顔をのぞかせる高峰の頂、中国の寓話を元に母虎が子虎を引き連れて川を渡る様子を表現したもの、心の字の配石、はたまたカシオペアの配石……。そのどれもが間違いではない。すべては心のままなのである。

この庭は、決して感動を強要しない。

ただ15の石が小さな礫《つぶて》となって、観る者の心の奥底に波紋を広げるのみである。その波紋が無限に広がっていく者もいれば、小さな泡を立てただけですぐ消えてしまう人もいる。

若き苦悩の日々、たびたび、この庭を訪れた作家の井上靖氏はこう語った。「ここ龍安寺の庭を美しいとは、そも誰がいい始めたのであろう。ひとはいつもここに来て、ただ自己の苦悩の余りにも小さきを思わされ、慰められ、暖められ、そして美しいと錯覚して帰るだけだ」

極意9

飛石は心を込めて打つ

●飛石の配石、その用と景

亭主の感性をうつす飛石

飛石《とびいし》は、単に庭を歩くために並べられた石ではない。そこには日本の庭のみに見られる独自の美学が存在するのである。

飛石は、茶の湯を大成させた千利休によって、草庵茶室の露地にもたらされたと伝えられている。

茶事の際、露地を歩くのに土や苔の湿りで履物が汚れるなどして、茶席に不浄が持ち込まれるのを防ぐ目的から飛石は用いられた。

露地はすべて約束事によって構成され、なかでも飛石は非常に規制的な役割をもつものである。

飛石は、決して真っすぐに茶室まで導こうとするのでなく、むしろ行き先をはぐらかすかのように、あらぬ方向へ向かわせようと大きく迂回したり、道を途切れさせたり、石の並びの変化で歩みを迷わそうとする。

茶人のもつ感性、世界観が、自然界の鼓動となり、露地に独特のリズムを刻む。そのリズムにしたがって打たれたものが飛石なのである。

飛石は、一歩一歩、すべての歩みを規制する。それは茶人が自らの世界に客を誘導する確かな働きをもっているのである。

誰しもが亭主の求める歩みにしたがい、一足一足、飛石を踏みはずさぬように、あたかも奥山のなかを彷徨《さまよ》い、踏みしめるごとに微妙に移り変わる景色に心をとめる。一歩が一町一里を表すこともあれば、一歩が一つの峠を意味することも考えられる。

飛石は、このように亭主やつくり

写真❶ 蹲踞（つくばい）へと至る二連打ちの飛石

図❶ 飛石の代表的な打ち方の種類

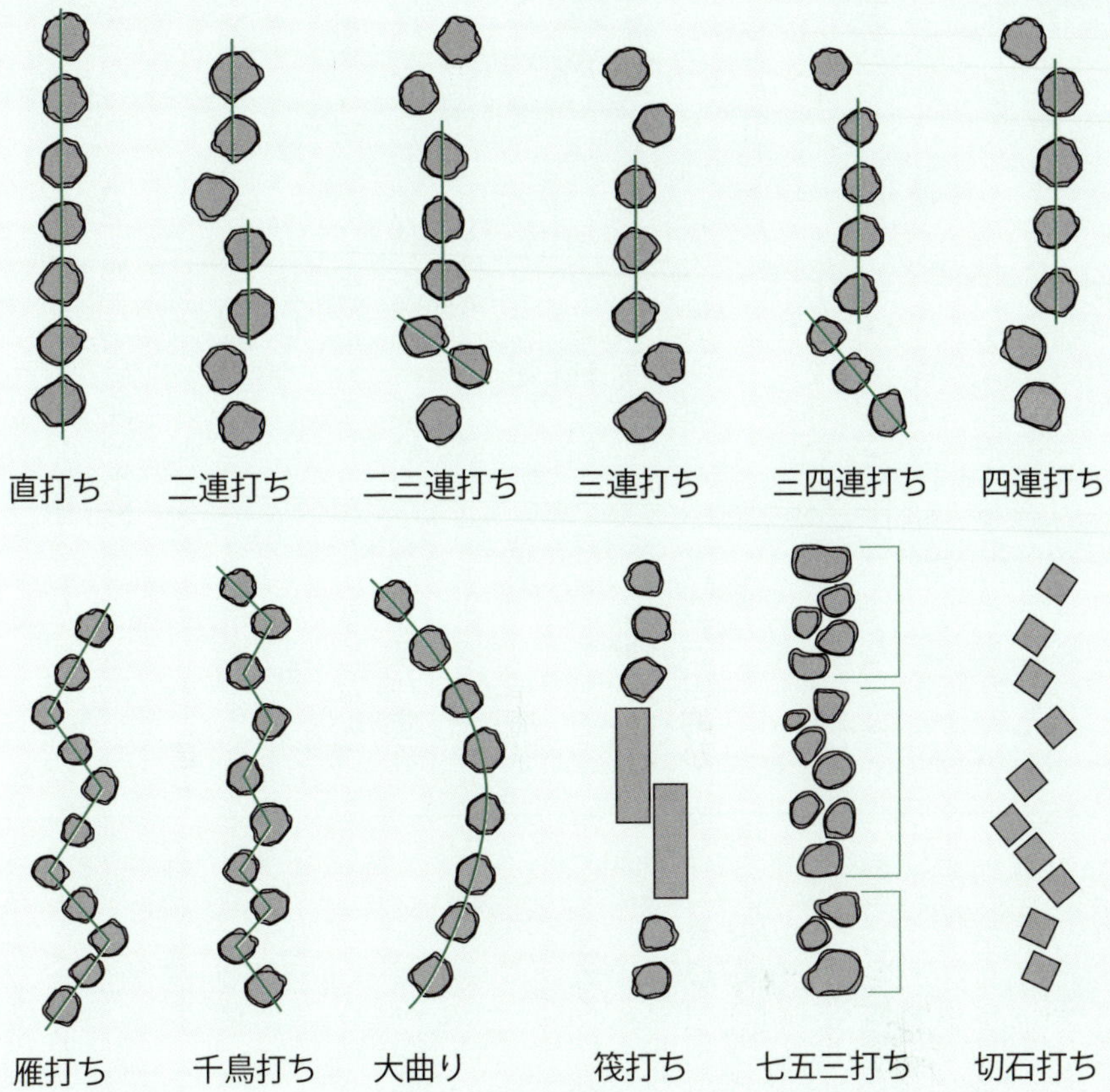
直打ち
二連打ち
二三連打ち
三連打ち
三四連打ち
四連打ち
雁打ち
千鳥打ち
大曲り
筏打ち
七五三打ち
切石打ち

手の自然観、侘び寂びの世界を、誘導という形をもって、庭を訪れた人に投影させるものである。

「用を六分、景を四分」

飛石は、右、左、右、左と一歩一歩の歩みを無理のない動作で行われるように打つことを基本とし、それに加えて飛石の距離や方向、庭全体に対する均衡を考慮して、美的な石の配置が工夫される。

上図のように、直《ちょく》打ち、二連打ち、二三連《にさんれん》打ち、雁《かりがね》打ち、千鳥《ちどり》打ち、大曲《おおまが》りなどの打ち方が昔からなされてきた。ただし、実際にはいくつかの形式で表現しきれるものではなく、無限の数のデザインが考えられる。また、一つの形が正しく、他の形が誤っているというものでもない。

要は決して単調にならず、見た目

に快い景色となる飛石の配列が大切ということである。

千利休は飛石の打ち方について、《用を六分、景を四分》といい、その弟子の古田織部や小堀遠州は逆に《用を四分、景を六分》と主張したといわれている。

「用」はすなわち機能であり、ここでいえば歩きやすさのこと。「景」はいうまでもなく美しさのことである。

用に重きを置くか、景に重きをおくかということに微妙な差はあれど、利休、織部、遠州の三大茶人は、飛石の必要条件として、歩きやすさ、美しさの双方を満たさなくてはならないということをいっている。

我々は飛石を打つ場合、敷地を見て、建物の配置を見て、人の動きを考えつつ、その場でだいたいの動線を決める。さらに素材となる石の種類や大小を想定し、頭の中で打ち方を思い浮かべる。

飛石の配置は、庭のなかに平面的な気勢の方向性をつくり出すので、景をつくるうえでこの上なく重要な要素となり、樹木の配植や庭石の配置にも大きな影響を与える。露地に限らず、渡りの庭（散策する庭）の意匠のベースとなるのが飛石で、それを基調として庭の風景が形づくられる。

どんな打ち方がよいか

さて、それでは我々はどのようにして飛石を打っているか、その実際を紹介することにしよう。

❶石を選ぶ

飛石に適した石材は、飛石の配石や打つ場所にもよるが、直径がだいたい三〇センチ前後から大きくて五〇数センチくらい、厚さは根入れの部分も考慮して、一〇〜二〇センチほどが標準だろう。

石の表面は、歩きやすいようにできるだけ平らなものを選ぶ。

多少の凸凹はかえって風情になってよい場合もあるが、あまり甚だしいと歩行の妨げになるばかりでなく、雨や打ち水が溜まり景趣を損なう。

また、ときには切石を混ぜたり、古い石臼を使ってみると変化のある景趣が生み出されておもしろい。

❷飛石を仮置きする

飛石の動線を決定したら、石を一つ一つ、その大きさと形をよく吟味して、まずは仮置きしていく。

一番最初に「踏込石《ふみこみいし》」と呼ばれる始点となる石、次に「踏止石《ふみどめいし》」と呼ばれる終点となる石、次に「踏分石《ふみわけいし》」と呼ばれる分岐点となる石、という順に置いていく。

これらの基準となる石が決まったら、動線にしたがって、すべての石を仮置きする。

仮置きが済んだら、実際に飛石の上を歩いてみて無理なく歩を進めることができるかどうか確認する（写真❷）。歩きづらい個所があれば、この段階で修正しておく。

❸石の間隔と合端に注意

飛石は第一に歩きやすくなくてはならない。それも和服の女性が無理なく歩けることが必要である。そのため、石と石の間隔は、だいたい一〇センチくらい、ちょうど、こぶし一つ分くらいの間隔を目安とする。

また、石と石の「合端《あいば》」の取り方にも注意しなくては

写真❷ 歩きやすさを確かめつつ飛石を仮置きする

写真❸ 石と石の合端（あいば）、高さの揃いと水平を確認

写真❹ 水平器で天端（てんば）の水平を確認し据えつける

ならない。合端とは、いうなれば石と石のなじみで、この合端で飛石の美しさが決まるといっても過言でない。

飛石が直線の場合は、隣り合う石と石の側面がほぼ平行になるようにし、カーブを描いている場合は合端の平行線の向きが、カーブの中心方向を向くようにする。

ただし、これはあくまでも基本で、この平行の合端があまりにも正確すぎると、変化に乏しくなり、景観的に堅苦しくなる場合もある。ときには、わざと崩し、飛石のリズムに変化をつけることも必要と思われる。

❹床掘りをする

すべての飛石の位置が決定したら、飛石をいったん脇にどけて、その部分にスコップなどで穴を掘る。飛石の据え高が三〜五センチ程度になるくらいの深さで、幅は飛石の幅よりも一〇〜一五センチほど広く掘る。

❺仕上げとして石を据えつける

すべての飛石を据えたら、土を埋め戻して、石を一つ一つ据えていく。

石の天端の水平を十分に確認し、かつ、石の高さのレベルを揃え（前頁写真❸）、石の周囲から少しずつ土を入れ、石が動かないようにしっかりと突き固める（前頁写真❹）。

飛石はなぜ〝打つ〟というのか

以上が飛石の打ち方の基本だが、ここまでお読みいただいてお気づきになったと思うが、飛石を施工することを「飛石を打つ」といっている。

我々の世界では当たり前に使っている表現だが、なぜ「据える」ではなく「打つ」なのかと疑問に思われるだろう。

実際のところ、代々、慣用的に使われてきた表現であり、その疑問を氷解させるだけの答えは用意できていない。「碁石を打つ」といったところから由来しているのかもしれない。

ただ「打つ」という動詞には「心を込める」という意が込められているような気がしてならない。少なくとも我々はそう解釈をしつつ飛石を打っている。

飛石は、この庭はこういう動線で歩いてほしい、そして一歩踏みしめるごとに目に映る庭の景をしっかり心に留めてほしい。そのようなつくり手の思いが、たった一石の飛石にも込められていることをご理解いただきたい。

極意10

敷石の模様にこだわる

●敷石・延段、真行草の意匠

幽邃な趣の路をつくる敷石

庭には観る、すなわち観賞するという側面と、もう一つ、歩くという側面がある。我々は庭をつくるとき、どのように観せようか、どういう具合に歩かせようか、また同時に歩くことによって、どう景色が移り変わっていくのか、ということを常に念頭に置いている。そのため園路の配し方には十分に気を配る。

露地（茶庭）から発生した庭園の園路として、飛石とともに一般的となっている敷石《しきいし》に関して述べていきたいと思う。

参道に石畳が敷かれているお寺も多いと思うが、その石畳を庭園に応用したのがすなわち敷石である。日本では敷石はかなり古くから、一説によると上古の時代から土面の舗装として使われていたようである。桃山時代以降、露地に用いられたことから、大いに発達した。特に京都の桂離宮や修学院離宮などの宮廷庭園、あるいは江戸時代の大名庭園といった回遊式庭園に好んで用いられた。現在では、一般住宅では門から玄関までのアプローチに敷かれることが多い。

前頁までに見た飛石は一歩、半歩の自由がなく極めて歩みを規制するものであったが、それに比べて敷石は歩みを安定させ、安全に歩くことができる。

素材となる石の質感、幅、動線、曲がり具合によって、また石と石がつくる目地《めじ》の模様によって、その表情は奥山の細道をイメージさせたり、河原の礫道《れきどう》をイメージさせたりする。どちらかというと抽象的な表現が好まれた日本庭園において、敷石は単に園路としての役割だけでなく、幽邃《ゆうすい》な趣を醸し出す要素として一役買っているのである。

露地の敷石は、山居へ至る山道を表現する外露地に敷かれることが多く、踏みしめられた礫道の感覚的なおもしろさがをその原形とされている。特に荒肌の山石による敷石は、その整然とした美しさを超えた崩しのなかに、山道の侘びた風情が醸し出されるのである。

なお、敷石を園路などのように帯状に長くつくったも

桂離宮の「真の飛石」と称される切石でつくった延段

桂離宮に見られる自然石と加工石を混ぜた行の延段

のを「延段《のべだん》」という。

昔、中国の宮廷では、儀式のための広場を切石（四角く加工した石材）によって舗装し一段高く壇状につくった。これを「展壇」と称した。広い壇を意味する言葉である。それが転じて、日本では敷石を園路状にしたものを「のべだん」と呼び、いつの頃からか「延段」の文字が当てられたという。

敷石の真と行と草

書道の楷書、行書、草書、または茶の湯をはじめ、華道や俳諧、舞踊といった日本文化全般には「真行草」それぞれの形があり、それが古くから庭にも応用されてきた。正格を「真」、形を崩したものを「草」、その中間のものを「行」とする。

江戸時代後期に秋里籬島《あきさとりとう》によって著《あらわ》された『築山庭造《つきやまていぞう》伝《でん》・後編』では「築山」と「平庭《ひらにわ》」をそれぞれ真、行、草に分けている。「真之築山」「行之築山」「草之築山」、および「真之平庭」「行之平庭」「草之平庭」として図解し、すべての要素が揃っている真の庭から、行、草と簡略化されていくのが見て取れる。

庭において、この「真行草」の違いが最も顕著に分かるのが敷石である。

切石のみを用いて幾何学的に意匠した「切石敷き」を「真」。自然石のみを用いた「玉石敷き」を「草」、これは石が霰《あられ》をまいたように見えるので「霰零《あられこぼ》し」と称される。切石と自然石をミックスさせた「寄石《よせいし》敷き」を「行」と、大きく以上の三種類に分類できる。

整然とした格式美を見せる真体から、行、草と形を崩していくなかに風雅な趣を求めるのである。

図❶ 敷石のさまざまな種類

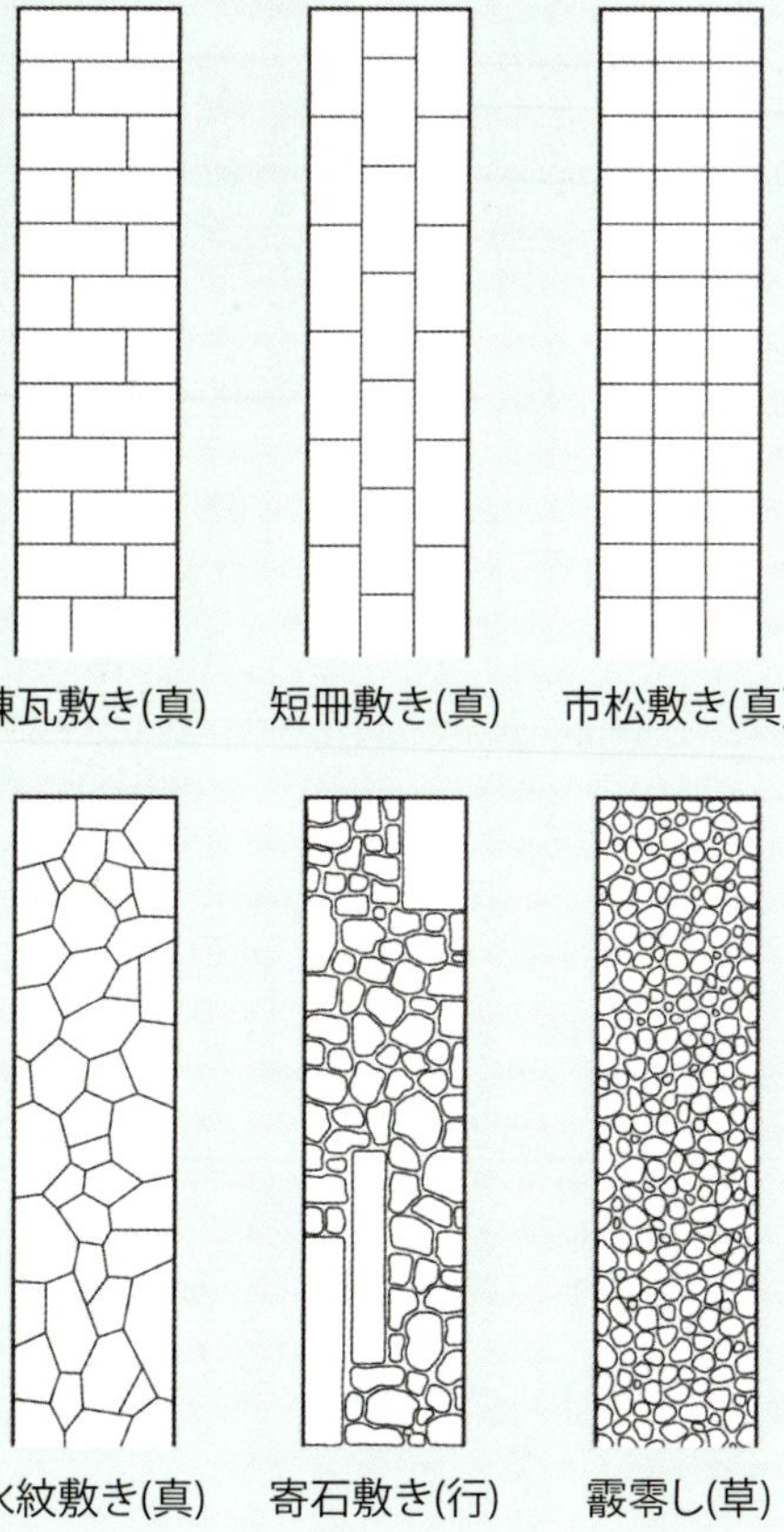
煉瓦敷き(真)
短冊敷き(真)
市松敷き(真)
氷紋敷き(真)
寄石敷き(行)
霰零し(草)

デザインに留意すること

飛石は「用（歩きやすさ）と景（美しさ）を満たすことが大切」と前項で述べたが、敷石はそれ以上に「用と景」の双方が重要となる。

敷石をつくるにあたっての留意点は、まず第一に歩きやすいように平坦につくる、すなわち「用」を満たすことである。

次に大切なことが「景」を満たすこと。敷石の美しさは目地で決まるといっても過言ではない。目地の幅は一～一・五センチ均一とし、特に自然石などの非整形的な材料を使うときには、目地がY字やT字となるのが望ましい。「四つ目地」や「通し目地」「八つ巻き」などは景観を著しく損ねるので避ける（次頁図❷）。あくまでも不規則に目地をとるということだが、不規則につくっているつもりでも、気がつかないうちに何らかの規則的な模様を描いていることが少なくない。事前に使う石材を想定して、設計図を描いておくことが必要である。

敷石づくりの実際

❶動線を決める

まず、動線を決め、石を敷く範囲を決定する。地面にその範囲の線を描き、ポイントに杭を打ち、つくる高さに合わせて糸を水平に張る。石の据える高さは三センチくらいが適当である。

❷床掘りと下地づくり

次につくる範囲を掘る。掘るというよりもスコップで土を鋤き取る感じで一〇数センチほどの深さとする。このあと下地として底に砕石、砂利を敷き、コンクリートを打つのだが、本格的な土木工事になってしまうので、底に砂を敷き詰めてよく均《なら》すだけでもよい。

図❷ 避けるべき石の敷き方（霰零しの場合）

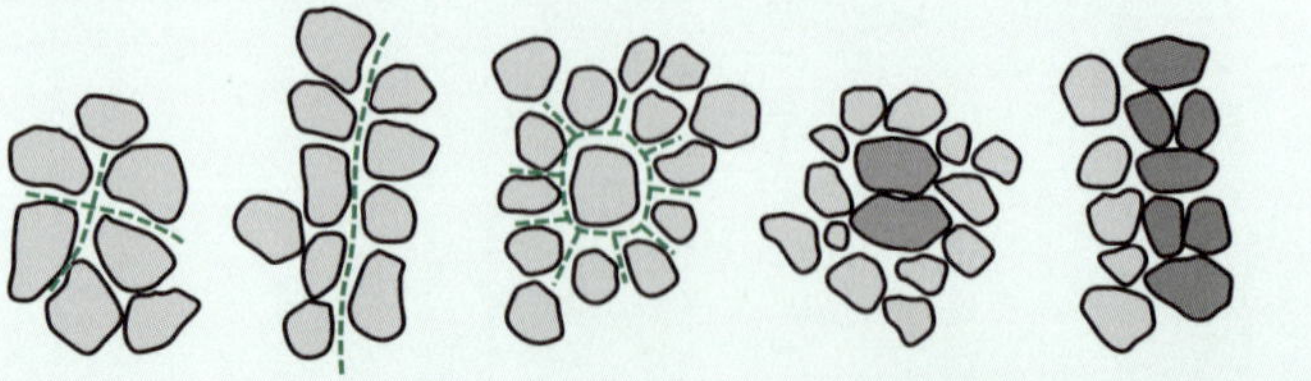
四つ目地
通し目地
八つ巻き
同大、同形の石が並ぶ
同じ模様の繰り返し

❸石材を敷く

下地ができたら石材を並べていく。石はまず角から決めて縁を決め、順次内部を決めていく。石は一つ一つ叩いて、砂の上に落ちつかせる。

角になるところの石は、大きめで形のよいものを使うことが大切。寄石敷きの場合、切石や板石は角にもっていくようにする。

また、全体に同じ大きさの石を用いるよりも、大小取り混ぜたほうがメリハリのある景が表現できる。ただし、一つだけ大きな石を入れると八つ巻き状になるので、大きな石は二つ以上を近接して使わざるを得ない場合も出てくる。

❹目地を仕上げる

全部の石が決まってから全体に砂をかけ目地を埋める。目地にはモルタルを詰めたり、また苔や草をあしらってみても景を表現するうえで効果的である。

一日に一尺ほどの手仕事

最近ではホームセンター、DIYショップなどで御影切石や、ピンコロなどと呼ばれる小さな舗石、敷石用の玉石（自然石）も販売されていて、それらを利用すると手軽である。ただ、我々にいわせれば、規格品なので大きさや形が揃い過ぎて、おもしろ味に欠ける部分がある。

ついこの間、近所のホームセンターを覗いてみたところ、ネットの上に不整形な切石をいくつも目地を合わせ

寄石敷き延段の施工の風景

右の写真の延段の完成景

て貼りつけてある商品があった。敷くだけで即、敷石が完成するという代物である。

何でもインスタントに済ませる時代のニーズなのだろう。それはそれでいいのかもしれないが……。

「ああでもない、こうでもない」とか「ここがちがう、あそこがちがう」とか、「ここをこうすれば、もっとよくなる」などといい合いながら、手間をかけ、試行錯誤してつくるなかに庭づくり本来の楽しさがあり、醍醐味もあるものなのである。

敷石のなかでも、自然石を十分に吟味して敷いていく草体の霰零しは、つくり手によって石の配石に個性が表れるものだ。昔は一人で石をじっくりと選んで敷いていくと一日に一尺（約三〇センチ）四方しかできないなんてこともあった。

以前、京都迎賓館の特別研修に行った。京都迎賓館の庭は、京都の職人たちの技を結集した現代の和風庭園だが、なかでも建物の軒内に沿った霰零しにことのほか目を引きつけられた。幅が二メートルほど、長さが三〇メートルくらいだったと記憶しているが、この霰零しは現場から出た鴨川の小石のみを使って、なんと、一人の職人が一年間もかけて丹念に敷いたということである。

一職人のこだわりが結晶となって、その霰零しに見事に表現されていた。

何ごともスピードが優先する現代に、まだこんな丁寧な仕事が残っていたんだと、いたく感動を覚えた。同時に日々の業務のなかで、つい忘れがちになってしまう手仕事の素晴らしさを、もう一度見直すよいきっかけとなった次第である。

第3章

茶庭の極意

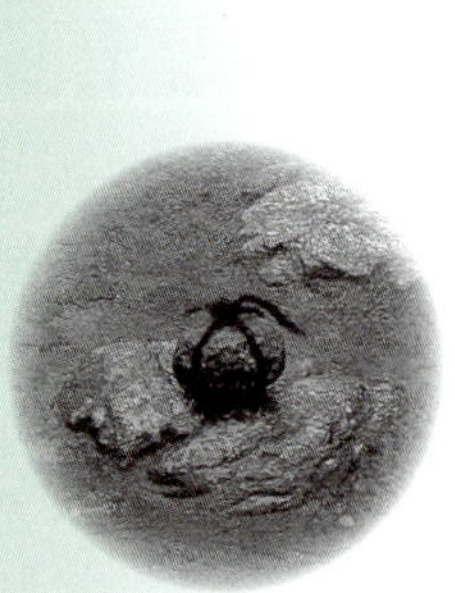

極意11

お寺に茶庭をつくる

●露地の成り立ちと植栽

茶の湯は和の総合芸術

「庭を見れば日本の文化の奥深さに触れることができる」と、日本文化を研究している海外の論客たちは口々にいう。それが我々の誇りともなっている。

実際、日本庭園はほかの国の庭園には決して見られない、深く陰影を刻む独特の幽玄なる世界観をもつ。それに影響を与えたのが、一つは禅であり、一つは茶の湯である。禅は枯山水という様式をつくり、茶の湯は露地すなわち茶庭《ちゃにわ》を形づくった。

お寺にはこの二種の庭を兼ね備えているところも多いと思う。

特に茶庭は今日、和風庭園の形式としてしっかりと根づいて一般化されており、蹲踞《つくばい》や石燈籠《いしどうろう》、飛石や敷石といった主要な庭の要素も元をたどれば茶庭に始まる。

茶庭のことに触れる前にまず、その前提となる「茶の湯」の何たるかを少々説明したいと思う。

十六世紀後半、豊臣秀吉が政権を握っていた桃山時代はほんの二十年あまりの短い期間であった。しかし、この二十余年の間に和歌や連歌、建築、絵画、彫刻、工芸、そして庭園と、さまざまな特色ある芸術・文化が開花した。

それらの芸術・文化すべてにわたって、根本となる精神性を貫き、一つの理念を築き与えたものは、村田珠光《むらたじゅこう》が創始し、武野紹鴎《たけのじょうおう》が確立し、千利休《せんのりきゅう》が深め大成させた「茶の湯」であった。茶の湯は今日に至っても、芸術のみならず、私たち日本人の基本的な礼儀作法や立ち居振

千利休を祖とする表千家の露地の風情

る舞いに深く影響を与えている。

茶の湯とは火を起こし、湯を沸かし、茶を喫すだけのことであるのだが、その一碗の茶を服すという最も簡単で純粋な行為のなかに、茶人が持つ自然観や芸術観、生活観といった事柄のすべてを突き詰めて凝縮したものということができる。

一期一会という言葉に表されるように、亭主と招かれた客との一体感を旨とし、茶碗などの茶道具、茶室の床の間の掛け軸や一輪の花、そういった個々の要素が一体となって全体を構成し、茶事として進行するその時間自体が総合芸術とされるのである。

「路地」から「露地」へ

そして茶庭は「露地《ろじ》」とも呼ばれ、茶室へと至るまでの道すがらとされる。室町の頃であろうか、最も初期の茶庭は「路地」の文字が使われ、単に茶室へと至る通路を意味するものであった。実際、庭というより町なかの家と家との間に挟まれた、茶座敷へと通じる細長い通路であったとされ、そこには心身を清めるための手水鉢が置かれたという。茶会に招かれた客はこの茶庭を歩む過程で、自らの心のうちを整理して清らかな心持ちで茶事に臨むのである。

やがて千利休の時代になると、茶の湯は禅の影響で求道精神が強められ、それにともない、より複雑な形へと変化していった。

「市中《しちゅう》の隠《いん》」「浮世の外の道」、あるいは「山居《さんきょ》の躰《てい》」などとも称されるように、茶の湯には、町なかにありながら、日常生活から隔離された幽閉の趣を旨とする空間が必要とされた。客の歩みを規範する飛石が打たれ、心身を清める蹲踞が置かれ、さらに夜の茶会のために石燈籠

「定式茶庭全図」。江戸時代後期の『築山庭造伝・後編』より

が据えられた。全体として侘び、寂びを基調とした深山幽谷の景が表現されたのである。

ここで茶庭は「路地」から、より高次の「露地」へと昇華していく。「露地」とは『法華経譬喩品《ひゆほん》』の説話によると「三界火宅を離れた境地」をたとえていう言葉であり、庭の世界においては「草庵寂莫《そうあんせきばく》の境地」を意味する。また「地を露《あらわ》にする」という意味合いもあろう。

このようにして茶庭は、庭としての機能と形を発展させていくのであるが、従来の庭の多くが、室内からの観賞を目的としてつくられてきたのに反し、茶庭は、茶事に専心するために茶室内部とは完全に絶縁される。

招かれた客は飛石にしたがって歩み、歩一歩と茶室に近づくにしたがい俗世間から離れ、亭主の理想とする世界へといざなわれる。その間には亭主のもつ美意識、自然観に基づいた、さまざまな決まりごとがあり、道行きのなかで、それらの約束された作法を実践することに茶庭の意味がある。

茶庭をつくる植栽方法

浮世から遠く離れた深山幽谷の景を抽象化した茶庭の

飛石は茶庭に独特のリズムを刻む

風情は、主として植栽により表現される。

茶庭の植栽は、決して人為的とせずに、あくまでも自然のままの趣を表現しなくてはならない。

茶庭に好ましい樹種をよく聞かれることがある。

千利休はキリを好み、その弟子の古田織部はモミノキを好んで植えたといわれるように、茶庭に用いる樹種は好み次第で、特に決まりがあるわけではない。大切なのは理想とする自然の景を、限られた空間にいかに植栽で表現するかである。

また、原則的には気候や土壌の関係上、その土地に産する樹木を用い、その土地の自然の樹木相を観察し、巧みに応用していくことが、のちのちまで無理のない極めて自然な配植となる。

ただし、茶の湯の理念に照らし合わせて、できれば以下のような事柄に留意したい。

■あまり樹種を多くしない。
■作り木（仕立物）は避け、自然樹形を主とする。
■樹木の大きさ、形を揃えない。
■樹形が著しく異なるものは避ける。
■珍しい木、外国の木はなるべく避ける。
■生長の極めて早いもの、遅いものは避ける。
■派手な花が咲くものは避ける。
■香りの強すぎるものは避ける。
■毒や刺のあるものは避ける。

なお、昔は、茶室の床の間に飾る一輪挿しの花をいかすために、茶庭には花木を植えてはならないとか、席中に焚く香の邪魔にならないように香りのある木を植えてはならないなどといわれてきたが、現代ではそれほど厳

草庵へと誘う閑かな佇まいの飛石

しくはいわれていない。亭主あるいはつくり手の美意識のもとに、季節の彩りや香りが必要であれば、花木や芳香樹を用いればよい。

茶庭の植栽管理法

前述のように自然の趣を重視する茶庭では、樹木が本来もっている姿を損なうことなく、それぞれの樹木の自然樹形を大切にした剪定が大切となる。

透かしを基本とした、こまめな手入れが望まれる。茶庭は常に清浄であるべきものということを念頭に置くことが重要と考える。

刈り込みなどの人工的な整姿は極力避け、木バサミや剪定バサミを使うときもゴツゴツとした感じにしたりせずに、できるだけ手入れのあとが目立たないように心掛けたい。

特にカエデや雑木類などの落葉樹は、枝先の柔らかく細やかな風情をいかすように剪定を行う。葉のない冬場の樹姿はとうていごまかしがきかないので、私たちはことのほか気をつかう。

茶庭のもつ雰囲気は、完成後の手入れ次第によって大きく姿を変えてしまう。良くも悪くもである。しっかりと手入れされた樹木によって茶庭に深みが増し、風格が生まれてくる。

枝葉がうっそうと繁り過ぎないように、静寂のなかに微風がゆらす葉ずれの音と木漏れ日のゆらぎが、ほんのわずかに感じられるような、そんな山里の清浄感ある風情が茶庭には求められるのである。

極意12

茶の湯の心を写す役石

●茶の湯作法と露地の配石

坪の内から二重露地へ

日本古来の文化を守る立場の我々としては、お茶の作法も知っておかなくては庭はつくれない。それほど茶の湯というのは、現代の日本庭園のなかに脈々と受け継がれているのである。

いや庭園ばかりではなく礼儀作法をはじめとした生活文化全般に影響を与えている。そのことはご住職にとってはいわずもがなのことであろう。

茶庭が「市中の隠」「浮世の外の道」などと称されるように、茶の湯には、町なかにありながら、日常生活から隔離された幽閑の趣を旨とする空間が必要とされた。つまり茶庭には、世俗との結界の役割をもたせていた。

茶庭はもともとは、町家などに設けられた「坪の内」と呼ばれる一種の坪庭から発展したといわれている。室町から桃山時代にかけてのことである。

写真❶ 外露地に設けられる外腰掛。向かって左が正客石。右の次客石以下は１本の板石でまとめられている

坪の内は手水鉢と下草をあしらった程度の非常に簡素な空間であったとされるが、これを茶の湯のための庭としてアレンジしたのが、最も初期の茶庭の形式である。

やがて、茶会が本格的に行われるようになり、茶庭も機能が重要視されるようになった。そこで、茶庭は「二重露地」と称される複雑な構造のものとなっていった。

二重露地は、茶庭を四つ目垣などの垣根を結界として「外露地」と「内露地」に分けたもので、茶庭として最も形の整った本格的なしつらえのものである。

茶庭の使い方

ここで、最も基本的な「正午の茶事」を例に、お茶の作法に照らし合わせた茶庭の使い方を説明しよう。

図❶ 二重露地の構成と役石

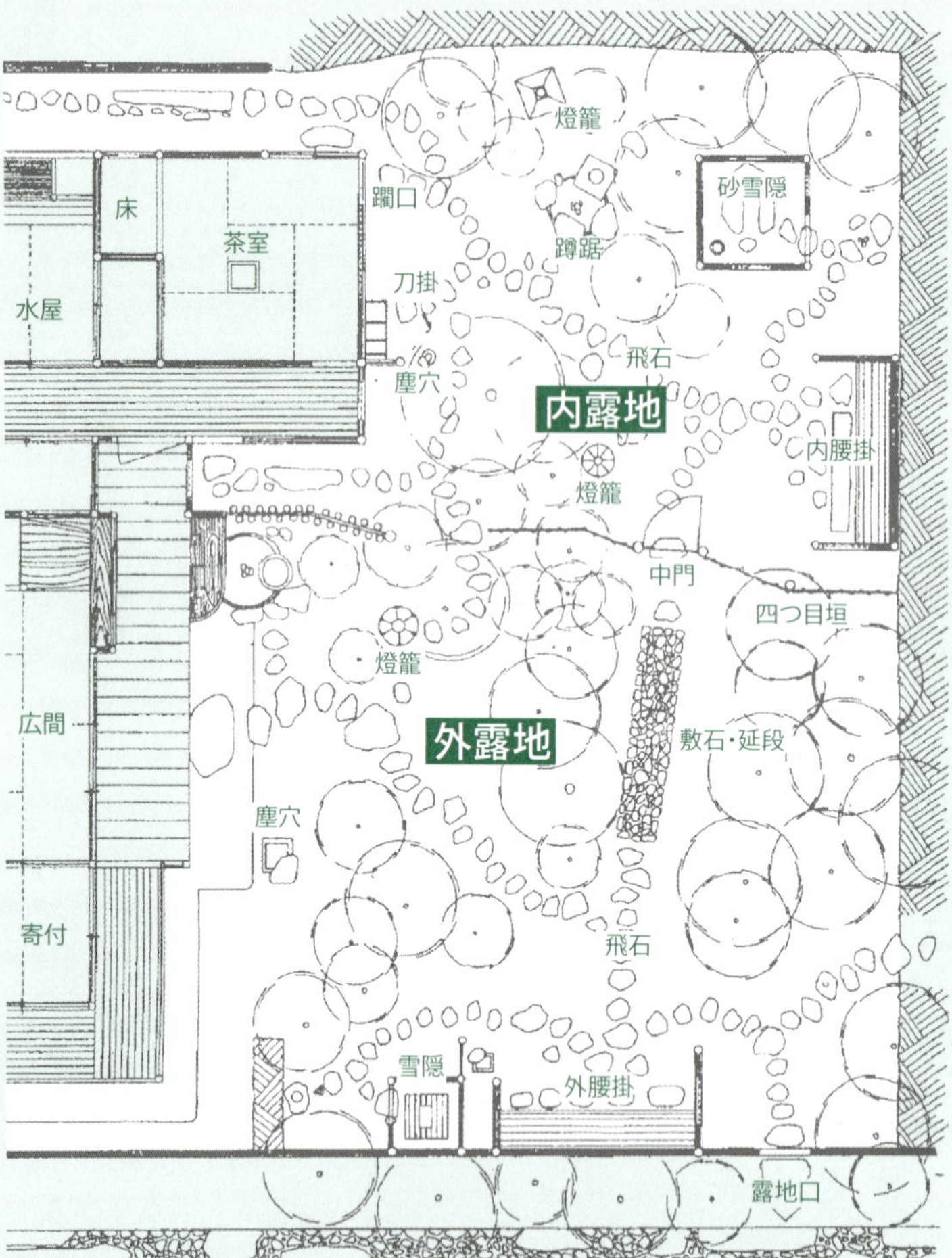

燈籠
砂雪隠
躙口
蹲踞
床
茶室
刀掛
水屋
飛石
塵穴
内露地
内腰掛
燈籠
中門
四つ目垣
燈籠
広間
外露地
敷石・延段
塵穴
寄付
飛石
雪隠
外腰掛
露地口

❶寄付（袴付）～外腰掛

茶会に招かれる客は、多くて五名ほどで、その年齢、教養、茶歴などから正客《しょうきゃく》、次客《じきゃく》、連客《つれきゃく》（相客《あいきゃく》）、お詰《つ》め（末客《まっきゃく》）と序列ができる。ただし末席に位置するお詰めは、正客に劣らず経験の深い者が務めることになる。

客たちは、玄関、または「寄付《よりつき》（袴付《はかまづけ》）」で衣服を改め、寄付に隣り合った広間（待合）で連客が揃うのを待つ。客が揃ったら、お詰めが客の数だけ魚板を打って、準備が整ったことを亭主に知らせ、露地草履を履いて茶庭に出て「外腰掛」（前頁写真❶）で亭主の迎付《むかえつけ》を待つ。腰掛には正客以下、足を揃えて座るための「踏石《ふみいし》」が、役石として打たれる。踏石は、客名どおり「正客石」「次客石」「連客石（相客石）」「お詰め石」とそれぞれ呼ばれる。

❷迎付

亭主は茶室より手桶をもって出て「蹲踞」（写真❷）へと向かい、手桶を蹲踞の「湯桶《ゆおけ》石」に置き、手水鉢の水を柄杓《ひしゃく》を使って周囲に打ち水をし、次に手桶の水を音高らかに手水鉢へと注ぐ。この音を合図に客は、正客を先頭に、次客、連客、お詰めの順に外露地と内露地の境界である「中門《ちゅうもん》」へと進み迎付に備える。

亭主は中門の内露地側にある「亭主石」の上に立ち、正客は外露地側の「正客石」の上に立ち、連客以下は正客の後ろにしたがう。亭主石、正客石などの役石には飛石よりも大振りで、無理なく乗れるような安定感のある石が用いられる。

全員揃ったところで亭主と客は無言で礼をする。これで迎付が終了する。

写真❷ 席入り前に手を洗い口をすすいで心身を清めるために、蹲踞は茶庭になくてはならない

写真❸ 迎付を行う中門。四つ目垣を外露地と内露地の境界とし、簡素な枝折戸を設ける

なお、中門には竹で編んだ簡素な「枝折戸《しおりど》」などが用いられる場合が多い（前頁写真❸）。

❸席入り

その後、亭主は「躙口《にじりぐち》」より茶室に戻る（写真❹）。亭主の姿が見えなくなったら、客は内露地へと進み、順番に蹲踞で手水を使う。茶事に際して、手を洗い口をすすいで心身を清めるのである。

席入りする前に、「額見石《がくみいし》（物見石《ものみいし》）」という大ぶりな役石の上に立って茶室の扁額《へんがく》を拝見したり、砂雪隠《すなせっちん》を拝見したりする。

写真❹　草庵茶室の躙口。踏石（沓脱石）、落石、乗石といった役石が適切に配される

席入りにあたっては、躙口付近の役石である「乗石《のりいし》」「落石《おとしいし》」「踏石《ふみいし》（沓脱石《くつぬぎいし》）」の順にわたって正客から躙口より茶室へと入る。正客は踏石に乗って躙口の引き戸を静かに開けて、頭を低くして身体を躙り入れ、振り返って草履の裏と裏を合わせて、踏石の周囲に立て掛ける。次客、連客と同様に席入りし、最後のお詰めは音を立てて躙口の戸を閉め、席入りが完了した合図を送る。

❹中立

その後、初座と後座の間に「中立《なかだち》」といわれる休憩時間があり、この間に庭に降りて休憩するために、内露地には「内腰掛」が設けられる。この内腰掛付近には「鐘聞石」という役石が据えられる。亭主は後座の準備が整ったら鐘や銅鑼を鳴らして知らせるが、客は鐘聞石の上にしゃがんで、その音を聞くのである。

茶庭の飛石と役石

茶庭は、初めから終わりまで、つまり露地口から茶室まで飛石や敷石を園路として道行きとする。

飛石は、園路として、客が茶庭を歩きやすくするのと同時に、歩みを規制するものである。すなわち、客にどのように茶庭を歩かせ、どのように観賞させるかという亭主の意図が反映されている。

飛石の上を一歩一歩と歩を進めるごとに、見える景色が刻々と変化する。客は踏みしめるごとに移りゆく風情に心をとめつつ、徐々に俗世間から離れ、清浄の世界へいざなわれていくのを実感する。それゆえ飛石は、決して真っすぐに茶室まで導こうとはしない。行き先をはぐらかすかのように、あらぬ方向へ向かわせようと迂回したり、石の並びに変化をつけて、歩みをあえて迷わそうとする。

写真❺ 飛石の上に置かれた関守石は通行止めを意味する

飛石は、茶会へのプロローグとしてなくてはならないものである。

なお、途中、飛石の上に縄を十字に結んだこぶし大の石が置いてあることがある。これは「関守石《せきもりいし》」と呼ばれ、通行止めを意味するもので、そこから先には進んではならない決まりになっている（写真❺）。

このように誘導の働きとともに、厳しい制限と確実性を有するがゆえに、飛石には、特別に重要な働きをするさまざまな役石がある。露地口から始まり、外腰掛、中門、蹲踞、躙口、刀掛《かたなかけ》、塵穴《ちりあな》、内腰掛、砂雪隠など、茶庭の主要な構成要素には、すべて役石が打たれる。

これらの役石の働きによって、きっちりとした動作を求められ、茶の湯の作法は非常に厳粛なものとなる。客は、歩一歩と茶室に近づくにしたがい俗世間から離れ、亭主の理想とする世界に入らんとする。その間には亭主のもつ美意識、自然観に基づいた、さまざまな決まりごとがあり、道行きのなかで、それらの約束された作法を実践することに茶庭の意味があろう。

ときには窮屈、ときにはゆるやかと、それはすべて茶人の心のリズムなのである。

茶庭には無駄な飛石は一つもない。すべてが意味をもつ。その意味を考えながら、一つ一つ丹念に据えていく、それが我々の仕事なのである。

極意13

茶庭の風情を美しく整える

●露地管理と掃除で清浄の景を

清浄心が如実に表れる場

おそらくは立派な茶室と露地すなわち茶庭をお持ちのお寺も多いことであろうと思う。

しかしご承知のこととは思うが、いくら趣のある優れた露地でも、少しでも掃除や手入れを怠ればせっかくの風情が台なしになる。茶事が催される数日前になって慌てて作業をしても、お客を迎えるための行き届いた手入れなど、なかなかできるものではない。たいていは付け焼き刃に終わってしまうのである。

掃除は、露地の根本的な精神を顕わすものであり、管理する者にとっては最も心入れの必要な作業といえよう。茶事の有無にかかわらず、日々の庭の掃除が修行であり、これによりお客を快く迎えてもてなし、一期一会の茶事に深まりがでる。

茶の湯の精神は、浮世の塵を払い、一心に清浄の境を求めることであり、茶人は禅僧の修行にも似て、日々自己を律し内観する。露地は、そのような茶人の清浄心が如実に表れる場である。

■掃き掃除

露地の掃除は隅から始めて中央へ、外から始めて内へ、木から始めて下草、地被《ちひ》へと及ぶのが普通である。

まず、落ち葉やゴミを掃き、見苦しい雑草を取り除き、樹木の枯れ枝などははさんで除く。ことさら念入りに掃除する場合は、樹木をゆすって落ちるだけの葉を落として掃き清めることもある。地面を掃くときは、できるだけ地肌を荒らさないように穂先の柔らかい箒《ほうき》を使い、スギゴケなどの地被の部分は、少し荒目の箒で鋤《す》くように掃いてゴミや落ち葉をかき出すようにするとよい。

なお、露地には専用の露地箒《ろじぼうき》というものがある。主に外露地用には棕櫚箒《しゅろぼうき》、内露地用には蕨箒《わらびぼうき》とされるが、双方とも実際に掃除に使われることはほとんどない。いわゆる飾り箒として露地の根本精神、日々研鑽の証を示すものとされる。

塵穴《ちりあな》や砂雪隠《すなせっちん》（後述）と同様の役割の棕櫚箒は、青竹にシュロの葉を束ねて藤蔓《ふじつる》で編んだもので、外腰掛付近

写真❶ 外腰掛の脇に掛け置かれる棕櫚箒

写真❷ 茶室軒内に掛けられた蕨箒

に掛け置かれる（写真❶）。蕨箒は、蕨縄をほぐし、竹に結びつけたもので、塵穴の近くに掛け置かれることが多い（写真❷）。

■植栽の手入れ

樹木の手入れは自然な感じの透かしを行うことが何よりである。木漏れ日の中を、さわやかに風が吹き抜けて梢を揺らすといった風情を出すことに心掛けて剪定を行いたい。刈り込みなどの人工的な整姿を行うことは避け、できるだけ手入れのあとが目立たぬようにすべきであろう。また園路の横の木の枝はお客に触れぬ範囲に切り止めておかねばならない。

下草類も繁茂し過ぎて煩雑な感じになってはならない。常にこざっぱりと整え、葉の大きなものは、表面の土や埃を洗い取って清潔感を保つ努力を要する。

■蹲踞の清掃

蹲踞の手水鉢は水穴の中を常に清潔にしておかなければならない。たわしで内側をこすり、水垢などの汚れを落とし、何度か水を入れ替える。茶事の前日には清めの意味も含めて、荒塩をたわしにつけてよく洗っておくとよい。

写真❸ 砂雪隠の内部。踏石の間にヒノキの青葉が置かれている

手水鉢の外側の苔や錆は風情として落とさずに残すが、水穴の縁に生えている苔はきれいに取り去る。苔が水に接していると見た目にも清潔感がなく、何より不衛生である。役石に囲まれた蹲踞の海も、水門（排水口）部分のゴロタ石をいったん上げて、中を洗うとともに、ゴロタ石の汚れも落としてから元に戻す。

■飛石・敷石、その他の清掃

飛石や敷石は、踏面《ふみづら》（表面）についた泥や汚れを水に浸したブラシなどでよく洗い落とす。裸足で歩けるくらいきれいにするよう心掛けたい。

苔もあまりにビッシリと生えていたら取り去る。お客が苔ですべったり、湿気で草履や足袋を濡らすことになってしまうからである。

景石、石燈籠も土や泥が一切ついていないように洗い清める。茶事の前日などは中門、腰掛待合、砂雪隠、茶室周りも丹念に掃き、かつ雑巾がけをすることが必要である。

砂雪隠と塵穴のしつらえ

砂雪隠は、いわば露地に付設されるトイレのことだが、別名「飾り雪隠」とも呼ばれ、実際に使用されることはない。もともと砂雪隠は、侘び茶の確立以前は、公家や貴族など貴人専用の便所として使用されていたものであるが、それを飾り雪隠として精神化したところに、茶の湯の求めるものの奥の深さがある。

茶人はことのほか、この砂雪隠を念入りに掃き清めなくてはならない。

よく、その家の掃除が行き届いているかどうかは、トイレを見れば分かるといわれる。

写真❹ 円形の塵穴。青葉が入れられ、覗石に塵箸が立てかけられている

最も不浄な部分を清めることによって、家全体の清浄感を表されるのだが、露地においての砂雪隠は不浄を清浄へと転化する日々の努力を象徴するものといえよう。

砂雪隠は、不浄なものを清浄へと転化する努力、精神修行を象徴する場として、露地に設けられるのである。そのため、茶人は、砂雪隠自体の造りはもちろんのこと、内部の踏石、返石などの役石の構成から、打ち水の仕方、砂の流し方や盛り方、蕨箒や触杖《しょくじょう》（砂かき）の備え方に至るまで、実にこまごまと工夫するのである（写真❸）。

また、砂雪隠と同様に、こうした露地の日々清浄と茶道への研鑽を表すものが「塵穴」である。塵穴は、来客前に露地内を改め、落ち葉やゴミなどを塵箸《ちりばし》で拾い、仮捨てするための穴とされるが、これも実際に使われないことに意味がある。

塵穴は通常、茶室の躙口近くの軒内や腰掛待合付近、また砂雪隠の内部などに設けられ、形は円形のものと方形のものがある。深さはだいたい三〇センチほどで、縁に「覗石《のぞきいし》」と称する石が添えられ、そこに青竹の塵箸が立て掛けられる。

茶会の日には、塵穴には落ち葉ではなく、通常、水に浸したカシやヒノキ、サワラなどの青葉が入れられ、青竹の塵箸が添えられ、清浄の証とする（写真❹）。

露地に打ち水をする

千利休の侘び茶の教えを、利休の高弟であった禅僧・南坊宗啓《なんぼうそうけい》が記録にとどめた『南方録《なんぼうろく》』という茶道の秘伝書がある。そのなかに、打ち水について記された一文がある。

《露地に水うつ事、大凡に心得べからず、茶の湯の水、要只三炭三露にあり、能々功者ならでは会ごとに思ふやうに成難き也、……》

露地に打ち水をすることを軽く考えてはいけないということで、茶事において大切なことは、茶室内にあっては三炭、露地にあっては三露と述べている。

打ち水には初露、二露、三露とあり、初露は客入り前の打ち水、二露は中立前の打ち水、三露は客が帰る前の打ち水、以上を三露と称している。打ち水は清浄世界の演出であり、露地は打ち水を受けてはじめて茶事のできる空間となるともいえる。

打ち水は手桶と柄杓を用いて、木々の梢までたっぷりと濡らす。雨があがったあと、露が光り輝き、清々しく心洗われる風情を表現するのである。

打ち水はまず門前の道路から始め、だんだんと茶室に近づいていくのがよい。席入りの時間、日照、温度等を考え合わせて、初入りのときに最高のコンディションになるよう心を用いて初露を打ちたい。季節や時刻によっても打ち水の仕方が工夫され、濡れ具合、あるいは乾き具合の美しさなど、こまごまとした演出がなされる。

このようなことから私たちは露地をつくる際には、何よりも排水に十分な注意を払う。排水が悪いと、水が溜まって腐り、黒っぽい泥となったり、カビが生えたりする。苔もうまく根づかず見苦しくなってしまう。これでは露地の風情が損なわれるだけでなく、打ち水がかえって不浄の原因となってしまうのである。

また、飛石、敷石、景石、石燈籠、手水鉢もすべてが打ち水を受けて潤い、美しい濡色を示すようにしなくてはならない。飛石や敷石に水が溜まってしまった場合は、雑巾で丹念に拭く。そのため露地に用いる石材を選ぶ際には、濡らしたときの風合いを十分に吟味する必要がある。

露地にかかわらず、庭を清掃することも打ち水をすることも景を演出することであり、一種の技だと心得ていただきたい。

緑の説法 6

利休の教える露地の清掃

茶人の考える清掃とはどういうものかをうかがわせる、千利休のエピソードを紹介する。

ある秋の日のことである。

利休は息子（養子で娘婿）の少庵が露地を掃いて水を打っているのを眺めていた。作業を終えた少庵に「まだ十分ではない」といって、もう一度やるように命じた。

そこで少庵はさらに1時間ほど掃除をやり直して、すっかり疲れ果て、こう利休にいった。

「父上、これ以上はもうすることがありません。飛石は3度も洗いましたし、石燈籠や木立にも十分に水をやりました。苔は青々としていますし、地面には1本の枝も、1枚の葉も落ちてはいません」

すると、利休は「未熟者、露地というものはそんなふうに掃くものではない」と叱りつけ、自ら露地に降り立つと、1本のカエデの木をゆすり、赤く色づいた葉を撒き散らした。

そして、ひと言……。

「これが本当の掃除というものだ」

庭一面にちりばめられた錦は実に美しく、そこには故意に散らした不自然さは微塵も感じられなかったという。

利休が求めたのは単なる清浄ということではなくて、その季節にあった美しい自然の風情の創出ということだったのである。

掃除は単に庭をきれいにする作業ではない。

折々の季節のなかで、その庭の最もその庭らしい輝きを導き出す行為なのである。

そんなことを利休は教えてくれている。

長谷川等伯筆「利休居士像」
表千家不審菴蔵・重文

第4章 添景物の極意

極意14

蹲踞と水琴窟をつくる

●水音を楽しむ小さな水景

お寺にふさわしい水景

蹲踞《つくばい》は、もともと茶庭の手水《ちょうず》施設として必須のものであったが、今日の和風庭園にも受け継がれてきた。蹲踞は、最も簡素な水景でありながら、庭の添景物《てんけいぶつ》として、伝統的な形式美を表現することが所以《ゆえん》となってのことであろう。添景物とは、文字どおり庭に風雅な景を添えるものである。

奥山の岩間に湧きいずる清水のごとく、チョロチョロと筧《かけひ》から落ちるか細い水音は静けさをより強調する。お寺の厳かな風情の庭などには、ほどよい緊張感のなかの一服の清涼剤となろう。

蹲踞はどんな仕組みか

茶会に際して席入りする前に手水を使い心身を清めるために設けられた蹲踞は、低く蹲《つくば》って（しゃがんで）手水を使うことが名の由来となっている。

蹲踞は、手水鉢《ちょうずばち》を中心に手水を使うために乗る前石《まえいし》、夜会の際に手燭《てしょく》を置くための手燭石《てしょくいし》、寒中に温かい湯を用意する湯桶石《ゆおけいし》、以上の三種の役石で構成される。これらの役石に囲まれた部分は海《うみ》と呼ばれ、手水で使った水を流す部分である（図❶）。

手水鉢を海の向こう側に据える形式を向鉢《むこうばち》、海のなかに据える形式を中鉢《なかばち》と呼ぶ。一般的に自然石の手水鉢は向鉢とし、一方、四方仏《しほうぶつ》型、袈裟《けさ》型といった廃材利用の見立てもの、あるいは龍安寺《りょうあんじ》型、銀閣寺《ぎんかくじ》型といった創作ものの手水鉢は中鉢とすることが基本である。

なお本来、茶庭の蹲踞では筧を用いることはない。手

図❶ 蹲踞《つくばい》の基本的な構成

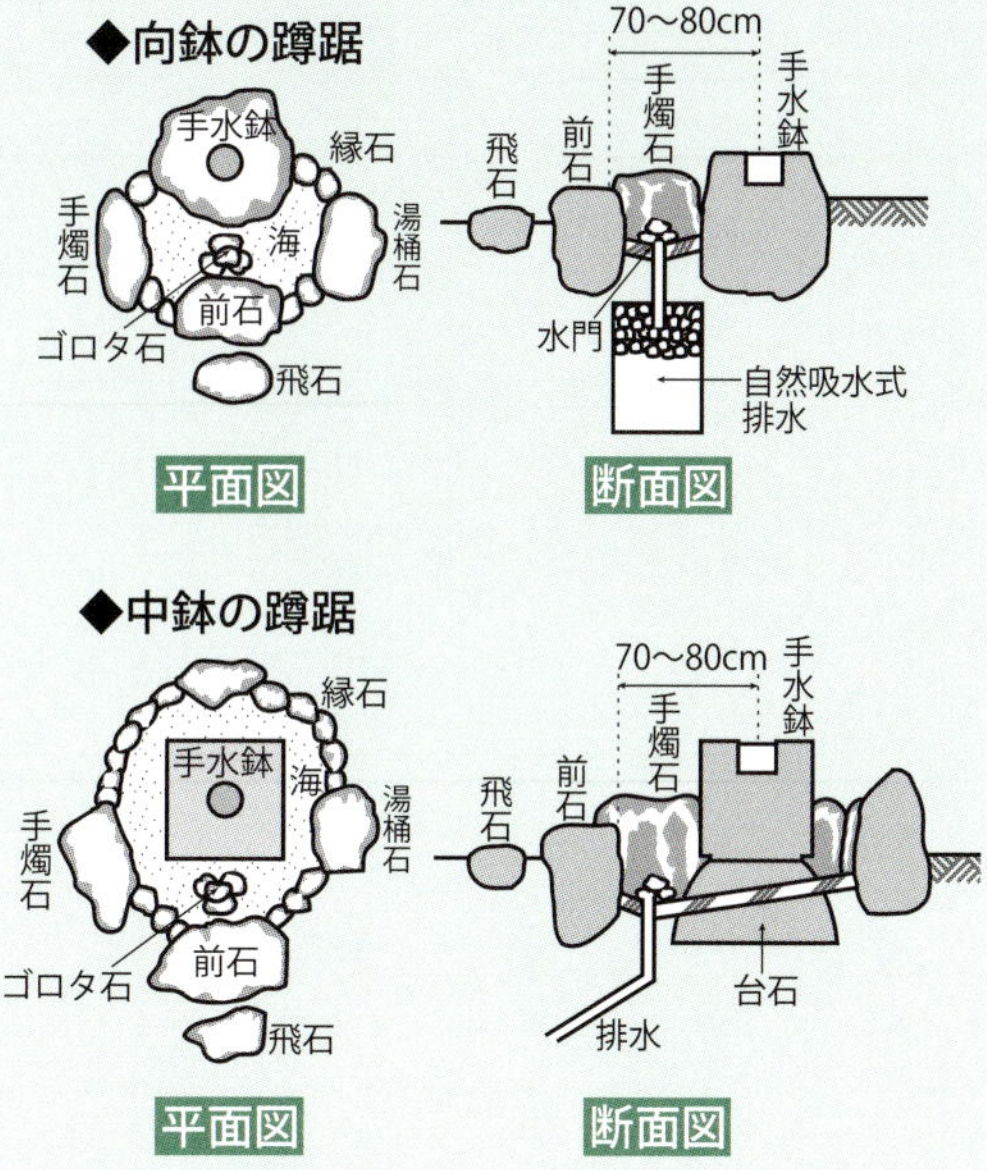
◆向鉢の蹲踞
手水鉢
縁石
手燭石
海
湯桶石
前石
ゴロタ石
飛石
平面図
70〜80cm
手燭石
手水鉢
飛石
前石
水門
自然吸水式排水
断面図
◆中鉢の蹲踞
縁石
手水鉢
海
湯桶石
手燭石
前石
ゴロタ石
飛石
平面図
70〜80cm
手燭石
手水鉢
前石
飛石
台石
排水
断面図

水鉢の水をひんぱんに取り替え、常にきれいにしておくことも茶人としての修行であるがゆえとされる。しかし現代の庭では筧を取りつけて水音を楽しむのがいいように思う。

手水鉢と役石は使い勝手を考えて据える

まず、中心となる手水鉢から決める。据えようと思う場所の土を適当な深さに掘り、手水鉢を仮置きして、位置や高さ、向きをよく確かめて調整する。特に大切なのは水のこぼれかたである。向鉢は手前に水がこぼれるようにし、中鉢の場合は台石を据えて、その上に手水鉢を水平に据え、水が均等にこぼれるようにする。

手水鉢が決まったら、前石、手燭石、湯桶石と仮置きして使い勝手を確かめる。一般に手水鉢、湯桶石、手燭石、前石の順に少しずつ低くなっていくのが定石とされている。

前石は手水鉢との間隔に注意して据える。実際に前石に乗って柄杓《ひしゃく》を使い、無理なく手水を使えるかを確かめながら調整する。手燭石は手燭を載せることを考えると、石の大きさは長径で二五センチ以上必要だろう。湯桶石も実際に湯桶を載せることを想定し、上面が桶（径二七センチくらい）が載るのに十分な広さの平らな面を持つ石を用いる。

すべての役石が決まったら、海を囲む縁石を据えて全体の景観を整えていく。蹲踞はたとえ添景として設けられる場合もあくまで使い勝手を基調とした形式を重んじる。それが個々の役石の景観バランスをつくり、様式美へと昇華していくのである。

給排水設備の留意点

排水は自然排水にすると簡単である。海の下に素焼きの鉢や瓶を埋めて、水をいったんそこに落としてから地中に吸い込ませるのである。

ただし、筧から常に水を流す場合は、水量が多くなるので排水管の設置が必要である。排水設備の施工は蹲踞の設置場所が決まった段階で、他の作業に先駆けて行わなくてはならない。

海の部分は三和土《たたき》で仕上げたり、砂利やゴロタ石、割栗石、玉石などを敷いて仕上げる。さらに排水口を隠すため、四個のゴロタ石を月見団子のように重ねたり、古瓦などを置いたりする。

自然石手水鉢を使った向鉢の蹲踞

なお筧は、竹筒の節を抜いて、そのなかに塩ビ管を通して支柱および樋《とい》としたりするのが最も簡単だが、既製品を利用する手もある。

水は給水栓からビニールホースを利用して引くといいが、ホースは地中に埋めるなどして巧妙に隠す必要がある。

筧から落ちる水量はごく少量にとどめる。水量が多く水音がジャー、ゴボゴボという感じでは著しく興が削がれる。チョロ、チョロ……と、か細く密やかな水音が好ましい。

樋は、手水鉢の水穴のほぼ中心に水が落ちるように長さを調節すること。また樋は心持ち傾ける程度でよい。あまり樋を傾けると水の流れが速くなり過ぎて、これも興を削がれる。

鉢明かりの燈籠

蹲踞の斜め後方に石燈籠を据えることが多い。この燈籠は鉢明《はちあ》かりと呼ばれ、夜の茶会で蹲踞を使うとき、手水の手元を照らす役割をするものである。

現在、燈籠に火をともすことは稀になったが、これも形式美としてひとまとまりの景を表現する。

なお、ここで使う石燈籠は春日燈籠などのように大型のものではなく、織部燈籠のように小型で竿を地面に直

袈裟型手水鉢を使った中鉢の蹲踞

接埋め込む、生込み燈籠と呼ばれる型が適している（石燈籠については89頁以下参照）。

さらに豊かな景趣を表現すべく樹木や下草類の植栽を巧く蹲踞の景に馴染ませて、庭全体の風情と調和を図るようにするとよい。

水琴窟の音色を楽しむ

蹲踞を組むのであれば、排水口の下に瓶を伏せて埋めて水琴窟《すいきんくつ》をつくるのも一考の価値がある。

水琴窟は手水鉢からこぼれた水が地中の伏せ瓶に落ち、その水滴の音を瓶に反響させて楽しむものである。琴を奏でるような風雅な音色を発することが名の由来である。

水琴窟は文化文政の頃（一八〇〇年頃）、江戸の庭師が考案したといわれ、当時は洞水門、あるいは伏瓶水門などと呼ばれていたらしい。

以降、明治時代までは盛んにつくられていたようだが、近年まではほとんど忘れ去られていた存在であった。十数年前にテレビで紹介されたところ、庭園愛好家の間にちょっとしたブームを呼び、再び庭につくられるようになった。

その音色は瓶の大きさなどによって異なるが、言葉ではうまく表現できないほど微妙で透明感のある音を奏でる。深い森の奥底で一滴一滴と水が誕生しているかのような音とでもいえばいいであろうか。筧から手水鉢へと落ちる水音と相まって、心地よい音風景を表現する。

水琴窟のつくり方

❶高さ四〇～六〇センチ、径五〇センチくらいの瓶を用意する。素焼きで軽くたたくと高い金属音がするものがいいであろう。

❷瓶の底に水の落ち口となる径三センチほどの穴をドリルであける。水が均等に落ちるように磁器用のグラインダーかヤスリなどで削り、なめらかにする。穴にはゴミ

や泥が入らないように目の細かい網を取りつける。
❸瓶の大きさや排水方法によるが、だいたい径一二〇センチ、深さ九〇〜一一〇センチくらいの穴を掘る。
❹穴の底に割栗石を敷き、その上に砂利を入れる。
❺塩ビ管などで排水管をつくる。排水は地中に自然排水としてもいいが、水位を一定に保つために図❷のようにする。離れたところに土管のような筒状のものを埋めて排水管を下から空洞部分へと通す。さらに筒に通した排水管に切れ込みを入れる。この切れ込みの位置により水位が調節できる。水位によって音色が異なるので、数カ所に切れ込みを入れてビニールテープを貼って好みの音が出る水位に調節することも可能である。

図❷ 水琴窟の構造断面図

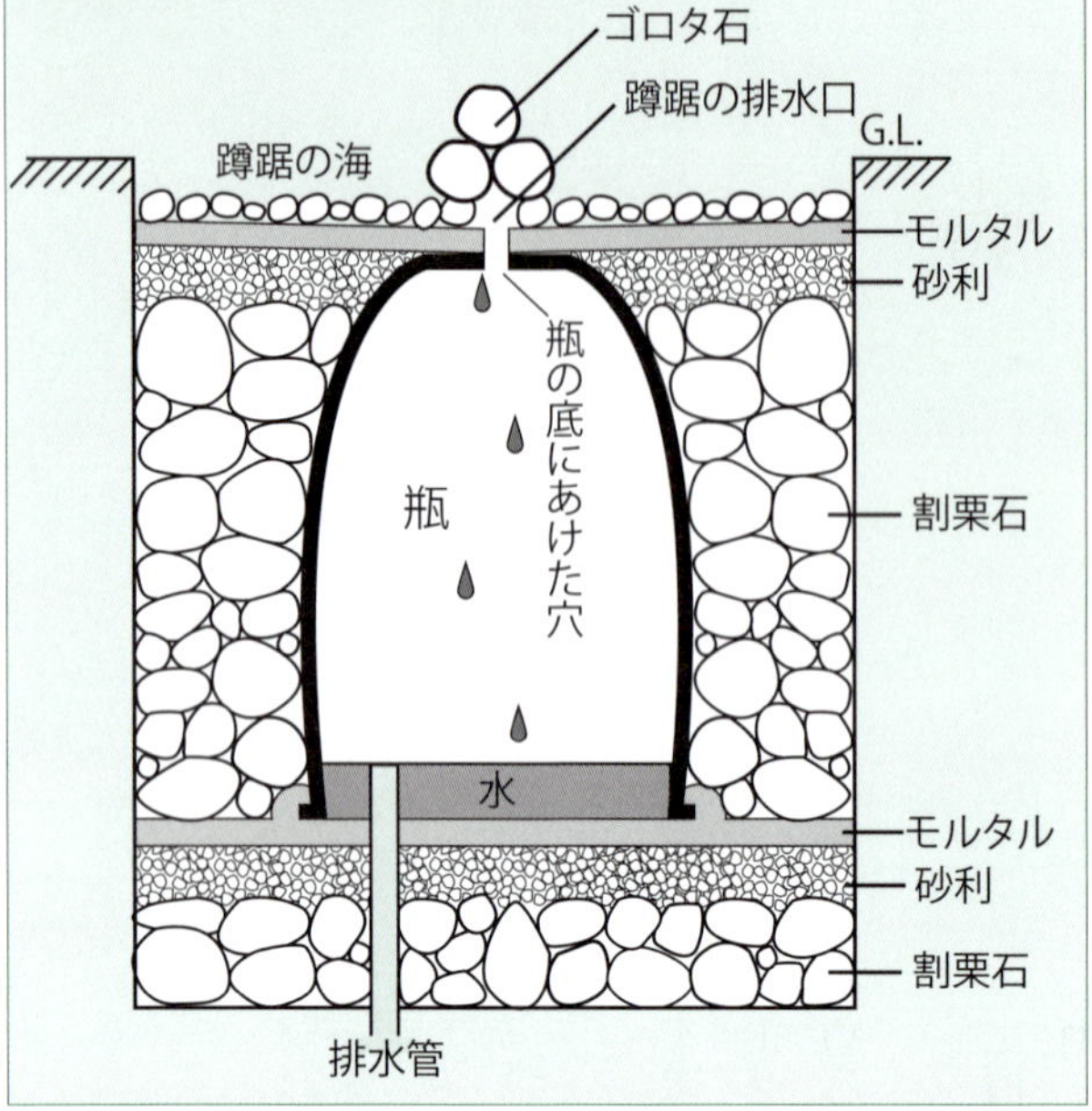
ゴロタ石
蹲踞の排水口
G.L.
蹲踞の海
モルタル
砂利
瓶の底にあけた穴
瓶
割栗石
水
モルタル
砂利
割栗石
排水管

❻瓶を据え置く台座をモルタルでつくる。瓶が水平になるように注意して施工し、排水管を通す。このとき排水管をつくらずに自然排水とする場合は水を受ける受け皿を水平に置くといい。

一定の水位を保ち、皿からこぼれた水は地中へと浸透させる。
❼瓶を台座に伏せて据える。瓶のまわりには割栗石をていねいに入れていく。そのまま土を埋め戻すと音が反響しなくなるためである。
❽最後に地上部に蹲踞を施工する。

地中から響いてくる水琴窟の音はごく小さい。この音が耳に届くとき、お寺の庭ならではの静寂の世界に引き込まれる。この澄んだ音色は次代に残したい日本の音風景の一つである。

極意15

石燈籠はどこにどう置くか

●景趣を深める石燈籠の扱い

なぜ庭に石燈籠なのか

蹲踞のほかに和風庭園の石造添景物として、もう一つ忘れてならないのが石燈籠の存在である。

木や石といった自然の素材のなかで、人の手による造形物である石燈籠はおのずと観賞者の視点を絞り込ませる。石燈籠はその存在感によって全体の景を引き締める、いわば庭のアクセサリーとでもいえよう。

當麻寺型燈籠。奈良時代初期のもので日本最古とされる

石燈籠はもともと神仏への献灯を目的として社寺に置かれたものなので、寺院方のほうがその来歴や見方等については明るいであろう。ここで私なんぞが取り立てて説明するのもおこがましいのだが、庭に石燈籠を据えるという観点で少々説明をしたいと思う。

石燈籠が最初に庭に取り入れられたのは桃山時代、取り入れたのは、かの千利休と伝えられている。利休は京都東山鳥辺野《とりべの》あたりの墓地に立つ石燈籠にともる明け方の残り火の風情に感じ入り、その景を茶庭に取り入れ、晩夜の茶会の際の明かりとしたといわれる。のち、その決して華やかすぎない灯火の風情に、また燈籠自体の幽玄な形に惹かれ、石燈籠は茶庭ばかりでなく、そのほかの形式の庭にも置かれるようになった。

茶人や庭師たちは古社寺から競うように石燈籠を請い受けたり、戦国の世に荒廃した社寺より、打ち捨てられた石造品の廃材を集めて、燈籠の各部分に見立てた寄せ燈籠を組んだりした。

また、時代を経るごとに、数々の創作燈籠がつくられ、さまざまな形式のものが現れるようになる。石燈籠は庭に据えられるようになってから、庭の景趣に合わせるかのように多くのバリエーションが出現するようになった。

それらの姿や形は本来の献灯目的から大きく離れ、庭園照明としての価値が見いだされているのである。

石燈籠の構成と種類

石燈籠は上部より、宝珠《ほうじゅ》、笠《かさ》、火袋《ひぶくろ》、中台《ちゅうだい》、竿《さお》、基礎（台石）の六部分より構成されている。これらが全部揃っている春日《かすが》燈籠のような燈籠を基本型と呼ぶ。この基本型のほかに、織部《おりべ》燈籠のように竿を直接地面に埋め込んだ生込《いけこ》み燈籠や、竿に代わって脚がついている雪見《ゆきみ》燈籠などの変形のものもある。金沢の兼六園にある有名な徽軫《ことじ》燈籠（琴柱燈籠とも書く）は雪見燈籠の一つである。また京都の桂離宮には、竿も脚もない置き型と呼ばれる岬《みさき》燈籠や三光《さんこう》燈籠など、非常に変わった形の燈籠が見られる。

図❶ 基本型石燈籠の構成

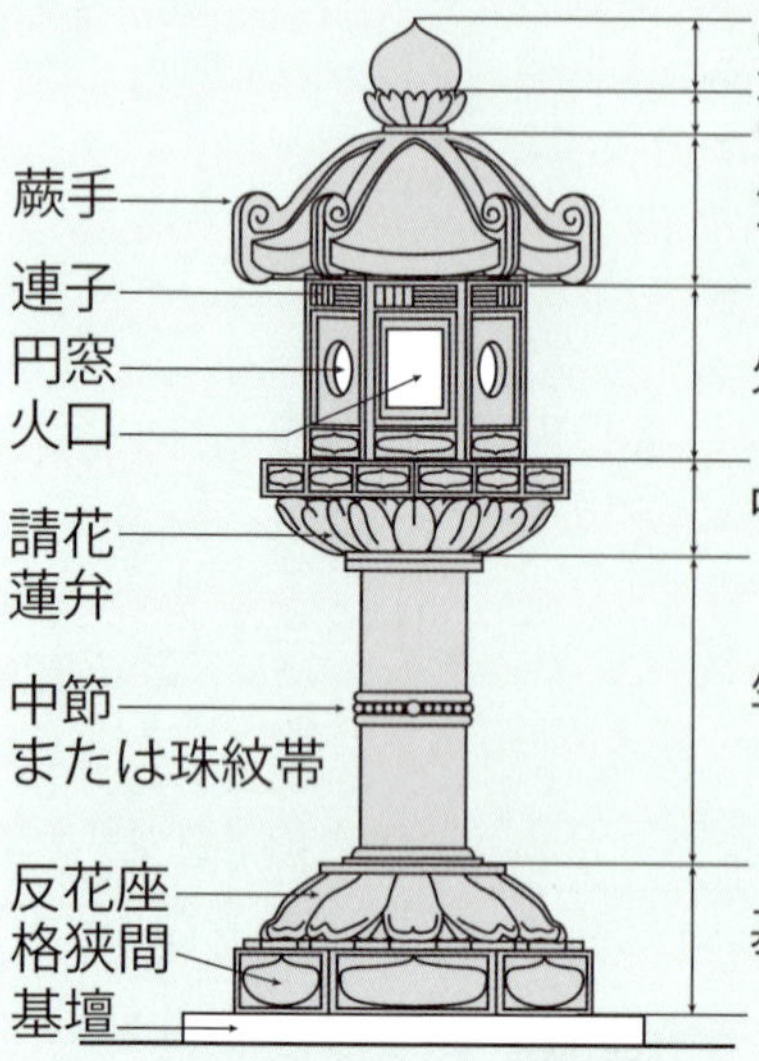
宝珠
請花
笠
火袋
中台
竿
基礎
蕨手
連子
円窓
火口
請花
蓮弁
中節
または珠紋帯
反花座
格狭間
基壇

組み方のコツと実際

据え場所の地面を十分に突き固めて基礎を据え、周囲の土も突き固める。次に竿、中台と積み重ね、中台の水平と竿の垂直を確かめる。水平と垂直の微調節は、各部の継ぎ目に鉛の破片などを差し込んで行うとよい。さら

金沢・兼六園の象徴ともなっている徽軫（琴柱）燈籠

に火袋と笠と重ね、最後にてっぺんに宝珠を載せて完成となる。

　以上は基本形の石燈籠の組み方である。

　生込み燈籠の据えつけは、まず穴を掘り、そこに竿を直接埋め込んで、水平を確認しつつ、中台、火袋、笠、宝珠と順番に載せていく。

　ちなみに、二〇〇七年に発生した能登半島地震で、石川県輪島市のご婦人が、倒れた石燈籠の下敷きになって亡くなられたことがある。

　倒れた石燈籠は、そのお宅に代々伝わる古いものだと聞いた。かなりの年代ものであったのだろう。笠や火袋、中台といった各部を積み重ねただけのものと推測される。

　現在つくられている石燈籠の多くは転倒防止策として各部の接合部に「ほぞ」を彫って、凹凸をはめ込む形式となっている。また、建てる際にも十分な基礎工事を行う。東日本大震災規模の地震は問題外だが、少々の地震

三脚の雪見燈籠。水辺に置かれることが多い

織部燈籠。マリア像を刻むので切支丹燈籠とも

蓮華寺型燈籠。笠が長いのが特徴

水螢型燈籠。灯が水面にゆらめくさまが螢に似る

瓜実型燈籠。無縫塔塔身を火袋に利用した置燈籠

勧修寺型燈籠。真上から見ると笠が四角形

では決して倒れないように細心の注意を払っている。

燈籠が必要な場所に据える

庭に置かれた石燈籠の本来の目的は夜間の照明である。したがって、園路の傍らや曲がり角、突き当たり、木陰のほの暗い場所、蹲踞の後方など、明かりが必要な部分に据えられた。

現在は燈籠に灯火を入れることはほとんどなくなったが、それでも前述のような場所に据えることを基本としている。庭のなかで明かりが必要な部分は、同時に庭の急所でもあり、灯火を入れない添景物としての燈籠もその姿が最も景になじみ、かつ最も効果的に景を演出するポイントとなるのである。

園路の傍らには生込み燈籠など小さめの燈籠を低く据えて足元を照らすかのようにする。園路の曲がり角や突き当たりは船から灯台を見るような、標としてのアイストップ効果をもたせるとよい。木陰は樹木とのバランスや枝葉による燈籠の見え隠れによって豊かな風情を表現する。「燈籠控えの木」「灯障《ひざわ》りの木」（47頁参照）などの役木を効果的に用いるとよいだろう。

蹲踞の後方の鉢明かりに関しては前項で触れたが、蹲踞と調和を図りつつ一体化したひとまとまりの景を表現するようにする。

石燈籠を庭の主役にせず

石燈籠が必要以上に引き立つような据え方は好ましくない。たとえば、庭の中央にもっていったり、燈籠自体が際立つような据えかたをすると景が単調になり奥深さが出ない。庭にそぐわない大きな燈籠も景観を台なしにする。一定の視野で眺められる範囲には二基以上の燈籠を据えないことも原則である。

石燈籠は、ごく簡素な坪庭などは例外として、庭の主役にしてはならない。あくまでも添景として、さりげなく据えて景のバランスをとるものと覚えておきたい。

岬燈籠。池畔の突堤部などに置かれる

箱型の三光燈籠。日月星を三光として火口とする

極意16

僧都で庭の音風景を

●鹿おどしの仕組みとつくり方

庭の静寂を破る仕掛け

チョロチョロとささやかな水の音がいっそうの静けさを際立てるなか、鹿《しし》おどしが「コーン」という音を耳に心地よく響かせる。

その後もしばらくは庭全体に音の余韻が残り、その余韻が消えるころ再び「コーン」と響く。この音を聴くと、私なんかは坐禅中に警策で打たれたような引き締まった気持ちになる。

鹿おどしは昔から伝わる庭の音風景の一つで、お寺の庭などにも多く使われていることであろう。

鹿おどしは、先端を斜めに切った竹筒に水を引き入れて、溜まる水の重みで竹筒が頭を下げて水を吐き出すと、シーソーのように元に戻ると同時に竹筒の底が下に置かれた「叩《たた》き石」と呼ばれる石を叩いて音を出す（次頁図❶）。じつに巧妙な仕組みの水からくりで、独特の雅びやかな音空間をつくるものである。

鹿おどし＝僧都の起源

鹿おどしの「鹿」はシカやイノシシを意味し、もともとは田畑を荒らす動物たちを音で驚かして追い払うための仕掛けとして考案された装置で、いわば案山子と同じ役割をしていたのである。

東京都立殿ヶ谷戸庭園の湧水を使った僧都

これを庭に最初に取り入れたのが、江戸初期の漢詩人であった石川丈山《いしかわじょうざん》といわれ、丈山が建てて晩年隠棲した京都一乗寺の詩仙堂に今もその姿を見ることができる。

鹿おどしは別名「僧都《そうず》」（「添水」とも書く）とも呼ばれている。僧都とはご周知のように僧綱のなかの僧正に次ぐ僧位のことだが、なぜ鹿おどしはこのように呼ばれるのであろうか。

図❶ 鹿おどし＝僧都の構造例

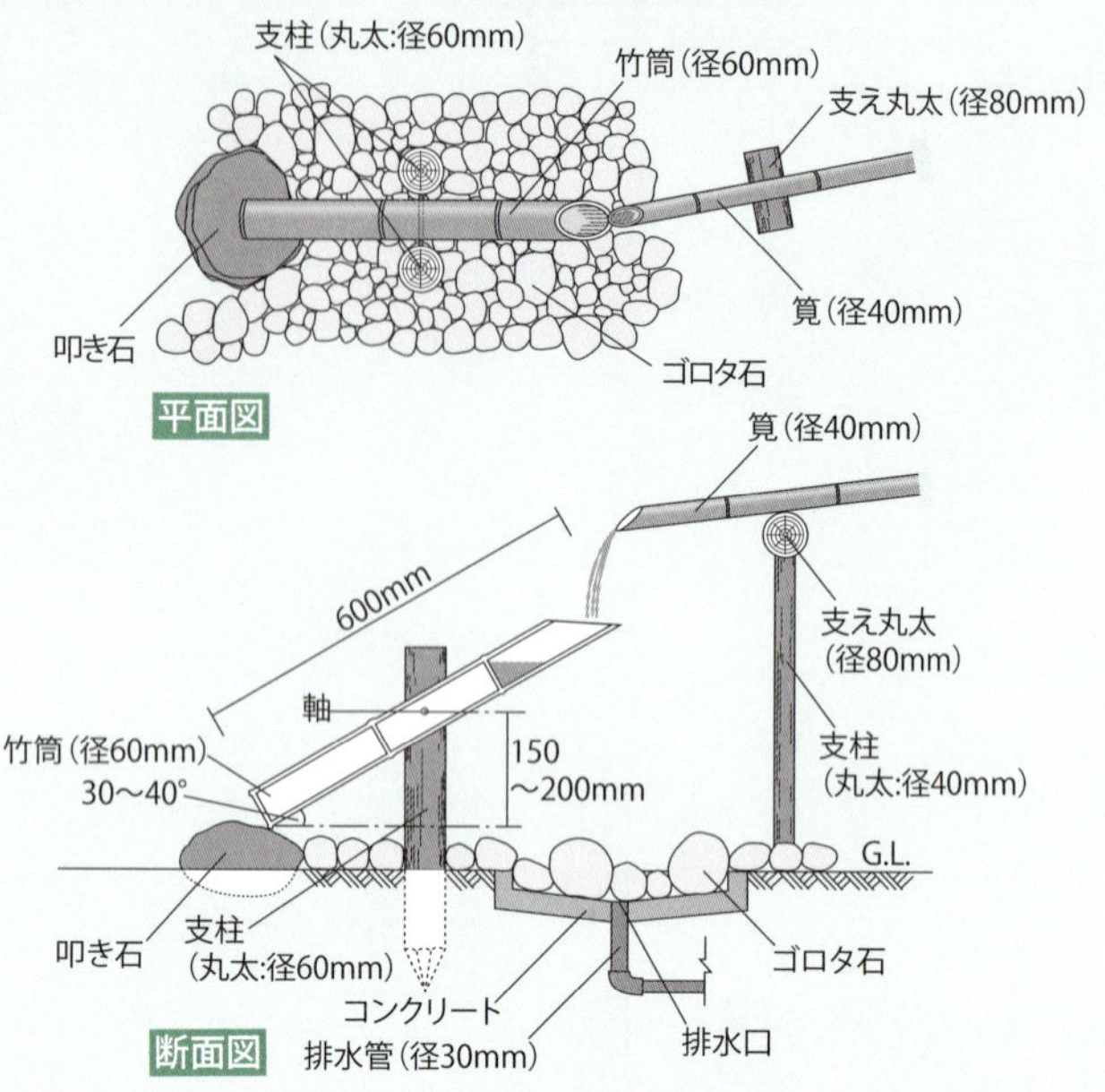

支柱（丸太:径60mm）
竹筒（径60mm）
支え丸太（径80mm）
叩き石
筧（径40mm）
ゴロタ石
平面図
筧（径40mm）
600mm
支え丸太
（径80mm）
軸
竹筒（径60mm）
30〜40°
150
〜200mm
支柱
（丸太:径40mm）
G.L.
叩き石
支柱
（丸太:径60mm）
ゴロタ石
コンクリート
排水口
断面図
排水管（径30mm）

この僧都という名は平安時代に活躍した高僧・玄賓《げんぴん》僧《そう》都《ず》に因むものといわれている。

玄賓僧都は桓武天皇の信任が篤かったのだが、大僧都の位を授けられるのを拒み、丹波や備中の農村を転々とし、秋になると農夫のいでたちで収穫の手伝いをしたという。そこで鳥や獣を追い払うために鹿おどしを考案し、農民たちから大変感謝されたと伝えられている。

このような故事により、もともとは田畑を守る道具であった鹿おどしを「僧都」と名づけたということである。

ここからは玄賓僧都に敬意を表して「僧都」と筆記して稿を進めていくこととする。

僧都の正しいつくり方

それでは僧都のつくり方を解説しよう。

❶竹の先を斜めに切る

僧都に使う丸竹は元口（根元に近いほう）から三節分くらいで、長さはだいたい六〇センチくらいが適当。底に当たる部分を節止めにして切り（節のすぐ先で切ること）、反対側の先端部は水を注げるように斜めに切る。

切り方は節のすぐ脇から二〇〜三〇度くらいの角度で、あらかじめ竹に斜めの線を印してから、その線に沿ってノコギリで切り、さらにナイフで削って微調整するとよい。

なお、ノコギリで竹を斜めに切るのは意外と難しい。竹の繊維は木材に比べて細かいので、普通のノコギリよりも小さく歯が細かい竹ひきノコを使用したほうが作業がしやすい。

図❷ 僧都の水を受ける竹筒の準備

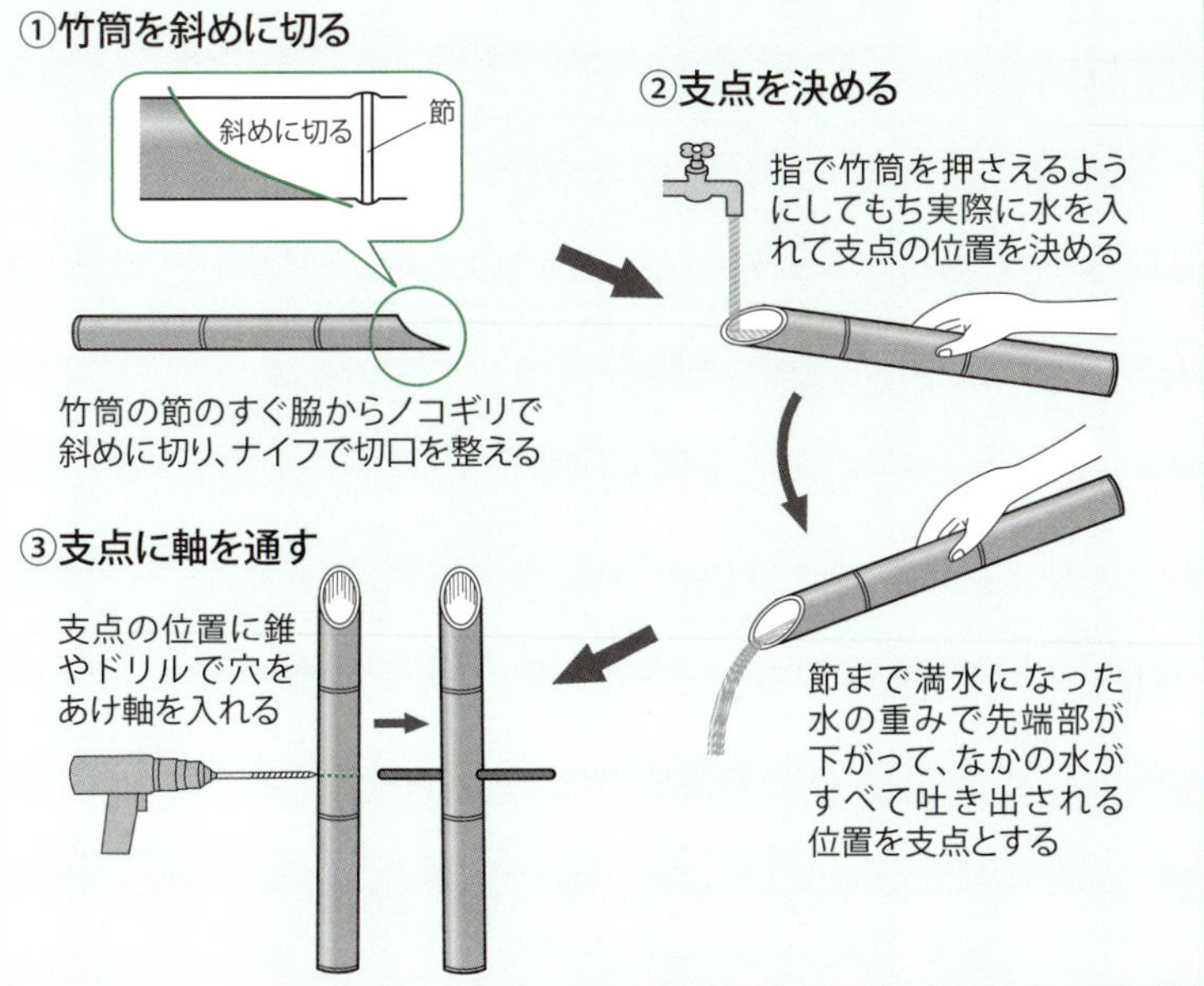
①竹筒を斜めに切る
斜めに切る
節
竹筒の節のすぐ脇からノコギリで斜めに切り、ナイフで切口を整える
②支点を決める
指で竹筒を押さえるようにしてもち実際に水を入れて支点の位置を決める
節まで満水になった水の重みで先端部が下がって、なかの水がすべて吐き出される位置を支点とする
③支点に軸を通す
支点の位置に錐やドリルで穴をあけ軸を入れる

❷支点を決める

次に竹筒が動く支点となる軸を入れるのだが、この支点の位置が重要なポイントとなる。支点の位置を決めるには、指で竹筒を押さえるようにしてもち、実際に水を入れてみるとよい。節まで満水になった水の重みで先端部が下がって、なかの水がすべて吐き出されるような位置を探し、その部分に印をつけておく。

竹筒の支点の位置に錐やドリルで穴をあけ軸を入れる。軸には長さ二〇センチほど、径五〜六センチほどの金属棒か竹串などを使用するとよいが、竹筒に通した軸がぐらつかないようにすることが大切で、竹筒の穴を大きくし過ぎないように注意する（小さい分には再調整することが可能）。誤って穴を大きくし過ぎた場合は軸を太いものにすることで調節する。

❸支柱、叩き石、筧

次に僧都を支える二本の支柱を建てる。これは丸太に穴をあけて軸を通してもいいし、もっと簡単な方法はY字型の木の枝を二本利用して軸を支えてもよい。軸の高さは地面から一五～二〇センチほどに調整する。最後に竹筒の底が当たる部分に叩き石を据える。叩き石には径二〇センチくらいの丸みを帯びた石を選ぶ。据え高は竹筒の底部を乗せて、竹筒の傾きが水平に対して三〇～四〇度くらいになるように調整するとよい。

なお、水を注ぎ込む筧は節をくり抜いた丸竹に塩ビ管やホースを通して給水栓より水を導くようにすると比較的簡単につくることができる。

僧都の音の間隔は筧から落ちる水の量によって決まる。水量が多いと音が連続して少々耳障りとなる。逆に少ないと音の間があき過ぎる。

最も心地よい音の間を計りつつ水量を調節することが大切である。

数年に一度は竹筒の交換を

僧都も竹垣も支柱もそうだが、竹は消耗材と心得ていただきたい。

多少の色褪せはそれはそれで趣とも感じられるが、長年そのままにしておくと、日差しや雨にさらされて黒ずんだり、カビが生えたり、また割れてしまうことも多々ある。こうなると非常に見栄えが悪く、著しく景趣を損なう。

僧都の場合は景趣だけでなく、その機能も損なわれる。竹筒の先端部は常に水が流れ、底の部分は石に当たるため消耗が早い。

竹筒が古びると音の響きが著しく悪くなるし、竹筒が割れたり、節の部分が腐って穴があいたりすると、水漏れがして動かなくなってしまう。

やはり、僧都はあのコーンという乾いた音の響きが命だ。そのためには二～三年に一度は竹筒をつくり直して取り替えることをお勧めする。

庭、ことに日本庭園はワインが熟成するように、年月を経るごとに味わい深くなっていくものだが、それは時間の経過を十分に踏まえた、手入れがあってこそのものなのである。古色を帯びた美しさを表現するのは並大抵のことではない。

極意17

夜の庭を明かりで演出する

●庭園照明を楽しむために

ライトアップされた庭園美

京都では毎年、紅葉が美しい十一月に、数々のお寺で夜間特別拝観を実施し、庭のライトアップが行われる。たとえば、洛東の高台寺をはじめ、小野小町の邸宅跡として知られる随心院、夢窓国師の法孫である策彦禅師の作庭とされる天龍寺塔頭宝厳院、南禅寺塔頭天授庵、洛北岩倉の実相院など、多くのお寺で庭を舞台とした光のアトラクションが行われ、訪れた人々は京の夜の雅びな彩りを堪能することだろう。

モミジの葉の緋色が漆黒の闇に鮮やかに浮かび上がり、しばし夢幻の世界へといざなわれる。光は庭の美しい部分のみを闇のなかから浮かび上がらせることによって、より美しく演出する。

夜の庭は昼間と全く別の顔を持っている。仕事がら、ほとんど明るい太陽のもとで庭と接している私たちにとっては別世界である。

電飾ブームにもの申す

以上のようなイベントは大変結構なことだと思う。普段目にすることのできない庭の別の魅力を申し分なく引き出し、それを多くの人たちに楽しんでもらうのは非常に有意義である。

しかし我々の立場からいわせてもらえれば、最近、日常的に行われているライトアップやイルミネーションは少々過剰気味ではないだろうか。

年末、街にジングルベルのメロディが流れ出すと、街路樹に電飾を取りつけたり、住宅街では家々が競うように建物を、庭を、きらびやかなイルミネーションで装飾したりする。ここはラスベガスか香港か、といった具合である。その艶やかさに自然と目が引きつけられつつも、この傾向には少々眉をひそめざるを得ない。

まず第一にイルミネーションの派手さに、日本庭園の根底に流れる仏教の思想と相反するものを感じてしまう。

季節の移ろいのなかで見せる自然の微妙な変化に、今現在の心の在り方を投影させ、その余情を汲み取るのが、日本庭園の本来の姿であり、精神である。それゆえにほかの国の庭にはない高い芸術性を誇り、世界のなかでも異彩を放つ存在であった。ガーデニングブーム以降の見た目の華やかさを求める風潮が昼夜を問わなくなり、ここに極まったということであろうか。

次に、我々としてみれば、「木はイルミネーションを飾りつける器具ではない」ということである。冬、葉を落として裸になった木は確かに電飾を取りつけるのにうってつけなのかもしれないが、私たちは電飾を取りつけるために木を植えているのではない、という気持ちにさせられる。

イルミネーションはこういった感情論のみではなく、科学的にもよくない。光を当て続けると木の生理も狂わせるからである。

電照栽培をご存じのことと思う。夜間に植物に照明を当てて、故意に開花を早めたり遅らせたりする栽培方法で、秋咲きのキクを正月頃に出荷したり、イチゴやブドウなどの果樹の促成栽培にも利用されている。この例からも分かるように、光は樹木の開花や結実、芽吹き、紅葉、落葉の時期を狂わせることがある。実際、街灯わきの街路樹のイチョウが、落葉の時期になっても青い葉を茂らせている光景をよく見かけたりする。木の順調な生育には真っ暗な夜の時間が大切なのである。

費用をかけぬ庭園照明

さてここまで苦言ばかり呈してきたが、庭の明かりは防犯や安全な歩行などのために必要なものである。あるいは過剰でなければ光で演出された夜の庭を楽しむのもいいだろう。

日本庭園の世界でも昔は石燈籠に火をともしたり、露《ろ》地《じ》行灯《あんどん》などで風情をつくった。「灯障《ひざわ》りの木」といって、モミジなどを燈籠の火口に枝が差し掛かるように植え、火に揺らめく葉を障子に映して楽しんだりもした。

あくまで主役は庭の景であり、明かりはそれを盛り立てる道具という認識に立ち、現在の庭園照明に関して述べてみたい。

■一〇〇ボルトライト

従来、庭園照明といえば六〇ワットや一〇〇ワットの白熱球を利用した一〇〇ボルトのものが主流であった。これは家庭用のコンセントを電源とするもので、確かに明るく庭を照らすのだが、設置費用や月々の電気代が馬鹿にならない。

設置には配線ケーブルを地中六〇センチ以上深く埋めることが義務づけられており、電気工事士の資格を有した専門業者が行わなくてはならない。三六ボルト以上の電気工事をする場合は免許が必要となっている。

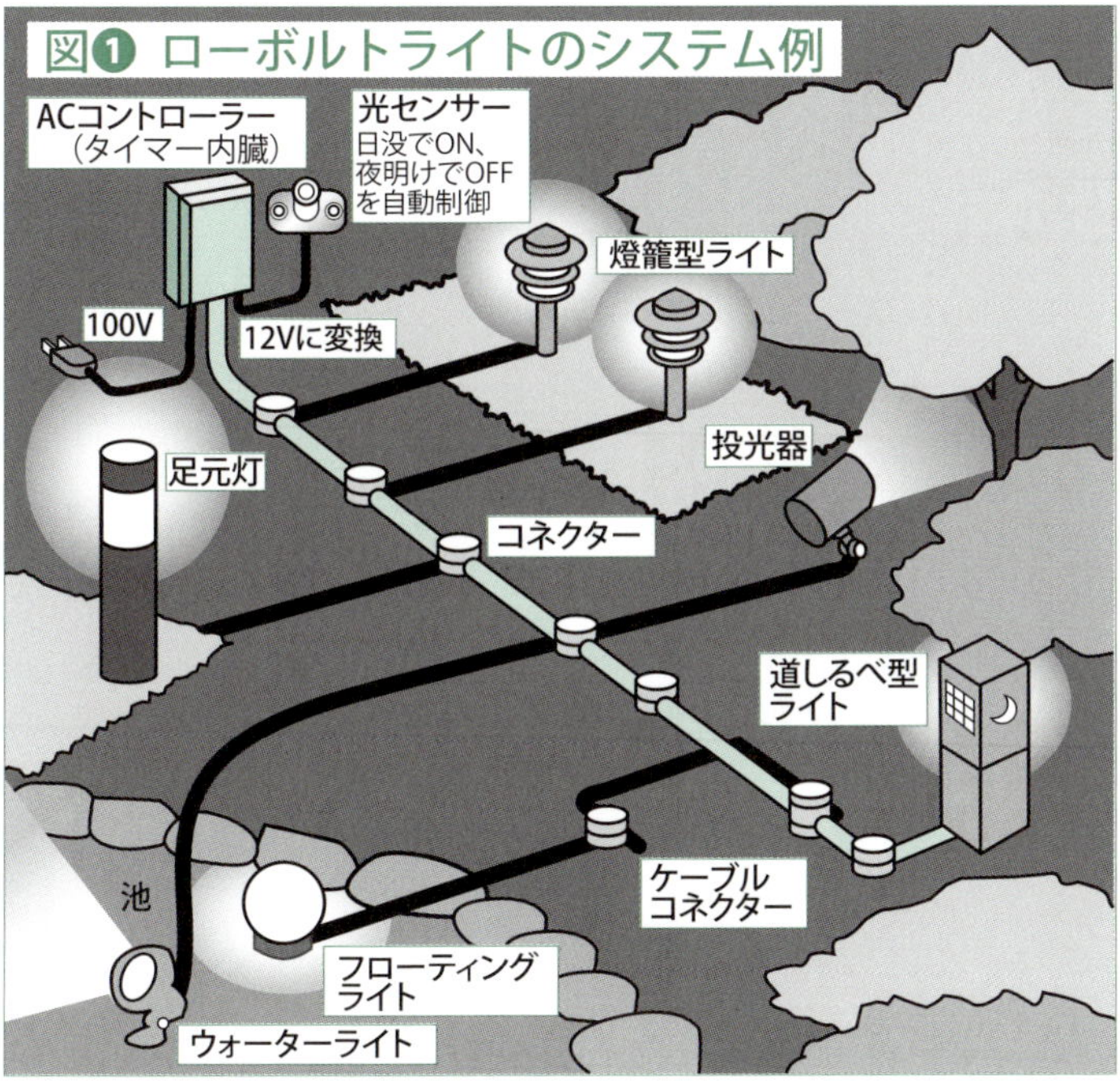
図❶ ローボルトライトのシステム例
ACコントローラー
（タイマー内臓）
光センサー
日没でON、
夜明けでOFF
を自動制御
燈籠型ライト
100V
12Vに変換
投光器
足元灯
コネクター
道しるべ型
ライト
池
ケーブル
コネクター
フローティング
ライト
ウォーターライト

■ソーラーライト

そこで登場したのがソーラータイプのライトである。これは昼間の間、太陽光線を蓄電し、暗くなると自動点灯するので、電気代はかからず、めんどうくさい配線も必要ない。ポールを地面に刺すだけでいいから手軽である。ホームセンターなどで廉価で販売されているのでお勧めである。

ただし、これにも短所がある。あまり明るくならないのである。加えて雨や曇りの日、日照時間の短い冬などは十分に蓄電できないこともある。光自体を庭の雰囲気として楽しむにはいいのだが、庭を明るく照らすという面では機能的に弱い。

■ローボルトライト

この両者の欠点をカバーしたのがローボルトライトすなわち低電圧の照明システムである。一〇〇ボルトのライトであれば、一つのライトごとに電源を確保しなくてはならないが、ローボルトライトのシステムでは一本のケーブルに専用のコネクターをつなぐことにより複数のライトを取りつけることが可能となる。

　電源は家庭用のコンセントとするが、専用のコントローラーで電圧を一〇〇ボルトから一二ボルトに変換してケーブルに接続するので、電気工事士の資格がなくても簡単に設置が可能である。また電気代も大幅に抑えられるし、明るさも確保できる。

　電圧変換コントローラーの総容量のワット数を、ライトの合計ワット数がオーバーしない限りは、いくつでもライトを設置できる。さらに光センサーもついているので周囲の明るさを感知し自動的に点灯・消灯する。

写真❶　陶器製の道しるべ型ライト

　ローボルトライトの工夫によって、庭の景に合わせた思い思いの照明デザインが手軽にできるのである。

さまざまな照明デザイン

　さて、その照明器具のデザインも現在、さまざまに工夫されている。

　お寺の庭には、陶器を素材とし角柱の道しるべ型（写真❶）や置燈籠型、行灯型などの照明灯がほどよく調和すると思う。和の雰囲気を損なうことなく、決して華美になりすぎない侘びた情感を醸し出すのに一役買ってくれるだろう。

　さらには、池や噴水を演出する水中ライトや水面に浮かべるフローティングライトなどは、揺らぎ、踊る水の表情を美しく彩り、幻想的な夜景をつくる。

　また最近では、さまざまな色をもつＬＥＤ（Light Emitting Diode）、つまり発光ダイオードによるライトも開発されている。ＬＥＤを埋め込んだ人工大理石やタイルを使ったり、あるいは舗装の目地にＬＥＤを埋め込んだりして、アプローチの誘導灯や壁面に光の装飾をすることもできる（写真❷）。こういった水中ライトやフローティングライト、ＬＥＤなどは一見、お寺の庭にはそぐわないようにも思えるが、工夫次第では意外とおもしろい照明効果が表現できるかもしれない。

光と影による演出方法

最後に、光による庭の演出法の例を紹介しよう。

■ライトアップ

地面近くに投光器すなわちスポットライトを設置して樹木などをライトアップする際は、光源をあまり強くしすぎないようにすること。前述のような木に対する配慮もあるが、光が対象物の背景にまで届くと興が削がれる。背景は闇に同化させ、漆黒のなかに対象物がぼんやりと浮かび上がるようにすると効果的である。

写真❷ ＬＥＤをタイルに埋め込んで演出

■壁面を照らす

建物や塀の際に設置した照明から壁面に光を流すように照らして、その反射光を楽しむ方法も考えられる。庭の間接照明である。照明器具は光源が見えないようにし、光の手前の石や木の枝のシルエットを際立たせ、庭全体に奥行き感を創出することができる。また折り重なる枝葉の隙間から漏れる光が柔らかく美しい効果を演出する。

■地面や水面を照らす

安全な歩行のための足元誘導灯として園路に設けるほかにも、使い方によっては地面の起伏を印象づけたりするのにも効果がある。砂を敷き詰めた枯山水などに、低く設置した照明から光を横に流すように照らせば、砂紋の陰影がおもしろい効果を発揮したり、砂の粒が銀色に輝き、庭に光の粒をばらまいたような幻想的な世界を現出できるかもしれない。

そのほか、池や流れ、滝などに光を当て、その反射光でさまざまな水の表情を楽しむのも一考である。

照明器具の選び方、組み合わせ方など、工夫次第で多種多様な演出が可能で、ときには思いもよらぬ照明効果を発揮できることがある。要は見せるところと見せないところをしっかりと見極めるのが大切だと思う。光の演出は同時に影の演出でもあるのだから。

第5章 垣と塀の極意

極意18

四つ目垣のつくり方

●四つ目垣づくりと竹の扱い

竹垣は日本の伝統的な匠の技

たわみても決して折れず、凛《りん》として立つ竹の姿に心洗われる。竹林を通り抜ける風に竹の葉ずれの音がさわさわと心地よいメロディを奏で、ときに強風によるざわめきが心を震わせる。

竹は万葉の昔より最も親しまれてきた植物の一つで、古来、竹ほど日本人の生活に深く溶け込んだ植物はないだろう。境内や裏山に竹林があったり、庭に竹が植えられているお寺もじつに多い。

また植栽されている竹だけでなく、籐《とう》、竹籠、茶筅《ちゃせん》、花入れ、また箸や扇子、簾《すだれ》など、竹を素材とした道具や工芸品が古くから工夫されてきた。

材料としての竹は、中空で節があり、強靭だが、肉が薄く、繊維に沿って割れやすく、また曲げやすいという特性を持っている。非常に加工しやすく、かつ丈夫なのである。

そのような竹のもつ特性をいかしてつくられた垣根が竹垣である。竹垣は仕切りとか目隠しといった単なる機能的な役割だけでなく、庭の景物として幽玄な世界を表現する。竹垣はわが国の伝統的な匠の技なのである。

平安の頃より竹垣のルーツのようなものがつくられてきたことが数々の文献や絵巻などからうかがわれるが、竹垣が庭のなかで重要な役割をもつようになったのは桃山時代に茶庭の様式が確立して以降であろう。竹垣のもつ、決して華やかすぎない風情が侘び寂びを重んじる茶庭の景観としてなくてはならない存在となった。特に外

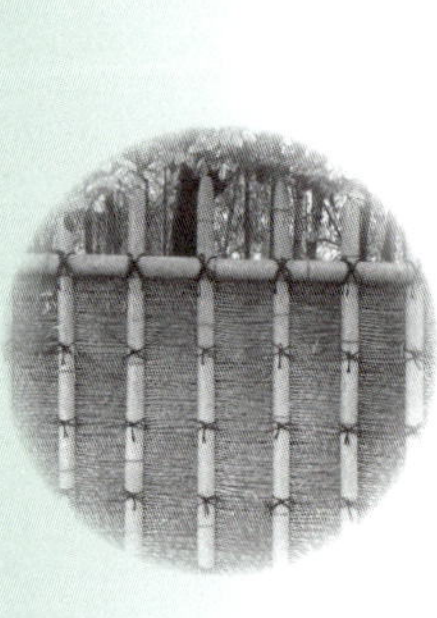

露地と内露地の境界として四つ目垣を用いたり、茶室の軒内などには袖垣《そでがき》を添えて庭の景趣をより豊かにより繊細に表現することに努めた。

江戸時代になると、大小の庭園が全国的につくられるようになり、それにともなって竹垣は各地に広まり、じつにさまざまに工夫された。江戸後期に出版された『石《いし》組園生八重垣伝《ぐみそのうやえがきでん》』という作庭書には、四十種近くもの竹垣のデザイン例が図解されている。いわば竹垣のカタログのようなものである。なかには非常に斬新なものも描かれており、当時の需要の高さと創意工夫のほどがうかがわれる。

図❶ 石組園生八重垣伝の竹垣

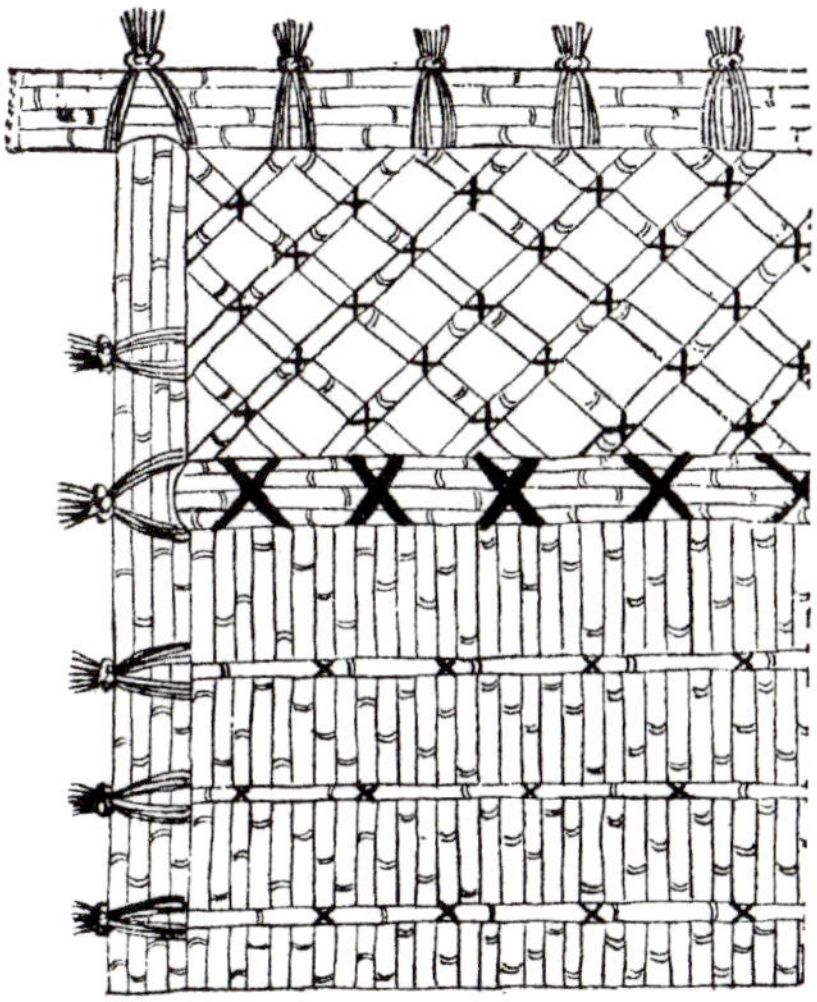

『石組園生八重垣伝』に描かれた竹垣。龍安寺垣（上部）と建仁寺垣（下部）を組み合わせた意匠となっている

竹垣の基本構造

竹垣の基本構造は、両側に建てる「親柱《おやばしら》（留柱《とめばしら》）」の間に「間柱《まばしら》」を建て、背の高さに応じて横に「胴縁《どうぶち》」を数段渡して骨格とする（種類によっては縦に取りつけるものもある）。その胴縁には竹や竹穂、あるいは木の枝などを「組子《くみこ》」として取りつけられる。この組子を、縦使いに取りつける場合は「立子《たてこ》」という。さらに、立子（組子）の表面を胴縁とはさむように「押縁《おしぶち》」で固定し、垣の上部に景観と雨よけを兼ねて「玉縁《たまぶち》」を載せる。なお、胴縁、押縁、玉縁は種類によって用いないものもある。

以上が、竹垣の基本的な構造とされているが、立子や組子の素材や取りつけ方によってさまざまな種類がある。ここでは竹垣を便宜的に透かし垣、遮蔽垣《しゃへい》、編み組み垣、枝穂《えだほ》組みの垣に分類し、以下に代表的なものを紹介する。

竹垣の種類

■透かし垣

柵状に組んだ竹と竹の間から、背後の景が

透けて見える垣で、代表的なものに丸竹を格子状に組んだ簡素な「四《よ》つ目《め》垣《がき》」、立子を等間隔に立て表裏から押縁をはさみ込むように渡した背の低い「金閣寺垣《きんかくじがき》」、組子を菱目に組んだ「龍安寺垣《りょうあんじがき》」、玉縁が弧を描き組子を菱目に組んだ「光悦寺垣《こうえつじがき》」などがある。

■**遮蔽垣**　背後の景を遮断して目隠しとする垣で、立子をすき間なく取りつけた「建仁寺垣《けんにんじがき》」、丸竹を数本で一組とした立子を表裏、交互に取りつけていく「鉄砲垣《てっぽうがき》」、組子を横にすき間なく取りつけた簾に似た意匠の「御簾《みす》垣《がき》」などの種類がある。

写真❶ 長さ 18m もある光悦寺垣

写真❷ 竹穂を横使いにした桂垣

■**編み組み垣**　割竹《わりたけ》や篠竹《しのたけ》で編んだ立子・組子を用いた垣で、大津垣《おおつがき》、網代垣《あじろがき》などがある。

■**枝穂組みの垣**　竹の枝の部分を竹穂というが、竹の桿《かん》（樹木でいう幹の部分）に代えて竹穂を用いた垣である。太い枝の部分を用いたものから枝先のしなやかな穂先を用いたものまで種々あり、竹穂の使い方によって竹穂垣《たけほがき》、桂垣《かつらがき》、蓑垣《みのがき》、松明垣《たいまつがき》などの種類がある。なお、竹穂の代わりに雑木の枝を用いたものを柴垣《しばがき》と呼んでいる。

四つ目垣をつくる

さて、ここで数ある竹垣のなかでも最も簡素な四つ目垣のつくり方を紹介しよう。

以下は標準的な四つ目垣の構造である。

■**親柱**　両側に建てる柱。通常スギかヒノキの焼き丸太を用いる。

■**間柱**　間に建てる柱。一間（約一・八メートル）を幅の基本単位とし、二間の垣には一本、三間なら二本というように、四つ目垣の幅によって本数を決定する。

■**胴縁**　親柱間に横に渡してある竹。胴縁は四段が正式

図❷ 四つ目垣の製作手順

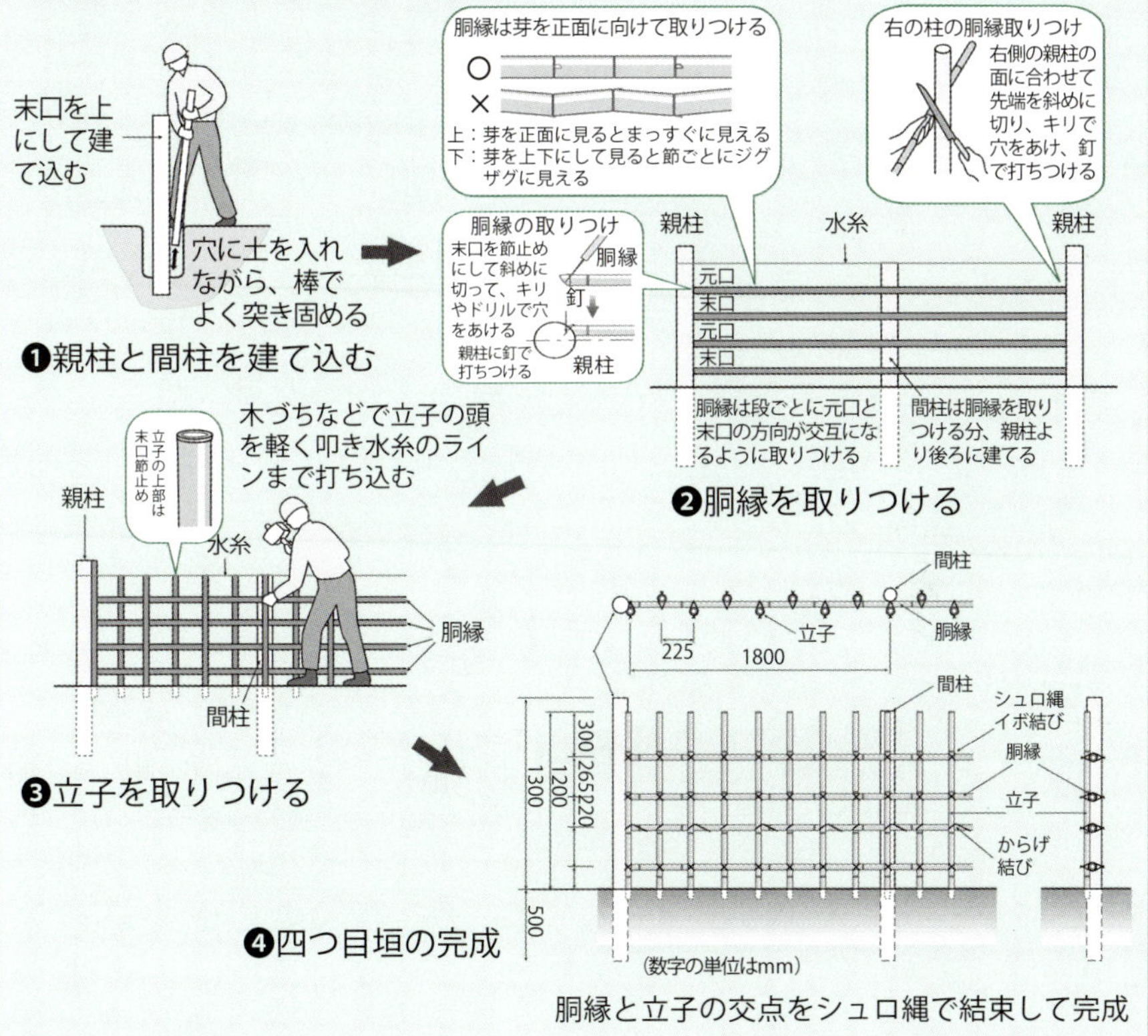
末口を上にして建て込む
穴に土を入れながら、棒でよく突き固める
❶親柱と間柱を建て込む
胴縁は芽を正面に向けて取りつける
○
×
上：芽を正面に見るとまっすぐに見える
下：芽を上下にして見ると節ごとにジグザグに見える
右の柱の胴縁取りつけ
右側の親柱の面に合わせて先端を斜めに切り、キリで穴をあけ、釘で打ちつける
胴縁の取りつけ
末口を節止めにして斜めに切って、キリやドリルで穴をあける
胴縁
釘
親柱に釘で打ちつける
親柱
親柱
水糸
親柱
元口
末口
元口
末口
胴縁は段ごとに元口と末口の方向が交互になるように取りつける
間柱は胴縁を取りつける分、親柱より後ろに建てる
❷胴縁を取りつける
木づちなどで立子の頭を軽く叩き水糸のラインまで打ち込む
立子の上部は末口節止め
親柱
水糸
胴縁
間柱
❸立子を取りつける
間柱
立子
胴縁
225
1800
間柱
シュロ縄イボ結び
胴縁
立子
からげ結び
300
265
220
1200
1300
500
❹四つ目垣の完成
（数字の単位はmm）
胴縁と立子の交点をシュロ縄で結束して完成

といわれているが、三段のものも五段のものも見受けられる。竹の元口《もとくち》（根元に近い径が太いほう）と末口《すえくち》（先端部に近く径の細いほう）が段ごとに互い違いになる。胴縁と胴縁の間を割間《わりま》と呼び、この割間の間隔が四つ目垣のデザインを決定する。

■**立子**　等間隔で縦に並んでいる竹。胴縁の表と裏に交互に立てられる。

四つ目垣づくりのチェックポイント

四つ目垣のつくり方は図❷で示す通りだが、竹垣は独習では思うようにつくることはかなり難しい。要所要所の作業の仕方が出来栄えを大きく左右する。

ここで完成後のチェックポイントを述べることにする。

●**親柱と間柱**　❶垂直でそれぞれの高さが揃っているか。❷ぐらつかないようにしっかりと建て込んであるか。

●**胴縁**　❶水平かつ正面から見てまっすぐに

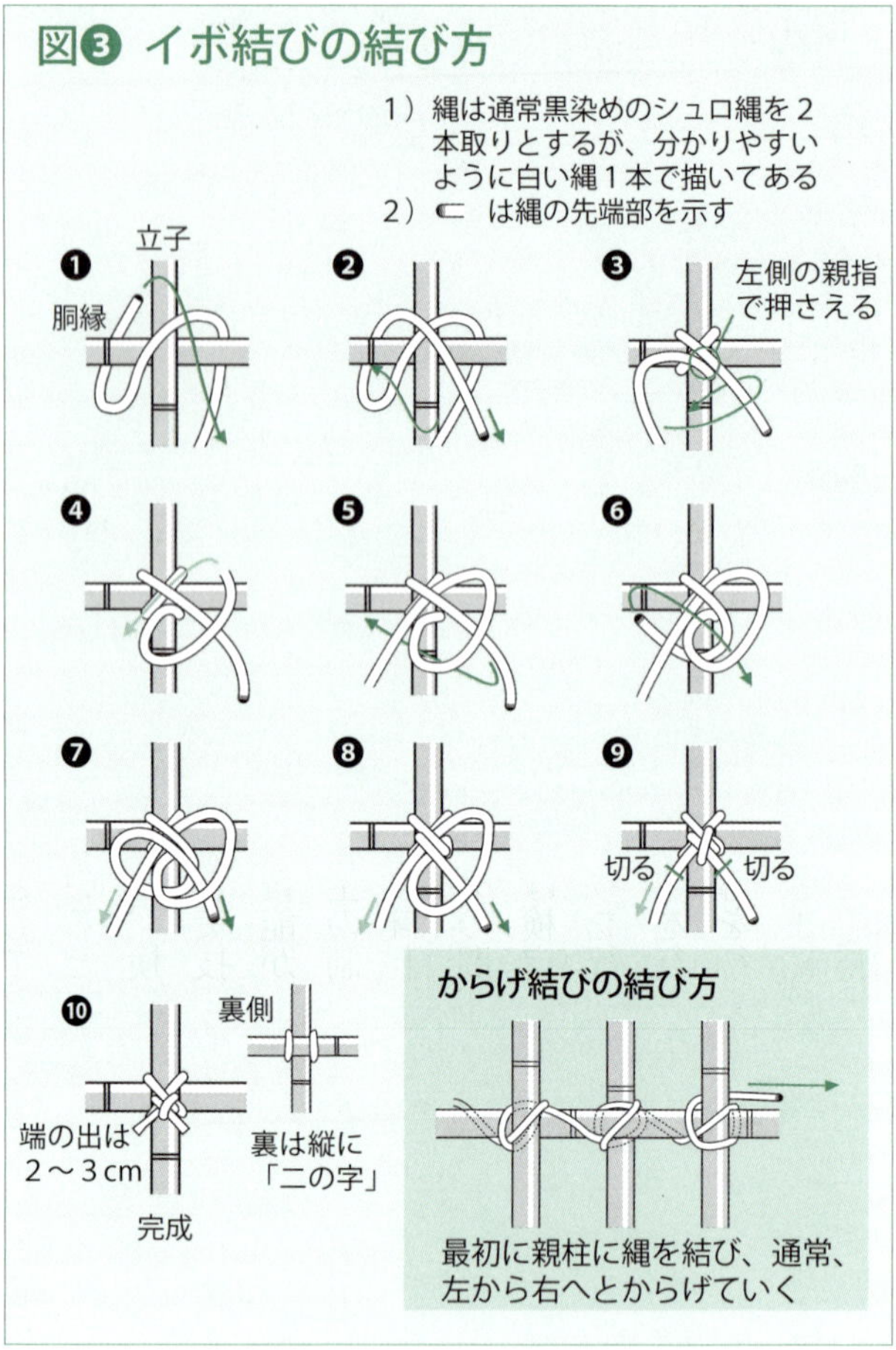
1）縄は通常黒染めのシュロ縄を２本取りとするが、分かりやすいように白い縄１本で描いてある
2）⊂ は縄の先端部を示す
❶
立子
胴縁
❷
❸
左側の親指で押さえる
❹
❺
❻
❼
❽
❾
切る
切る
❿
裏側
端の出は２～３cm
裏は縦に「二の字」
完成
からげ結びの結び方
最初に親柱に縄を結び、通常、左から右へとからげていく
図❸ イボ結びの結び方

取りつけられているか。❷末口と元口が段ごとに交互となっているか。❸左の親柱には節止め（節のすぐ先を切る）で取りつけられているか。これは竹は節に近いほど桿が丈夫なので割れたりすることがないためである。

●**立子** ❶頭は揃っているか。❷芽を正面にして真直ぐに見えるか。❸頭は節止めとなっているか。節止めにしないと美観を損なうばかりでなく、竹の内部に雨水がたまったりして腐る場合がある。

●**シュロ縄の結束** ❶胴縁と立子の交点をすべて「イボ結び」で結束するが、たいていは黒染めのシュロ縄を二本取り（二重にして使う）で行う。❷結び方は上図の通り。二段目か三段目の胴縁はイボ結びでなく、「からげ結び」（上図参照）にすると景趣がいくぶん柔らかくなるのでお勧め。❸完了したら、すべての立子がグラグラと動かないかチェックすることが必要である。

また、建仁寺垣（次項参照）などの遮蔽垣の場合は、立子がすき間なく取りつけられているか、竹穂垣の場合は、穂の厚みにムラがないか、などがそれぞれ美観を左右するポイントとなる。

複雑な竹垣ほど庭師などの専門家に製作を依頼することが多くなると思うが、以上を覚えておき、しっかりした竹垣をつくるように目を光らせておくとよいだろう。

極意19

建仁寺垣のつくり方

●繊細な技が光る建仁寺垣

技能検定で試される匠の技

造園技能士は国家資格で、造園家すなわち庭師として仕事をしていくための基本的な技術を身につけているという証となる。造園技能士には一～三級までがあり、検定試験では学科と実技で相応の知識と技能が試される。技能士の制度が発足してから四十年を迎えるが、その間、私たち造園連では検定試験の体制づくりを行ったり、検定委員を行ったり、技術指導を行ったりと、さまざまに協力をしてきた。現在では一、二、三級合わせて延べ約十数万名にも達する造園技能士を輩出している。

写真❶ 造園技能検定１級の実技課題。建仁寺垣、敷石、蹲踞、植栽などの難題が試される

庭師の登竜門である技能検定試験の実技課題の内容は、飛石や敷石を据えたり、蹲踞《つくばい》を組んだり、そして竹垣を製作したりと、主にわが国の伝統的な造園技法をどれだけ身につけているかを見るものである。

なかでも竹垣の製作は難しい。二級と三級は四つ目垣、一級は建仁寺垣《けんにんじがき》をつくるのがそれぞれ課題となっているが、ことに一級の建仁寺垣の製作は極めて高度な技能が必要で、正確な寸法どりや的確な竹材の扱い方などが要求される（写真❶）。

建仁寺垣の基本構造

建仁寺垣は、向こう側が見えない「遮蔽垣《しゃへいがき》」の代表で、お寺はもちろんのこと、旅館や料亭、和風住宅などの囲いや仕切りとして多くつくられ、和の風格を醸し出している。

立子《たてこ》が縦にすき間なく並ぶ姿が美しく、それが大きな特徴となっている。建仁寺という名を聞けばお分かりの通り、京都五山の一つである大本山建仁寺で最初につくられたことが名の由来とされている。ただし、立子を意味する建子《けんし》から建子垣と呼ばれ、それがいつの間にか建仁寺垣に変化したという説もある。

ここで、一般的な建仁寺垣の構造を図解する（図❶）。

■親柱・間柱　両側の親柱（留柱）および中間に建てられる間柱は、通常、焼き丸太を用い、高さは一・八メートルを標準に建てられる。

■胴縁　胴縁は垣根の裏側をつくる骨格であり、正面からは見えない。丸竹または角材を横に数段渡して、ここに立子をかきつける。

■立子　一般的に四つ割りの竹を、すき間なく立てる。

■押縁　半割りの竹で、立子を胴縁とはさみ込むように押さえる。

■玉縁　垣根の上部に載

写真❷ 完成した建仁寺垣。立子がすき間なく整然と並ぶ

図❶ 建仁寺垣の基本的な構造例

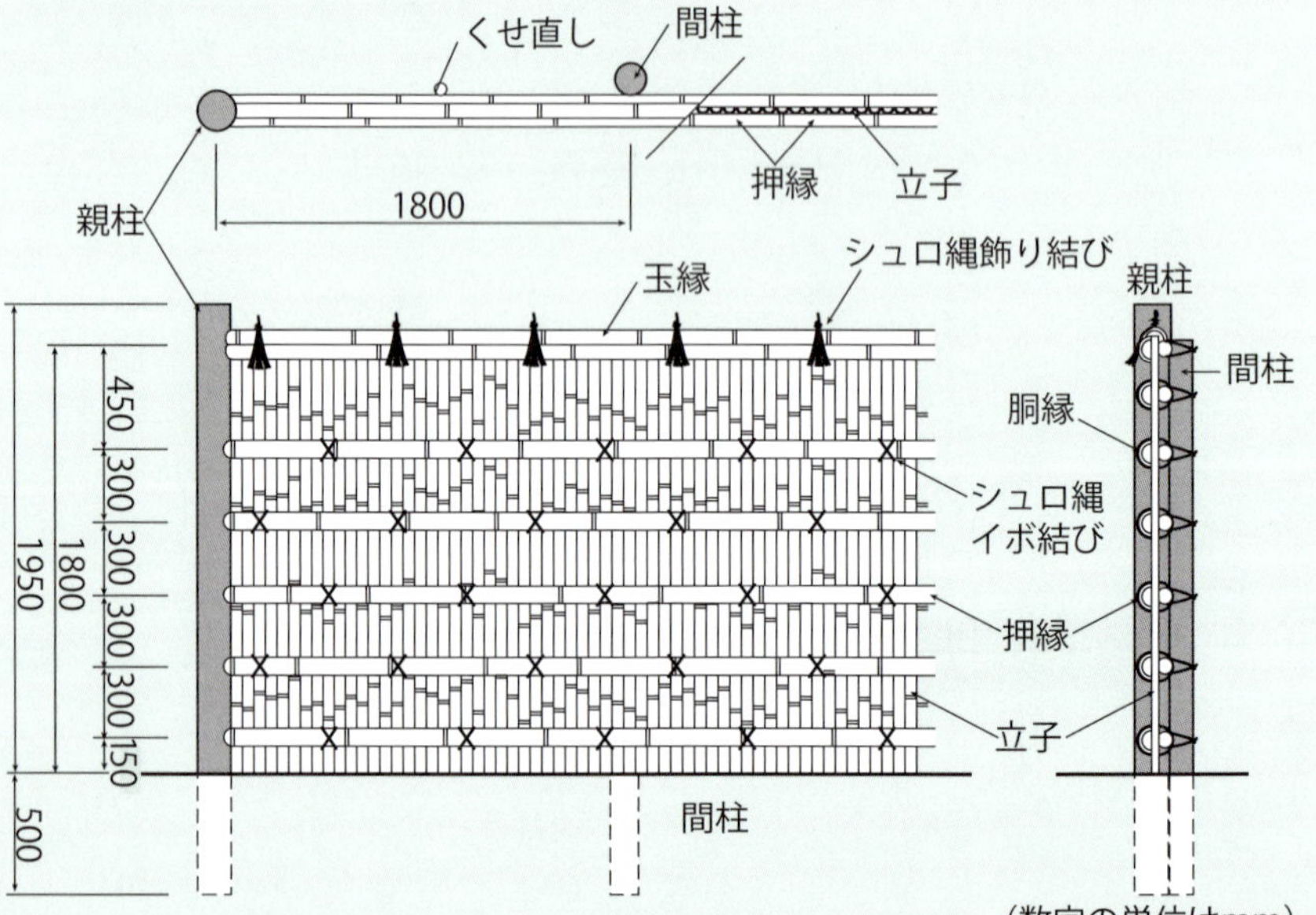

（数字の単位はmm）

図❷ 建仁寺垣はこうしてつくられる

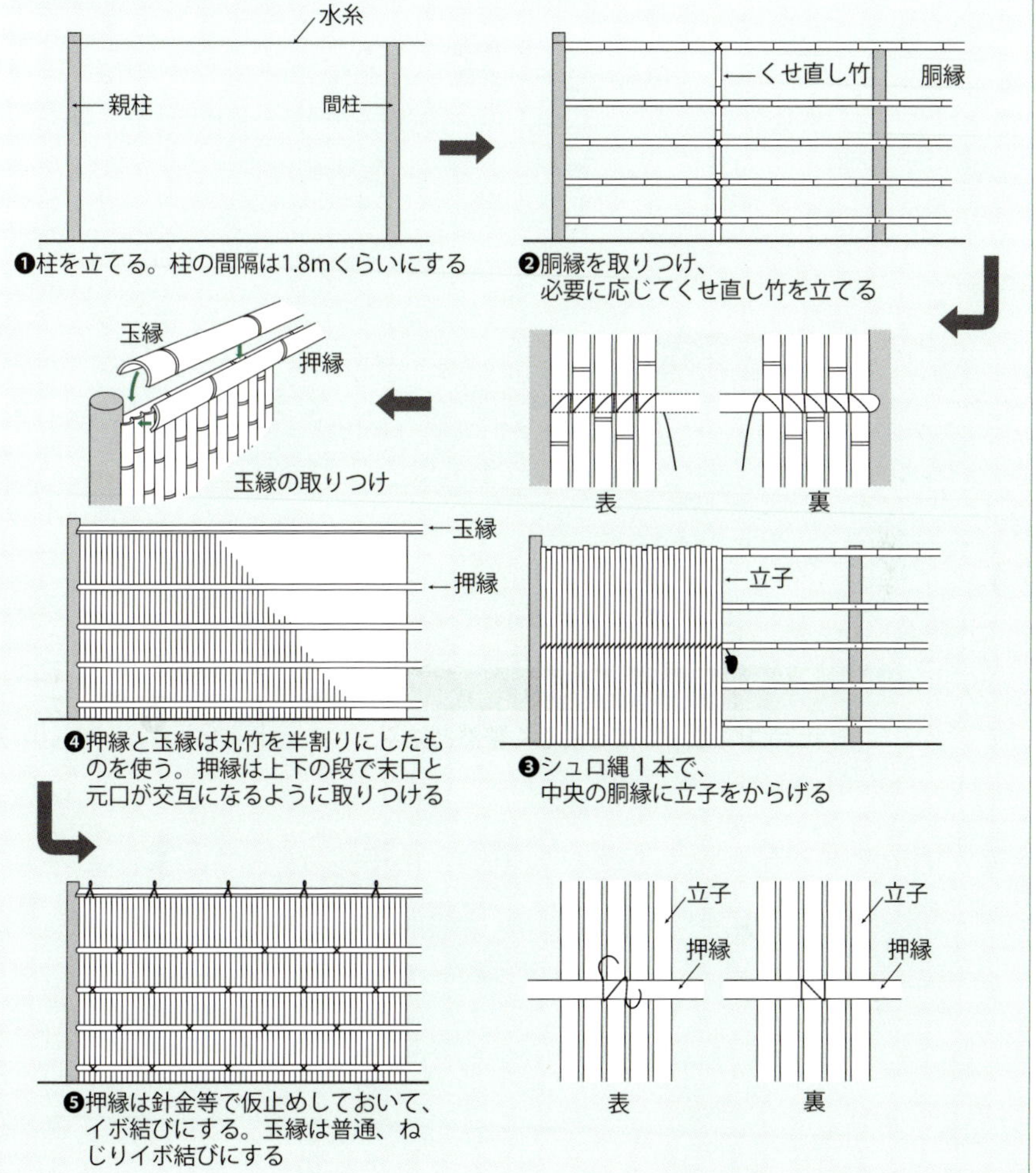
水糸
親柱
間柱
❶柱を立てる。柱の間隔は1.8mくらいにする
くせ直し竹
胴縁
❷胴縁を取りつけ、
必要に応じてくせ直し竹を立てる
表
裏
❸シュロ縄１本で、
中央の胴縁に立子をからげる
立子
玉縁
押縁
玉縁の取りつけ
❹押縁と玉縁は丸竹を半割りにしたものを使う。押縁は上下の段で末口と元口が交互になるように取りつける
❺押縁は針金等で仮止めしておいて、イボ結びにする。玉縁は普通、ねじりイボ結びにする
立子
押縁
表
裏

せる半割りの竹で雨よけなどの役割をする。

建仁寺垣のつくり方

以下に建仁寺垣の製作過程を紹介する（図❷）。

❶親柱と間柱を立てる

二本の親柱を立て、最上段の胴縁を取りつける位置に水糸を張る。その水糸に合わせて、左右の親柱の真ん中に間柱を立て、間柱は垣の厚さの分だけ後ろに下げて立てる。

❷胴縁の取りつけ

本数と位置を定め、丸竹を水平に取りつける。また必要に応じて、柱の間に竹を立て、胴縁の曲がりやしなりなどを矯正するとよい。これをくせ直し竹などと呼んでいる。

❸立子の取りつけ

割竹の表面を表側に向けて垂直に立て、作業しやすい二段目あるいは三段目の胴縁にシュロ縄で立子を巻きつけるようにして一本一本取りつけていく。立子は基本的には、末口（先の細いほう）を上に、元口（太い根元のほう）を下に使うのを基本とする。節はなるべく横に揃わないほうが美しい。

図❸ 玉縁のねじれイボ結びの要領

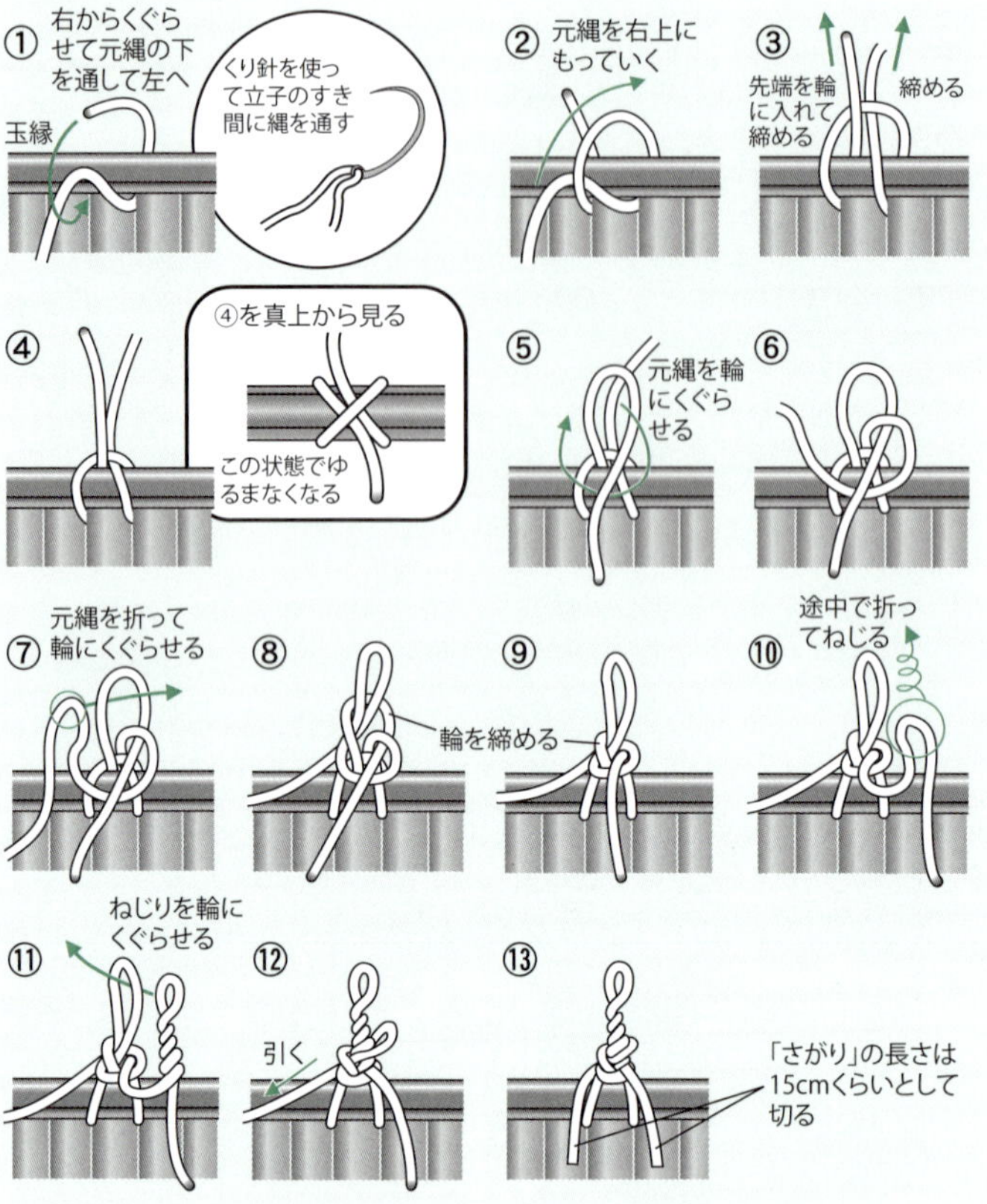

①
右からくぐらせて元縄の下を通して左へ
玉縁
くり針を使って立子のすき間に縄を通す
②
元縄を右上にもっていく
③
先端を輪に入れて締める
締める
④
④を真上から見る
この状態でゆるまなくなる
⑤
元縄を輪にくぐらせる
⑥
⑦
元縄を折って輪にくぐらせる
⑧
⑨
輪を締める
⑩
途中で折ってねじる
⑪
ねじりを輪にくぐらせる
⑫
引く
⑬
「さがり」の長さは15cmくらいとして切る

❹押縁と玉縁の取りつけ

押縁と玉縁は、太い丸竹を半割りにしたものを用いるのであるが、それぞれ割り方が異なる。竹は芽のある方から見ると真っすぐに見え、芽の脇の方から見るとジグザクに見える。したがって押縁用の竹は、芽を両側に残すように半割りにし、玉縁用の竹は芽の位置で半割りにしなくてはならない。

押縁は、裏側の胴縁の位置に、立子をはさみ込むように取りつけ、親柱と間柱に釘止めする。ここでも、末口と元口が段ごとに交互になるようにしなくてはならない。最後に玉縁を立子にかぶせるように乗せる。

❺押縁の結束

押縁のシュロ縄結束位置は、一般的に

奇数の段は、親柱から三本目の立子の部分をまず結び、そこから七〇〜八〇センチ間隔で結んでいく。偶数の段は奇数の段の結び目と結び目のちょうど真ん中の位置を結んで、段ごとに互い違いになるようにするのがポイント。結び方は、くり針と呼ばれる専用の金属製のヘラのような道具を用いて立子のすき間に縄を通しイボ結びとする。イボ結びは四つ目垣と同じ要領で結ぶ。

❻玉縁の飾り結び

玉縁の結束は押縁の奇数の段の結び目と同じ位置を結ぶ。結び方はシュロ縄二本使いの飾り結びとする(図❸)。

建仁寺垣のチェックポイント

以上、建仁寺垣のつくり方を簡単に解説したが、この竹垣をつくることは一人前の庭師としては必須の技能だが、冒頭で触れたように一般の人には少々難しい。決して一朝一夕にできるものではない。しかし、もし境内や境内の外周などにこの建仁寺垣(他の竹垣も同様だが)を仕立てた場合、ここで述べた「つくり方」を参考にその出来栄えをチェックしてみてはいかがであろうか。

柱や立子がぐらついていないか、立子の間にすき間がないか、押縁、玉縁は正面から横一直線にまっすぐに見えるか、シュロ縄の結びはしっかりと結ばれていて、かつ美しく整っているか、などといった事柄をチェックするといいだろう。

竹垣に限ったことではなく、庭のつくり方、つくる過程を知ることで、日本庭園、そして私たち庭師の仕事に対する理解がより深まるものと思っている。

なお、竹垣の竹材は長年、雨や日照にさらされると腐るので、数年ごとに傷んだ竹から取り替えるようにするとよい。近年では、プラスチックや樹脂による人工竹を使った竹垣や、簡単に設えることのできるパネルやユニットとなっている竹垣も見受けられる。そのような人工の竹垣をこしらえる技術も非常に進んで、一見、本物と見まがうほど精巧にできたものもある。降水量が多く、年中湿気の多い場所など、竹がすぐに腐ってしまう場合などは、人工竹垣も重宝するが、やはり天然の竹を用いた竹垣に比べると趣が感じられないことは否めない。

やはり庭は、母なる自然から頂戴した材料の風合いをいかしてつくられるもので、だからこそ自然に包まれているような安らぎや癒しを人々に与えられるのだと思う。

極意20

土塀の風格を庭の背景に

●土塀に見るエイジングの風合い

土塀づくりへのチャレンジ

職人同士、本当にその仕事を理解するためには、やはり実践してみるしかない。我々は庭づくりの一環として、ときに大工仕事も行うし、左官仕事も行う。

たとえば、板塀をこしらえたりすると、大工仕事の難しさや大工ならではのこだわりが分かる。

しかし同時に自分はやはり庭師なのだなと思う。

大工は塀そのものの完成度を第一に考えるが、我々がつくる板塀は庭を引き立たせるもので、景観との調和ということをまず考える。

垂直線を強調して板を縦づかいにするか、水平線を強調して横づかいにするか、どちらにしたほうが庭がいきるかを十二分に考える。

あくまでも庭が第一義なのである。

古色を帯びた庭に最近流行りのモダンなウッドフェンスなど仕立てるはずもなく、木に竹を継いだようなものは決してつくらない。

また、左官業のほうはというと、我々は常日頃、三和《たた》土《き》をつくったり、庭の下地づくりのためにモルタルを使ったりするので手慣れた部分がある。

ときに土塀づくりを依頼されることもある。

風格ある庭には、コンクリート塀やブロック塀のような無味乾燥な塀でなく、どっしりとした土塀が似合うという趣旨から作庭と同時に依頼されるのだが、敷地の外周以外にも庭の空間を仕切る袖壁として土塀を仕立てることも多い。

土塀づくりは普段行っている仕事より数段難しい部分があるが、我々の仲間のなかには土塀づくりが本職といってもいいようになった庭師もいる。

造園連では二〇〇四年に開催された「浜名湖花博」に出展した「家族が集うやすらぎの庭」（大賞受賞庭園）で、庭の背景として土塀を施工した（写真❶）。

若い職人たちの研修も兼ねた施工であり、はじめて左官の技術にチャレンジした者もいて、技能の幅を広げる絶好の機会であった。

写真❶ 庭の背景として古色を表現した土塀（「浜名湖花博」造園連出展庭園より）

同じ土を使う職業でも、我々が普段接しているのは植物を育む土壌としての土、左官は塗りの材料としての土である。

材料としての土へのこだわりという点において、左官仕事の難しさが多少なりとも理解できただろうと思う。

ここで、その土塀づくりを再現してみたい。

しかし、その前に土塀の工法に関する基本的な事柄を述べておこう。

版築法と土塗り法

現在、行われている土塀づくりには、主に二つの工法がある。

一つは版築法《はんちくほう》と呼ばれるもので、型枠を組んで塀を築き上げていく工法である。

これは壁のでき上がりを想定し、その裏表両側に厚板などを一定の幅で組んで型枠とするもので、型枠のなかには骨組みとなる鉄筋を入れて補強することが必要となる。その型枠のなかに泥状にした壁土を入れて塀を築いていく。

ここでいう壁土とは、土（その地方の土を使う場合が多い）に、砂や砂利、生石灰、セメントなどを入れてよく練ったもので、その配合比は、職人の経験による勘にたよる部分が大きい。この比率を誤るとすぐに壁にひびが入ったりする。職人によっては菜種油や米のとぎ汁を混入して強度を高めることもある。

施工に際しては、土は一度に入れないで、数センチ入れては棒などでよく突き固め、また数センチ入れては突き固め、という作業を繰り返すことにより、しっかりと強固な塀となる。

数日間、養生をして壁土がしっかりと固まったら型枠を外す。その後は適度にはつり（表面を薄く削る）を行ったり、壁土を上塗りしたりして仕上げ、テクスチャーを表現する。

この版築法は奈良・平安時代から寺院や邸宅の塀や外壁に使用されてきた。もともとは中国から日本に伝来されたもので、その起源は非常に古く、殷代（紀元前十六世紀～紀元前十五世紀頃）の建築基壇や周代（紀元前一〇五〇年頃～紀元前二五六年）の城壁の構築に使用されていたという。

もう一つは正式名称ではないが「土塗り法」ともいうべき工法である。まず「木舞《こまい》」と呼ばれる下地の骨格をつくり、その上に壁土を塗りこんで仕上げていくものである。木舞には、古くは丸太や角材を支柱として、篠竹（細い竹材）を格子状に組んだり、現代においては鉄パイプや鉄筋、ワイヤーメッシュなどが使われたりする。

また、ブロック塀やコンクリート塀に土を塗り込んで、土塀として仕上げることもある。

「浜名湖花博」の土塀

さて、それでは「浜名湖花博」出展庭園の土塀づくりに関して述べていきたい。この土塀は土塗り法によって行った（図❶）。

❶骨格づくり

図面に基づいて角材の柱を等間隔に立てて、そこに横木と棟木《むなぎ》を取りつける。次に裏表両側にベニヤ板を張り、その上からワイヤーメッシュを取りつけて下地とする。

❷壁土の下塗り

壁土には赤土を使った。赤土に水を入れ、さらに苆《すさ》として細かく刻んだ藁《わら》を入れてよく練り込む。苆とは壁土に混ぜて亀裂を防ぐための材料のことである。藁以外に

図❶ 上塗り法でつくられた土塀の完成図と構造図

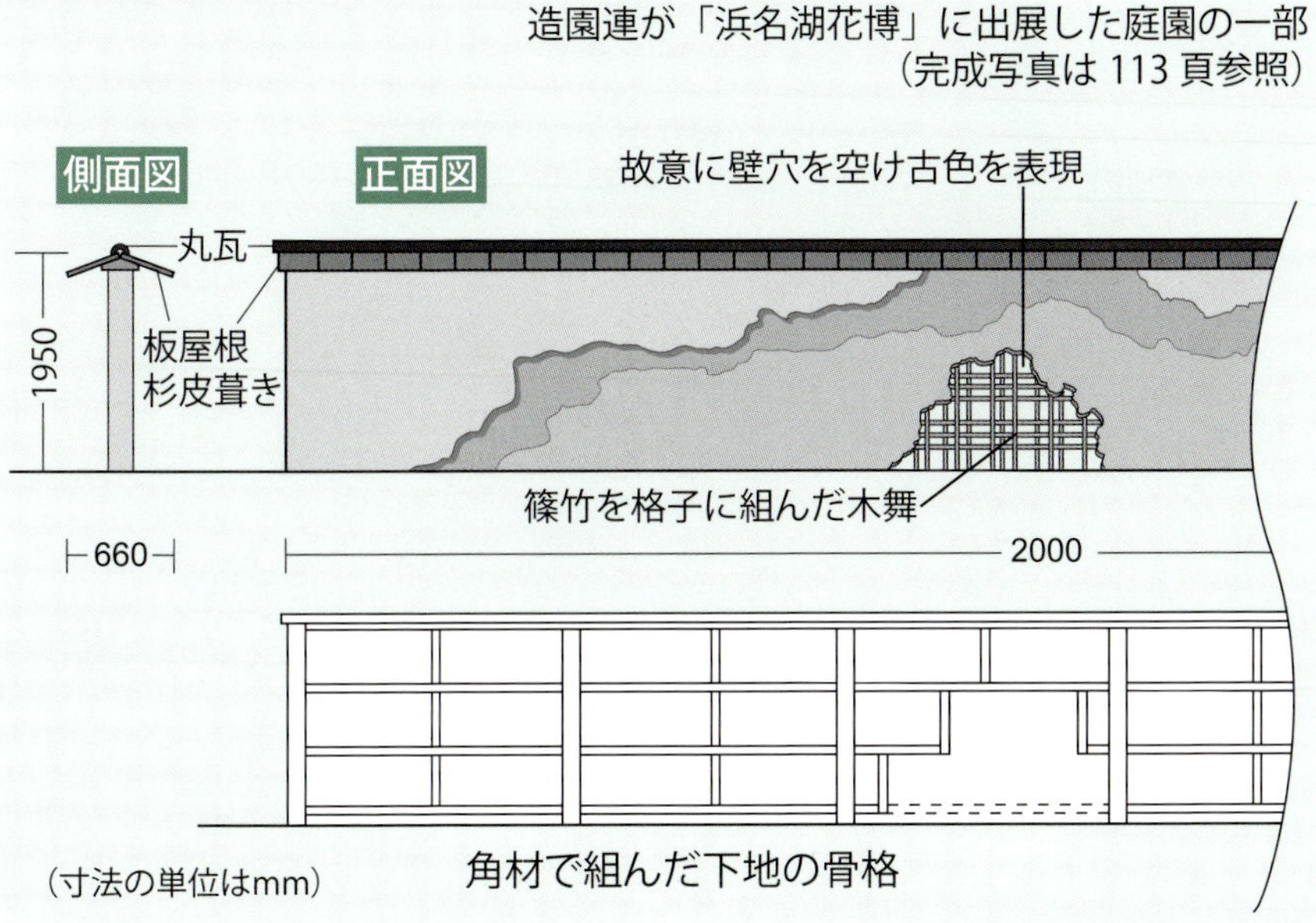
造園連が「浜名湖花博」に出展した庭園の一部
（完成写真は 113 頁参照）
側面図
正面図
故意に壁穴を空け古色を表現
丸瓦
板屋根
杉皮葺き
1950
篠竹を格子に組んだ木舞
660
2000
角材で組んだ下地の骨格
（寸法の単位はmm）

図❷ 中塗りゴテ

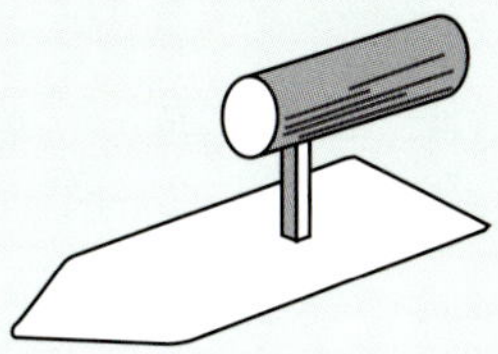

和紙や布海苔《ふのり》などが使われることもある。

こねた壁土をコテ板に取ってよくこね、中塗りゴテ（図❷）でワイヤーメッシュの上から裏表両側のベニヤ板全体に塗り込んでいく。これはかなり力が要る作業であった。

全体を塗り終わったら数日置いて土を乾かし、再度コテで平らに均す。そして、噴霧器で塀に水をかけ洗い出しを行い、土のなかの藁苆《わらすき》を浮き出させる。

❸屋根をつくる

塀の棟木の表面にルーフィング（防水材）をはさみ、その上に板の屋根を取りつける。屋根は杉皮葺《すぎかわぶ》きとした。屋根の頂部には丸瓦を載せた。このような屋根つきの土塀を「築地塀《ついじべい》」と呼んでいる。

❹仕上げの上塗り

最後にもう一度、壁土を上塗りして仕上げる。上塗り用の土は水で練った赤土に藁苆を混ぜて、さらに砂を入れた。この配分はやはり経験則に頼らざるを得ない。これらを混入した壁土をよく練る。このときは裸足になって足でこねた。土のほどよい粘り気が素足に感触として伝わってくるのである。

仕上げの上塗りには、中塗りゴテよりもしなりがよい上塗りゴテを使う。塀全体をまんべんなく重ね塗りすることで、味わい深い微妙な模様が塀の表面に浮き出してくる。手づくりの素朴な味わいや温もりといった感覚が適度に表現できたのではないかと思う。

この仕上げの塗りに関して、本職の左官職人はコテで押さえてはだめで、コテで撫でるようにして塗るのがコツという。そのようなコテづかいは一朝一夕に修得できるはずもなく、やはり長年の経験がものをいう世界なのである。

❺エイジングの工夫

また、この土塀にはちょっとした趣向を凝らすことを試みた。

塀の一部に計画段階から故意に穴をあけたのである。土塀の一部の土が崩れて穴があき、なかの木舞がむき出しになってしまっている、という朽ちて寂れた趣を表現した。木舞にはこの穴の部分のみ、昔ながらの篠竹を使い、壁土もいかにも自然に崩れた感じに塗りつけた。

結果、とてもつくりたてとは思えない、長い時間にさらされながら、ずっと昔から存在していたかのようなどっしりとした風格が表現できた。

このような手法をエイジングと呼び、長い歳月の積み重なりを視覚的に表現するもので、作庭の世界ではたびたび行われる。たとえば、石に苔を張って苔むした風情をつくったりもする。これは一つ間違えればわざとらしくなってしまう危険性もはらんでおり、その按配が難しいところである。

本職の左官業ではエイジングは、ことさら意識せずに行っている場合が多いと思うが、故意に穴をあけるというのは我々独特の演出法であると思う。普段、行っている景色の創造という行為が、必然的にこのようなエイジングという表現につながったのである。

ともあれ、住宅も庭も、そして街並みも洋風化の一途をたどっていくなかで、せめてお寺だけでも日本の伝統的な風情を残していただきたいと思う。

そして頑固職人たちの「こだわり」をご理解いただければ幸いである。

緑の説法 7

桂離宮に見る卓越した職人技

数年前、ＮＨＫで放映された桂離宮の特集を見た。通常の拝観では決して見られないような映像が多く、非常に見応えがあった。

池に舟を浮かべてローアングルで見た庭や、桂垣の内側の竹が曲げてある様子、また古書院や松琴亭内部の襖や違い棚などに見られる細やかな意匠はまさに美の極致であった。

なかでも20年ごとに葺き替えられる御殿の杮葺《こけらぶ》き屋根には目が引き寄せられた。薄い板を少しずつずらして重ねていくことにより、独特のたおやかなむくりを出す大工の技は他に類を見ない。

20～30個ほどの竹釘を口に含み、機関銃のように口から出しては、カナヅチで屋根板に打ちつける、その早業たるや筆舌に尽くし難いものがあった。

桂離宮は何度も修復を繰り返しながら、今日に至るまで300年以上もその美しさを維持している。このような修復には、伝統美に秘められた仕組みのなかに、当時の職人の心と技を読む力が必要となる。鍛え抜かれた目と腕と心をもった職人にのみ任せられる大仕事であろう。

大工や左官といった他業種の職人さんたちと一緒に仕事することがあるが、ときとして意見がぶつかり合うことがある。

日々庭づくりを実践するなかに、自らの感性に基づいた「こだわり」が生まれる。その「こだわり」こそがオリジナルな技であり、秘伝となっていくものである。

これは我々庭師のみならず、職人と称される人たちは皆同じであろう。その互いの「こだわり」と「こだわり」とが正面衝突してしまうのである。

そのようなぶつかり合いのなかから互いを理解し、話し合いによって譲れるところは譲り合って仕事を進めていく。

これが職人同士のコミュニケーションなのである。

桂離宮の松琴亭

第6章

水景の極意

極意21

涼を呼ぶ流れのつくり方

●『作庭記』に学ぶ流れづくり

平安貴族の暑さ対策

暑い夏に悩まされていたのは現代人だけではない。日本特有の夏場のモンスーン気候に平安時代の貴族たちもことのほか辟易していたと思われる。気温は現代の比ではないと思うが、当然のことながらエアコンなどない時代である。男性は束帯姿、女性の十二単と、夏でも正装していたかどうかは分からないが、少なくとも半身裸になって団扇や扇子でパタパタとあおいでいる姿はあまり想像できない。

『徒然草』の第五十五段に《家のつくりやうは夏を旨とすべし……》と書かれているが、夏を少しでも涼しく過ごそうと工夫されたのが寝殿造りの居宅であった。

南側に開口部を大きく開けて風通しをよくし、さらに邸内に水を引いて南庭に大きな池をつくった。池に面して東側に泉殿、西側には釣殿という建物を設けて涼を取った。池面を渡った風は一度から二度ほど温度を下げて部屋へ吹き込んだことと思われる。

夜は池に舟を浮かべたり、詩歌管弦の宴を催したりした。さしずめ今でいう納涼大会である。

また、同じ徒然草の第五十五段に《深き水は、涼しげなし。浅くて流れたる、遥かに涼し……》という一文があるが、景色や音で感覚的に涼しさを演出するのが流れであった。流れは遣水《やりみず》とも呼ばれ、寝殿造りの庭園で大いに発達した。涼感をともなったせせらぎの音は、心地よく耳を刺激する。

『徒然草』とほぼ同じ時代に、橘俊綱《たちばなのとしつな》によって編まれた

図❶『作庭記』に見る流れの役石

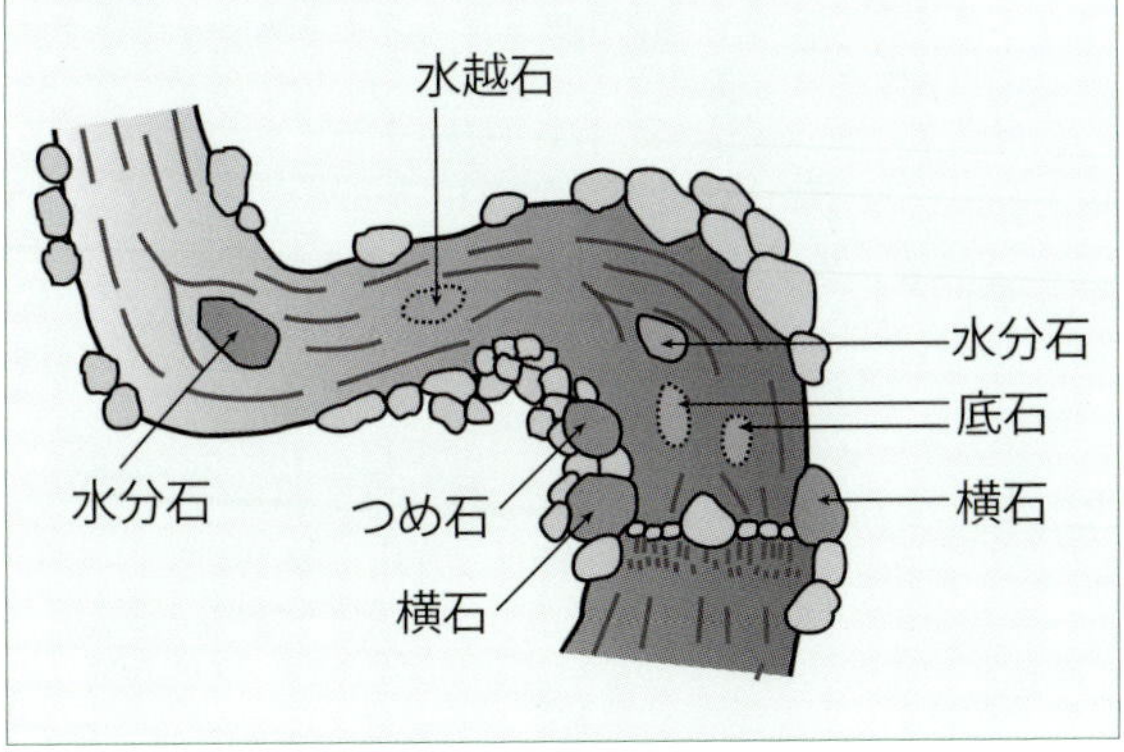
水越石
水分石
底石
横石
水分石
つめ石
横石

日本最古の造園書である『作庭記《さくていき》』には「遺水事《やりみずのこと》」という章立てで流れの手法を詳細に記述した部分がある。その内容は、勾配、役石、上流・中流・下流の表現方法など、徹底した自然観察に基づいており、現代でも十分に通用する内容となっている（図❶）。

この『作庭記』の内容を踏まえて、流れのつくり方を現代流に解説する。

流れの幅と深さと勾配

流れの幅は庭の規模にもよるが、一メートル前後が適当で、広くても一・五メートル、最大で二メートルくらいであろう。当然、自然の川に忠実に、上流から下流に行くにしたがって徐々に広くなっていくのが基本である。

深さは五〜一〇センチ程度と浅くすると水が澱みなく軽やかに流れる。水流の美しさを最大限に表現するにはこれくらいの深さが適当だろう。

流れの勾配は水流の速さを決める重要なポイントとなる。上流の比較的流れの速い部分は五パーセントから最大十パーセント程度、下流の穏やかな部分で一〜二パーセント、平均で三パーセントくらいとするのが適当である。なお勾配単位の一パーセントというのは水平距離一メートルに対して高低差が百分の一の一センチということである。

ちなみに、『作庭記』では、流れの勾配について《一尺につき三分、一丈につき三寸、十丈につき三尺を下げたならば、水が滞りなくせせらぎ流れる》と述べている。すなわち三パーセントの勾配をつけよ、ということである。

ただ、細かく勾配を出すにはレベル測量が必要となってしまうので、感覚的な部分にたよるケースが多くなる。実際にボールなどを転がして、その速さを見るような工夫も考えられるだろう。

なお、土地に起伏のある場合は高低差をいかして、高い部分に水源をもってくればいいが、平坦な土地の場合は高低差を出すために上流部に盛土をして、山をつくる必要がある。

実際の流れのつくり方

流れは本格的にはコンクリートやモルタルを使用して躯体をつくるが、ここでは、最近、学校や地域でさかんに行われているビオトープづくり（池や川をつくり、トンボや水生昆虫などの生き物を呼んで自然の生態系を取り戻そうという試み）で取られている、防水シートによる工法を紹介しよう（図❷）。

❶流路を決め、流れの形を地面に線を引く。
❷勾配を考えながら盛土をする。
❸流れの部分を掘る。掘る深さはでき上がりの深さよりプラス一五センチくらいが適当。
❹石や木屑を除去し、底を均《なら》し叩いて固めたのち、防水シートをゆがみやたるみがないように敷く（写真❶）。
❺シートの上に粘土などを敷くとシートが隠れ興をそがれることがない。
❻砂利やゴロタ石を敷く。上流はゴロタ石で、下流に行くにしたがって砂利というように粒を小さくしていくと自然に準じた景となる。
❼水を流して流れ方を確認する。
❽護岸に石を据えたり草花を植えたりして景観をつくる。流れのなかには、水の動きを十分に考えて、ポイントに石を置くとよい。

写真❶ 防水シートを敷いて流れを施工する

流れの配石

流れに躍動感を与えるのは石である。『作庭記』には役石に関して以下のような記述が見られる（前頁図❶）。

水面下に据える石を「底石」、水を分流するための石

図❷ 庭でつくる流れの断面図

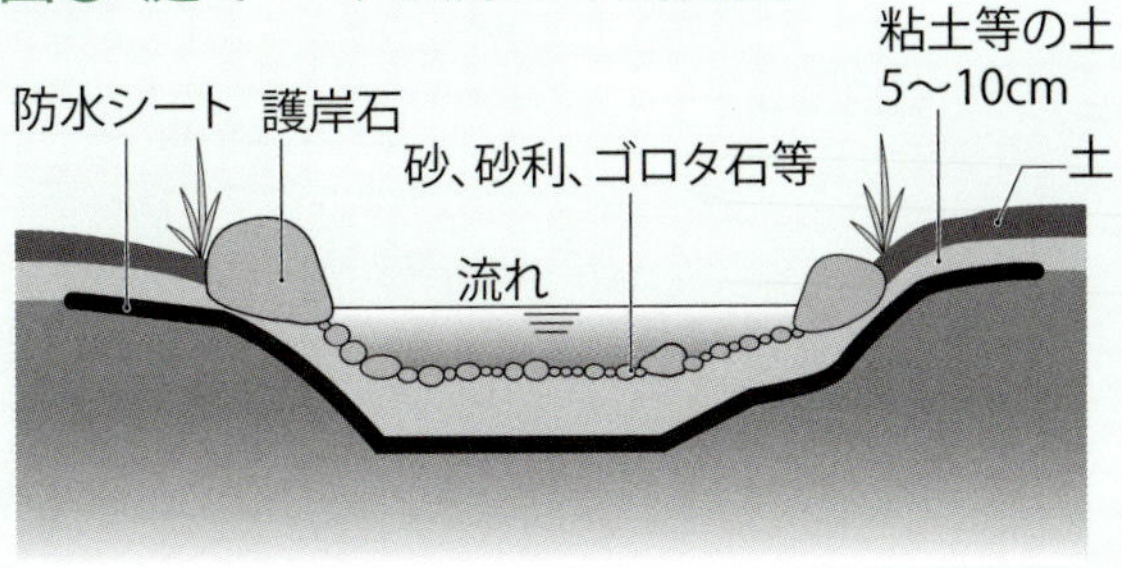
粘土等の土
5〜10cm
防水シート
護岸石
砂、砂利、ゴロタ石等
土
流れ

を「水切石」、大きな護岸石を支える石を「つめ石」、両岸に据え流れ幅を狭め瀬をつくる石を「横石」、水面下で水を盛り上げ瀬落としなどをつくる「水越石」、以上の石を用いることにより、谷川の躍動感ある流れの風情が演出できるとする。特に左右両岸の横石は、ここかしこに立てて、流れる水がつねに泡立ち白く見えるのがよい。

『作庭記』では以上のように役石を定めているが、要は石に水がぶつかり、水を分けるといった自然の川（特に渓流）に忠実につくられるべきものである。

流れの配石では「気勢《きせい》」が重要なポイントとなる。特に石どうしの気勢のぶつかり合いは避けること。その部分で流れが景観的に分断されてしまうからである。

図❸ 美しい景観をつくる流れの配石例

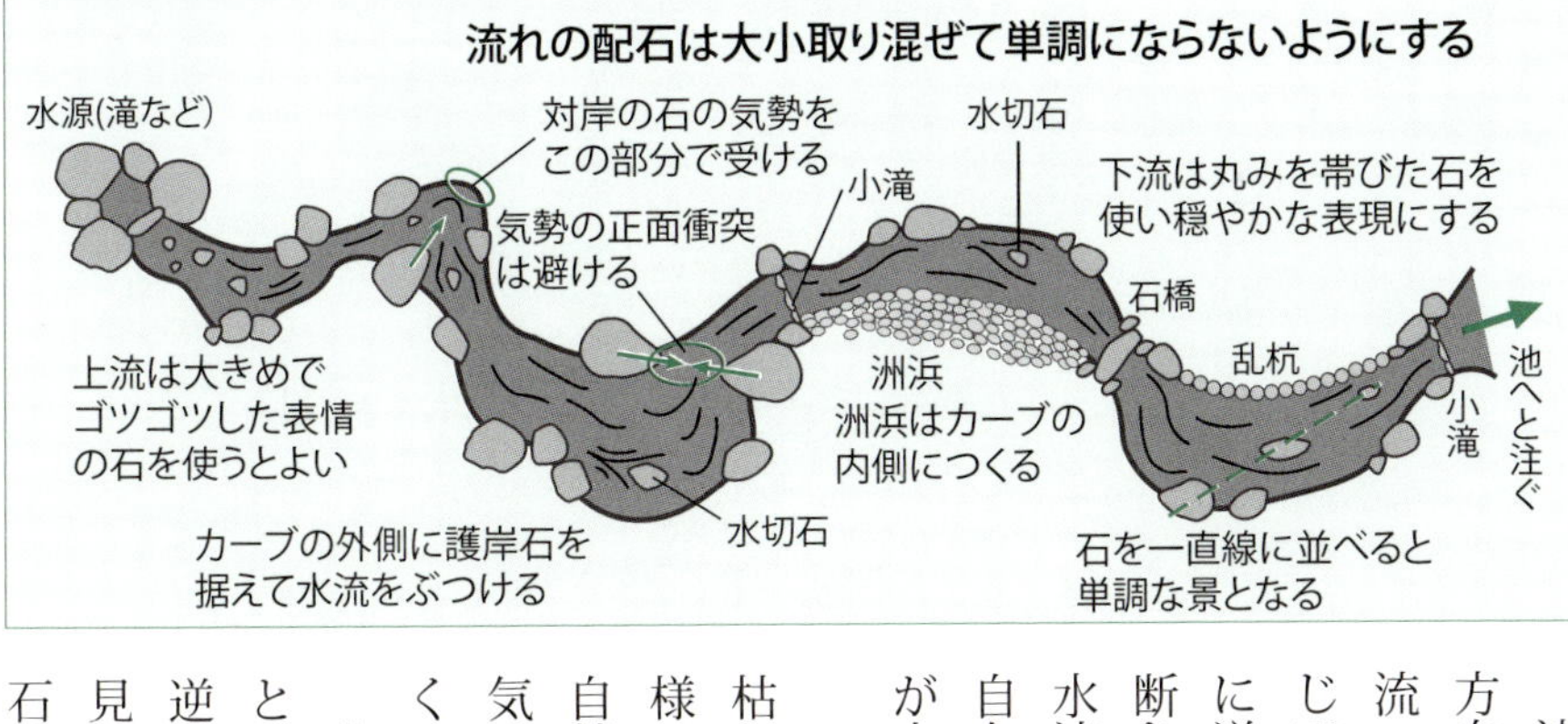
流れの配石は大小取り混ぜて単調にならないようにする
水源(滝など)
対岸の石の気勢を
この部分で受ける
水切石
小滝
下流は丸みを帯びた石を
使い穏やかな表現にする
気勢の正面衝突
は避ける
石橋
乱杭
池へと注ぐ
小滝
上流は大きめで
ゴツゴツした表情
の石を使うとよい
洲浜
洲浜はカーブの
内側につくる
水切石
カーブの外側に護岸石を
据えて水流をぶつける
石を一直線に並べると
単調な景となる

流れ自体の気勢の方向は、上流から下流へと水の流れに準じている。その気勢に逆らわずに、また断ち切らない配石で水流を澱みなく緩急自在に誘導することが大切である（図❸）。

この石の扱い方は、枯れ流れの場合も同様で、水がなくても自然の流れに忠実な気の流れをつくらなくてはならない。

分かりやすくいうと、水が停滞したり逆流しているように見える枯れ流れの配石はよくないという

写真❷ 京都の無鄰菴。明治時代、琵琶湖疏水を引いてつくられた流れの庭

ことである。

循環装置で常にきれいな水を

かつて庭の流れや池は、自然の川から水を引き込んでつくられた。京都や東京など現代でも残る名園は外部から水を引き込める場所に存在する。たとえば流れの名園として有名な京都の無鄰菴《むりんあん》は琵琶湖疏水を利用してつくられている（写真❷）。

このように水利のよい場所に立地していて、外部から水を取り入れて流れや池をつくっているお寺もあるとは思うが、現代の庭では、流れや池はもっぱらポンプにより水を循環させている。

排水口に吸い込まれた水は濾過装置によって浄化されて、また水源へと戻る。最近では雨水をタンクに貯蔵し流れに利用する試みもなされている。

このような水の循環システムについては専門業者に相談するとよいが、とにかく流れの水はたとえ飲んでも大丈夫なほどに常にきれいでなくてはならない。清冽な水の表情が流れをいきいきと演出し、涼感を運んでくれるに違いない。

極意22 滝の美しさは石の使い方で

●『作庭記』に学ぶ滝の配石

平安期に完成した滝の形式

前項で「流れ」について述べたが、古くから、水は石と並んで庭園の重要な要素であった。要素というよりもテーマそのものであったといっても過言ではない。

水は色がなく形がない。しかし、ひとたび庭の世界へと登場すれば主役へと躍り出る。水は繊細かつ大胆に、静かに、ときに荒々しく、さまざまな表情を見せる。

なかでも水を最もダイナミックに演出する舞台が滝である。そして滝の落水を如何にいきいきと見せられるか、という役割は石が担うところが大きい。滝石組である。

世界でも類《たぐ》い稀《まれ》な渓谷美をもつ日本には、全国的に大小さまざまな姿の滝が存在する。石の傾きや配り方、野面の表情、水の落ち方や流れ方など、先人たちは自然の滝の様子を細やかに観察し、その姿を忠実に写し取った。その成果は現存する多くの古庭園の滝に見ることができよう。わが国では、かなり昔から滝のつくり方が研究されてきた。

平安時代後期に編まれた『作庭記』には、「滝を立てる次第」と題して、石の選び方や据え方、また向かい落ち、伝い落ちといった落水の見せ方などを微に入り細をうがって解説している。この時代すでに滝の形式が完成され、その形式は今日まで変わることなく踏襲されているのである。

写真❶ 小石川後楽園の白糸の滝は布落ち

『作庭記』の滝の形式

『作庭記』では、滝の水の落ち方の種類として、以下のように分けて説明している（次頁図❶）。

向かい落ち 二筋の水が向かい合ってうるわしく同じよう落ちる。

片落ち 滝壺に水落石（滝水が伝う石）の半分ほどの大

図❶『作庭記』に記された滝の落ち方

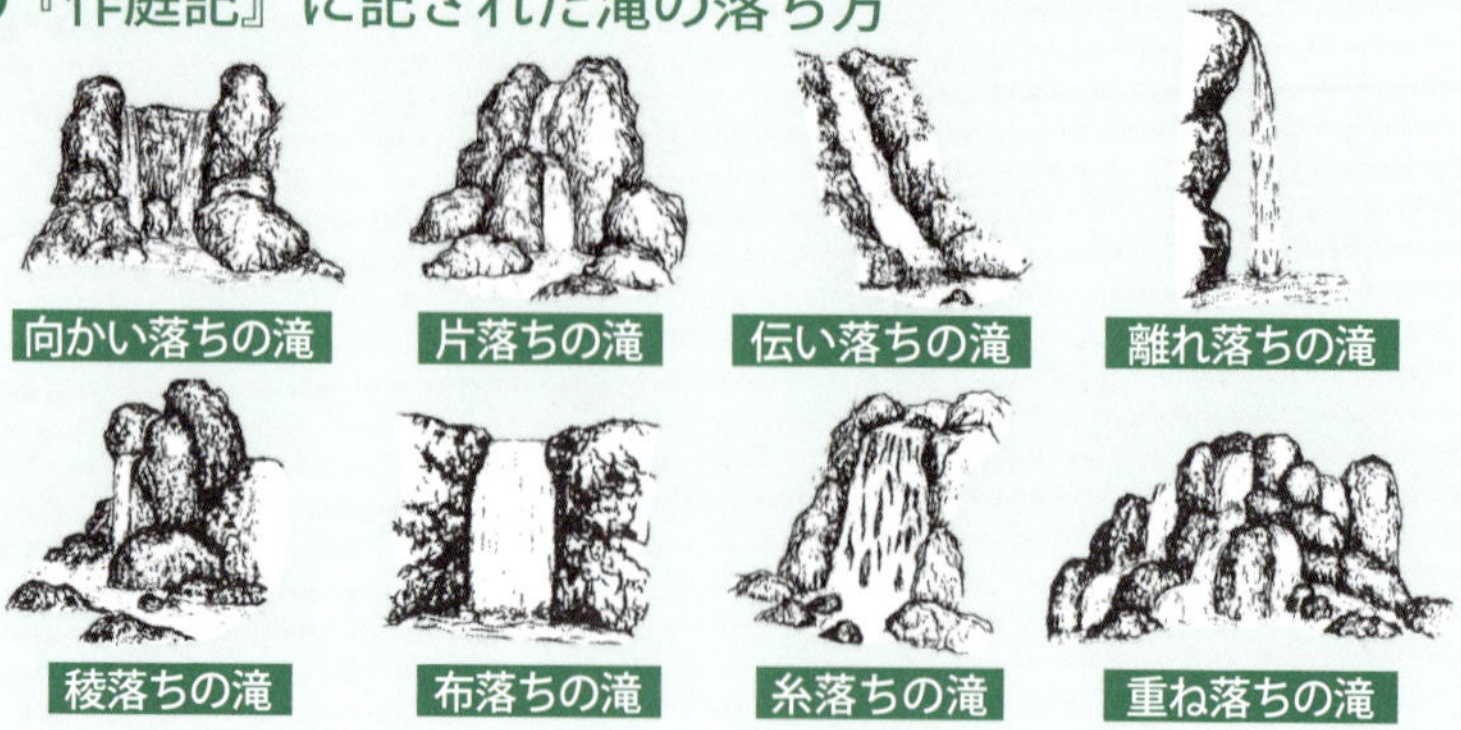
向かい落ちの滝
片落ちの滝
伝い落ちの滝
離れ落ちの滝
稜落ちの滝
布落ちの滝
糸落ちの滝
重ね落ちの滝

きさの石を据え、水を滝口の左の方から落とした場合、水はその石の頭に当たり右の方に落ちる。

伝い落ち　水落石の襞《ひだ》にしたがって水が伝い落ちる。

離れ落ち　上部に鋭い角がある水落石を立て、滝口の水が淀まず、急流として落とすと、水が石肌を伝わず離れて落ちる。

稜《そば》落ち　滝の面を少し左か右に斜めに向け、正面から見て滝が斜めを向いているようにする。

布落ち　淀ませておいた水を表面のなめらかな水落石にゆるく流しかけ、布をさらしかけたように落ちて見える。

糸落ち　滝口の部分に凹凸のある水落石を用いると、水がたくさんに分かれて、何本もの糸が下がっているように落ちる。

重ね落ち　二重にも三重にも水落石を重ねて水路をつくると、滝の落差に応じて、水がいく筋もの滝となって交錯しながら落ちる。

なお、説明は特にないが、横落ち、左右落ちという落ち方の種類も紹介されている。これらは自然の滝の水の落ちる様を細やかに観察した成果であると想像できる。

また『作庭記』には、落ちる水に月影を宿らせるために、滝は位置や方位を工夫して月に向かわせるべきと書かれており、また、中国の書物を引用して、滝は不動明王の化身であるという記述も見られる。

禅から生まれた登龍門伝説の滝

鎌倉時代になると、禅宗の隆盛に合わせて新たに「龍《りゅう》門瀑《もんばく》」という形式の滝が生まれた。「龍門」とは中国の黄河上流にある激流で知られる渓谷で、ご存じのように、この渓谷の三段の滝を登り切った鯉は龍に変身するという故事がある。「登龍門」という言葉の起源である。

この故事を滝石組で表現したのが龍門瀑で、中国からの渡来僧であり鎌倉の建長寺を開山したことでも知られる蘭渓道隆《らんけいどうりゅう》（大覚導師）によって禅寺の庭に取り入れられ、その後、夢窓国師によって広められたと伝えられる。滝を登る鯉は、その名も「鯉魚石《りぎょせき》」という石で表現される。鯉が激しい落水に逆らって上へ上へと登って行く厳しい姿に、修行によって高みを目指して行く禅の精神を投影させたものである。このへんの話は釈迦に説法かもしれないが……。

写真❷　天龍寺の龍門瀑。矢印が鯉魚石。上部に組まれ龍になる姿を表す

特に京都の天龍寺と金閣寺の龍門瀑は名高く、天龍寺の龍門瀑は蘭渓道隆作とも夢窓国師作とも伝えられ、今でこそ枯滝となってはいるが、鯉魚石が滝の上部に据えられ、まさに龍と化す寸前の鯉の姿を表現する（写真❷）。金閣寺の龍門瀑は大ぶりの鯉魚石が低い位置に据えられ、水の飛沫を受けながら、これから飛び跳ねんとする鯉の躍動感を伝える（写真❸）。

滝の役石

滝石組には、古くから次のような役石が用いられ、その配され方によって独特の景色を表現する。

写真❸　金閣寺の龍門瀑。滝壺に据えられた大ぶりの鯉魚石が特徴

水落石　滝石組の中心となる石で、滝水が落ちる部分の石。この石の形で滝の形式が決まる。

滝添石　水落石を両脇からはさみ込むように添える石。左右で大きさに変化をもたせ、滝全体の景が単調にならないようにする。守護石、不動石、脇石とも呼ばれる。

童子石　滝添石に添える石。

水受石　滝壺の落水を受ける部分に据える石で、水がしぶく様子や水音などの趣を楽しむために置かれる。前述の鯉魚石はこの水受石の一つと理解される。

波分石　滝口に据え水を分け流す石。

水分石　滝壺付近や流れに配し水流を左右に分ける石。

木の葉返しの石　滝壺からやや離れた流れの浅い個所に据える平らな石で、水面を盛り上げて波を起こす役割をする。落ちた木の葉が裏返り、浮き沈みする趣を観賞するために置かれる。

図❷　滝の景色を決める役石

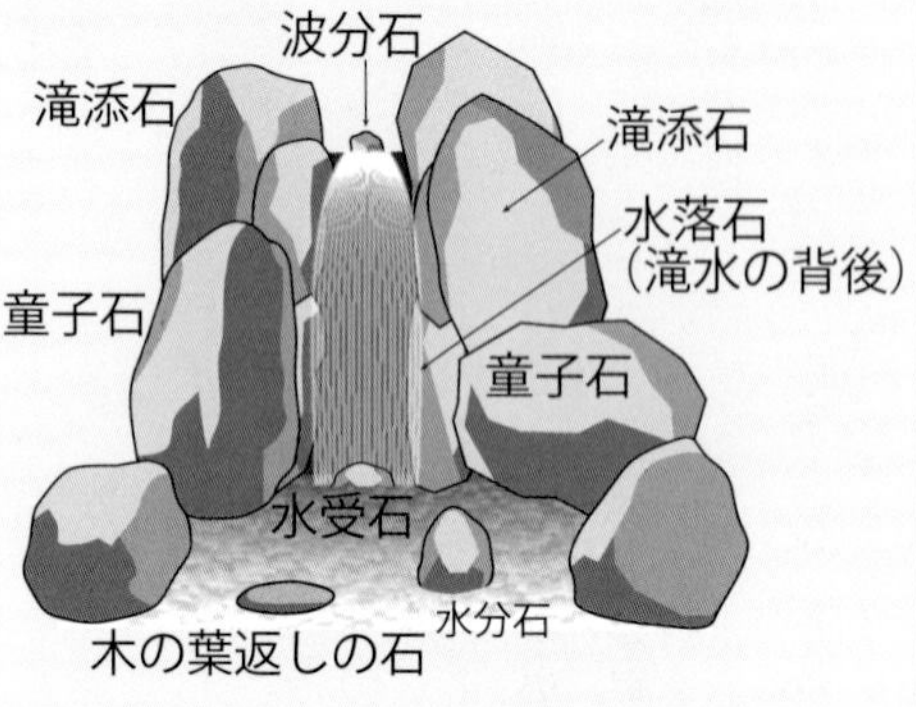
波分石
滝添石
滝添石
水落石
(滝水の背後)
童子石
童子石
水受石
水分石
木の葉返しの石

滝の姿を決める石組

滝に必ず必要なのが水落石である。これは文字どおり水が落ちる部分の石で、この石の形次第で滝の姿が決まる。その両側に滝添石が立てられる。この三石で滝は構成され、童子石、水受石、波分石、水分石などは、より豊かな滝の景観をつくるために考えて据えられる。

石の組み方により、二段滝、三段滝といった工夫も可能である。これらに用いる石は、同系統の石質、色調のものを選んで全体的な統一感を出すようにする。これは石組全般にいえることだが、景の良し悪しは、どれだけ姿形のよい石と出会えるかで決まる。最初の石材選びが大切なのである。ただ滝石組は、大ぶりな石を使い、さらに積み重ねる場合もあり、大がかりな石材工事になることが多いので、実際の工事は専門家に任せること。

また滝の周辺は樹木や下草類の植栽で深山幽谷の雰囲気を出すことが望まれる。

「飛泉障りの木」という、滝に添えて滝口をあからさまに見せないための役木も昔から伝えられている。

ポンプによる水の循環

滝はかつては川など自然の水を引き込んでつくられていたが、現在ではポンプアップで水を循環させている場合がほとんどである。その場合、滝口からダイレクトに水を流さず、滝口部に枡を設け、その枡に水を溜めて溢れた水が流れるようにすると、より美しい水の表情を見ることができる。

ポンプの種類は、滝の高さや、滝の大きさによって変わる。一般の庭園であれば、給水能力が一分間に六〇リットルもあれば十分で、この種のポンプを用いると、三リットルまで水が上がる。公共的な広場などにある大きな滝では、一分間に一～三トンくらいの給水能力があるものも使われる。

この循環システムは滝石組を施工する前に、配管などを済ませておかなくてはならない。特に大規模な滝で大型ポンプを設置するときや、あるいは特別な水道工事が必要なときは、きちんと認可を受けている専門業者に頼むことが肝要となる。

なお、最近ではエコに配慮して雨水を貯水タンクに溜めて利用するケースも増えてきている。考えてみれば石や木と同様に雨水は天然素材であり、それを利用しない手はないだろう。

滝のマイナスイオン効果

滝壺周辺はマイナスイオンが多く発生するといわれている。マイナスイオンは粒の細かい水滴に付着しやすい性質があるからだ。身体を酸化して細胞を老化させる活性酸素を酸素にする働きがマイナスイオンにはあることが知られている。滝の落水は癒しという心理的効果ばかりでなく、健康面にもいい効果を与えるのである。

ただ最近、住宅地で滝の水音がうるさいという苦情を訴える人がいて、水を流せなくなってしまったという話も聞いた。広い境内のお寺なら大丈夫だとは思うが、夜間などは隣近所に配慮して水を止めておいたほうがいいだろう。節水にもなることだし。

しかし、たとえ水を流さなくても、枯滝として十分観賞に耐え得る優れた景観をつくるのが、私たちの技術であり、それが本来の滝石組なのである。

極意23

生き物を呼ぶ池づくり

●ビオトープとしての池

子どもたちにも自然に親しむ場を

二〇〇四年に行われた浜名湖花博で、私たち造園連が出展した庭が大賞を受賞した。「家族が集うやすらぎの庭」と題した、池を中心とした庭である（写真❶）。

木々や草花に囲まれた池は、わずかな風にゆらぎ、かすかに波立ち、陽光を受けて水面にキラキラと光の粒をばらまく。そんな静かな池の表情は訪れた人たちの心を落ち着かせ、高いリラクゼーション効果を与える。

この池にメダカを放ってみた。これが来場者に思いのほか好評で、特に子どもたちは大喜びで、池の縁から離れようとしない。おそらくメダカを見るのがはじめてだったのかもしれない。

大人も子どもも一緒になって楽しめる、それが本来の庭の姿であり、その意味で「家族が集うやすらぎの庭」というテーマは大成功であったし、そのコンセプトが評価されて大賞受賞に至ったのだと思う。

私たちはこれまで、どちらかというと大人のための庭づくりを行ってきたが、こうして子どもたちに魚や昆虫といった身近な自然に親しむ場をできるだけ多くつくってやりたい、というより、つくって残さなくてはならないという使命感が生まれた。

この池にはいつの間にか、メダカのほかにアメンボやトンボ（ヤゴ）などが集まって棲みつくようになった。野鳥も多く集まってきた。

水辺があると生き物が生き物を呼び、次々と新しい生命を吹き込んで、多様で豊かな自然が形成される。それを目の当たりにした。水辺は生き物たちを育む温床なのである。

お寺はビオトープの原点

このように、池や流れをつくって生き物たちを呼び込み、自然の生態系に近い環境をつくる取り組みはビオトープと呼ばれ、近年、全国の小学校などで盛んに行われている。まさしく机上ではない、生きた教育であり、非常に意義があることだと思う。

写真❶ 池の護岸は石組とし水生植物を植えて生き物が棲みやすい環境に（「浜名湖花博」造園連出展庭園より）

しかし、大昔からこのような取り組みを実践していたところがある。ほかならぬ寺社である。古いお寺や神社の庭にはたいてい池がある。その多くは放生池であり、仏教の不殺生の思想に基づいてコイやフナといった淡水魚、カモなどの水鳥やカメなどを池に放っていた。これこそビオトープの原点ではないだろうか。

現代でもそのような寺社は生き物たちの貴重な生息地であり、まさに命の森として地域社会に貢献している。

現在、庭に池のあるお寺はこれから先も多様な命を育んでいただき、新しく庭をつくったり、いまある庭を改修しようとしているお寺は、池をつくって、四季を通してさまざまな動植物と触れ合えるような、良好な自然環境を目指していただけたらと思う。

池の場所と規模と深さ

そこで池づくりの基本を説明しよう。

池を計画する場合、まず全体のバランスを考慮して庭のどの場所にどのくらいの大きさ、深さにするか、また、どのような形にするかを検討する。

場所に関しては、あまり日当たりがよすぎるところでは、夏に水温が上昇して、四十度以上になると生き物が生育できなくなったり、アオミドロのような藻がものすごい勢いで発生し、池中が藻で覆われてしまう。やむを得ない場合には、池辺に高木を植栽して直射日光が水面に当たらないようにするとよい。高木は落葉樹がよいだろう。冬場に葉を落とすので水面に日が当たり、水温が低くなったり凍結するのを防ぐ。逆に、一日中ほとんど日当たりのない場所では、今述べたように冬の水温の低下を招いたり、ハスやスイレンなどを植えた場合、思うように開花しない。

池の深さについては、あまり浅すぎると周囲の土が雨とともに流れ込んで、池というより湿地になってしまう。生き物を飼ったり水生植物を植えたりすることを考えて、おおむね三〇〜六〇センチくらいで、浅いところと深いところをつくって変化をつけるとよい。

防水シートの池づくり

実際に池をつくるにあたって最も大切なことは、決して水漏れがしないということである。

現在ではもっぱらコンクリートで池の躯体をつくることが多いが、かつては池は粘土による工法がとられていた。池底には厚さ五〇センチくらいにも及ぶ粘土が敷かれていたのである。漏水を防ぐには多量の粘土が必要で非常に手間のかかる工法であった。

コンクリートを使う工法は専門家でなくては手に負えない。かといって昔のような粘土工法では手間と材料がかかりすぎる。もっと手軽に簡単に池をつくれないだろうかと思っている方も多いことだろう。そこで防水シートによる池づくりをお勧めしたい。

現在、ガーデンセンターなどで市販されている、塩化ビニル樹脂やゴム製の池底用のシートを利用するのである。これは一・五メートル×一・五メートルから八メートル×六メートルくらいの大きさのものまであり、池の形や大きさに合わせてシートを折り曲げたり、カッターなどで切断したり、専用接着剤で貼り合わせることも可能である。

それでは、実際にシートを使った池のつくり方を簡単に説明しよう。

❶まず地面に池の形を描く。

❷穴を掘る。池の周囲から順に中央に向かって掘り進め、実際の深さよりも五センチほど深く掘る。

❸シートが破れる原因となる小石や木屑、木の根などを除去し、底を均し叩いて固め、砂やフェルトを敷く。

❹砂の上に麻布や古い毛布などを敷く。

❺穴の形に合わせてシートを敷く。シートはゆがみやたるみがないように平均して敷き、端の部分に石などをおもりとして押さえる。

❻池底に砂利やゴロタを入れシートが見えないようにする。また池底に水生植物を植えつける場合は泥を入れる。

❼最後に水を入れる。水位は地面より一〇〜一五センチくらいまでとする。このくらいの水位であれば、魚を飼

図❶ 雨水とシートを利用した池の断面図

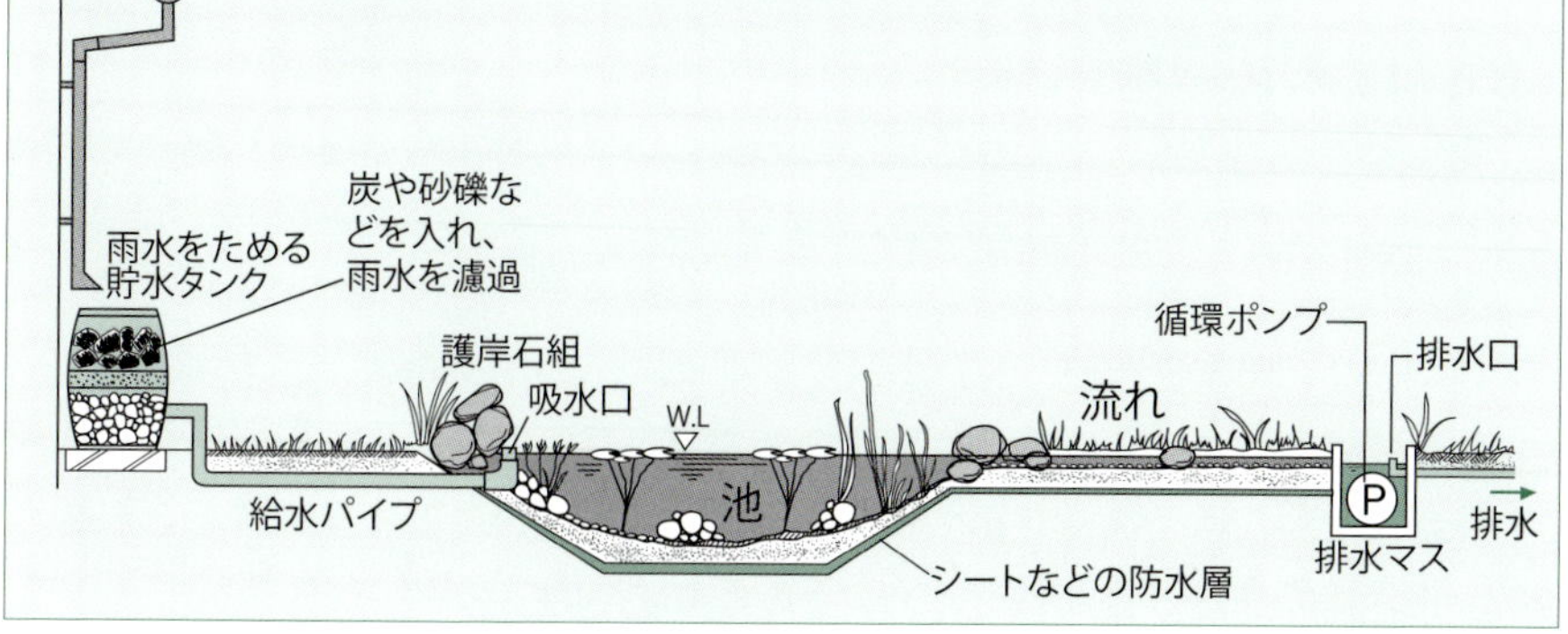

う場合、猫に襲われる心配がない。

このようにして池が完成したら、護岸に石を据えたり、乱杭を打ったり、あるいは草花を植えたりして、庭全体の景観に自然に溶け込むようにする。

変化のある護岸は美しい景観をつくるだけでなく、トンボやカエル、カメなど、さまざまな生き物の住処《すみか》や隠れ場所、さらに産卵や羽化の場を提供し、多様な生物相を形づくるものである。

水源や循環濾過の方法

水源に関しては、水道水、雨水、湧水、地下水などの利用が考えられるが、よほど水利に恵まれた環境でない限り、湧水や地下水などが自由に使えることはないので、一般的には雨水と水道水の併用を考えるとよい。雨水を貯水タンクに溜め、そのなかに炭（竹炭がよい）や砂礫を入れて浄化し、パイプを使って池に注ぎ込む。不足分は水道水で補うが、魚を飼う場合は、水道水を二〜三日くらい汲み置きして塩素分を飛ばしてから使用すること。

池水は常に美しく澄んだ状態にしておきたい。しかし、特に魚を飼っている場合などは、排泄物や餌の残りカスが沈澱し蓄積される。そのため本格的な池は循環濾過装置により水を絶えず入れ替えて澱まないようにしている。比較的小規模で底に排水口がないような池では、市販の水中ポンプを使って排水して水の入れ替えをすることも考えられる。水換えの回数を少なくしたいのであれば市販のウォータークリーナーを使うといい。これは水中に設置して水を濾過循環させるもので、庭園灯に排水口がついているタイプや噴水タイプなどがあり、手軽に水景を楽しめるように工夫されている。

お寺がビオトープの先駆けを

変化のある池の護岸づくりは自然風の美しい景観をつくるだけでなく、ビオトープづくりへの布石ともなる。

護岸の石組、石積み、あるいは草花は、魚類やゲンゴロウやアメンボ、ミズスマシなどの水生昆虫、トンボ（ヤゴ）、カエル、カメなど、さまざまな生き物の住処や隠れ場所、産卵や羽化の場を提供し、多様な生物相を形づくる。

護岸づくりだけでなく、石や杭を水底に沈めて水深に変化をつけるとともに、生き物の住処、隠れ場所をつくることも効果的である。

ビオトープづくりには、飼育あるいは誘致する生き物の性質や生態を調べ、生育環境を整えることが重要となる。

たとえば、魚類や水生昆虫は、産卵や成長の過程で水深差が必要となるので、池のところどころで水深差をつけた構造が必要となる。自然の池や湖沼の再現である。

カメの飼育には池に甲羅干しができる中島をつくることが望ましく、カエルなどは池畔を草むらとして、餌となる小昆虫が発生しやすい環境とする。

さまざまな生き物に住処を提供しようとするビオトープと呼ばれる試みは、その言葉や概念はドイツで生まれたものだが、日本庭園の世界では昔からごく当たり前に行ってきたことである。

自然風につくられた水辺には生き物たちが棲み着き、そこに小さな生態系を形づくるのは、ヨーロッパ諸国と比べて多種多様で豊かな生物相をもつ日本では自明の理であり、ことさらビオトープ的な意図をもって池づくり、池の護岸づくりを行ってきたわけではなかった。

近年、都市部を中心に自然が失われて行く状況のなかで、日本でもビオトープへの取り組みが環境省を中心に全国で推進されている。

やはりここは昔から日本の庭園文化をしっかりと守ってきて、現在でも近隣の貴重な緑を提供しているお寺がイニシアチブをとっていただきたく思う。

そのためには、我々も協力を惜しまない。

うまく環境が整えば、清流をつくってホタルを飼育することだって可能なのである。

「螢の寺」なんてじつに魅力的ではないか。

第2編

正しい植物管理の方法

樹木の剪定とは何か

極意24

なぜ剪定が必要なのか

●手入れのために木を見て木を知る

木を育てる剪定

お客さんのなかにときどきいらっしゃるが、どうも木の枝を切るのが苦手だという。

「大切な木ほど切れない」「庭師が枝を落としているのを見るのもつらい」「果たしてそんなに切って大丈夫なのか」、はたまた「殺生しているようでかわいそうだ」などという。

お寺のご住職にもときどきこういう方がおられる。

しかし、ちょっと待っていただきたい。

我々庭師は木が鬱陶しくなったから、さっぱりさせているわけではない。そんな単純なものではない。

木は伸びるがままにしておくと、枝葉が茂りすぎて姿形が悪くなるばかりでなく、日当たりや風通しが悪くなり、枝が枯れたり病気や害虫に侵されたりする。木の生理によくないのである。

そこで生長を妨げる余分な枝や、見栄えの悪い不要な枝を取り除き、健やかに育つようにめんどうを見ているのである。

この作業が「剪定」である。

剪定は枝を落としながら、木を育て庭を守る大切な作業なのである。

木によって違う方法と時期

木の剪定で重要なことは、まず、大事な枝とそうでない枝を見極めることである。

それには、その木がどのように生長していくかを頭の中で十分にシミュレーションすることが必要である。

この枝はこの方向に伸びるので、この枝とからんでしまう。この芽を残せば、枝は内側へこう伸びておかしな樹形になってしまうので、その下の外側についている芽を伸ばそう……といった具合にである。

ただし、木の性質は種類によって千差万別だ。

同じ種類でも、植えられている環境も違えば、若いか老いているか、元気か弱っているか、などといった木の状態も違う。

剪定は時期と、その木の性質を踏まえて行おう

実際の剪定作業では、その木を見て、枝を見て、ハサミの入れ加減を調節するのである。これはもう長年の経験からくる知識と勘とでもいおうか、一本でも多くの木と接することによって、ときには失敗をしながら培ってきた技なのである。

また剪定は、いつでも好きなときに、というわけにはいかない。剪定は多かれ少なかれ、木に負担を与えるものなので、時期をまちがえると木が衰え、場合によっては枯れてしまうこともある。

常緑樹は春先か秋、落葉樹は冬の休眠期、つまり葉の落ちている間がおおむね剪定に適した時期だが、樹種によっては例外もある。

また花木類の場合は、剪定の時期を誤ると開花が見られなくなるので注意が必要だ。

果樹の場合などは、当然のことながら、花が咲かないと実もならない。

以下に、剪定の基本を明らかにするとともに、常日頃、我々が、どのようにして木の健やかな生長を見守り、庭園を管理しているか、その一端を解説するので、ぜひ参考にしていただきたい。

第7章 剪定の極意

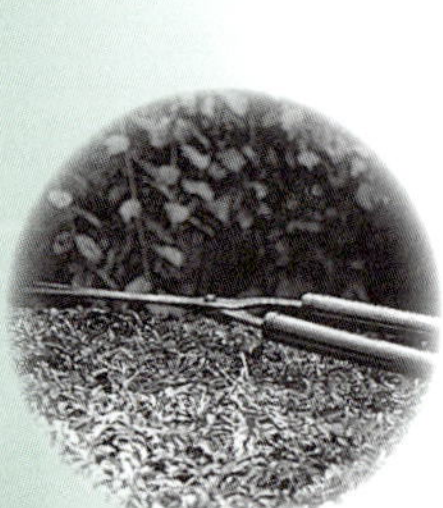

極意25 すぐれた仕事は道具から

●剪定用具の使い方の基本

剪定に必要な道具類

本格的な剪定の解説をする前に、枝を切るために必要なハサミ類などの道具の種類と使い方を紹介しよう。

■木バサミ

木バサミは「植木バサミ」あるいは「南蛮《なんばん》」とも呼ばれ、枝先を切るのに適したハサミである（写真❶）。我々の仕事ではもっぱら、この木バサミを使用することが多い。

指を入れる柄の部分を「わらび手」といい、このわらび手が大きく、独特の形をしているのが特徴となっている。このような柄の形は、枝を切ったときに、ほかの枝を挟んで傷めないように工夫されたものである。次に紹介する剪定バサミにはバネがあるが、木バサミにはバネがないので、長時間使用しても手が疲れない。

木バサミは、小指くらいの太さ（径一センチほど）までの枝を切るのに適す。それ以上の太い枝を切るには、剪定バサミを用いる。

細い枝が込み合っている場合、木バサミを使うと剪定作業がスムーズに行える。さらに枝分かれの部分や芽の位置で切る場合などは、剪定バサミで切ると、

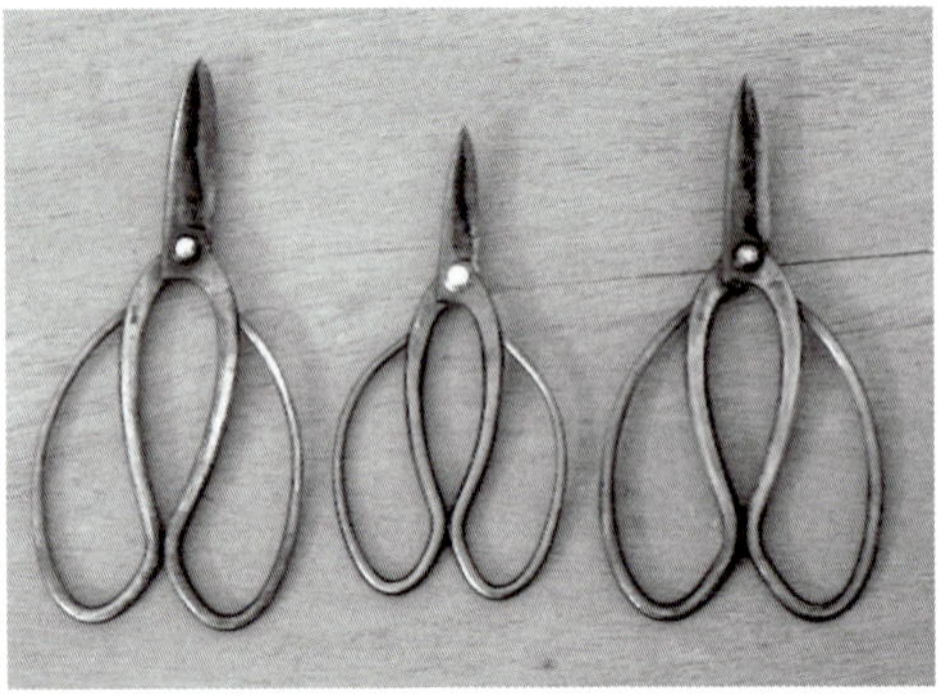

写真❶ 木バサミ

枝の切り残しが突起状になってしまうが、木バサミを使うと、枝を残さずにきれいに切ることができる。

木バサミの使い方は、径五ミリ以下の細い枝は、刃の先のほうを使ってつまむように切り、径五ミリから一センチまでの枝は、刃の元のほうではさんで手前に回すようにして切るとよい。

ちなみに、江戸時代には、ハサミといったら、この木バサミだった。元禄以降、泰平の世となって刀剣の需要が減り、鍛冶職人の仕事がなくなってしまい、そこで鍛冶職人たちはその技術をいかして、日常生活に必要な刃物類を考案し製作した。そのなかの一つが木バサミであった。この木バサミが裁ちバサミの原型となり、今日一般に見られるハサミの形となったのである。

■剪定バサミ

剪定バサミは、最初、果樹の剪定用のハサミとしてヨーロッパから紹介されたものだが、切れ味がいいうえに、木バサミでは手に負えない太めの枝を切ることができるので、庭木や盆栽などの剪定に広く用いられるようになった（写真❷）。

果樹剪定用ということから、庭木の見た目の美しさより、できるだけ多くの木、多くの枝を剪定するのが目的で、スピーディかつ、よく切れることを狙いとしたハサミである。したがって枝先などの細かい剪定には向かない。

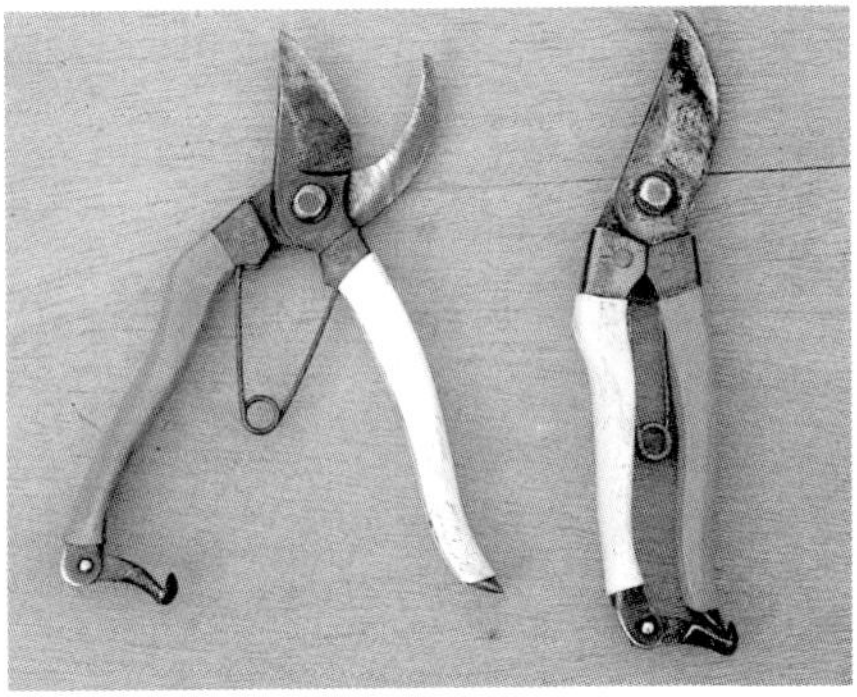
写真❷ 剪定バサミ

木バサミとは刃の形が異なり、「切り刃」と「受け刃」が半円の弧状となっている。「にぎり」と呼ばれる柄の内側にバネが仕込まれていて、ギュッと握り込むようにして枝を切る仕組みになっている。このバネには、針金のゼンマイバネと虫バネの二種類があり、バネの強いものは、長時間作業するとかなり手が疲れてしまう。

この剪定バサミは、木バサミでは手に負えないような太い枝の剪定に使用する。枝の硬さによって多少の違いはあるが、一般的に径二センチくらいまでの枝を切ることができる。切り方によってはそれ以上の太い枝を切ることも可能である。

剪定バサミの使い方は、切り刃を手前にして、枝をはさんで向こう側へ押し込むように回して切る。このようにすると、それほど強い力を入れなくても、太い枝を無理なく切ることができる。

■刈り込みバサミ

刈り込みバサミは生垣および玉ものや玉散らし、または洋風のトピアリーなどの人工的な仕立てものを刈り込むためのもので、両手で扱う大型のハサミである（写真❸）。木バサミ、剪定バサミと異なり、枝を一本一本切る

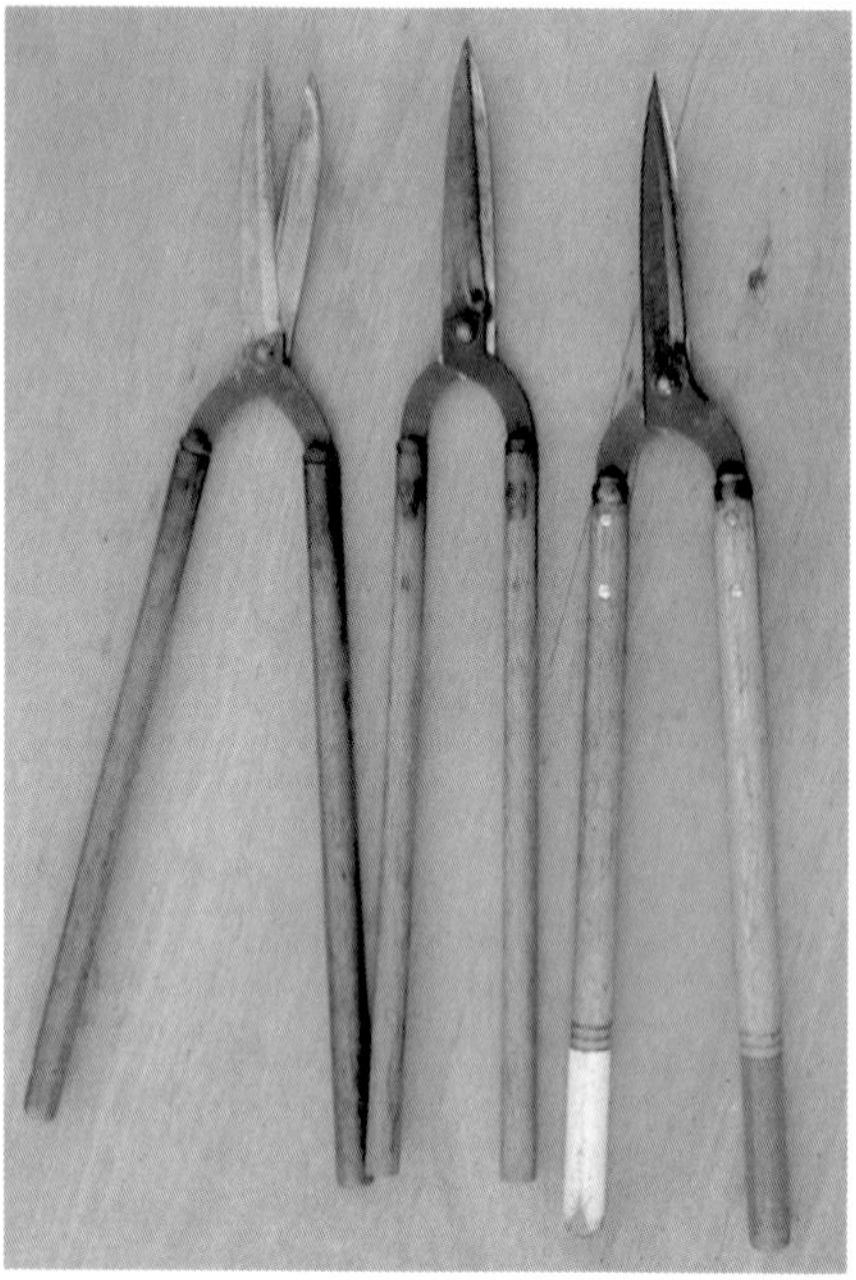
写真❸ 刈り込みバサミ

のではなく、全体的な樹形をつくるのを目的とする。
刈り込みバサミには、表と裏があり、刃先が反っているほうが表であり、この刃の反りが手前側に向くようにするのが正常な持ち方である。
はじめて刈り込みを行う人は、どうしても刈り込み面が凸凹になってしまい巧く平らに刈れない。見てると必ずといっていいほど刈り込みバサミを両手で動かす。これでは刃先が安定せずに巧く刈り込めないのは当然である。刈り込みバサミは柄の中程をもち、左手は固定して、右手だけを動かすのが基本。片刃を刈り込み面に当てて、もう片方の刃を動かして刈り込むのである。こうすれば片方の刃が定規の役割をして、刃先がブレずに均一に刈り込むことができる（図❶）。
また、柔らかい芽先のみを刈り取るような場合は、柄を短

図❶ 刈り込みバサミの使い方

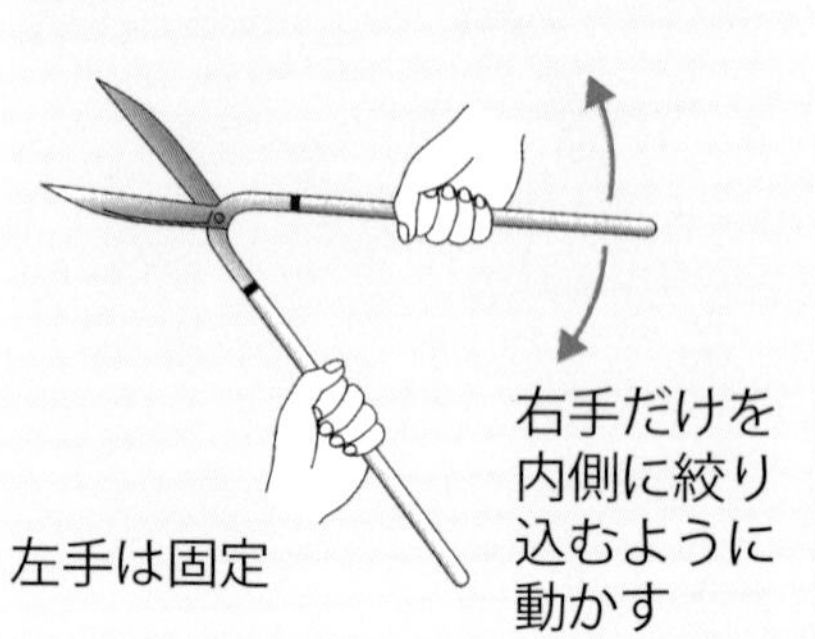
右手だけを
内側に絞り
込むように
動かす
左手は固定

めにもつと作業しやすい。

なお、玉ものの上面の曲面部を刈り込むときには、ハサミを裏返しに使うと美しい丸みがつけられる。また、生垣の上面など高所を刈り込むときも、ハサミを裏返したほうが作業がスムーズに行える（148頁写真❸参照）。

■高枝剪定バサミ（高枝切り）

通販のＣＭなどでもよく見る高枝剪定バサミ（高枝切り）は高い部分の枝を地上にいながら切ることができるので便利である。最近では伸び縮みする枝の先端がノコギリにつけ替えられるタイプのものも出回っているので重宝する。ただし、切る枝をよく確認していねいに扱わないと必要な枝をはさんでしまうこともあるので要注意である。

■剪定用ノコギリ

幹、あるいは剪定バサミでも切れないような太い枝は、ノコギリを用いて切る。ただし両刃のノコだとほかの枝を傷つけてしまうので、片刃のものがよい（写真❹）。

幹や太い枝を切るには、目が粗く、刃の長さが四五センチくらいのものが適する。比較的細い枝には、目が細かく、刃の長さが二五センチほど、片手でもって楽に作業ができるような小形のものが適している。また、刃の先端の部分が細く丸くなっていて、枝と枝の間に無理なく差し入れられるものがよい。

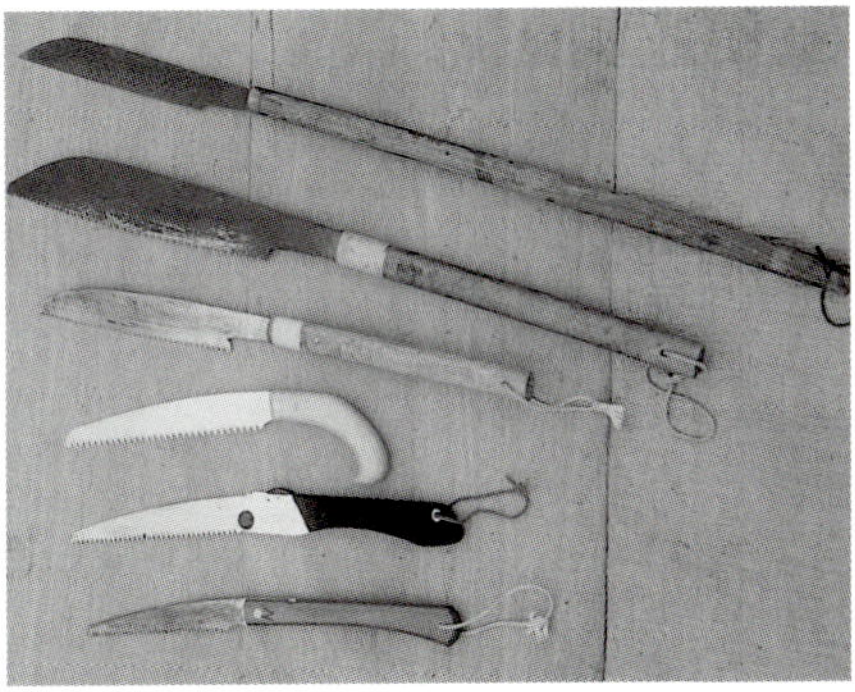

写真❹ 剪定用ノコギリ６種

ノコギリで枝を切る際には、切り取る枝の先のほうを一方の手でしっかりと支えて、枝が動かないようにしてから、ノコギリを挽くようにする。

■脚立とはしご

手の届かないような高い所の剪定作業では、脚立やはしごに登って行うが、脚立は通常の四脚のものではなく、三脚のものが幹元まで近づけられるので便利である。使い勝手のよい専用のアルミ製の三脚の脚立も市販されている（次頁写真❺）。

はしごは素人が使うと倒れる危険性があるのであまりお勧めはできない。

とにかく高所の剪定は軽く飛び下りられる程度の高さにとどめること。高木や大木などの剪定で、それ以上の高い所に登っての作業は非常に危険がともなうので、専門家に任せるべきであろう。

写真❺ アルミ製の脚立

道具の手入れは職人の日課

道具は職人の命だから、我々はハサミ類の手入れを決して怠らない。修業時代はその日の仕事の終わりのけじめとしてハサミを砥ぐことが日課となっていた。現在は毎日砥ぐというわけにもなかなかいかないが、作業後の点検だけは必ず行っている。切れ味の悪いハサミは仕事の能率が悪くなるばかりか、思わぬケガのもととなる。特に刈り込みバサミは刃がこぼれやすいので、頻繁に砥ぐことが必要とされる。

砥ぎ方はハサミをしっかりと固定して、水を含ませた小さな砥石を動かして刃を砥ぐとやりやすい。そのとき、刃を自分のほうに向けると危険なので、必ずミネのほうが手前に向くようにして行う。

また使っているうちに噛み合わせが悪くなった場合は、二枚の刃を留めている鋲の周りをカナヅチなどで軽く叩いて調節してやるとよい。

以上、我々が日頃、剪定に使う道具について説明してきたが、若い職人や、ときにはお客さまに「どんなハサミを買えばよいでしょうか?」と聞かれる。

「実際に手に取ってみて、大きさなどがよく手に馴染んで使いやすいもの、あと刃と刃の噛み合わせがよいものがいいですね」と、こう答えるようにしている。刃と刃の噛み合わせがよく、切れ味が鋭いことなどは商品として当たり前のことである。

私たちの使うハサミだけでなく、大工のカンナだって、左官のコテだって、あるいは野球選手のグローブだって、はじめからいい道具なんてあるわけがない。

道具というものは、日々きちんと手入れをして、使い込むほどに手に馴染み、使い勝手のよいものになっていくのである。

緑の説法 9

昔と変わらぬ庭道具

江戸時代後期の文政 11（1828）年に秋里離島により刊行された『築山庭造伝・後編』は当時の庭づくりマニュアルとして大ベストセラーとなった。

庶民の間でも庭づくりが非常に盛んであったことを物語る。

この書物のなかに「庭を造《つくる》道具」と題して、下図のような造園工具類の絵が掲載されている。

今日でいうところの、木バサミや刈り込みバサミ、高枝剪定バサミ、ノコギリといった剪定道具、そのほかにも、こうがい板、木でこ、コテ類、ナタ、スキ、クワ、木づち、ふるい、滑車、また木の枝を誘引している様子や、人力のウィンチのような道具で巨石を引いている様子も描かれ、いかに効率よく作業が進められるか創意工夫のほどがうかがい知れる。その多くは現在我々が使っているものと何ら変わることがない。

それぞれの道具の一つ一つに、長年培われた伝統的な機能美が備わっており、永々と受け継がれていることが分かる。

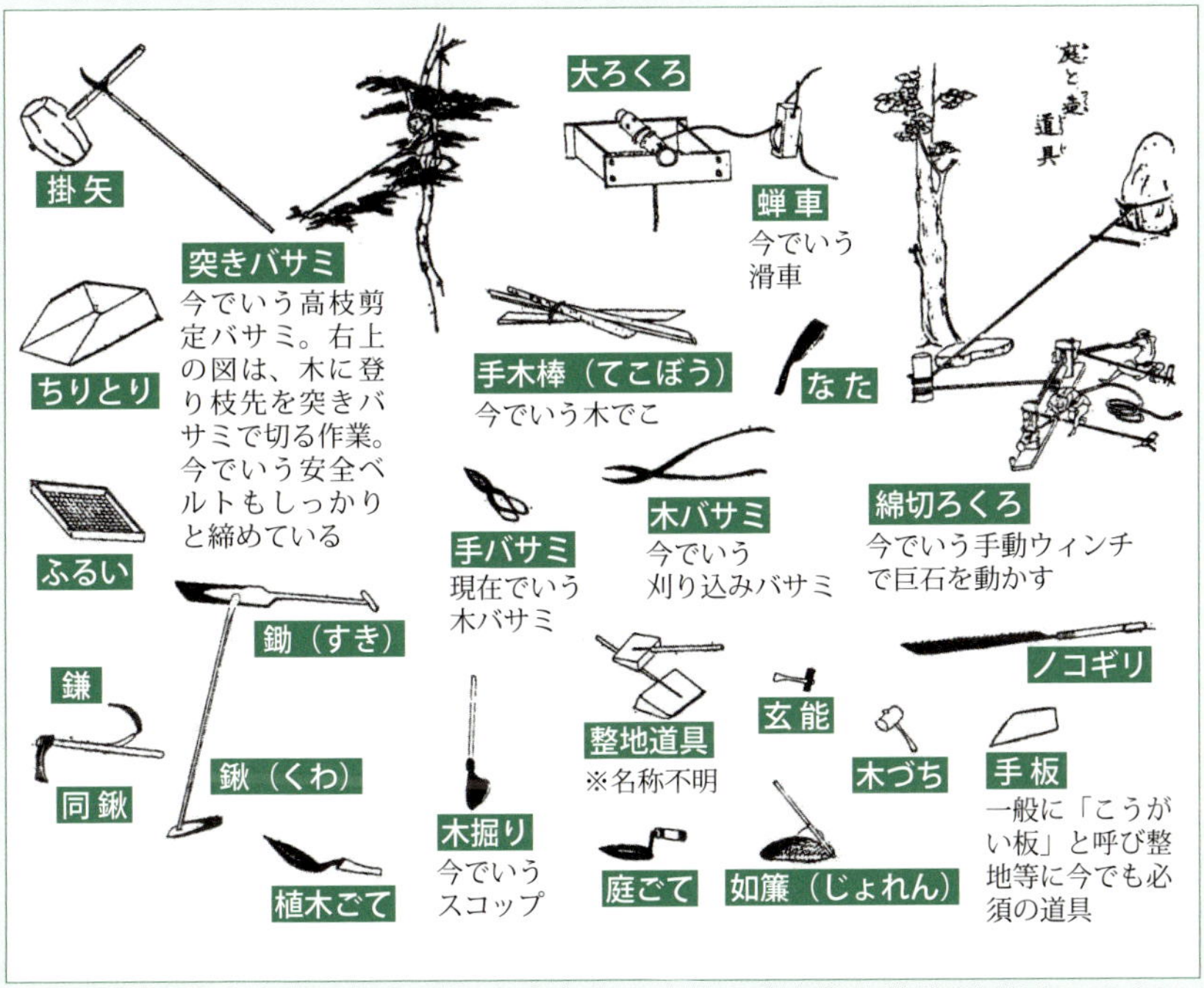
掛矢
突きバサミ
今でいう高枝剪定バサミ。右上の図は、木に登り枝先を突きバサミで切る作業。今でいう安全ベルトもしっかりと締めている
大ろくろ
蝉車
今でいう滑車
ちりとり
手木棒（てこぼう）
今でいう木でこ
なた
ふるい
手バサミ
現在でいう木バサミ
木バサミ
今でいう刈り込みバサミ
綿切ろくろ
今でいう手動ウィンチで巨石を動かす
鋤（すき）
鎌
同鍬
鍬（くわ）
植木ごて
木掘り
今でいうスコップ
整地道具
※名称不明
庭ごて
玄能
如簾（じょれん）
木づち
ノコギリ
手板
一般に「こうがい板」と呼び整地等に今でも必須の道具

「庭を造道具」。『築山庭造伝・後編』より　※図中の文字は編集部による

極意26

木には除くべき枝がある

●「忌み枝」を見極める

木の生育のために枝を除く

庭木の剪定は、枝と枝が上下左右に重なり合ったり込み合ったりしないように、美観上・生理上のバランスを整える大切な作業である。

その木の性質を十分に理解したうえで、木全体をよく見て、枝の出方を把握し、今後どのように生長していくかを、頭の中でシミュレーションすることが重要となる。

木の健全な生育のために、枯れ枝や病虫害に侵された枝を除くのは当然のこととして、樹形を著しく乱す見苦しい枝、木の生長を妨げ衰弱させる原因となる枝、あるいは不要な枝などは元から取り除かなくてはならない。

取り除くべき忌み枝とは何か

私たち庭師は取り除くべき枝のことを「忌《い》み枝」と呼んでいる。

一般に忌み枝には以下のようなものがある（図❶）。

一本の木をよく観察して、大事な枝とそうでない枝を見極めていただきたい。

■**徒長枝《とちょうし》（とび枝）**　幹や枝から上の方に長く伸びた枝。

■**ヒコバエ（ヤゴ）**　根元から発生する小枝。

■**からみ枝（交差枝）**　枝と枝が交差したり、からみ合ったりしている枝。

■**幹吹き（胴吹き）**　幹から直接発生する小枝。衰弱の徴候となる。

■**逆さ枝**　枝は本来、幹から外側へ向かって伸びるが、逆に幹の方へ向かって伸びる枝。

■**立ち枝**　枝から直立するように上へ伸びる枝。勢いがあるのでほかの枝の養分を吸収し樹木を衰弱させる。

■**ふところ枝**　樹冠の内部にある小枝。

■**車枝**　幹の一個所から数本の枝が放射状に伸びるもの。主に針葉樹に多い枝の出方である。普通は一本だけ残してほかを切除する。

■**かんぬき枝**　幹の同じ位置に左右（前後）に対になって伸びる枝をいう。マツ類、カエデ類、ハナミズキなど、枝が対生の樹種に生じやすい。通常、一方の枝を落として、幹から枝が交互に出ているようにする。

■平行枝　長さ太さが同じような二本の枝が上下、または左右に平行して伸びているもの。全体の樹形を見て一方を元から切り取るようにする。

以上が切り除くべき枝とされているが、ほかにも樹形を整える上で妨げになる枝は除く。逆に、本来は除くべき枝でも、樹種あるいは剪定の目的によっては故意に残すこともある。その樹種の固有の美しさや性質を理解した上で、枝くばりをよく見定めて剪定することが大切なのである。

図❶「忌み枝」の種類

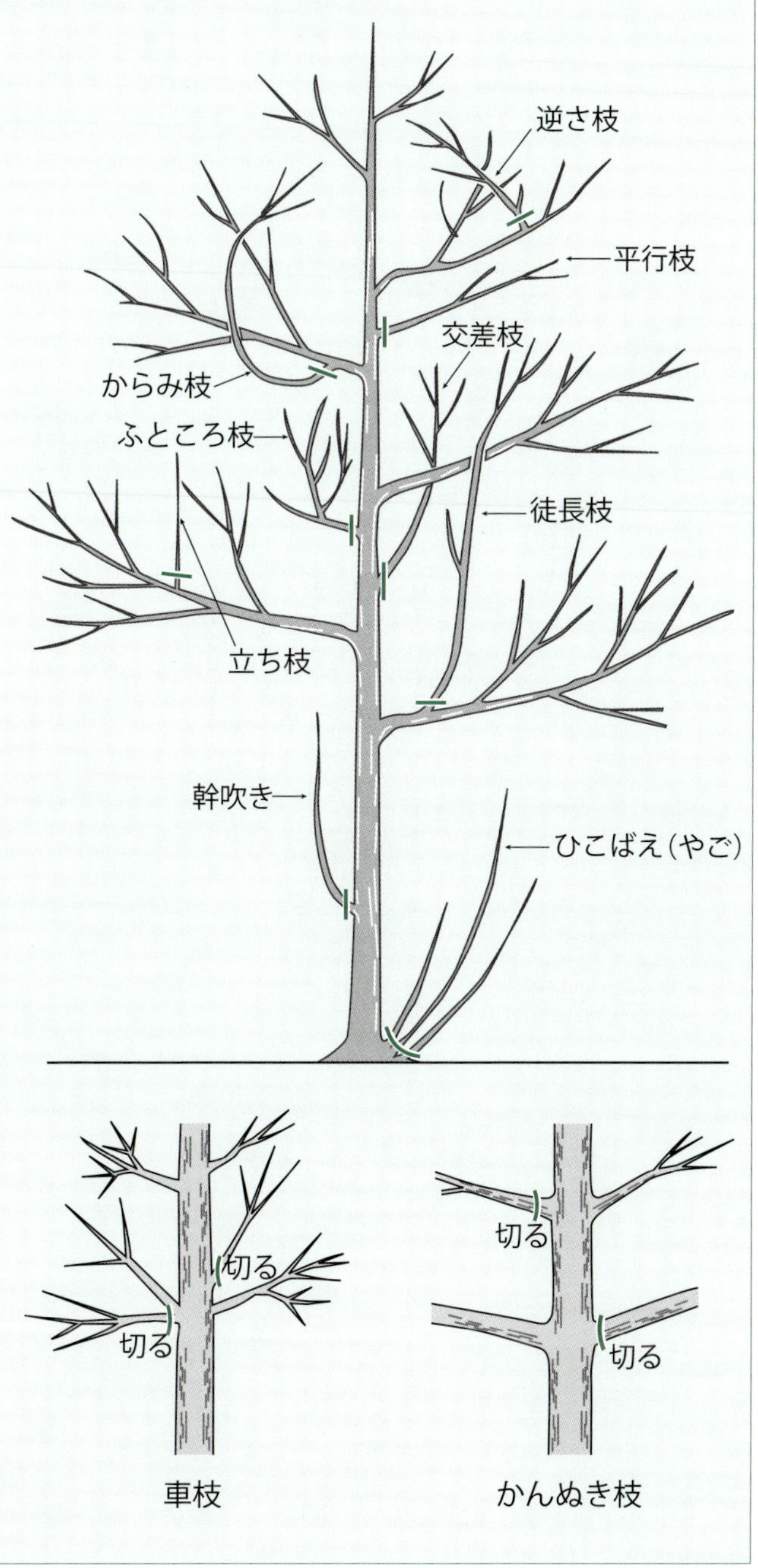
逆さ枝
平行枝
交差枝
からみ枝
ふところ枝
徒長枝
立ち枝
幹吹き
ひこばえ（やご）
切る
切る
車枝
切る
切る
かんぬき枝

極意27

一本の枝にも切り方がある

●枝おろしと枝透かし

枝おろしと枝透かし

ひと口に剪定といっても、その木をどのように仕立てるかによって、剪定の程度や方法が異なる。

■枝おろし

たとえば、大きく育ちすぎた木を小さく仕立て直す場合には「枝おろし」といって、太い枝を幹のつけ根の部分からノコギリで落とす方法がとられる。

境内の大木などに庭師が入った経験がおありかと思うが、かなりさっぱりとする。実際、あまりにもさっぱりしすぎて、この木、大丈夫なのかなと聞いてくるお客さんもいる。でも心配御無用、すぐに新しい芽が出てくる。ただし切口が大きいので、そこからばい菌が入り腐ってしまう場合があるので、切口に防腐剤を塗るとよい。

大木の枝おろしは外科手術に近い作業であるし、また危険をともなうので、決して生兵法で行わず、我々のような専門家に任せたほうがいいだろう。

■枝透かし

伸びすぎたり込みすぎている枝を適度に透かし、美観の保持とともに日当たりと風通しをよくするのが「枝透かし」である。これには透かす程度によって「荒透かし」や「小透かし」などの方法がある（図❶）。

荒透かしは「大透かし」とか「野透かし」などとも呼ばれ、木の骨格をつくる枝で、もっぱら樹形を乱したり生長をさま

図❶ 枝透かしの程度

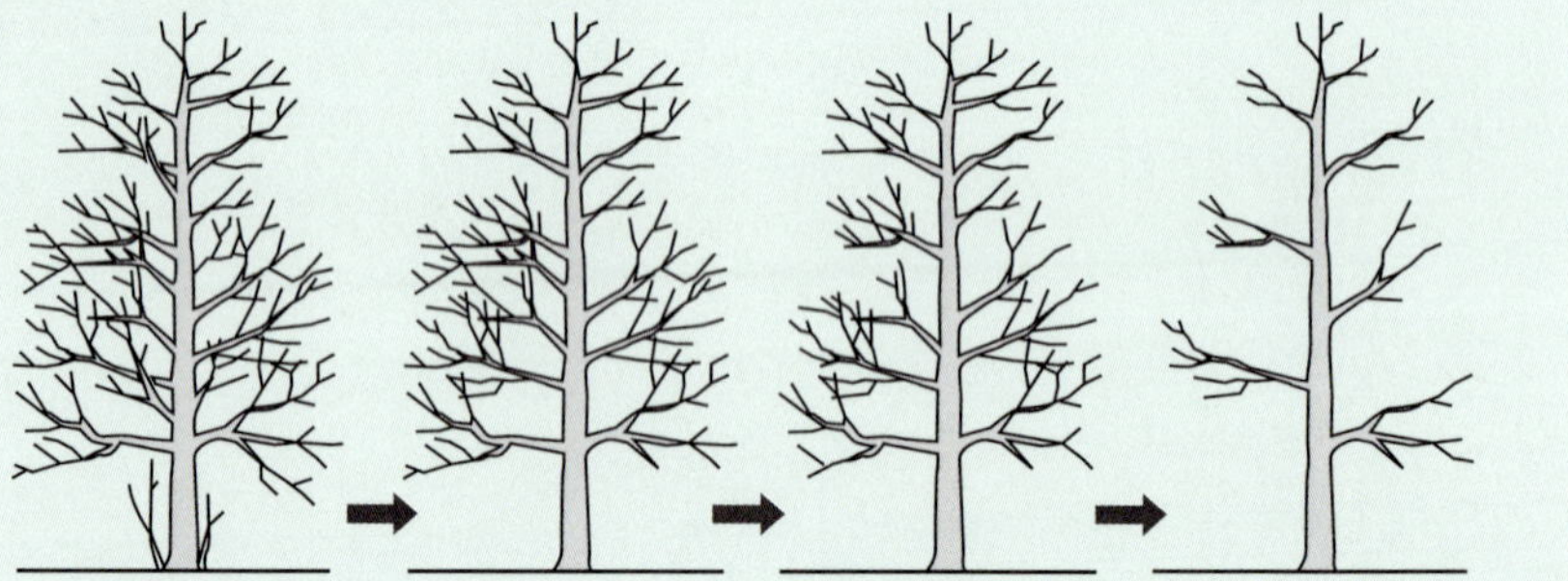

たげる「忌み枝」を中心に抜いていく強い剪定である。

小透かしは、主に枝先に行う細かい剪定で、もっぱら木バサミを使う。枝や葉がついている分岐点のところで、外側の枝や葉を残してはさむことが大切である。内側の枝や葉を残すと、枝が幹のほうに向かって伸びて著しく樹形が乱れる。

この小透かしは我々の腕の見せどころだ。枝先がブツブツとならずに、その木が本来持っている特長を生かして、すっきりと美しく整えるのがポイントとなる。

図❷ 太い枝の切り方の基本

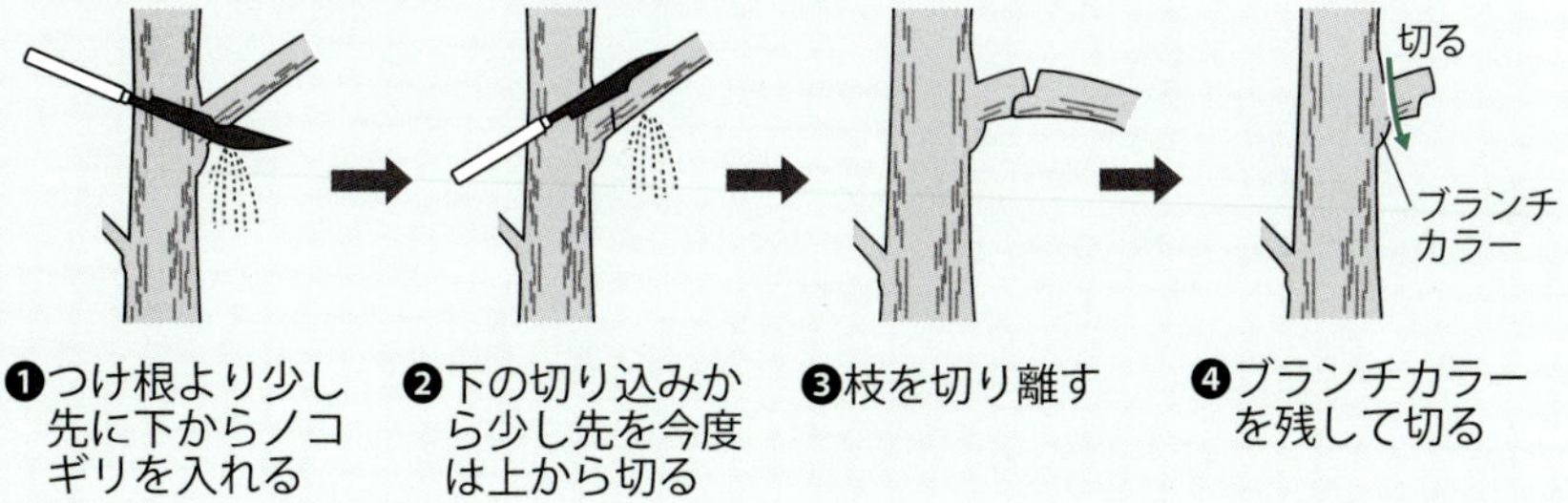
切る
ブランチカラー
❶つけ根より少し先に下からノコギリを入れる
❷下の切り込みから少し先を今度は上から切る
❸枝を切り離す
❹ブランチカラーを残して切る

また、荒透かしと小透かしの中間くらいの剪定を「中透かし」ということもある。

枝はどのように切るか

さて、実際の枝の切り方だが、適切な切り方をしないと、後々その木に重大な後遺症が現れる場合があるので注意が必要である。

■太い枝を切る

枝おろしや荒透かしで、幹から出ている太い枝をノコギリで切る場合、まず切る位置は、幹のつけ根ぎりぎりのところで切ってはいけない。かといって枝を残し過ぎてもまずい。幹と枝をつなぐ少し太くなっている部分をやや専門的だがブランチカラーと呼び、このブランチカラーを残す位置で切るのが基本である。

ブランチカラーは水分や養分を幹から枝へスムーズに受け渡したり、微生物の増殖を防ぐ役割を担っている。したがって、このブランチカラーを傷つけたりすると腐りやすくなり、また切口が塞がりにくくなる。

また切るときは一気に切らないで、図❷のように、下から、あるいは上からとノコギリを入れて枝をはずしてから、つけ根部分を落とすようにする。一気に切ろうとすると、枝の重みで切り離される寸前に樹皮がはがれてしまうことがあるからである。

■細い枝を切る

小透かしなどで比較的細い枝を切るときは、通常、芽またはは枝のつけ根の先三〜五ミリくらいのところで切るとよい。切口周辺の樹皮が盛り上がり、切口をふさぐのである。芽(つけ根)にあまりに近いところで切ると、切口がふさがらなかったり、芽が乾燥して発芽しなくなる。また逆に、芽(つけ根)より数センチも先で切ると、その部分が腐ったり枯れたりして、腐朽が枝の元まで広がる危険性もある(図❸)。

図❸ 枝を切る個所の良否

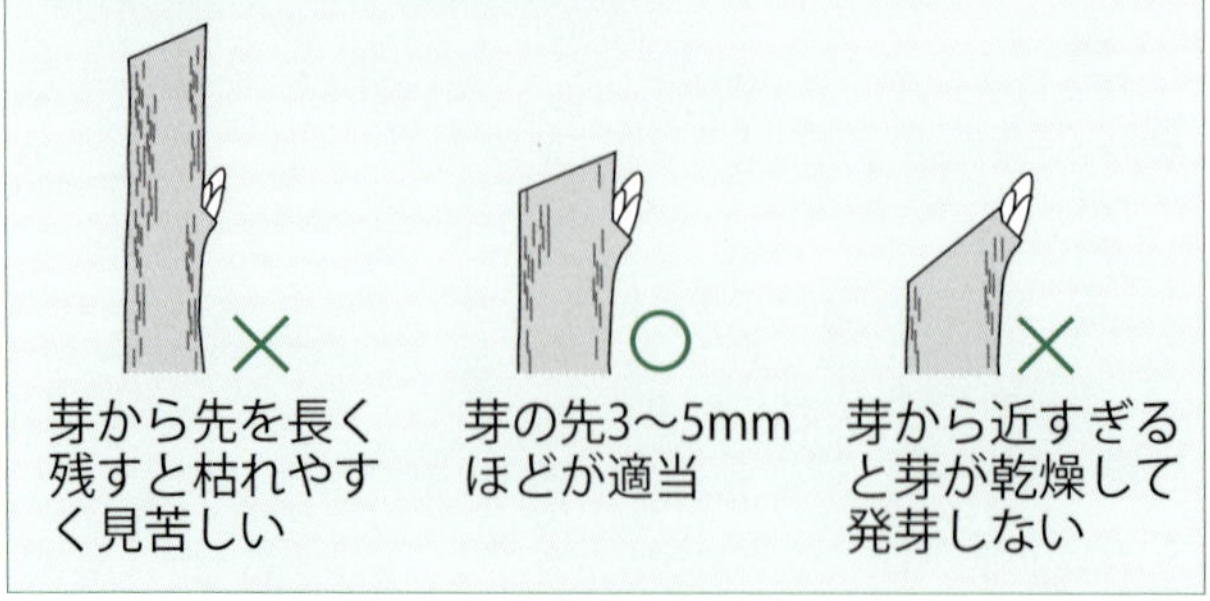

×
芽から先を長く残すと枯れやすく見苦しい
○
芽の先3〜5mmほどが適当
×
芽から近すぎると芽が乾燥して発芽しない

なお、姿のいい樹形を維持するために、必ず外芽または外側へ伸びている枝の先で切り、芽(枝)を外側へと伸ばしてやるのが基本。内芽(内側の枝)の先で切ると立ち枝や逆さ枝となってしまい樹形が著しく乱れることになる(図❹)。

「切る」は忌み言葉

ここまでの解説文でたびたび「枝を切る」という表現をしてきたが、それはあくまでも文章を分かりやすく表現するためであって、私たちの間では「切る」は忌み言葉で、本来はあまり使いたくはない。私たちはもっぱら現場では、枝を「飛ばす」「透かす」「抜く」「はさむ」「はずす」「おろす」などといっている。

剪定は「木を切る」のではなく「木を守り、育てる」仕事で、木とのコミュニケーションなのである。ものいわぬ木の言葉に耳を傾けていただきたい。

図❹ 切る位置と芽の伸び方

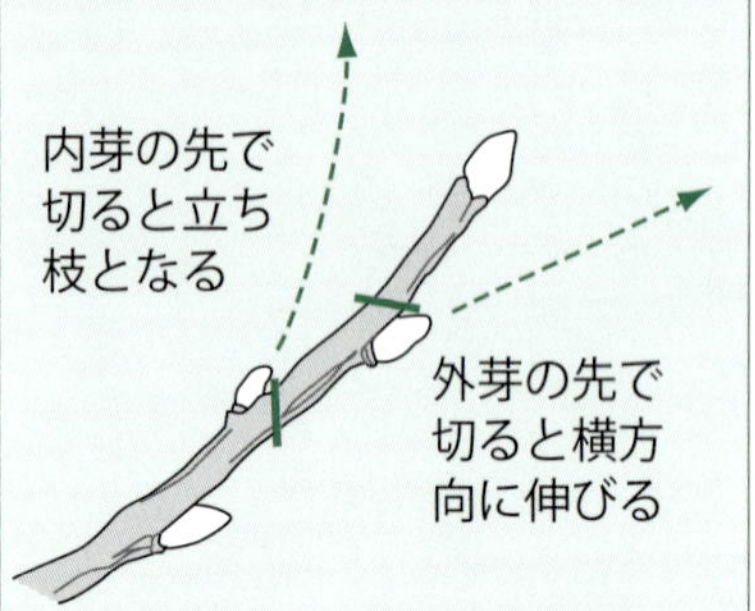

内芽の先で切ると立ち枝となる
外芽の先で切ると横方向に伸びる

極意28

生垣と玉ものを仕立てる

●刈り込みは剪定の基本

刈り込みに適する樹種と時期

刈り込みは庭園管理の初歩の技法であるが、どんな樹種でも刈り込みによって姿や形が整えられるわけではない。

刈り込みは刈り込みバサミによって多数の枝をまとめて刈り取るので、ツツジのように細かい枝を密生させ樹勢があり、萌芽力に富む樹種でないと耐えることができない。

針葉樹ではイチイ、キャラボク、サワラ、ヒノキ、カイヅカイブキなど、広葉樹ではツツジ類のほかに、イヌツゲ、カナメモチ、ネズミモチ、ヒイラギモクセイ、マサキなど、落葉樹ではドウダンツツジなどが刈り込みに適している。

刈り込みの時期はおおむね年二回が普通である。新芽の生長が休止している梅雨明け頃が一回目、夏に芽を吹く土用枝の生長が休止している十月頃が二回目とされている。ただし、近年は暖冬傾向にあり十月に刈り込んでも、その後に土用芽が伸びてくる場合もある。関東以西などでは十一月に入ってからのほうがいいかもしれない。

ただし樹種によっては例外もあり、ツツジなどは、花後の年一回の刈り込みで十分。また、イヌツゲなどの徒長枝の出やすい樹種は状態に応じて、伸びて見苦しくなってきたら、その都度刈り込むことが必要である。

なお刈り込みバサミの使い方は138頁で説明した通り、左手を固定し右手だけを動かすのが基本。片刃を刈り込み面に当てて、もう片方の刃を動かして刈り込む。こうすれば片方の刃が定規の役割をして、刃先がブレずに均一に刈り込むことができる。両手を動かすと刃先が安定せずに刈り込み面が凸凹になってしまう。

生垣と玉ものの刈り込み

生垣を刈り込む際には、まず、側面を下の方から刈り込み幅を決めて、徐々に上へと刈り込んでいく。これは樹木の一般的な特性として、下枝の方が上枝よりも萌芽力が弱い傾向にあり、上の方で幅を決めると、必要以上に下を深く刈ってしまい、下枝が枯れてしまう危険性があるためである（写真❶）。

次に、生垣の左右両端に竹竿などを立てて、刈り込む高さに糸を水平に張る。この糸に合わせて上面を水平に刈り揃える。糸をはずしたら、もう一度全体を見直して、必要に応じて部分的な修正をする。

刈り込みバサミには表と裏があり、刃の反りが手前側に向くようにするのが表使いである。

生垣の側面は表使いで行うが、上面はハサミをもつ手の位置が低くなるので裏返しにした方が作業しやすいし、水平に刈り込むことができる（写真❷）。

低木を丸く仕立てた玉ものの刈り込みも生垣と同様に側面で刈り込みのアウトラインを決めて、上面に向かって同じ厚さになるように刈り込んで行くのが基本である。茂りすぎている個所は強く刈り、枝葉が少ない部分は軽くハサミを入れるというように、適宜、按配して形をつくっていくとよい。

玉ものはカーブに合わせて刈り込みバサミを裏返しにして使うときれいな丸みが出る（写真❸）。これも長年培った庭師の知恵である。

写真❶ 生垣の側面は下方から上方へと刈り込むのが基本となる

写真❷ 生垣の上面は刈り込みバサミを裏使いにするとやりやすい

写真❸ 玉もののカーブを美しく仕上げるにはハサミを裏使いで用いる

極意29

木に花を咲かせるために

●花芽と葉芽を見極めた剪定を

なぜ花が咲かないのか?

境内や庭にウメやサクラ、ツツジ、アジサイなどの花木を植えられているお寺も多いと思う。ただ、去年はたくさん花が咲いたが、今年は全然咲かない、また咲いても極端に花の数が少ないなどという経験はないだろうか。

花が咲かない理由にはさまざまな要因があるが、おそらく最も多いのが剪定の失敗であろう。

剪定の時期と方法を誤っているのである。

葉芽と花芽

木の芽には、いずれ枝や葉になる葉芽と花になる花芽とがある。

春に開花する多くの樹種は、秋から冬の間に外見でも分かるほど花芽が発達する。葉芽がほっそりとして先端がとがり気味なのに対して、花芽は葉芽に比べて、ふっくらと丸みを帯びている。

けれども、葉芽と花芽は最初から決まっているわけではない。気温や日照時間、あるいはその木の栄養状態によって葉芽の一部が花芽に変化するのである。これを植物学的に花芽分化というが、普通は慣用的に「花芽ができる」「花芽がつく」などといっている。

花芽が決まってから剪定と刈り込みを行うと花芽を落としてしまうことがあり、これでは翌年の花は咲きようがない。

花木はよく花後剪定を行う。

花後剪定というのは文字どおり花が終わるか終わりかけのときに行う剪定のことである。花後剪定ではもっぱら花をつけていた枝をはさむ。

今年開花した枝には翌年花がつくことはまずないので、その時点で不要な枝となる。花芽をつける枝にエネルギーを回すためにも、花をつけていた枝は落としたほうがよい。

このように花木はおおむね花が咲き終わった後、花芽ができる前に剪定するのが基本で、時期を誤ると開花は期待できない。

花芽はいつできるのか

花芽はたいてい春に出た新芽が伸びるのを止めて充実期に入ったときにできるので、多くの樹種は六～九月の間に花芽がつくと考えてよい。もちろん例外もあるが。

ただし、その芽が花芽だとはっきり分かる時期、そして開花する時期は樹種によって異なる。

サルスベリやキンモクセイのように夏から秋にかけて開花する樹種は、花芽がついてから、すぐに蕾となって開花するが、ウメやサクラ、ツツジ類など翌年の春に開花する樹種は、花芽のまま越冬する。

このように花芽がいつ、枝のどの部分について、いつ開花し、実を結ぶかを「開花習性」などと呼んでいる。

開花習性のタイプと剪定の注意点

開花習性は樹種ごとに以下のようなタイプに分けられる。花木は樹種に応じて、その開花習性を把握したうえで剪定を行わなくては、翌年の開花は期待できなくなる。

❶今年伸びた新枝に花芽をつけて、夏から秋に開花するタイプ

夏から秋にかけて開花するので、花後から翌春の芽吹きまでの間なら、いつ剪定しても花芽を失うことはない。サルスベリ、ハギ、フヨウ、キョウチクトウ、キンモクセイなどの種類がこのタイプに当たる。

❷花芽が冬を越して、翌年の春に開花するタイプ

前年についた花芽が冬の低温にあって開花するタイプで、ウメやモモ、サクラ類、モクレン、ハナミズキ、ツツジ類などの種類がある。これらは花後すぐに剪定するのが基本となる。特にモクレン、ハナミズキ、ツツジ類などは頂芽に花芽が分化するので、花芽ができてから剪定をすると翌年の開花は見られなくなる。

ウメ、モモ、サクラ類などは、葉のない冬場に樹形を整える剪定をすることが多い。

これらは側芽に花芽を分化させ、葉芽と花芽が見分けられるようになった冬の休眠期間中に多少枝先を切りつめるものであり、すべての側芽を落とさない限り開花が見られなくなることはない。

❸今年の枝についた花芽が、翌年わずかに伸びてから開花するタイプ

花は前年生枝には直接つかず、花芽からわずかに伸び

た短枝に開花する。

カイドウ、ヒメリンゴ、カリン、フジ、ウツギ、トサミズキなど春に開花するものが多く、花後に剪定するのを基本とする。

❹春伸びた枝に花芽のある芽をつけ、翌年そこから伸びた新枝に開花するタイプ

花芽をつけている枝から春に新枝を伸ばして花をつけるもので、アジサイ、ボタン、ブドウ、カキ、ミカン類、ガマズミなど、おおむね晩春から初夏にかけて開花する樹種がこのタイプに該当する。

このタイプも花後すぐの剪定が基本となる。特に六月以降は枝元を切りつめずに、弱い小枝を間引く程度にとどめたい。

ただし、アジサイは開花中に花のすぐ下にすでに翌年の花芽ができているので、花後すぐの剪定でも花芽を落としてしまうので注意が必要である。

花が咲かない、そのほかの理由

剪定の失敗以外にも、花が咲かない理由には以下のような事柄があげられる。

❶花木がまだ若い

花木がまだ若く伸び盛りのときには、枝を伸ばし葉を茂らせることに栄養を注ぎ込むので、花芽をつけることにまで栄養が回らない。生き物はすべて成熟しなくては子孫を残す力が出ない。木も同様である。花を咲かせるには、木がある程度生長するのを待たなくてはならない。

❷日当たりがよくない

花芽は葉の光合成で栄養分、特に炭水化物を蓄えることによってつくられる。したがって日当たりの悪い場所に植えられた花木は花つきがよくない。もともとは日当たりのよい場所に植えられていたとしても、周りの木が茂りすぎて日陰になってしまっている場合もあるので、それらの木々を剪定して十分に日当たりを確保する必要がある。

❸肥料の与えすぎ

花芽がつく時期に肥料を与えすぎると、枝や葉に栄養分が回って旺盛に生長し、花芽がつきにくくなってしまう。特に窒素成分は葉肥とも呼ばれ、与えすぎると株が若返って枝葉を伸ばすのみになってしまい、花はつかなくなるものである。

極意30

果実を収穫するために

●剪定と管理で果樹に実をつける

果樹に実を成らせる基本

我々が扱っている庭木の世界では、春の主役が花なら秋は果実といってもよいだろう。庭でさまざまな果樹を育てて、採れた果物を檀家の方々におすそ分けしているお寺もあると聞く。

ただし、果樹を育てたけれども、「思うように実らない」「実っても貧弱だ」「食べたけれど甘くない」などという声が多く聞かれる。恐らく果樹を育てたことのある人ならば誰もが一度はこのような失敗を経験していることだろう。

ここでは果樹を育てるに際して、ほぼすべての種類に共通する基本的な方法を紹介する。

■両性花と単性花

実がなるには、まず花が咲かなくてはならないが、果樹に花が咲いたからといって、すべてが実を結ぶわけではない。

両性花または完全花といって、一つの花に雄しべと雌しべの双方を備えている樹種であれば、例外を除いて、原則として一本の木で実を結ぶ。しかし単性花といって、雄花と雌花に分かれている樹種は、ある条件下におかなくては実を結ばない。

単性花の樹種には、カキなどのように雄花と雌花が同じ株につく雌雄同株のものと、雄花と雌花がそれぞれ別々の株につく雌雄異株のものがある。

雌雄同株の樹種は原則として一本の木で受粉が完全に行われれば実を結ぶが、雌雄異株の樹種は雄木と雌木をそばに植えなくては実を結ぶことはない。

ただ樹種によっては雄木と雌木の判別はきわめて難しいことが多く、花や実をつけてはじめて雄木と雌木が判別できるものも少なくない。幸い一般的な果樹のなかで雌雄異株なのはキウイフルーツくらいで、園芸店や種苗店などでは雌雄がペアで売られているので心配はないだろう。

■リンゴやナシは自家不結実性

先に、両性花であれば、例外を除いて一本の木で実を結ぶと述べたが、その例外がリンゴやナシ、ウメ、モモ、サクランボ、クリなどである。これらは普通に自家受粉して実を結びそうなものだが、そうはいかない。これらは「自家不結実性」といい、品種改良が盛んに行われた結果、花粉が少なくなったり、出なくなったりしたものが多いのである。

したがって結実させるには、同時期に開花し、花粉の量が多い別の品種を近くに植えるか、別品種の花粉を人工受粉することによって結実させなくてはならない。

たとえば、リンゴの場合だと、「ふじ」に対して「紅玉」、ナシの場合だと、「二十世紀」に対して「幸水」という具合で、あくまでも別品種の花粉が必要であり、同じ品種の別株の花粉では実を結ばない。

また、品種同士で極端に相性が悪く、結実しにくい組み合わせもある。たとえば、リンゴでいえば「ふじ」と「陸奥」、あるいは「陸奥」と「ゴールデンデリシャス」、ナシの場合は「二十世紀」と「菊水」や、「幸水」と「豊水」などの組み合わせは結実しにくい。これを「不親和性」といっている。

なお、最近では、さまざまな果樹で品種改良が進み、従来は自家結実していた果樹も、一本植えただけでは実を結ばないケースも増えてきているようで注意が必要だ。

人工受粉による結実方法

果樹は、通常であれば昆虫や風が媒介者となって受粉して結実する。しかし特に都市部などでは昆虫が少なくなったこともあり、より確実に結実させようとするのであれば人工受粉をすることが必要となる（次頁図❶）。

人工受粉は、結実させたい果樹の雌しべに、雄しべの花粉を筆や綿棒などでつける方法である。自家不結実性の樹種であれば相性のいい別品種の花粉を利用する。

まず、雄しべの先の葯《やく》をふるいなどの網にこすりつけるなどして花粉を採取する。気温が低いときは花粉の量が少ないので、なるべく気温が高いときに集めるとよいだろう。花粉を集めたら筆や綿棒を使って、雌しべにつける。

雌しべは蕾の時期からでも受精能力はあるのだが、最も受粉が確実なのは五分咲きの頃と満開の頃、雌しべの先端から液が出て光って見えるときが一番である。

開花期が同じであれば、雄しべをとって雌しべに直接つけてもかまわない。

ただし、自家不結実性の品種の人工受粉にあたって、近くに植えた相性のよい別品種の開花時期が、前後する場合がある。

別品種の開花のほうが早く、花粉を先に採取しなくてはならないときは、採った花粉を保存しておく。花粉をラップに包んで乾燥剤とともに茶筒などに入れて、冷蔵庫で保管するとよい。

図❶ 人工受粉の方法

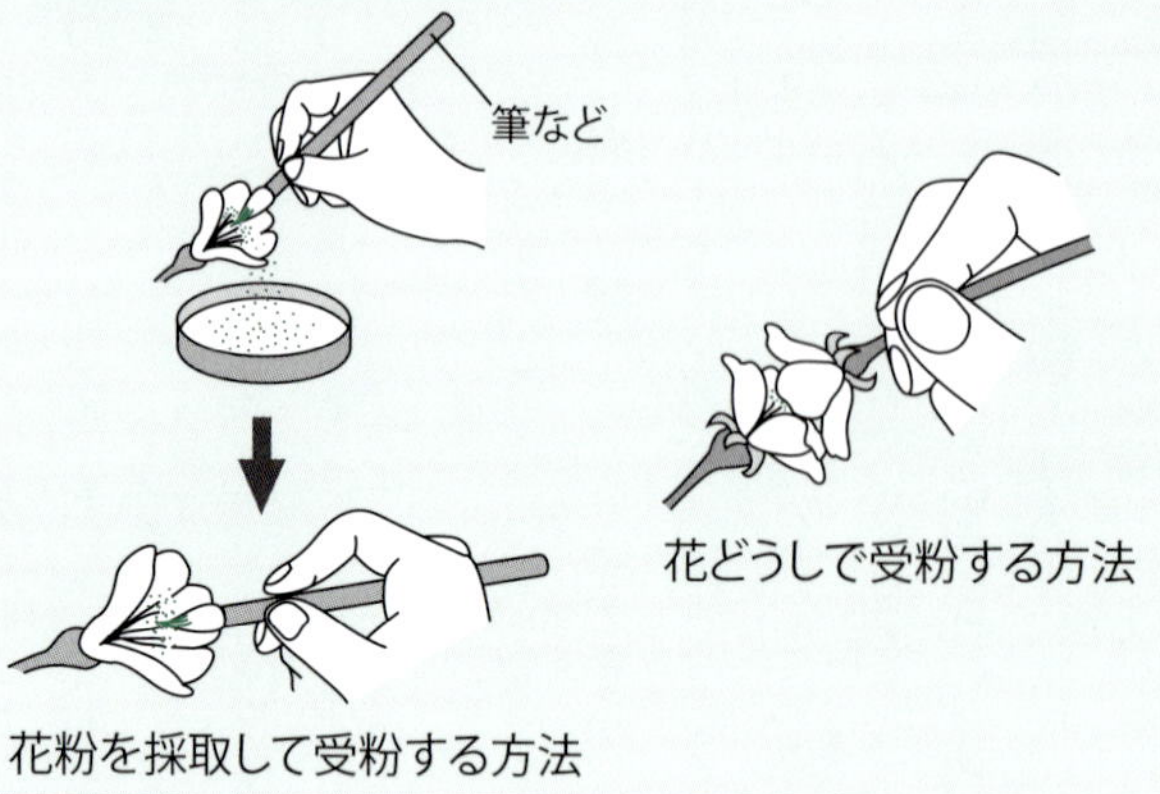

筆など
花どうしで受粉する方法
花粉を採取して受粉する方法

逆に別品種の開花が遅い場合は、花を蕾《つぼみ》のうちに切り花にして開花を早めるといった方法がある。切った花を花瓶に挿して、日当たりがよく暖かな室内に置いてやれば、開花を早めることができる。

摘果で実を大きくする

果実を大きく成らせるには、葉の存在が重要となる。葉による光合成でつくられた栄養分が実を育てるからである。

果樹には実一個をしっかりと育てるのに必要な葉の数がだいたい決まっている。これは樹種によって異なるが、たとえば、カキは実一個につき葉は三十枚くらい、ミカンでは五十枚くらいといわれている。

したがって、実がつきすぎたときは、適度に実を摘み取って調整する必要がある。この作業を「摘果《てきか》」という。

摘果は、実がまだ大きくならないうちに、充実していない小さな実を摘み取る（図❷）。ただしそのタイミングが少々難しく、時期が早すぎると充実しつつある実を摘んでしまう恐れがあり、遅くなるとすでにすべての実に栄養分が行き渡ってしまっていて、摘果の効果がなくなってしまうことがある。

摘果は花後三～四週間ほどを目安にするとよい。この頃になると受粉した実は太りはじめ、しなかった実は黄

図❷ 果実を大きく育てる摘果の例

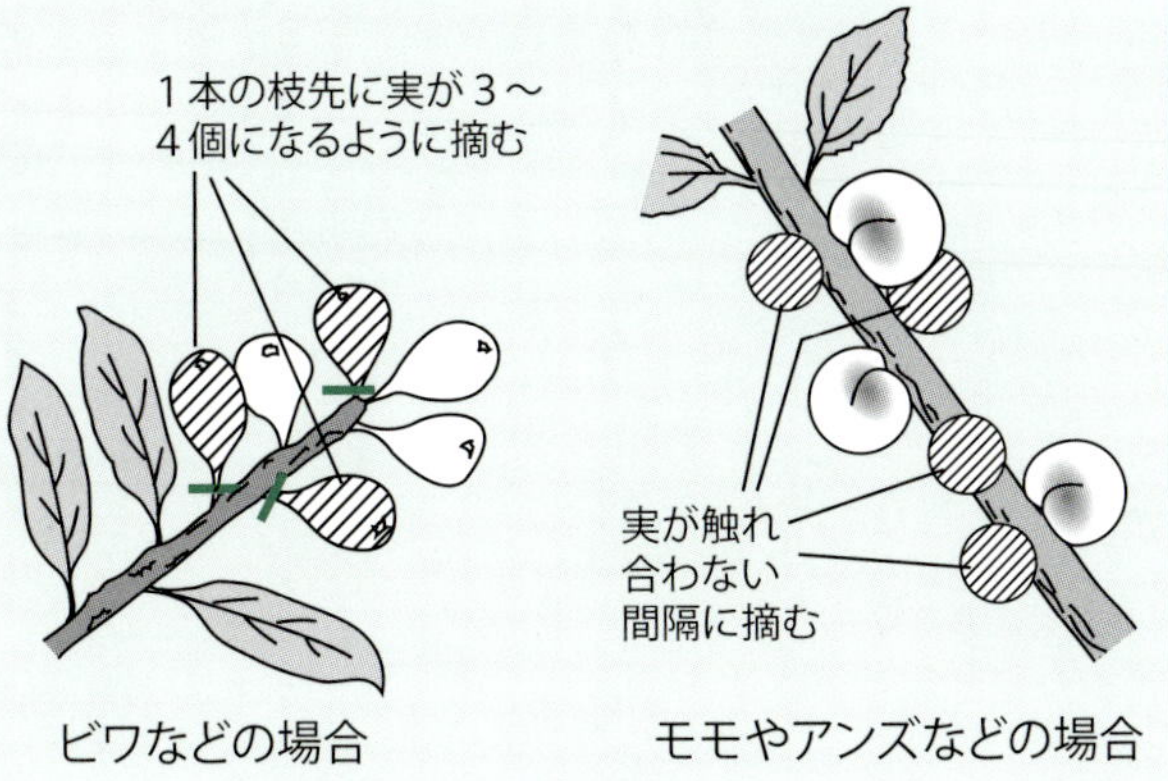
1本の枝先に実が3～
4個になるように摘む
ビワなどの場合
実が触れ
合わない
間隔に摘む
モモやアンズなどの場合

色くなって自然に落ちる。

この頃合いを見計らって、ほかより小さい実や、形の悪い実、病害虫に侵されている実を中心に摘み取り、最終的にその樹種に適正な実の数を残すのがポイントである。

摘蕾、摘花で養分のコントロール

果樹には、実がたくさんつく年と、ほとんどつかない年がある。それらが一年ごとに交互に訪れることを隔年結実という。カキやミカン類のように開花後から実が熟すまでに長くかかる樹種に多く見られる傾向である。

なぜ、このような現象が起こるかというと、花が枝いっぱいに咲いて、たくさんの実がなると、木に蓄えられている栄養分のほとんどが開花・結実に使われて、翌年の花芽ができなくなってしまうからである。

毎年実をつけるようにするためには摘蕾《てきらい》や摘花を行う。実の数は摘果で制限できるが、それ以前に蕾の段階や花の段階で摘み取って、できるだけ木に栄養分を残すようにコントロールするのである。これにより人工受粉する場合の手間を最小限に抑えることもできて効率的である。

害虫から果実を守る袋かけ

リンゴやモモ、ブドウ、ナシ、ビワなどは、非常に虫がつきやすいので、袋かけをしたほうが安心できる。

袋は新聞紙を八等分し、二つ折りにして貼り合わせれば完成である。果実が大きくなりはじめた頃を見計らって、果実を包み込むようにして袋をかけ、果梗《かこう》（果実から枝へと伸びる柄の部分）にひもで結ぶ。モモなどの果梗が短いものは、枝の部分に結ぶとよい。

収穫時期が近づいたら、袋の底を破いて日光に当て、収穫直前に袋を取って、果実全体を日に当てる。こうすることにより、果実の色艶もよくなり、甘味も増す。

第8章 庭木を守る極意

極意31 病気や害虫から木を守る

●病害虫の防除と農薬の取り扱い

害虫駆除に農薬は使わない!?

以前、中国製の冷凍餃子からメタミドホス、続いてジクロルボスという有機リン系の農薬が相次いで検出されて、食の安全神話が崩れ、大きな騒動へと発展した。同時に我々も農薬の人体に対する有害性を改めて認識したことである。

木の害虫駆除のために我々も農薬を使う。しかし常にやむを得ない状態になったときの最後の手段と考えている。それだけ農薬の扱いには気をつかっているのである。

農薬は病害虫の防除に有効だが、同時に人やペットなどの動物にも影響を与える。殺菌剤や殺虫剤は文字どおり「殺す薬」であり、まさに両刃の剣だ。少量の散布でも、使い方を誤ると思わぬ事故につながりかねない。

農薬を散布したときの薬剤成分の飛散が人々の健康に影響を与える危険性もある。

実際、ここ数年、農薬の飛散を原因とする健康被害の事例が多く聞かれるようになった。

特に化学物質過敏症の人や妊娠しているご婦人には農薬は非常に危険であり、また現代では農薬に含まれる化学物質に対するアレルギーを持つ子どもも増えてきているという。

このような状況を受けて、農林水産省は二〇〇三年に《住宅地等において農薬を使用する際は、農薬が飛散することを防止するために必要な措置を講じるように努めなければならない》と規定した。

この規定により、特に住宅地での農薬散布に関して、次のような遵守事項が定められた。
1．基本的に予防のための散布は行わないこと。
2．やむを得ず散布するときは、農薬の飛散防止および近隣住民や周辺環境に配慮する。

これは当然のことながら、農業従事者や、我々造園業者、植木業者だけでなく、一般家庭の農薬使用にも適用される。

ご住職の方々におかれても、境内の木が病害虫に侵されて困る場合もおありかと思うが、できるだけ殺虫剤などの農薬の散布は行わないでいただきたい。ちょっとだけなら平気だろうという軽い気持ちで農薬を散布することは避けること。

また、特に病害虫の発生を予防するための定期的な農薬散布は行ってはならない。

ラベルの表示を遵守した使用を

また、園芸店やホームセンターなどで販売されている農薬にはラベルに「農林水産省登録○○○号」という登録表示がある。

基本的に散布対象樹木が登録されている農薬を使うことが原則となっている。

これはどういうことかというと、農薬の種類によって適用樹木、病気や害虫ごとに使える樹種が決められているのである。

たとえば、カイガラムシの駆除剤でラベルに「適用樹木：コデマリ」などと記載があったら、その農薬はコデマリのカイガラムシ駆除のみで、ほかの樹木に使用することはできないのが原則である。

ただし現在のところ、野菜や果樹での登録は多いが、庭木での登録はまだまだ少数である。

ラベルを見ても不明なときには、都道府県の病害虫防除所や普及指導センター、ＪＡなどに相談することをお勧めする。

そうはいっても、原則、農薬はなるべく使わない、特に散布は行わないということを、繰り返しになるが、ここで強調しておきたい。

日頃から木の健康チェックを

農薬を使わないで、庭木の健康を守るにはどうすればよいか。それには日頃から害虫が発生しない環境をつくることがなにより大切である。

剪定によって日照と通風を確保したり、木をよく観察するなどして害虫の早期発見に心がけていただきたい。

害虫を発見したら、できるだけ早く害虫を捕まえて処分したり、加害部の切り取り処分を行う。

やむを得ず農薬を使う場合も、塗布や幹への注入、粒剤を使用するなど、まずは散布しない方法を検討することをお勧めする。

害虫だけでなく病気にも気を配る必要がある。

庭木が病気にかかると、葉や枝、幹に何らかの変調が現れる。また、目には分からないが、土の中の根にも変化が起こっている場合もある。

このような木の変調は、主にうどんこ病、さび病、斑点病、もち病など、特にカビやウイルスに起因するものが多く、その病害によりさまざまな症状を呈する。

私たちは身体が弱っているとき、病気にかかりやすくなるが、木も同じである。

カビやウイルスなどの病原菌が入り込もうとしても、健康な木であれば、病原菌を寄せつけない。もし病原菌の侵入を許しても、すぐに感応して病原菌の活動を抑える物質を生成したりする。

逆に樹勢が衰えている木は、抵抗力がなく、すぐに病気に侵されてしまう。

樹木が発する声なき声を聞く

樹勢の衰えている木は、木全体にみずみずしい躍動感がない。葉の色つやが悪かったり、しおれていたり、縮れていたり、季節はずれの紅葉や落葉が見られる。また枯れ枝が多かったり、ヒコバエ（ヤゴ）や胴吹き（幹吹き）が多く出ている。

木がこのような状態になっているときは、病気にかかる前兆と見ていい。

日当たりや風通しの確保とともに、病気にかかってしまった枝葉があれば取り除く。また必要に応じて肥料を与えることも大切となる。

木の健康管理のためには、日頃から木一本一本をよく観察することが何よりも大切だ。衰弱や病害虫の兆候は、木が発する声なき声と理解して欲しい。すなわちＳＯＳである。その木の訴えをしっかりと聞きとめていただきたいと思う。

◆主な樹木の病気と防除の方法

(発生時期は関東地方を基準とする)

病名	時期	主な症状	防除法
うどんこ病	4～9月	モミジ、サルスベリ、バラなどに多く発生し、葉の表面に白い粉のようなカビが多数生じ、ひどい場合には枯れる	日照と通風をよくする。発病を見つけたら、すぐに薬剤を散布
根瘤癌腫病(こんとうがんしゅびょう)	3～10月	ウメ、モミジ、サクラなどに見られ、幹の地際部にこぶができて盛り上がる	冬期に根をすべて掘り取って焼却。その後、土壌を殺菌消毒する
こぶ病	6～11月	マツやフジの枝や幹にこぶができ、盛り上がる。それぞれマツこぶ病、フジこぶ病と呼ぶ	被害部を切り取り焼却。傷口は滑らかに削った後に殺菌消毒する
さび病	3～4月 8～9月	葉の表裏に鉄さび色の突起状の斑点が多数発生する。主にヤナギやタケ類に発生する	病葉を取り除いて焼却するか、土に埋めて感染を防ぐ
すす病	3～9月	カイガラムシやアブラムシなどの排泄物にカビが生え、葉や枝が黒くなる。ほとんどの樹種に発生し、光合成が阻害され、樹勢が衰える	日照と通風をよくし、カイガラムシやアブラムシなどの害虫の防除に心がける
炭疽病(たんそびょう)	4～9月	ウメ、サツキ、ツバキ、ボタンなどに見られ、葉の先端や縁に灰白色の病斑が発生する。徐々に拡大し、小さい黒点ができる	病葉を枝ごと切り取り、殺菌剤を塗布する
天狗巣病(てんぐすびょう)	4～9月	サクラ類に多く見られ、枝の一部が肥大し多数の小枝がほうき状に群生する。被害枝は花をつけなくなる	被害枝を切り取って焼却し、切り口は殺菌消毒する
斑点病	4～9月	ツツジ類やツバキなどに多く見られ、カビによって葉に黒、白、褐色などの病斑を生じる。それぞれ黒斑病、白斑病、褐斑病と呼ぶ	通風をよくして窒素肥料を控える。病葉は枝ごと切り取り、殺菌剤を散布する
もち病	5～6月	ツバキやサザンカ、ツツジ類などに多く見られ、葉がもち状に白くふくれ、のちに黒変して腐敗する	病葉を取り除いて焼却する
紋羽病(もんぱびょう)	主に梅雨時	カビによって根が腐り、進行すると枯死する。発生樹種は非常に多く、腐ると白く変色する白紋羽病と、紫褐色に変色する紫紋羽病がある	発病した木を掘り取って焼却し、土壌を殺菌消毒する

極意32 木の生育に必要な栄養を

●肥料の種類と与え方

肥料の三要素

自然の木は、落ち葉や昆虫の死骸が分解して養分となるが、庭木の場合は人工的に養分を肥料として供給してやらなくてはならない。

植物の生育に必要な養分は十数種類あるが、土壌中に大量に不足するものとしては、窒素（N）、リン酸（P）、カリ（K）があげられる。

この三種の養分は、植物にとって、最も補ってやらなければならないもので、「肥料の三要素」と呼ばれている。これらは、それぞれに植物に対する特徴的な効果があり、樹種によって、あるいは木の状態によって、与える量や与え方を十分に留意しなくてはならない。

■**窒素**　「葉肥《はごえ》」とも呼ばれ、タンパク質や葉緑素をつくり、光合成をさかんにする成分である。不足すると葉が黄色くなり、与えすぎると根が傷んだり花のつきが悪くなったりする。

■**リン酸**　「花肥《はなごえ》」あるいは「実肥《みごえ》」とも呼ばれ、花つきや結実に効果のある成分。不足すると開花が遅れたり実が小さくなったりする。花木や果樹にとって特に大切。

■**カリ**　「根肥」あるいは「茎肥」とも呼ばれ、根の発育を促進したり、病虫害や暑さ、寒さ、乾燥などに対する抵抗力をつけるための養分となる。不足すると細根の量が少なくなり、病虫害に侵されやすく、環境に対する適応力もなくなる。

有機質肥料と無機質肥料

肥料は大きく分けて有機質肥料と無機質肥料がある。

有機質肥料は、動植物を原料とする肥料で、堆肥、油粕、鶏糞、骨粉、草木灰などがある。土壌中の微生物などにより、分解されてから効き目があらわれるので、緩効性肥料とされる。

無機質肥料は、化学的に合成された肥料で、N質の硝安・尿素、P質の過リン酸石灰・熔成リン肥、K質の硫酸カリ・塩化カリなどの種類がある。

無機質肥料は一般的に速効性で、施す時期を間違えたり、与える量が多すぎたりすると、根を傷めるなどの弊害が出る恐れがあるので注意が必要である。

施肥するには時期が大事

庭木の植えつけに先立って、あらかじめ与えておく肥料のことを「基肥《もとごえ》（元肥）」、生育の途中に与える肥料を「追肥《おいごえ》」という。

庭木の健全な生育のためには、木の一年のライフサイクルの中で、適切な時期に追肥をすることが重要で、我々は主に、以下のような時期に追肥を行い、木の栄養を補っている。

■寒肥 春に庭木はいっせいに芽を出し、生長を始めるが、この生長を助けるために一～二月の冬の休眠期に与える肥料のことを「寒肥《かんごえ》」という。春から夏にかけての長い期間、肥料の効果を持続させなくてはならないので、堆肥や油粕に骨粉や鶏糞を混ぜたものなど、緩効性の有機肥料を与える。

■芽出し肥 三～四月、春の萌芽期に根の活動が盛んになる頃に与える肥料で、「春肥」とも呼ぶ。萌芽や枝の伸長を助けるのが目的で、すぐに効き目のあらわれる速効性の化学肥料を与える。

■お礼肥 花が終わった後や果実を収穫した後に、樹勢を回復させる目的で与える肥料。開花、結実に対してご苦労様というお礼の意味で与えることで、こう呼ばれる。すぐに効果のあらわれる速効性の化学肥料を与える。

■秋肥 九～十月頃に、花芽の充実や耐寒性をつけるために与える肥料で、窒素分を控えめにして、リン酸やカリ分の多い緩効性肥料を与えるのが一般的である。

図❶ 肥料の与え方

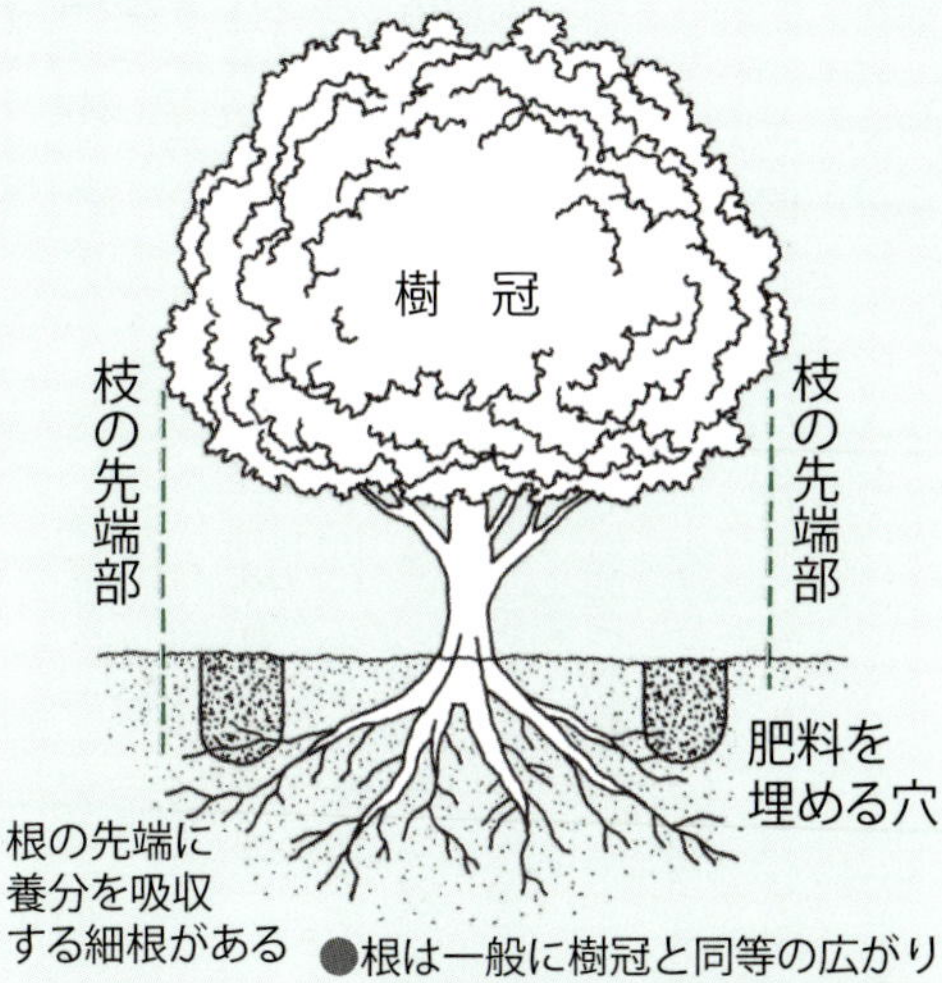
樹冠
枝の先端部
枝の先端部
肥料を埋める穴
根の先端に養分を吸収する細根がある

●根は一般に樹冠と同等の広がりがあるので、枝の先端の真下より、やや内側に環状か、つぼ状の穴を掘り肥料を埋めるとよい

肥料は根元に与えない

木に肥料を与えるとき、時期とともに重要なのが与える場所である。木の根元に与えればいいと思っている人が多いようだが、それでは意味がない。

一般に、根は樹冠と同程度の広がりをもち、土中の養分を吸収する細根は、その広がりの先端にある。だから肥料を与える場所は、枝先の真下よりも少々内側のあたりが最も効果的なのである（前頁図❶）。

与え方は、木の周りに幅・深さともに二〇センチほどの溝を環状に掘って肥料を与えるのが最も一般的である。溝を掘る位置はいちばん長く伸びている枝の真下よりやや内側を目安にする。

大木の場合、あるいは木と木の間隔が狭いときなどには、木の周りに深さ五〇センチ程度のつぼ状の穴を数個所掘り、肥料を埋めておくとよい。ただ、これも手間がかかるので、我々はもっぱら「グリーンパイル（商品名）」（写真）のような、土に杭のように打ち込む棒状の肥料を使っている。

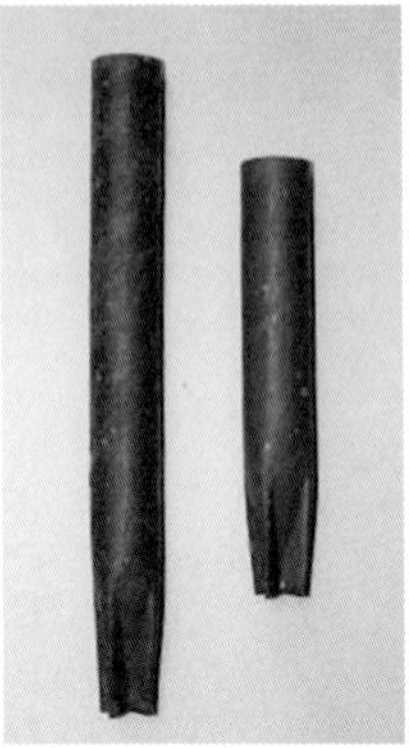
グリーンパイル

また、特に衰弱が著しい木には、樹冠の下一面に肥料をまき、浅くすき込む方法をとることもある。

さらに現在では新たな商品開発も進んでいる。

我々が目下、非常に重宝しているのが「ハイコントロール（商品名）」という商品だ。これは肥料が薄い被膜で覆われていて、一定期間、徐々に肥料が出るようにコントロールできる緩効性肥料である。肥効期間は七十日から千日まで七タイプあり、管理の手間を大幅に削減してくれる。

この業界も日進月歩で、さまざまな製品の情報を常にチェックしておかなくてはならない。

敷地の土壌が植物の生育に適さないときには土壌改良を行うこともある。土壌改良材を土に混入して、通気性、保肥性、保水性などをよくし、有用微生物の活動促進を期すのである。

土壌改良材には、堆肥や腐葉土、バークチップ、ピートモスなどといった有機質のものと、パーライト、バーミキュライトなどの無機質のものがあり、土の状態によって使い分けよう。

極意33

毎日の手入れこそが修行

●水やりと掃除が庭をいかす

正しい水やりの仕方

もっぱら野外で仕事をしている庭師にとって、近年の夏の暑さはことのほかこたえる。連日三十五度を超える猛暑はたまったものではない。さすがに夏バテ気味となってしまう。

夏バテするのは我々人間だけではない。木や草花たちもかなりのダメージを受ける。

ただでさえ植物は夏場に多くの水分を必要とするのに、ジリジリと照りつける太陽と加えて雨不足ということもある。根からの水分吸収と葉からの蒸散のバランスが極端にくずれて、葉がしおれたり、茶色くなって枯れてしまったケースも、公園や街路樹、家々の生垣などで多く見受けられる。

やはり夏場は灌水すなわち水やりを頻繁に行うことが庭木にとって必須となる。

朝、日の出から気温が上昇してくると、葉の表面の気孔から多くの水分が蒸散するので、朝の水やりが最も効果的だ。日差しの強い日中に水やりをすると、土の中に溜まった水分が温まって根を傷めたり、葉についた水滴がレンズのような役割をして葉焼けを起こす危険性もあるので避けたほうがよい。

朝、水やりができなかった場合には、日が傾いて多少涼しくなった夕方に行う。

水は主に木の根元にかけるのだが、大きな木の場合は、根もそれだけ広く張っているため、根元よりも少し広い範囲にかける。

土の表面を湿らせる程度ではすぐに乾燥してしまうので、水が地中に浸透するようにたっぷりと与えることが重要である。

なお、夏場以降も雨が五日から一週間くらい降らないときは、こうした水やりが必要である。

庭師は「一に掃除、二に掃除」

季節は変わって今度は冬の話である。

十二月は庭師もかき入れ時でかなり忙しい。「師走」の

「師」は「庭師」の「師」ではないかと思うくらいである。

落葉後、すっかりと枝ぶりが分かるようになった落葉樹の骨格剪定という仕事もあるが、この時期最も多い仕事が庭をきれいにすること、すなわち庭の掃除である。

お施主さんからの電話の数がほかの月とは全然違う。もうひっきりなしである。庭をきれいにして清々しい気持ちで新年を迎えたいという思いは誰しも同じなのであろう。

掃除というと何かをつくるわけでなく、生産性の低い作業と思われがちだが、私たちの仕事は「一に掃除、二に掃除」といっても過言ではない。

掃除は年末のこの時期に限らず、常日頃からことのほか大切なのは、茶庭の項でも述べたとおりである。

一日の仕事の締めは常に掃除で終わり、庭をつくったときでも最後の仕上げの大仕事が掃除なのである。掃除は庭の出来栄えを大きく左右し、庭を隅々まできれいにしてはじめて庭は完成する。

入門したての新人は当然、掃除から覚えてもらう。僧侶の修行もそうだと思うが、庭師の修行もまず掃除からである。どういう順序でどのように行うかという段取りをしっかりと決めることにより、効率のよい作業方法を工夫する訓練になり、実際に掃除することで庭を理解することができる。

たとえば、木や下草の種類や性質、木の配植、庭石どうしの間合い、飛石の動線や間隔、見る角度による庭の見え方などが身体で覚えられる。

掃除は庭をさわることであり、さわることによって深く理解させるのである。

それでは我々が行っている庭の掃除の方法を述べよう。

庭掃除の用具

まずは常日頃使う庭掃除の用具を紹介する。

■竹箒《たけぼうき》　長さ一・二～一・三メートルほどの箒で、柄は丸竹でつくられ、穂には竹の穂や柴（木の枝）が使われて

竹箒

いる。作業終了時の清掃や日常的な庭の清掃に用いる、最も一般的な箒である。

■手箒《てぼうき》 竹穂を針金で束ねてつくる柄のない小型の箒。古くなった竹箒をばらして細い穂先だけを束ねてつくる場合が多い。苔や敷砂などに散った落ち葉やゴミを払ったり、飛石や敷石の上についた塵や土を払ったりする。玉ものなどの刈り込みの上のゴミを払うのにも重宝するのが手箒である。

手箒

■熊手《くまで》 長い木製の柄の先に、先端を爪状に曲げた細い竹を何本もつけたもので、落ち葉や砂利、石屑などを掻き集めるために用い、特に芝や苔のなかのゴミを集めるのに便利である。

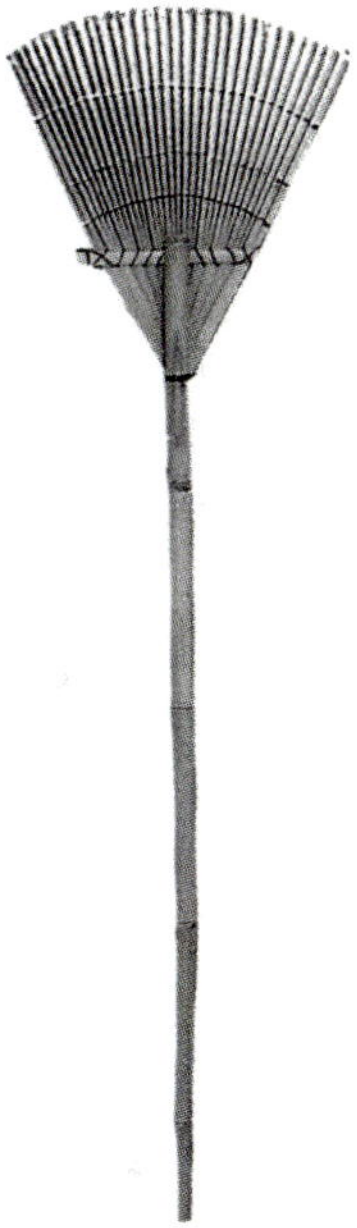
熊手

■箕《み》 もともとは農具で穀類をあおってふるい、穀とゴミを選別して除くためのものだが、庭掃除では履き出した塵や落ち葉、石屑などを集めるのに役立つ。大型の塵取りと思ってもらえばいい。本来は竹や藤、桜などの皮を編んでつくられるが、現在はもっぱらプラスチック製のものが利用される。

箕

■ブロアー 庭専用の強力な送風集塵機。一台に吸引機能と吹き飛ばしの機能の双方を兼ね備えていて、集塵に便利である。

刈り込んだ細かい枝葉や、ノコギリでの枝おろしで生じた木屑などを集塵したりする。箒や熊手が入らない物陰や、アタッチメントを使ってパイプを長くすれば、屋根や雨樋に溜まった埃や落ち葉も掃除でき、非常に作業能率があがる。

ブロアー

プロの庭掃除はひと味違う

庭の掃除は第一に効率よく進めて行くことが肝要である。その日の風向きを考え、常に風上から風下へと進める。風がないときは隅のほうから始めて徐々に中央部へと移って行くのが基本となる。

玉ものの刈り込みなどにつっかかっている枝葉や、庭石や飛石などの上の塵を手箒を使ってよく落とす。木や石燈籠の根元、竹垣の後ろなどに入り込んだゴミや塵を手箒で掃き出し、熊手や竹箒で大きなゴミを集める。

植木鉢などがあれば、いったんどけてその下をきれいにする。見えないところをしっかりと掃除することが大切で、お施主さんが普段気づかないところをきれいにするのがプロというものだ。

落ち葉一つ残さないのは当然だが、自分の足跡も残してはいけない。だから常に後ろ向きで後ずさりしながら掃除を行っている。

庭が茶庭で、塵穴があるようであれば、そこにカシやヒノキといった常緑樹の枝葉を入れ、塵箸を立て掛けておく。これは庭を常にきれいに清浄にしているという証なのである。

本来、庭木の剪定などより掃除のほうが手間がかかるといってもいいだろう。

と、ここまでは一日の作業が終了した後に、いつも行っている掃除だが、年末の大掃除となるともっと念入りに行う。

年末の大掃除は念入りに

まず、剪定で木々の姿を整え、その後、すべての木を揺すって落ちるだけの葉を落として掃き出す。

集めた落ち葉は腐葉土づくりに利用するといい。腐葉土づくりに関しては次頁の「緑の説法⑩」を参照いただきたい。

また、庭石や石燈籠は一つ一つ水洗いをして泥を落とし、飛石や敷石は裸足でも歩けるくらいきれいに水拭きする。水鉢がある場合は、水穴の水垢を完全に落として、縁にコケがついていたら取り除く。粗塩を用いて水穴を濯ぐようにすれば、消毒も兼ねてきれいにできる。

さらに竹垣や筧などは、古くなった竹を取り替えることもある。するとまるで新庭のように美しく甦る。

こうして整然と美しい姿で正月を迎えるのである。

緑の説法 10

腐葉土と剪定枝のリサイクル

年末はお寺の庭も大掃除を行うことと思うが、ご住職たちを悩ませているのが、落ち葉をはじめとした大量に出るゴミであろう。

落ち葉は事業系有料ゴミとなってしまうし、廃棄物処理業者に任せるにもお金がかかり過ぎる。こうしたことは我々にとっても非常に頭を悩ませる問題であった。

ひと昔前ならば落ち葉焚きを行って燃やしてしまえばよかったのだが、現在は消防法などの関係から焚き火禁止区域が制定されている。お寺などは文化財保護の面から、境内全域が禁止区域に指定されているところが多いのではないかと思う。有害なダイオキシンの問題もある。

こうしたことから、ここ数年、なるべく落ち葉を出さないように境内の落葉樹を伐採したお寺もあると聞く。

そこで落ち葉の有効利用として腐葉土づくりをお勧めしたい。腐葉土は、土の通気性や水はけをよくするための土壌改良材で、春に元気な新芽が出るように1～2月頃に油粕や堆肥と一緒に寒肥として木に与えると効果的なものである。

落ち葉を、庭の隅などに掃きためて集め、コモなどで覆ってときどき水をかけながら半年ほど発酵させる。色が茶色いうちはまだ未熟で、黒くなったら腐葉土の完成である。

やはり落ちた葉は木の根元に返してやるのが一番だ。

落ち葉だけではない。

私たちが常日頃大量に出す剪定枝、つまり剪定により落とした枝もリサイクルが可能なのである。

枝を専用の機械で粉砕してチップ化し、公園の園路に敷いて歩き心地のよいクッション材にしたり、マルチング材として樹木の根元に敷くなどしたりして活用されている。

現在、全国の多くの自治体がこのようなリサイクルを町ぐるみで行っている。なかには専用の樹木粉砕車を活用し、収集したその場でチップ化するという先進的な取り組みをしている自治体もある。

とにかく剪定枝の処理に困ったら、お住まいの自治体の担当部課に問い合わせてみるとよいであろう。

極意34 庭木が装う冬化粧

●幹巻きとワラボッチづくり

庭木の「冬囲い」入門

寒さの厳しい本格的な冬が訪れる前に、きちんと冬囲いをして庭木を保護してやる必要がある。

これは庭師の晩秋から初冬にかけての年中行事ともなっている。

冬の庭の風情としては「雪吊り」がことに有名である（172頁・緑の説法⑪）。北海道や東北、北陸など、冬期の積雪量がある地方で、枝折れ防止と装飾を兼ねて、主としてマツに行われる。

雪国のお寺では毎年この時期にマツに雪吊りを行っているかもしれない。関東以西の温暖な地方でも観賞目的で行われている。

幹に添って支柱を立て、その先端に結ばれた縄で各枝を吊るような構造となっている。

ご存じのように、金沢の兼六園の雪吊りが有名で、冬の風物詩となっている。

この雪吊りは素人が行うにはかなり難しいし、危険をともなうのであまりお勧めできないが、冬囲いにはほかにも幹巻き、ワラボッチ、敷き松葉などがある。

これらは防寒の機能もさることながら、装飾によって景色を豊かにする役割も兼ねており、独特の風情を醸し出す。まさに庭の冬化粧である。

冬に限らず「幹巻き」が大事な訳

ワラやコモを樹木に巻いて冬の寒さから守るのが幹巻きである。

樹木にはその表皮と木質部の間に、形成層という部分がある。我々は「水吸い」などと呼んでいるが、根から吸い上げられた水分は、この形成層を通って枝や葉へと運ばれる。しかし冬に木が休眠期に入ると、根からの水の吸い上げが悪くなるか、樹種によっては完全にストップしてしまう。

冬場は水を吸い上げないので、形成層が乾燥している。そんなところが寒風に吹きつけられたら、形成層は死に、幹は割れ、木全体が枯死してしまうこともある。

図❶ 幹巻きの方法

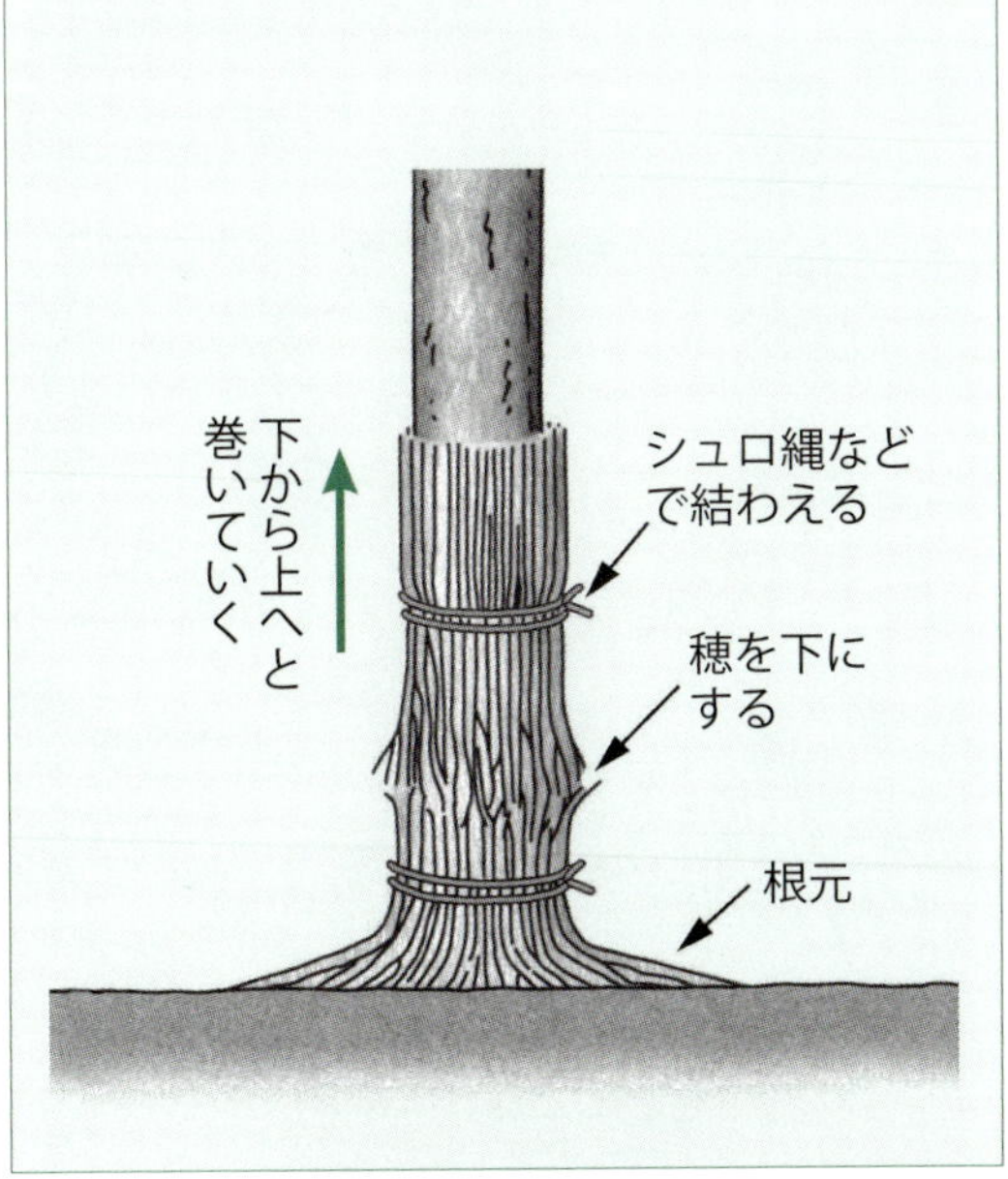
下から上へと巻いていく
シュロ縄などで結わえる
穂を下にする
根元

これを防止するために幹巻きは行われるが、植えつけて間もない木は根が切られており、冬場に限らず必ず幹巻きが必要となる。

また、葉からの水分の蒸散が多い真夏にも、強い日差しで形成層が乾いて幹が皮焼けを起こすので、幹巻きをしたほうが無難である。

幹巻きは、ワラやコモを根元から上へと巻き上げていくのが原則。上へ上へと重ねて巻き、ワラ縄やシュロ縄で結わえる。これが逆だと雨水などがたまってワラやコモが腐ってしまう。

写真❶ 下草の防寒とともに庭に風情を添えるワラボッチ

修景と防寒によい「ワラボッチ」

刈り入れた後の田んぼに、脱穀したあとのワラを積み上げて乾燥させる。どこか懐かしい冬の里山の風景といえよう。

このひなびた風情を、修景と防寒を兼ねて庭に取り入れたのがワラボッチである。

ワラボッチは、センリョウ、マンリョウ、ヤブコウジなどの高さ一メートルに満たない常緑小低木や下草類に

図❷ ワラボッチのつくり方

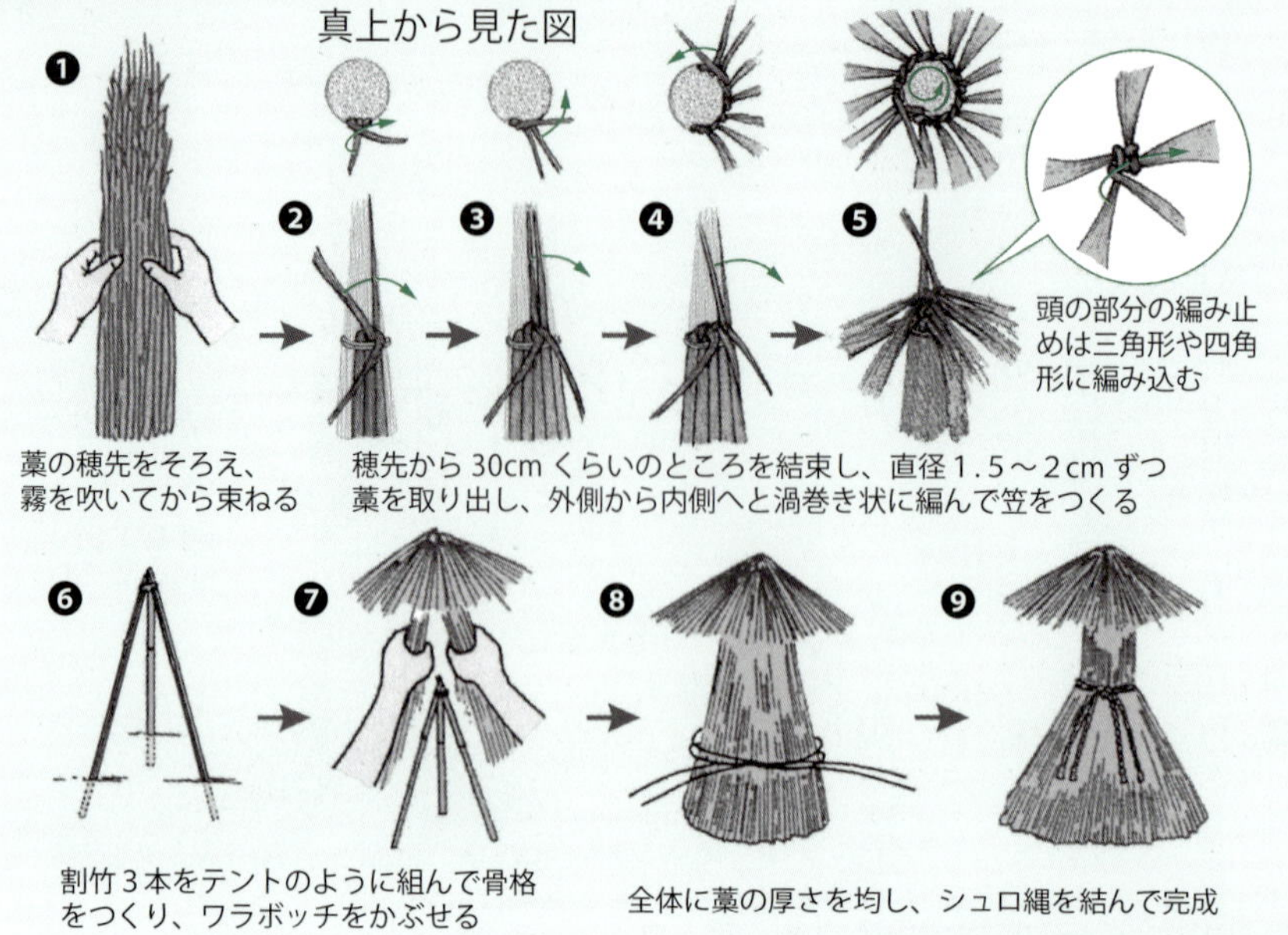
真上から見た図
❶
❷
❸
❹
❺
頭の部分の編み止めは三角形や四角形に編み込む
藁の穂先をそろえ、霧を吹いてから束ねる
穂先から 30cm くらいのところを結束し、直径 1.5～2cm ずつ藁を取り出し、外側から内側へと渦巻き状に編んで笠をつくる
❻
❼
❽
❾
割竹３本をテントのように組んで骨格をつくり、ワラボッチをかぶせる
全体に藁の厚さを均し、シュロ縄を結んで完成

写真❷ ソテツ巻き

主に施される。

ワラボッチは、笠状に編み込んだワラ束を、割竹などでテントのような組んだ骨格にかぶせたもので、なかの木が見えるように正面に窓を開く場合もある。

木のないところでも装飾目的で建てたり、竹竿の先に取りつけて建て景趣を表現することもある（図❷）。

また、「ソテツ巻き」といって、南国生まれのソテツに行うと独特の風情を醸し出し、桂離宮などのソテツのある名園でも好んで用いられ、独特の風情を醸し出している（写真❷）。

ちなみに、ワラボッチを石燈籠の笠にかぶせることもある。これは寒さにより石燈籠が割れるのを防止する目的で行われるが、もちろん冬の庭の景をつくるという目的も大きい。

ワラボッチは本来「ワラ帽子」という意味だが、まさに燈籠にかぶせる帽子である。

写真❸ アカマツの葉を使った敷き松葉とワラボッチ

霜害から苔を守る「敷き松葉」

地表面の凍結や乾燥を防ぎ、苔を霜害から守るために枯れ松葉を密に敷き詰めるもので、茶庭では、冬場の独特の趣の一つとして好んで用いられている。

特に雪がそれほど降らない寒冷地などでは必須の年中行事である。

敷き松葉にはもっぱらアカマツの葉が利用される（写真❸）。かつては自然に落ちた葉や、もみあげで落とした葉を集めておいて使用したものだが、最近では敷き松葉用の松葉が材料屋などで市販されているので重宝する。

翌年、春が近づき、徐々に暖かくなるとともに、これらの冬囲いは一つ一つ取り去られる。取り去られるごとに近づく春の息吹きを庭の風情として感じ取ることができるのである。

花が乏しく、落葉樹は葉を落とし、未だ緑の衣をまとっていない、冬枯れの庭はどうしても淋しい。

しかし、先人たちは「冬化粧」というマイナス面をプラスへと転化するこのような工夫を行った。

日本独自の伝統的な手仕事として次世代へと継承していかなくてはならない技である。

雪吊りは庭師の技の極致

雪吊りは北海道や東北、北陸など、冬期に雪の多い地方で、枝折れ防止と装飾を兼ねて、主としてアカマツやクロマツに行われるものである。

東京都内の庭園でも
雪吊りは冬の風物詩として行われる

ただし関東以西の雪の少ない地方でも、公共の庭園や観光スポット、旅館やホテル、あるいは料亭など飲食店などで、装飾目的で行われている。

幹に添って支柱を立て、その先端に結ばれた縄で各枝を吊るような構造となっている。

雪吊りの作業は、支柱となる長い真竹や丸太を幹に沿わせて垂直に建てたあと、輪状につなげた割竹を木の周囲にめぐらせる。支柱の頂点にワラボッチ状のものを取り付け、そこから放射状に垂らされた幾本もの縄を輪状の竹に等間隔に結び付けて固定していく、といった手順で行われる。

非常に熟練を要する技能であり、樹高が高い場合はビルの数階に相当する高所作業となり危険もともなう（当然、安全ベルトは必ず装着して行う）。

雪吊りは古都金沢の兼六園のものが特に有名で、現在では冬の風物詩ともなっている。

兼六園では雪吊りに取りかかるのが毎年 11 月 1 日、12 月中旬頃まで取りつけ作業が行われる。兼六園の雪吊りは常に「唐崎松」と呼ばれるマツから作業が始められる。唐崎松は高さ 9 m、枝張り 20m、幹周りが 2.6m にも及ぶもので、園内随一の大きさと枝ぶりを誇る。このマツには 5 本の支柱が建てられ、総数約 800 本もの縄で枝を吊る。

雪吊りの取り外しは 3 月中旬くらいから開始され、唐崎松は一番最後に取り外される。唐崎松の雪吊りが取り外されて北陸地方は、ようやく遅い春を迎えるのである。この雪吊り作業には、兼六園の 5 名の庭師を中心に、委託業者も含めて延べ約 590 人もの職人がかかわるという。

大切な年中行事となっているのである。

第3編

樹木の正しい育て方

季節の樹木管理法

極意35 真夏に剪定は御法度

●木の生理と季節ごとの手入れ

時期を間違えずに剪定すること

真夏の休日、住宅地などを歩くとしばしばハサミの音が聞こえてくるときがある。庭木が枝葉を茂らせてうっとうしくなったので、ご主人が思い思いに庭木を剪定しているのだろう。終わってみればどの木もきれいさっぱりだ。しかしさっぱりしているのはほんの束の間、九月の声を聞く頃には、庭木は果たしてどのような状態になっているか想像してみていただきたい。

多くの樹種では、この時期、勢いが非常に強いので剪定してもすぐに再萌芽して枝が伸び、元の状態に戻ってしまう。元の状態に戻るだけならいいのだが、剪定前よりも樹形が乱れてしまうのが普通だろう。

また、木は根から吸い上げた水分を光合成によって葉から蒸散させて暑さに対処しているので、枝葉を強くはさみすぎると枯れてしまうこともある。

加えてツツジ類など、春に開花する多くの種類は、夏場に翌年の花芽ができるので、下手に枝をはさんでしまうと、せっかくついた花芽を落として、翌年の開花が見られなくなってしまうことだってある。

夏場には木の生理を整えるために剪定は行わないのが基本である。したとしても、台風による枝折れや倒伏を防ぐ目的で、枝葉を多少透かして風の通り道をつくる程度にとどめたい。

剪定は単に茂り過ぎた木の枝葉を切って、さっぱりさせる作業ではない。

余計な枝葉を除くことによって木の美観を整えること

はもちろんだが、それよりも木の生理を整え、健全に生育するように促してやることが、剪定の大きな目的なのである。

そのために木にはそれぞれ剪定に適した時期というものがあり、時期を考えずに剪定を行うことは、木の生理を全く無視することで、木のためにならない。

季節ごとの庭木の手入れ

それでは庭木の季節ごとの手入れ方法を解説しよう。

■春の手入れ（三～四月）

三寒四温というように一雨ごとに暖かくなってくる季節。この時期は新芽の出る頃で、年間を通して萌芽力が最も盛んな時期である。

新芽が出る前に枯れ枝やからみ枝を除いて樹形を整えて春を迎えよう。新芽が出て、まだ柔らかい時期の剪定は避けたほうがよいだろう。

四月にはハナウメやカイドウなどの花後の剪定を行う。

■初夏の手入れ（五～六月）

新緑が目にまぶしいこの時期は、まずツツジやサツキ、ツバキなどの花後の刈り込みが必須となる。これらは夏に花芽ができるので、遅くとも六月までには済ませたい。それ以降に行うと花芽を飛ばしてしまい、翌年の開花が見られなくなる。

生長が旺盛な生垣や玉ものなどは、この時期に刈り込むとよい。二番芽を出させて枝数を増やしたい若木などの剪定にも適する。

また、五月の初め頃には、アカマツやクロマツなどのマツ類の「みどり摘み」を行う。枝先に伸びる新芽を指で折り取って樹形を整える作業である。

■真夏から初秋の手入れ（七～九月）

春から夏にかけて光合成によってつくられた炭水化物が枝から幹へと送られて蓄積され、枝や幹が太く充実する時期である。

前述のように、夏場には樹木の生理を整えるための剪定は行わないのが普通である。多くの樹種はこの時期、樹勢が非常に強いので、剪定してもすぐに再萌芽して枝が伸び、元の状態に戻ってしまう。

さらに、葉からの活発な蒸散活動で暑さに対処しているので、強くはさむと枯れてしまうこともある。

ただし、枝葉が茂り過ぎて見苦しくなるばかりか、蒸れて病害虫が発生することもあるので、懐の枝を多少透かして風通しをよくする場合もある。これは台風対策にもなる。

また、この時期は晴天が続くようであれば、頻繁に水やりを行って、決して乾燥させないようにすることが大切である。水やりは朝行うのが一番よいが、できなかった場合は夕方でもよい。

■秋の手入れ（十〜十一月）

本格的な秋の訪れとともに、ほとんどの常緑樹はその年の生育期間の末期に近づき、枝を切っても萌芽しなくなる。

その時期を見極めて基本剪定を行う。これより早い時期に剪定を行うと、再萌芽して徒長枝などが枝先に群生し、少々見苦しい状態が翌年の春まで続いてしまう。

十月を過ぎれば、ほとんどの樹種で剪定が可能になり、この時期に剪定すれば翌年の春過ぎまで、すっきりとした美しい樹形を保つことができる。

それから、マツ類の古い葉を手でしごき落とす「もみあげ」は毎年十月頃の恒例行事である。俳句の秋の季語に「松手入」という言葉があるくらいである。

■冬の手入れ（十二〜二月）

師走は庭師も正月を迎えるための手入れに大わらわだが、木は翌春まで休眠期に入る。

落葉樹の剪定はこの休眠期間中に行うのが最適である。葉を落としているので、枝ぶりがよく分かって作業がしやすいうえに、樹液が止まっているため切口も傷まない。

ウメやサクラ類、ハナミズキといった花木の剪定も花芽がはっきりと分かり、うっかり花芽を飛ばしてしまうおそれがない。

ただし、マキ類やモチノキ、カシ・シイ類などの暖地性の常緑樹は寒さに弱く、寒害を受けやすいので、この時期の剪定は避けるようにする。

以上、剪定を中心とした季節ごとの庭木の手入れ方法を述べてきたが、ここは一年間を通して、庭に植えられている木とじっくりとつき合ってみていただきたい。

変化が分かりづらい常緑樹も、細かく観察してみると、新しい芽が吹いていたり、古葉を落としたりと、必ず季節ごとの変化が見てとれると思う。

これらをしっかりと踏まえて、次章以降に、樹種ごとの基本的な剪定を述べていく。

緑の説法 12

緑は地球の生命維持装置

春夏秋冬、樹木はいつの季節もそれなりの表情があり味わいがあるが、やはり若葉のまぶしさは格別である。枝先に萌えた一葉一葉が陽光に照り映え、その青々とした輝きに目を奪われる。

さて、いま葉の色の表現として「青々」という言葉を用いた。実際は緑色であるが、なぜか「青葉」という。ほかにも青信号、青菜、青梅、青竹などの例がある。これは「緑」が色の名ではなかったことに起因する。かつて緑はすべて青だったのである。

そもそも日本には、色を表す言葉は赤、黒、白、青の４つだけであったという。その証拠に「赤い」、「黒い」、「白い」、「青い」と「い」のみをつけて形容詞となるのは、この四色だけだ。決して「緑い」、「紫い」などとは言わない。このほかの色は実際に目に映る物の色で表現した。黄色、茶色、紫色、朱色、緑色などすべてがそうである。

緑は本来、草木の新芽や若葉そのものをいい表す言葉であった。「瑞々しさ」を語源とするものらしい。だとすれば「緑児」とか「緑の黒髪」という表現も合点がいく。

また英語で緑を green と呼ぶが、これも草（grass）や育つ（grow）と語源を同じくするといわれ、いずれにしても葉に関係する。葉の緑の正体はいうまでもなく葉緑素である。この葉緑素は、10 億分の１というナノの世界の精密工場で、二酸化炭素と水という、世界中のどこにでも当たり前にある物質を原料に、太陽の光を利用して光合成を行い、養分（デンプン）を製造する。しかもこの工場が廃棄物として出すのは、うれしいことに酸素である。

いくら科学が発達しても、この製造システムを人工的につくることは未だに不可能。人間の叡智が遥かに及ばない世界なのである。植物は光合成により自らを育て、動物たちの栄養ともなってエネルギーを循環させる。もし光合成が止まれば地球上の生物は滅びる。緑は地球の生命維持装置といえるであろう。

そんな貴重な緑を育む手助けをしていると思うと、庭師という仕事に改めてやりがいを感じる。

特に春から初夏の瑞々しい新緑は、我々に新しい活力をもたらしてくれるのである。

第9章

常緑広葉樹の手入れ

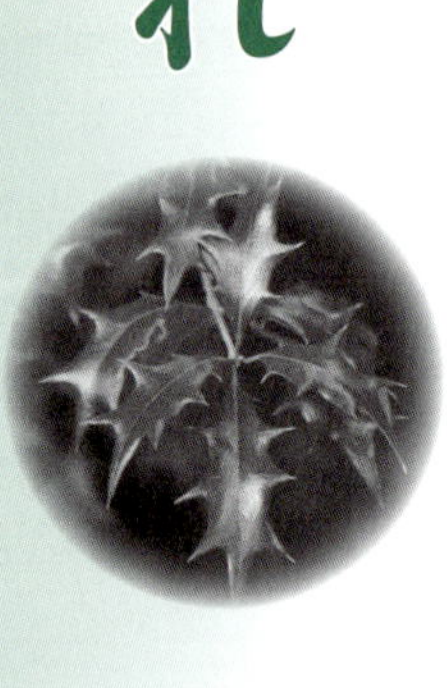

極意36

カシ、モチノキ、モッコク

●小透かしと三っ葉透かし

カシ類やモチノキ、モッコクはいずれも端正な樹形が好まれ庭に主木として、また背景として用いられる。その樹姿は樹齢を重ねるとともに品格を増し、淋しい冬の庭も濃い緑で暖かく包む。

カシ類はアラカシ、シラカシ、ウバメガシがよく知られている。関東ではシラカシ、関西ではアラカシ、四国や九州ではウバメガシがよく使われる。芽吹きがよいので、どこではさんでも、はさんだ近辺から新芽が発生するので、比較的、簡単に好みの形に仕上げることができる。初心者にはうってつけの木である。

モチノキは、深緑の厚い葉が美しく樹形の乱れが少ないので、庭の背景を構成する木として昔から重宝して使われてきた。

そしてモッコクは、その光沢のある葉と端正な樹形が非常に好まれ、古くから日本庭園には欠くことのできない木である。

名園といわれる古庭園には必ずといっていいほどモッコクの存在がある。恐らくは貴寺の庭にも植えられていることだろう。さらに洋風の庭園にも調和するので根強い人気を持っている。

小透かしで枝先を整える

昔からカシ類、モチノキ、モッコクなどの常緑樹の剪定は梅雨明けの頃が最も適しているといわれている。梅雨明けの時期には新芽も固まり、昨年からの古葉も自然と落ちているので作業がやりやすいからである。

しかし近年、梅雨がなかなか明けない傾向にあるようだ。七月の下旬になっても気象庁は梅雨明けを発表しないことが往々にしてある。八月に入ってから、じつは一週間か十日前くらいに明けていたなんてこともあったような記憶がある。だから六月の中旬から七月の上旬頃を目処にして剪定を行うとよい。

年二回行う場合は、正月を迎える準備も兼ねて晩秋頃に行うとよい。

図❶ モッコクの小透かし

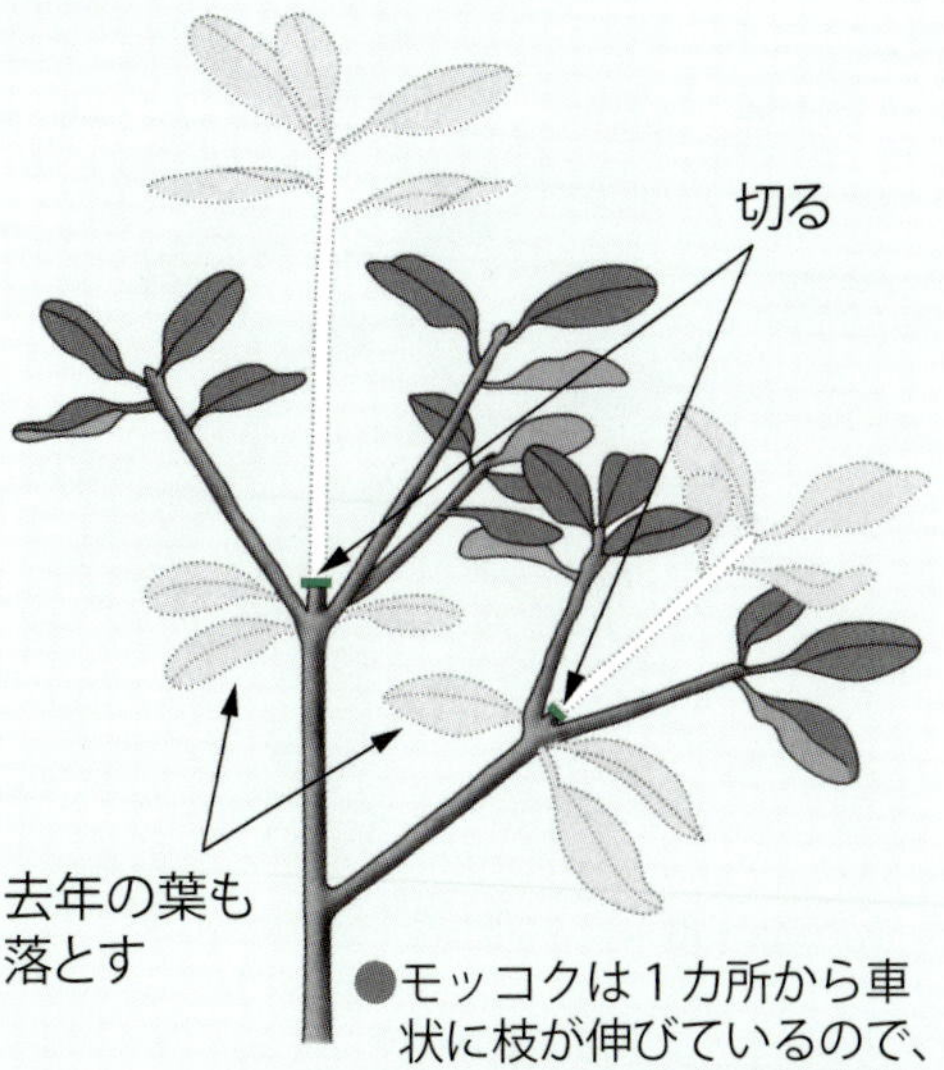
切る
去年の葉も落とす
●モッコクは１カ所から車状に枝が伸びているので、真ん中の上向きの枝を抜いて樹形を整える

実際の剪定の手順は、まず荒透かしにより、樹冠内部の枯れ枝やからみ枝、徒長枝など不要な忌み枝を抜き、全体の樹形を整える。

次に小透かし、すなわち枝先の細かい剪定を行う（図❶）。春から伸びた新枝を必要なだけ残して不要な枝を元から間引く。必ず外芽のすぐ先で切るという基本を忘れてはならない。このとき、枝葉の多い部分は強く、少ない部分は弱く枝を抜くというように、樹冠のラインを見ながら強弱をつけ、全体に濃淡がでないように揃えていくようにするのが美しい樹形をつくるポイントである。

ただ、全体的にあまり強く剪定しすぎると、あとで、芽を吹かない部分があったり、逆に勢いのいい徒長枝が出やすくなったりして、ゴツゴツとした不格好

剪定後のモチノキの枝先

図❷ カシ類の三っ葉透かし

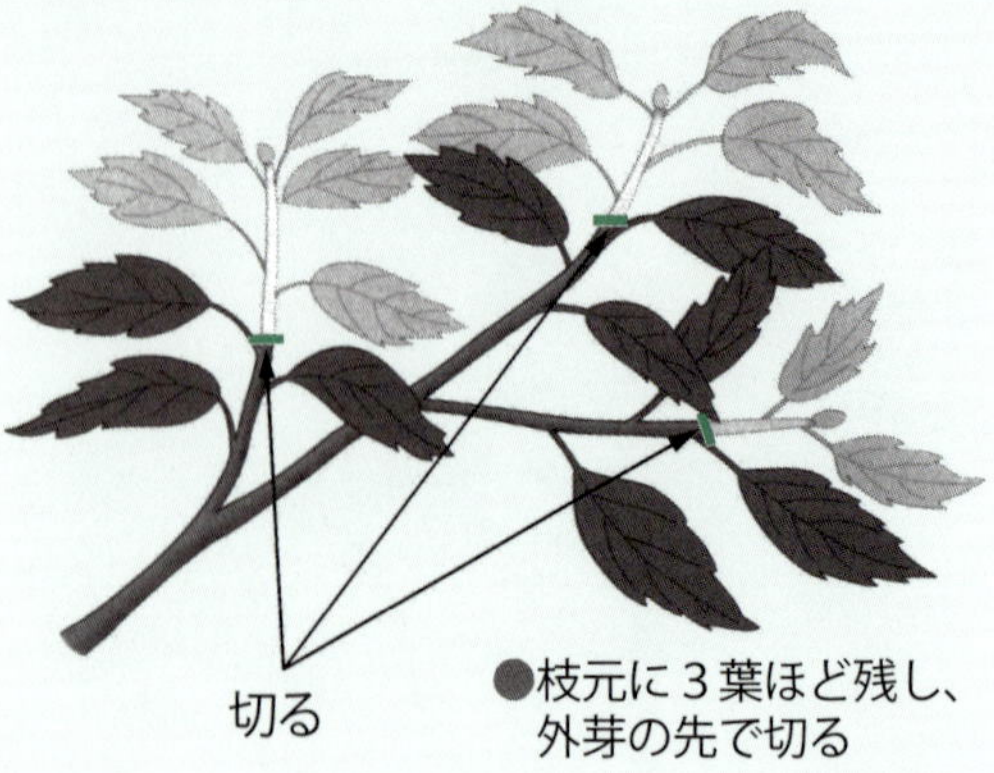

な樹形となってしまうので要注意。

仕上がりは、風が吹いたときに葉がさわさわと揺れて樹肌が見えるくらいが一番美しい。

なお、モッコクは枝元から数本の枝が車状に伸びるので、一個所に二～三本ほど残してあとは除く。

この際、上向きの枝、下向きの枝、勢いの強すぎる枝など、後々、樹形を乱す原因となるような枝を切りつめ、枝が横に張るように整える。また、モッコクは晩秋から冬にかけて古葉を落とすといっそうすっきりとする。

ていねいな三っ葉透かし

よりていねいな剪定をしようと思うなら、小透かしをしたのちに「三っ葉透かし」を行うとよい（図❷）。普通の樹木は、一枝に葉が五～七枚くらいついているが、三っ葉透かしは、枝元に葉を三枚ほど残して枝先を詰める剪定である。切り詰めた小枝からは新しい芽が吹き、その年のうちに枝となり数枚の葉をつける。比較的葉の多い状態で冬を迎えることになる。

ただ、この三っ葉透かしは、現在ではそれほど行なわれなくなった。たしかにきれいに仕上がるのだが、一枝一枝の作業なので非常に手間がかかる。大きな木だと二日や三日は平気でかかってしまう。昔は、我々もさんざん三っ葉透かしを行ったが、それはひと昔前、まだのどかだった時代のことである。すべてにスピード優先の現代では、一本の庭木にそれほど時間をかけられなくなった。それより何より、施主が払う手間賃が馬鹿にならないのである。

しかし、時間のある方はぜひ三っ葉透かしにチャレンジしてみていただきたい。枝先をはさむときに、一枝ごとに枝元に三枚葉を残すことを意識するようにする。仕上がりは驚くほど美しく、二番芽の吹き方もよくなり、常に青々とした葉を楽しめる。

極意37 アオキ、ヤツデ、カクレミノ

●日陰に強い極陰樹を育てる

アオキは日当たりに弱い

冬場はどうしても庭が淋しくなる。その淋しい庭に彩りを添えるというほどではないが、脇役としてしっかりと景色を引き締める役割を演じるのが常緑樹である。なかでもアオキ、ヤツデ、カクレミノなどは日陰に強く、あまり日の当たらない北側の庭の植栽に重宝する。

ミズキ科に属するアオキは、落葉樹が葉を落とす冬に光沢のある濃い緑の葉に可憐な赤い実が映え、淋しげな庭に風情を添える。茶人に好まれ露地の植栽によく用いられる。雪が降れば、白一色の雪化粧のなかに実の赤が鮮やかなコントラストを見せ、美しいことこのうえない。

アオキは代表的な極陰樹で、日当たりのよいところでは思うように生育しない。特にアオキのなかでも人気のある葉に白い斑が入っている品種は、一日中、日が当たる場所に植えると、葉焼けして斑がきれいに出ない。

したがってアオキは家屋北側の日の当たらない場所に植えたり大木の下に根締めとして植えたりするのに適す。

アオキの内部をスッキリと

アオキは株立ち状の自然樹形を大切にして育てる木なので、取り立てて樹形をつくるような剪定はしない。

ただ放置しておくと株が大きくなりすぎて樹形も乱れるので、長く伸びた古い枝を何本か地際から間引いて新しい枝を伸ばす。そうすることによって内部もすっきりして株も小さくまとめられる。地際から伸びたヤゴ（ヒコバエ）を除かずにいかすことも考慮する（図❶）。

アオキは一枝の

図❶ アオキの剪定法

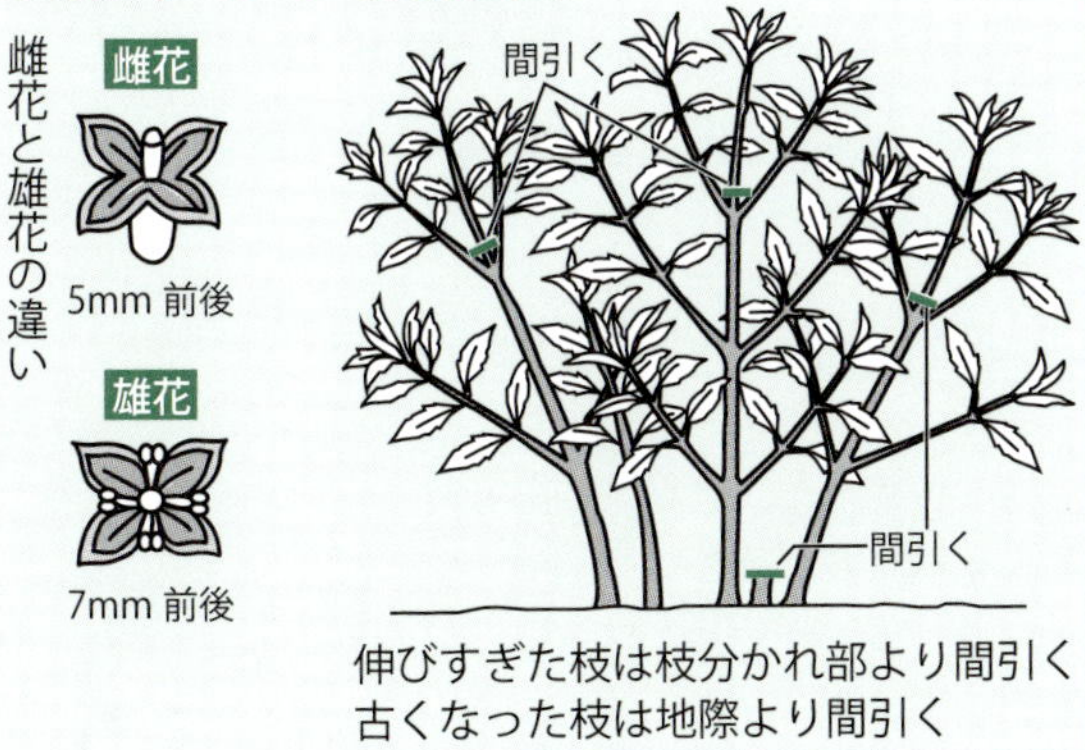

雌花と雄花の違い
雌花
5mm 前後
雄花
7mm 前後
間引く
間引く
伸びすぎた枝は枝分かれ部より間引く
古くなった枝は地際より間引く

寿命がそれほど長くない。古い枝はコルク化して茶褐色になるので、見ればすぐに分かる。

剪定時期は四〜五月頃。六月以降になると新枝の先に翌年の花芽ができるので、むやみにはさむべきではない。

アオキの雌雄の見分け方

前述のように、冬につく小さな赤い実がアオキの特徴だが、アオキは雌雄異株で実を楽しむには雌木を植えなくてはならない。ただ実がついていないときは、雄木と雌木の区別がつきにくい。植木市などでは、実がついている冬場に出回ることは少なく、もっぱら植えつけ適期でもある三月半ばから五月頃、花の咲く季節に売られるのが普通である。このとき花を見れば雌雄の見分けがつく。花穂が長く伸び花がたくさんつくのが雄木、花が目立たないのが雌木。花にばかり気をとられて雄木を買うと実が期待できない。

葉に白い斑の入るフイリアオキ

ヤツデを見直そう

次に、ウコギ科のヤツデを紹介しようと思うが、昨今、どうもこのヤツデの人気がないようだ。

特異な葉姿であるにもかかわらず、わが国ではごく当たり前のように植えられているので珍重されない。北庭などの日の当たらないところに植えられることが多いので、日陰ものといったイメージがつきまとうといったことも、不人気の原因かもしれない。

しかし、もっと肯定的にヤツデを見てみてはどうだろうか。

切り込みのある大きな手のひら状の葉はじつに艶やかだし、花のない冬場に決して派手ではないが、直径三センチほどの球状の愛らしい白い花をつける（次頁写真）。花は春に熟して黒い実となる。

葉は羽うちわに似ており（実際にテングノハウチワという別名もある）、その羽うちわで邪気を追い払い、幸福を招くと古くからいわれ、門の脇や玄関先に好まれて

真冬にも白が映えるヤツデの花

植えられてきたのである。

葉の縁に白い斑が入るフクリンヤツデ、黄色の筋が入るキモンヤツデなどの品種もある。ヨーロッパ、特にイギリスなどでは、古くから観葉植物として人気を博していると聞くし、さまざまに品種改良されて珍重されているようだ。たとえば今から百年ほど前に、ヤツデを原種として、同じウコギ科のヘデラ・ヘリックス（セイヨウキヅタ）を交配させてファトスヘデラという植物を誕生させている。

ヤツデは前述のように日陰に強く性質も強靭なので使い勝手がよく、かつ、姿形のおもしろさもあり、庭木としてじつに魅力的な素材とはいえないだろうか。

ヤツデは葉が大きいので、放任しておくと雑然とした姿で茂るようになり、庭を占領して暗い印象となってしまう。これこそヤツデが不人気の一番の原因である。

「しっかりと手入れをしないからヤツデの魅力がいかせない」

私たちにいわせれば、この一言に尽きる。

ヤツデはときに葉切りも必要

それでは、そのヤツデの手入れに話を移そう。

ヤツデは株立ち状に一〜一・五メートルほどの背丈に仕立てるとよい（次頁図❷）。

ヤツデは生長が旺盛で、枝分かれすることがほとんどなくグングンと丈が伸びる。また毎春、新葉が先端に開くので、手入れをせずに放っておくと、下葉が枯れて次第に葉の茂りが上へ上へと移ってゆき、下部は幹だけの少々間の抜けた姿になってしまう。

梅雨を迎える頃に下部の葉のある位置まで切り戻し、脇芽を出させることにより、こぢんまりとした姿に整えるとよい。いつまでも手入れをしないでおくと枝がコルク化し、切り戻しても新芽が吹かなくなってしまうので、株が若いうちに早めにはさまなくてはいけないのである。

ヤツデは地際からヤゴ（ヒコバエ）が発生し、自然と株立ち状になるので、大きくなり過ぎた場合は、古枝を

図❷ ヤツデの剪定法

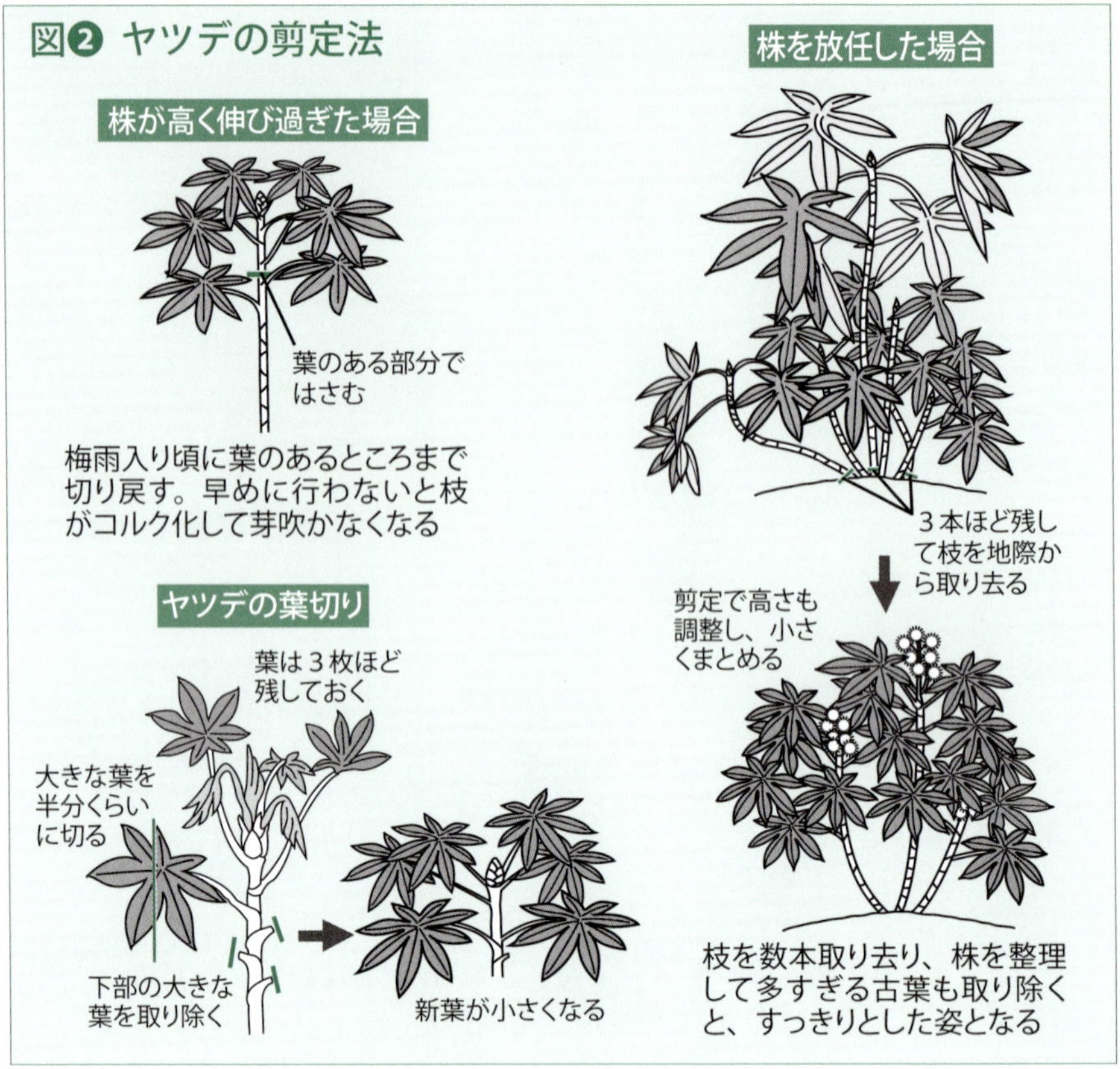

株が高く伸び過ぎた場合
葉のある部分ではさむ
梅雨入り頃に葉のあるところまで切り戻す。早めに行わないと枝がコルク化して芽吹かなくなる
ヤツデの葉切り
葉は３枚ほど残しておく
大きな葉を半分くらいに切る
下部の大きな葉を取り除く
新葉が小さくなる
株を放任した場合
３本ほど残して枝を地際から取り去る
剪定で高さも調整し、小さくまとめる
枝を数本取り去り、株を整理して多すぎる古葉も取り除くと、すっきりとした姿となる

地際で取り除き、ヤゴを新しい枝として更新していくとよい。

冬の間に古枝を地際から間引いて三本から、スペースにもよるが、多くて五本立てぐらいに整理するとよい。同時に多すぎる古葉も取り除くと、よりすっきりした姿となる。

前述のようにヤツデは葉が大きいので、あまり大きくなりすぎるとうっとうしい。そんなときに我々が使うとっておきの手が「葉切り」である。

十二月頃、頂芽に近い部分の葉を二〜三枚残して、下の大きな葉を半分ぐらいに切り取る。葉を取られたことで生長が抑制され、翌春に出る新葉は小さくなる。ただし、この葉切りは若い株に限ってできることで、古株では効果がない。葉切りは毎年行うと樹勢を弱めるので、三年に一度ぐらいにしたい。

カクレミノの上手な剪定法

最後に、ヤツデと同じウコギ科のカクレミ

図❸ カクレミノの剪定法

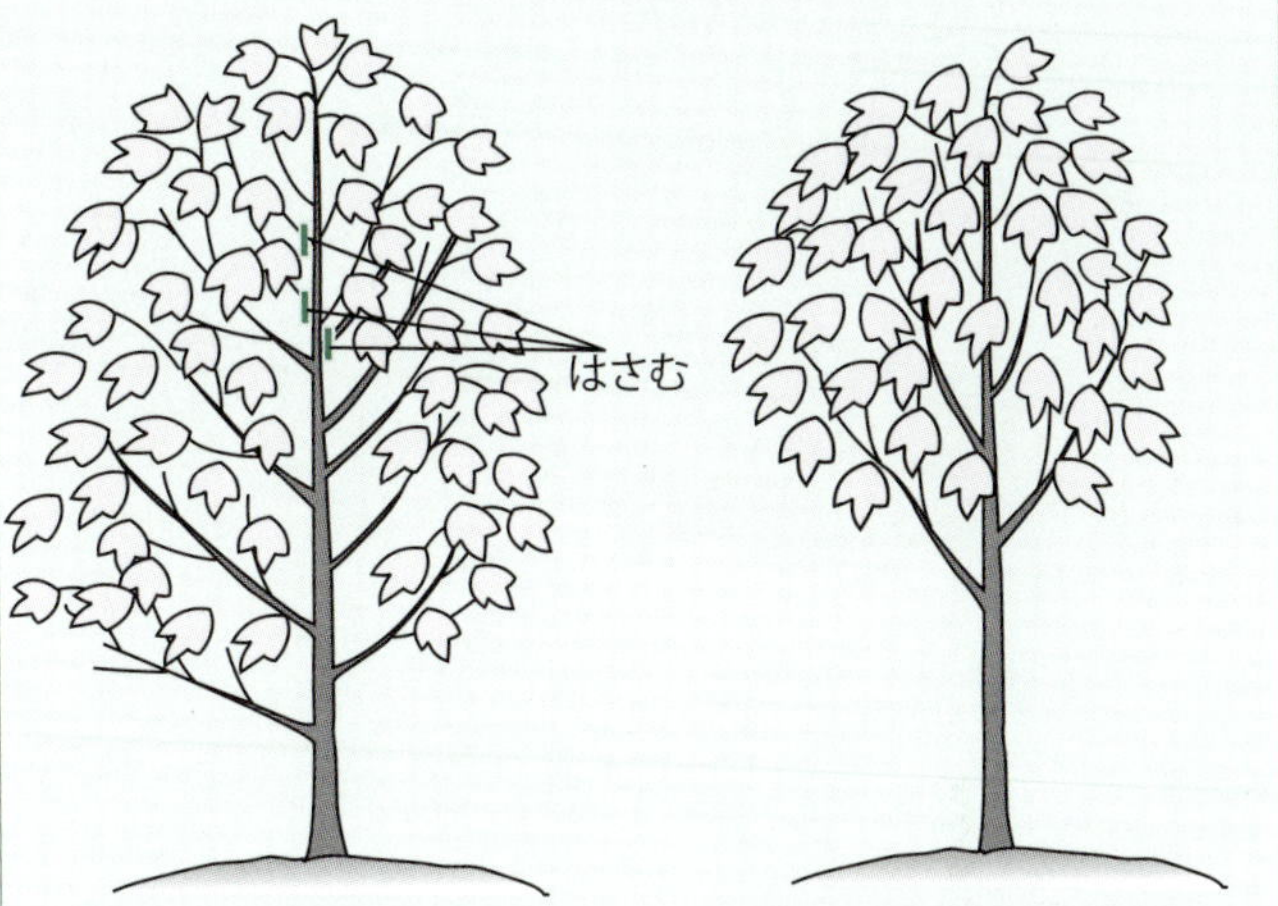
はさむ
樹芯近くの上方の枝を切り戻すと下枝も伸びる
剪定しないと下枝が枯れて、間延びした樹形となる

ノの手入れ法を紹介する。

カクレミノは北向きの玄関脇などに三～五本くらい寄せ植えすると見栄えがしてよい。

カクレミノは上のほうに葉をつけるため上枝の勢いがよく、生長するにつれて下がスカスカになりがちである。

切れ込みの入ったカクレミノの葉

ヤツデ同様に間が抜けた樹姿となってしまう。

そのため、上方の若く勢いのある枝を切り戻して、下枝を吹かせるようにするのが樹形を整えるポイントとなる。上へ伸びる力を抑えると、樹勢が分散されて自然と下枝へと力が回るようになる。カクレミノは芽吹きがよく、切り戻した部分から二本の新枝が伸びるので、これをまた切り戻す。これを何度か繰り返していくと下方の枝はかなり増えてくる（図❸）。剪定は真夏や冬場を避け、五月の連休明けから梅雨明け前後がいいだろう。

カクレミノは切れ込みの入った濃緑色の葉が特徴で、この形が蓑に似ることが名の由来にもなっているが、枝が古くなると切れ込みがなくなり丸くなってしまう。こうなると観賞価値も下がってしまうので、丸葉のついた古枝はつけ根からはずして、切れ込みの入った葉をもつ若い枝に随時更新してやるとよい。

極意38

ナンテン、ヒイラギ、ユズリハ

●常緑の縁起木の手入れ

「難を転ずる」ナンテンの上手な手入れ

ナンテン、ヒイラギ、ユズリハは「縁起木」として正月飾りにも用いられることが多いので、これらの木の手入れについて述べることにする。

ナンテンは初冬の頃から赤く熟する小さな実が楽しめる常緑低木である。名前から「難を転ずる」に通ずる縁起木とされ、ひと昔前は内祝いのときに赤飯のお重の上に葉を添えて近所に配ったりした。

難を転ずる縁起木・ナンテン

だからどこの家の庭にも必ず一本は植えられていたものである。

ナンテンは若木のうちは特に手入れの必要はないが、生長するにしたがって株元から発生する枝が増えて雑然とした姿になる。したがって、スペースや他の木との関係など、植え場所の状況に応じて五～七本仕立てとし、他の枝を地際から切り除いてすっきりさせるとよい。この作業は二～三月頃に行う。

その場合、どの枝を除けばよいか少々迷うところだと思うので、次の点に着眼してもらいたい。

一つは、実がついた枝を地際から切り除くこと。実がついた枝はその後三年くらい花芽がつかない。

二つめは、花芽と葉芽を見分けて、決して花芽がついた枝を除かないこと。花芽は丸みを帯びており、短く充実した枝の先端につき、葉芽は細長く、多くは徒長した枝につく。先が細長くなっている徒長枝を除くようにすれば、まず間違いはないだろう（図❶）。

丈が高くなり過ぎた場合は、六月頃に目的とする位置よりも少し低めに切り詰めることをお勧めする。切ったところから新芽が発生し、目的の高さに枝葉を茂らせることができる。

なお、ナンテンの実つきがあまりよくないという声が、ときどきお施主さんから聞かれる。ナンテンの花は雄しべと雌しべを持つ完全花だが、花期が梅雨時のため花粉が雨に流されて受粉せず、結実しにくい傾向がある。したがって、花が咲いたら雨対策をする必要がある。軒下など雨の当たらないところに植え替えたり、雨の日には花穂にポリ袋などをかぶせ、やんだら取り除くといった方法も考えられる。

株を新しく植える場合は、堆肥や腐葉土を多めにすき込み、土壌の水はけと水もちを高めておくとよい。半陰樹なので直射日光が当たる場所は避けたほうがよい。

またナンテンの実をたくさんつけさせるには、「お茶がらを根元周辺にまけばいい」と昔からよくいわれた。お茶がらが堆肥や腐葉土の役目を果たすためであろう。

図❶ ナンテンの花芽と葉芽

花芽と葉芽を見分け、花芽をはさまない

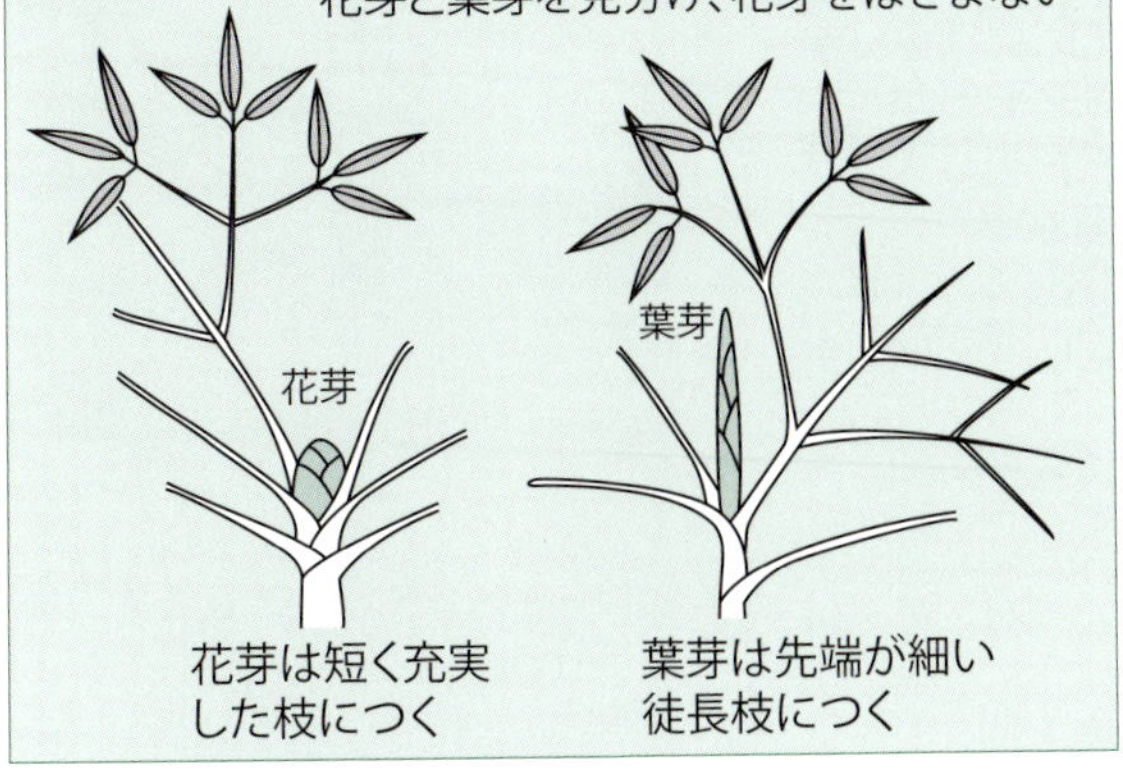
花芽
葉芽
花芽は短く充実
した枝につく
葉芽は先端が細い
徒長枝につく

「魔除け木」ヒイラギの上手な手入れ

ヒイラギは葉の縁に鋸歯（トゲ）があるのが大きな特徴である。このトゲに触ると痛くてヒリヒリする。このヒリヒリと痛い感覚を古語で「疼（ひいら）ぐ」といい、それが語源になっている。

ヒイラギはめでたい木というよりも、このトゲが魔除けになると信じられ、鬼門や裏鬼門に植えられてきた。節分にはヒイラギの枝にイワシの頭を刺して門戸に飾って悪鬼を払うという風習がいまでも残る地方がある。

このような習わしだけでなく、ヒイラギは葉のトゲによる防犯目的で生垣として利用されることも多い。

ヒイラギは生長が遅く樹形も乱れずにまとまるので、自然樹形で楽しむ

鋭い鋸歯をもつヒイラギの葉

子孫繁栄の木・ユズリハ

場合は、それほど手を入れる必要はない。

生長がいったん止まる六月下旬から七月に、樹冠から飛び出した徒長枝を切り詰める程度でよい。

生垣に仕立てるときも六～七月に刈り込む。夏が過ぎると再び生長するので、それが止まる十月下旬以降、もう一度軽く刈り込むとよい。

子孫繁栄の象徴、ユズリハの手入れ

ユズリハは年を越して新しい葉がすべて出揃い十分に成長するまで、古い葉が落ちずに枝についていることから「譲り葉」と名づけられた。「子どもが成長した後、親が譲る」になぞらえたものである。世代交代もかくあるべしということで子孫繁栄の象徴とされ、特に年配の方に人気がある。古くからめでたい木として正月の飾りに欠かせないものとなっており、地方によってはユズリハの枝葉を鏡餅やしめ縄の飾りに用いたり、門松に添えて飾ったりする。ユズリハは萌芽力が弱く、下手に枝をはさむと新しい芽が出にくくなる傾向があるので、強い剪定は避けたほうがよい。ただし葉が大きく、茂りすぎると日当たりや風通しが悪くなり、細い枝や弱い枝が枯れやすくなるので、十一月～十二月頃に多少枝を整理したい。

枯れ枝やからみ枝などを除き、徒長枝は二分の一くらいに切り詰め、切口から細かい枝を出させて樹形を整えていくのがポイントである。

なお、ユズリハは水不足になると、誰の目からも分かるように極端に葉が垂れ下がる。これは他の木も水不足だというサインになり、何かと好都合である。

大きな葉が車状につくユズリハ

緑の説法 13

ナンテンには解毒作用がある

家を建てる場合でも、便所や水まわりなど不浄な施設は、腐敗により拍車をかけるとして鬼門・裏鬼門を避けてつくられた。しかし、家の間取りや構造上、どうしても不浄なものを鬼門・裏鬼門に置かなくてはならない場合も当然出てくる。

そんなとき鬼門・裏鬼門に、鬼門封じとして先にあげたナンテンを植えて邪気を払ったのである。

ナンテンは「難を転じて福を招く」といわれ、昔から縁起のいい木として用いられてきた。

武士は出陣の際に鎧の内側にナンテンの枝をひと枝挿して、武運長久を祈念したといわれる。また、元服の祝い事や安産のお守り、火災から家を守るにも霊験があると信じられ、特に江戸時代には多くのお屋敷の庭などに必ず植えられたという。

昭和になってからも、昭和30年代の半ばくらいまでは、どこの家でも決まって、ナンテンが1本は植えてあったと記憶している。それも門のすぐ脇とか玄関前といった目立つところに植えられていた。センリョウ、マンリョウ、アオキなどと同じように、冬に赤い実をつけるので、正月の床の間を飾る切り花としても利用された。

ちなみに、ナンテンの実はじつに長持ちし最後まで枝に残る。このことから、ある地方では、酒席に最後まで残って飲み続け、なかなか席を立とうとしない人たちのことを「ナンテン組」などと呼ぶらしい。

そして、内祝いがあると赤飯を詰めたり、鯛の尾頭つきを詰めたりしたお重の上にナンテンの葉を添えて、ご近所に配ったりもした。

これは単に語呂合わせの縁起かつぎだけではなく、ナンテンには食べ物の腐敗を防いだり、解毒したりする効用があることにも由来した習慣であった。昔からナンテンの枝で箸をつくったりもした。

また、ナンテンの葉汁は、食あたりに効いたり、蜂に刺されたときなどに塗ると効くとされている。

ご存じだろうが、ナンテンの実には咳止めの効果があり、南天実という名の生薬となっている。

ナンテンは縁起木である前に、非常に優れた有用植物なのである。

極意39

センリョウとマンリョウ

●赤い実をつける縁起木の手入れ

万両、千両、百両、十両…は財を成す木

数ある庭木のうちでも、センリョウとマンリョウは縁起木の代表格である。センリョウ、マンリョウは、それぞれ「千両」「万両」と書き、その名がお金を意味することから「財を成す」「お金に困らない」との縁起をかつぎ、古くから多くの庭に植えられていた。庭のない家では鉢で育てていたものである。

黄色い実のキミノセンリョウ

ちなみに千両、万両に対して、百両、十両、一両の別称をもつ木もある。百両がカラタチバナ、十両がヤブコウジ、一両がツルコウジである。

センリョウ、マンリョウは、いずれも常緑低木で冬に小さな赤い実をつけ、紅葉も終わってしまった冬枯れの庭を美しく彩る。正月の床の間を飾る切り花としても重用されている。常緑の葉と光沢のある赤い実が、寒気に負けない強い生命力と長寿を象徴するためである。

赤い実がつくマンリョウ

昔からセンリョウ、マンリョウと対句のようにいわれているが、じつは違う仲間である。センリョウはセンリョウ科で葉の上の茎の先にかたまって実をつけ、マンリョウはヤブコウジ科で葉の下に茎を出して鈴なりに実をつける。また、両者とも赤い実をつけるものばかりではない。センリョウには黄色い実をつけるキミノセンリョウ、マンリョウには白い実をつけるシロミノマンリョウなどの品種がある。

センリョウ、マンリョウは日当たりを加減

センリョウもマンリョウも自然樹形を楽しむ木なので、取り立てて剪定の必要はない。枝葉が込み過ぎたときに

図❶ センリョウの剪定法

枝数が少ないとき
株が大きいとき

株が大きいときは枝元から、枝数が少ないときは途中の葉の上ではさむ

図❷ マンリョウの剪定法

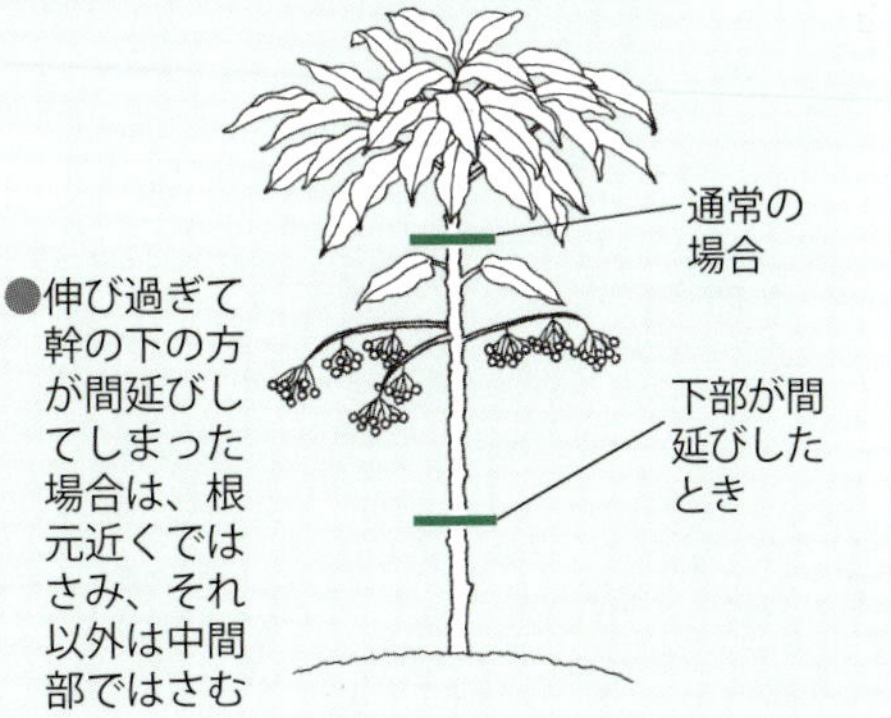
通常の場合
下部が間延びしたとき
●伸び過ぎて幹の下の方が間延びしてしまった場合は、根元近くではさみ、それ以外は中間部ではさむ

透かしてやる程度で十分である。ただ、放っておくとセンリョウもマンリョウも大きくなりすぎるので、適期に枝を更新して樹形を小さくする必要がある。

センリョウは枝が株状に何本も出るので、実が終わって新梢が伸びる直前の二月頃に、実がついていた古枝を地際から切り取り新しい枝を育てる。株数が少なくて淋しい感じになってしまうときは、途中の葉の上の位置で切るようにする。実がついている時期に、切り花にするついでに枝を切りつめてもいいかもしれない（図❶）。

マンリョウは古くなった枝葉を自然に落としながら上へ上へと伸び、幹の先端に葉をつける。その結果、幹の下方に枝葉がなく、じつに間延びした姿となってしまう。その場合、四月から六月頃に、幹の途中でスパッと切って、新芽を発生させて育てることにより丈を低くする。この作業は四～五年に一回程度行う。幹の間延びがとりわけ長い場合は、思い切って根元近くで切ってもかまわない。一年間は実がつかないが、翌年には小さくまとまった木に花が咲いて実を結ぶ（図❷）。

センリョウは大きな木の下など半日陰となる場所に植えるようにする。特に強い西日が当たって、葉が黄色く焼けると木が弱り、実つきが悪くなる。できれば朝日のみが当たる場所が好ましい。また、寒さや乾燥にも弱いので、冬場は株元に落ち葉を敷いてやると効果的である。

マンリョウも直射日光が苦手である、実をつけるには午前中に柔らかい日が当たる場所が理想的。高木の下や庭石の際などに植えると、ほどよく日差しが避けられて趣ある庭の風情をつくることができる。

極意40

タケ類とササ類

●タケは代替わりと三節どめで

タケは代替わりをさせよう

松竹梅は昔から中国で「厳寒の三友」といわれ、日本でも非常にめでたい木とされて、慶事に用いられるようになった。

マツは常盤木（常緑樹）の代表として、冬でも緑を失わないことから「不老長寿の徴」とされ、タケは生長が早く繁殖力も強いことから「生命力や繁栄の徴」、ウメはまだ春浅い時節に他に先駆けて最初に花が咲く、ということでそれぞれ珍重された。

ここでは松竹梅のなかのタケ類の手入れ方法を紹介しよう。

前述のようにタケは生長が早く繁殖力が旺盛で、一日に一・二メートルも伸びたものもあるといわれている。ただ、それゆえに少々やっかいものでもある。

植えた当初はいいのだが、地下茎が横に伸びて、そこから新しいタケノコを生じ、どんどんと本数を増やしていく。縁の下まで地下茎が伸びて、家のなかにタケノコが生えた、などという笑うに笑えない話も実際にあったという。

したがって、庭に植えるにあたっては、ある程度の広さが必要とされる。広い境内に寄せ植えして竹林の風情をつくるにはいいが、坪庭などにまとまった一景を表現しようと思ったら気をつけなくてはならない。

特にタケ類のなかでも代表的な大型種であるモウソウチクなどは坪庭などに植えられることはあまりない。我々が庭によく植えるのは、ナリヒラダケ、トウチク、クロチク、マダケ、ヤダケなど、比較的小型のおとなし

図❶ 大名竹仕立て

6月頃に節をとめる
7月頃に枝先を強く剪定し、枝を密生させて段づくりにする

●大名竹仕立てはあくまでも亜流。タケは自然風仕立てが美しい

いものである。

タケは他の庭木と異なり、年を重ねるごとに古色を帯びて風格を増していくものではない。また、花が咲くまで枯れないといわれているが、その寿命はせいぜい十年。四～五年もすると稈《かん》（幹にあたる部分）が黒ずみ、葉の艶もなくなる。

一本のタケを後生大事に育てないで、二～三年して新しいタケノコが出てきたら、そのタケノコに代替わりをさせ、古いタケは根元からノコギリで切り取ってしまう。これを繰り返すことによって必要以上にタケが増えるのを防ぐのがポイントである。

三節どめによる剪定

タケ、特にナリヒラダケやクロチクはよく大名竹《だいみょうちく》（図❶）に仕立てられることがあるが、我々はやはり自然樹形の美しさを大切にしたいと思っている。

ただ、放っておくと枝葉が茂りすぎてむさ苦しくなるので、適度に枝抜きして透かしてやる必要がある。風に揺らいでさわさわと葉ずれの音が聞こえるような感じが一番いい。

タケの剪定は六～七月頃が適期。冬に下手にいじると枯れてしまうおそれがある。剪定適期が過ぎてしまったら、そのままにしておい

図❷ タケ類の三節どめ

切る
元から三節めで切り戻す
節から２～５本に分かれ、また分枝して先端に葉をつける
枝が多すぎるときは、不要な枝を元から除く

たほうがいいことを心得ておいていただきたい。

さて、タケの剪定法を紹介しよう。

我々は昔からタケは「三節どめではさめ」と教えられた。タケは一つの節から四~五本の枝が出て、それぞれがさらに枝分かれして、先端に葉がつく。

まず、節から出ている枝を二~三本残して他を間引く。さらに残した枝を切り戻して短くするのだが、このとき、つけ根から数えて三節目ではさむようにする（前頁図❷）。

この方法を「三節どめ」と呼んでおり、こうすることによって枝葉がちょうどいい具合に増えて美しい姿となる。

図❸ ササ類の芯葉を抜く

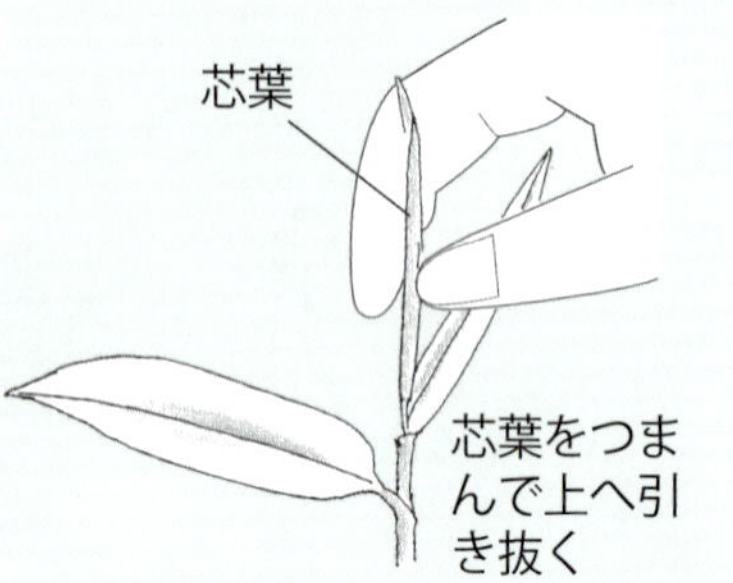

ササ類の手入れは五月頃

ところで、タケとササの違いをご存じだろうか。

一般には大きく生長するものがタケ、生長しても大きくならないのがササと思われているようだが、分類学上は「タケノコが生長するにつれて皮を落とすのがタケ、皮をつけたまま生長するのがササ」とされている。

たとえば、メダケやヤダケは、「タケ」という名がつくものの分類上は「ササ」、逆にオカメザサなどは、「ササ」と名がつくものの、実際は「タケ」に分類される。我々は日頃、植物分類学などあまり気にしていないので、少々ややこしい。

ササはよく下草などに利用し、和風の景観をつくるのに欠かせない。

ササ類の手入れは、我々は五月の初め頃に芯葉《しんよう》（まだ開かずに巻いている葉）を一つ一つ抜いて前年と同じ高さに揃えるようにしている（図❸）。これは非常にていねいな仕事だが、実に手間のかかる作業なので、手軽にきれいに整えたいときは刈り込みを行うとよい。

冬場になって枯れ葉が目立ってきたら根元ぎりぎりに刈り揃える。こうすることで新しいササに更新してやるのである。春には新芽が伸びて夏には葉が茂って再びササらしくなるだろう。

緑の説法 14

春に訪れる「竹の秋」

文豪・永井荷風は次のような俳句を詠んだ。

「夕方や　吹くともなしに　竹の秋」

寂寥感漂う晩秋の夕暮れの風情が目に浮かぶ句である。

しかし、この句はちょうど春うららかな山野の情景を詠んだものだという。俳句を趣味にされている方はご存じであろうが、この句の結句である「竹の秋」は、じつは春の季語となっているのである。

「夏も近づく八十八夜、野にも山にも若葉が茂る」と唱歌『茶摘み』の歌詞にあるが、このような若葉が茂る風景のなかで、竹の葉は黄色く色づき、はらりはらりと地面に散り敷かれ、竹林だけに秋のような気配が漂う。

この現象を、俳句や詩歌の世界では「竹の秋」と呼ぶ。

竹は驚くほど生長が早い。1日に1.2mも伸びたという記録があったほどである。また、竹は地中で地下茎が横に伸びており、そこから春にタケノコが発生する。地面から顔を出したタケノコはグングンと伸び、ほんのひと月半ほどで一気に親竹と同じ背丈まで追いついてしまう。

親竹はタケノコを育てるために養分を使い切り、古い葉は黄色くなり枯れてしまう。しかし、この頃には既に枝のつけ根に新しい葉が伸びてきているので、落葉樹のようにすべての葉を落として裸木になることはない。

竹林内に散り敷かれた落ち葉は1年かけて堆肥となり、翌春のタケノコの養分となる。竹の葉はタケノコの生長に必要な珪酸などの養分をたっぷりと含んでいるのである。

したがって、タケノコを掘ったあとは、周囲に散らばった竹の葉を掘った穴に埋め、翌春のタケノコの肥料にするとよい。

そして、初秋にはタケノコは立派な若竹となり、みずみずしい若葉を秋風にそよがせる。これが「竹の春」、秋の季語である。ちなみに夏の季語としては「竹落葉」がある。

春に秋、夏に落葉、秋に春……。竹は普通の木と全く異なった独特のサイクルで1年を過ごす。普段、見慣れているはずの竹だが、こうして見ると、じつに不思議な植物といえよう。

天を目指してすっくと伸びる、その真っ直ぐな姿とは裏腹に、かなりのへそ曲がりのようでもある。

第10章 針葉樹の手入れ

極意41 マツのみどり摘みともみあげ

●独特の風格を維持するために

マツは庭木の王者

松島、天橋立、安芸の宮島、誰もが知っている日本三景である。

江戸時代初期の儒学者である林春斎が、著書『日本国事跡考』に、《丹後天橋立、陸奥松島、安芸厳島、三処を奇観と為す》と書いたのが日本三景の始まりといわれている。これら日本三景に共通する要素として、まず海、海岸があげられるが、もう一つ重要な役割をしているものがある。

マツの存在である。昔から「白砂青松」といわれるように、日本の美しい海岸風景には必ずといってよいほどマツの存在がある。

そして、主に海景を象徴することを旨としてきた日本庭園においても、マツは池の汀《みぎわ》に、中島にと、主景を構成する個所に植えられてきた。

桂離宮、金閣寺、銀閣寺など今も残る多くの名園ではマツが庭の景観を構成するうえで重要な役割を果たしている。

容姿端麗なマツが一本あるだけで、その庭は身の引き締まるような格調の高さと、一句ひねりたくなるような風雅な気品を備えることができる。

手入れあってこその樹姿

このようにマツはまさに庭木の王者として、今日まで君臨してきている。しかし、王者たるマツの風格ある樹姿を常に維持していくのには、それなりの苦労がある。

先人たちは試行錯誤しつつ、ほかの庭木にはないマツ類特有の手入れ方法を確立し、今日まで綿々と我々の間に受け継がれてきている。

江戸時代の名園として知られる香川県高松市の栗林公園に「鶴亀松」と称する大きく美しいクロマツがある。これは百十個の石を使って亀をかたどった石組に、あたかも鶴が舞うような姿のクロマツを配したもので、別名「百石松」とも呼ばれる。この百石松という別称は、松平家のとある家老が、このマツの手入れに夢中になるあまり、登城に遅刻してしまったために、禄高を百石削られたという逸話に由来している。

斜幹に仕立てられたマツ（浜離宮）

この話の真偽は定かではないが、マツの手入れが大変であると同時に、時の経つのも忘れて手入れに没頭してしまうような魅力がマツにあるのも確かであろう。手間をかければかけただけ、それに応えて美しい樹姿を見せてくれる。マツというのはそんな木である。

前置きはこれくらいにして、マツの手入れの技法を紹介していこう。

五月頃に「みどり摘み」を

マツをていねいに仕立てるために、毎年、春から初夏、関東を中心にいえば五月頃であろうか、この時期に「みどり摘み」を行って、晩秋に「もみあげ（葉むしり）」を行う。この二つの作業の最大の特徴は、両者ともハサミを使わずに指先で、ていねいに行うことにある。アカマツ、クロマツ、ゴヨウマツ、タギョウショウなど、マツの種類にはいくつかあるが、この「みどり摘み」と「もみあげ」は、

伸びすぎたマツのみどり（新芽）

マツ類に共通した大切な年中行事なのである。

　マツは春に枝先に数本の新芽が発生する。この新芽のことを「みどり」といい、この芽が枝になる前に、元から摘み取って枝数を少なくしたり、途中から折り取って伸びを調整してやらなくてはならない。この作業を「みどり摘み」といい、これを行わないとみどりが伸び過ぎて、マツが持つ美しい樹形が著しく損なわれてしまう（図❶）。

　なぜ、みどり摘みは必ず指先で行うかというと、作業能率を求めてハサミを使うと、葉を一緒に切ってしまい、切れた葉先が赤くなり見苦しくなってしまうからである。

　みどり摘みは、新芽が固くならずに、まだ指で折れる頃に行わなくてはならない。指で折れなくなったら、時期を逸したということである。かといって、あまり早くに行うと、後々みどりが勢いよく伸び過ぎて、摘んだ効果が全くなくなってしまう。

　だいたいサクラの花が終わって一カ月経ったくらいが目安であろうか。みどりが一〇センチ程度に伸びた頃が適期である。

　なお、みどり摘みを行わずに、七月以降に伸び過ぎたみどりをハサミではさむのは厳禁だ。はさんだ切り口からヤニを出してしまい芽が吹かなくなってしまうからだ。ときどき枝先が白い粉を吹いたようになっているマツを

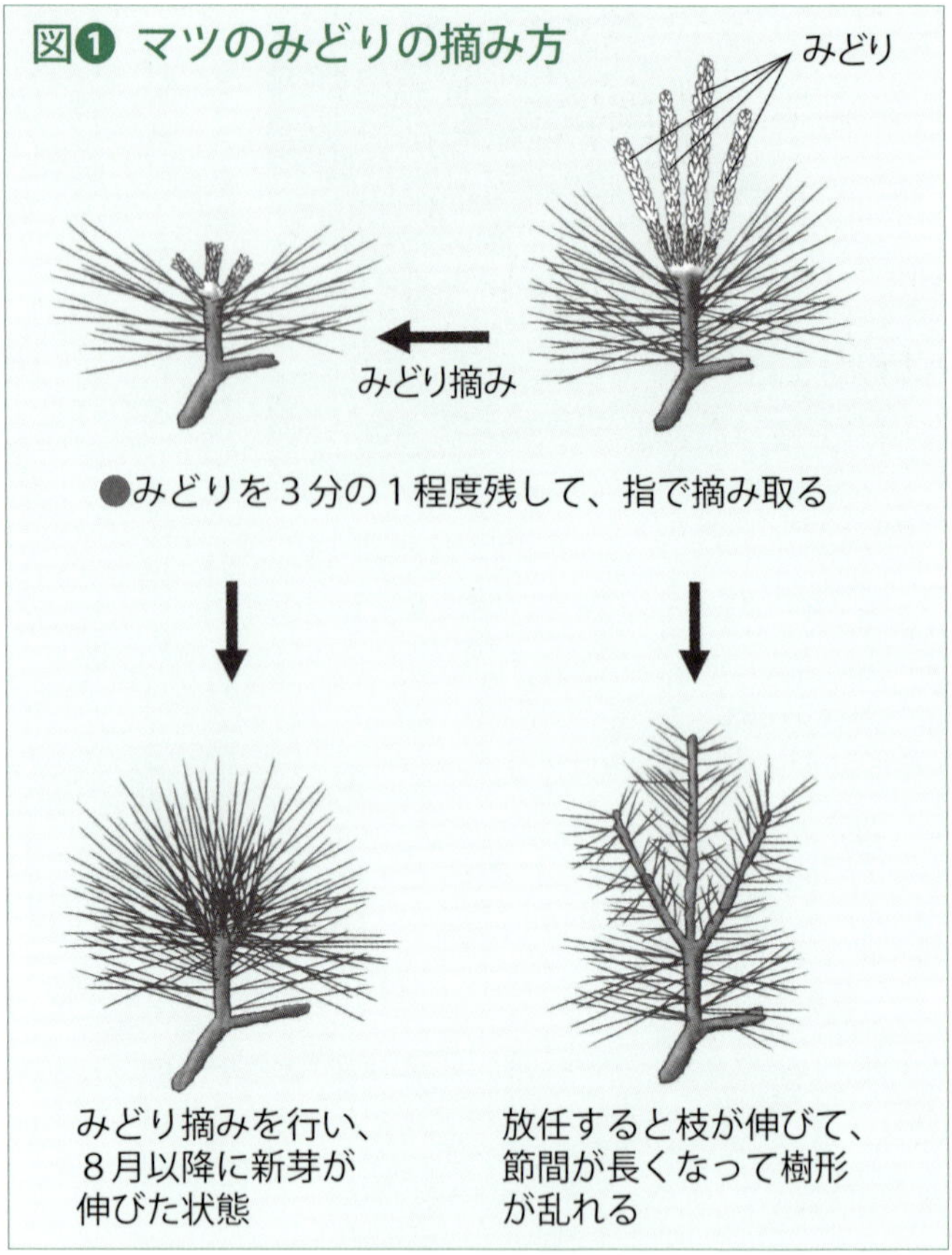
みどり
みどり摘み
●みどりを３分の１程度残して、指で摘み取る
みどり摘みを行い、
８月以降に新芽が
伸びた状態
放任すると枝が伸びて、
節間が長くなって樹形
が乱れる
図❶ マツのみどりの摘み方

見かけるが、これはヤニを出してしまったマツである。

摘み方の強弱を決める方法

みどりの摘み方は、芽先の半分から三分の一くらいを摘み取るのを基本とするが、地方により、人により、または種類やそのマツの状態によっても千差万別なのが実際のところである。

たとえば、東京などでは、みどりが三本立っていたら、真ん中を四分の三くらい摘み、両脇の二本は半分くらい摘むという方法が伝統的に行われている。

マツのもみあげ。古葉を手でしごき落とす

強く摘んだみどりは、枝葉が密になり、こんもりと絵に描いたような姿に仕上がる。

地方によってはみどりを元から抜いて枝葉を薄くして盆栽風に仕上げるところもある。また、クロマツは樹勢があるので強めに摘み、アカマツは樹勢が弱いので控えめに摘むということも配慮する必要がある。要は、後々の姿を思い描きながら、どれを摘んでどれを残すか、あるいは摘むみどりの強弱を、巧く按配することが大切なのである。

秋に行うもみあげで美しい樹姿に

マツの風格ある樹姿を維持するために、もう一つ欠かせない作業が秋に行う「もみあげ」なのである。俳句の秋の季語に「松手入」という言葉があるくらい、マツのもみあげは秋（十月頃）の恒例行事となっている。

もみあげは、「葉むしり」「古《ふる》っ葉《ぱ》引き」などとも呼ばれ、みどり摘みの後、夏の間に伸びた今年の葉を枝先に残して古い葉を手でもむようにしてしごき落とす作業である。

本来、マツの葉は古くなると茶色くなって枯れて自然に落ちるのだが、勢いがよかったり、春にみどり摘みを行わなかったマツの場合はなかなか落葉しない。

特にクロマツはアカマツに比べて勢いがあり、なかなか古葉を落とさない傾向にある。古葉が残り鬱蒼とすると見栄えが悪いばかりでなく、下枝に日が差し込まなくなり、また、風通しも悪くなって枯れが出てくる。

図❷ マツのもみあげの仕方

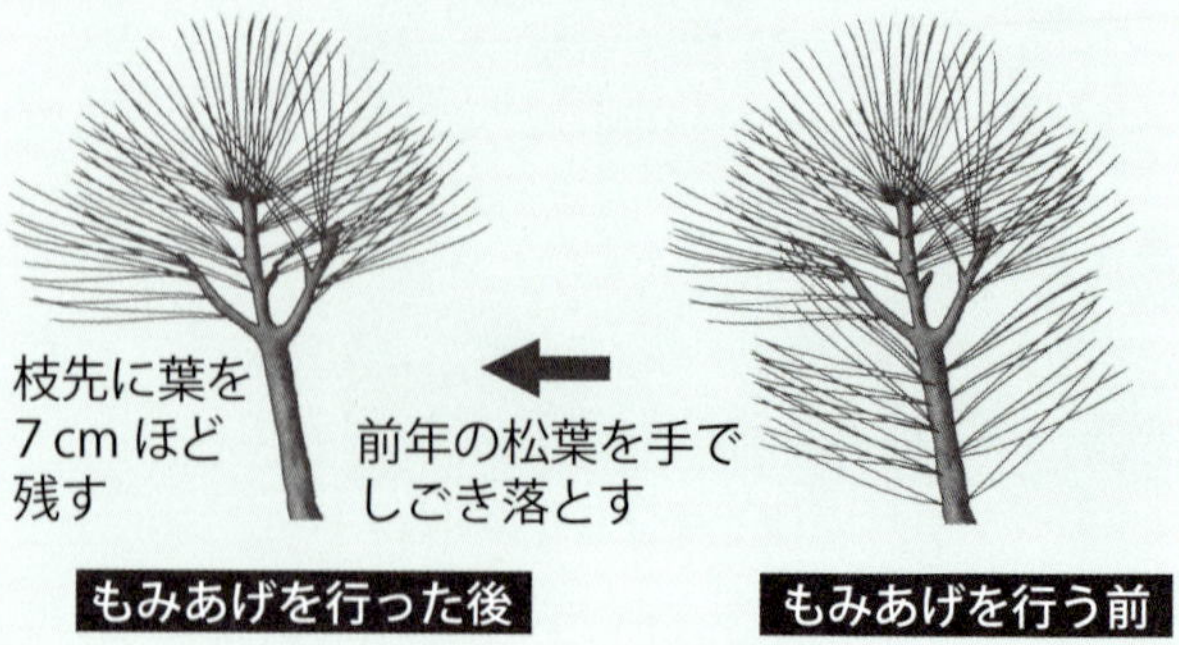
枝先に葉を
7cm ほど
残す
前年の松葉を手で
しごき落とす
もみあげを行った後
もみあげを行う前

そのため、もみあげを行いマツをさっぱりとした姿に仕上げるとともに、日照や通風を確保して病気にかかったり、マツクイムシなどの害虫に侵されないような健全な生育を促すことが必要とされる（図❷）。

通常、もみあげは、一枝に十四対から十六対程度の松葉（V字形になっている松葉を一対と数える）を、枝先に残す感じで、葉を落とすのが基本とされている。

しかし、実際の作業ではいちいち数など数えていられない。したがって枝先七センチくらいまで葉を残して、そこから下の葉はすべて落とすようにするのが簡単な方法といえる。

ただ、どの枝も同じ調子ではなく、上枝ほど強めに下枝に行くほど葉を多く残すといった具合に、マツの姿や形を見ながら、うまく按配することが大切なのである。

もみあげが完了すると、マツは見違えるようにすっきりと美しい姿へと変わる。その姿で秋から冬へ、そして正月を迎えるのである。

マツクイムシの防除対策

ここでマツに関する憂えるべき現状を述べておきたい。

近年、ひと頃に比べてマツの姿を見なくなった。マツは大気汚染に弱く（アカマツは特に弱い）、都市部では住みにくい。加えてマツクイムシによって引き起こされる松枯れ病で壊滅状態に追い込まれた地方もある。このマツクイムシの被害は深刻である。

マツクイムシは長さ一ミリくらいの小さな線虫で、正式には「マツの材線虫」という。松枯れ病は葉が急に赤くなって枯れてしまうのだが、線虫がマツの幹内で増えて水分の通りが阻害されることにより引き起こされるといわれている。マツの材線虫をすりつぶして水に溶かした液でもマツが枯れるという実験結果もあり、線虫がもつ何らかの化学成分が関与しているとも考えられている。

この線虫は自分からは木から木へと移動することはできず、マツノマダラカミキリというカミキリムシの一種によって媒介される。マツノマダラカミキリに寄生してマツからマツへと運ばれるのだ。マツノマダラカミキリは餌として元気なマツを選び、産卵には枯れたり衰弱したマツを選ぶ。元気なマツに産卵しても、卵がマツヤニに巻かれて死んでしまうからである。

マツノマダラカミキリがマツの幹や枝を食害し、その穴からカミキリムシに寄生していたマツの材線虫がマツの材内に潜入する。線虫は材内で増えてマツを弱らせたり枯らしたりさせて、カミキリに産卵場所を提供する。このように虫たちにとっては非常に都合のいいメカニズムがつくられているのである。

いったん、このような形で松枯れ病に侵されたマツの治療や回復は非常に困難なので、あらかじめしっかりと防除しておかなくてはならない。

カミキリムシを見たら…

防除方法としては、第一にマツを常に丈夫に保つことが大切である。健全なマツには線虫は潜入しづらい。それにはしっかりと肥料を施すこと。グリーンパイル（商品名＝162頁参照）という棒状の肥料を枝先の直下部分に打ち込むと簡単かつ効果的だ。グリーンパイルには木に活力を与える必須の栄養素がひと通り含まれている。

また、線虫に入られたとしても内部で増えないように、あらかじめ薬剤を注入して、マツに薬効成分を行き渡らせておくことも一つの方法である。さらに、マツノマダラカミキリを駆除することも大切である。マツノマダラカミキリがつかないようにマツの枝葉に殺虫剤をかけておき、もしカミキリムシを見つけたら、すぐに捕殺することが重要である。

なお、松枯れ病によって枯れてしまった木は焼却処分する必要がある。カミキリが産卵していると思われるので、卵や幼虫を全滅させ、それ以上、被害が広がらないようにしなくてはならない。

マツクイムシの被害が深刻な現状ではあるが、マツを守り、育て、慈しむこと、それが伝統的な庭園文化、ひいては日本の文化を守っていくことにつながると思っている。

松竹の戦いが生んだ門松の形

松は古くから神が宿る常盤木として、永遠なるものの象徴であった。その松にあやかり、正月に門松を立てて歳神を迎える慣習は、平安後期から現代に至るまで続いている。

その門松にまつわる、こんな話がある。

時は元亀３（1573）年の暮れ、遠州・三方ヶ原の戦いで武田信玄に大敗した徳川家康は浜松の居城に逃げ込んだ。家康にとって生涯唯一の負け戦である。その後、武田軍に城を取り囲まれ、家康は籠城したまま新年を迎えることになる。

年が明けると、武田軍の使者から年始の挨拶として、１通の書状が、家康の元に届けられた。その書状には次のような句がしたためられていた。

「まつかれて　たけたぐひなき　あしたかな（松枯れて竹類なき旦哉）」

松は徳川家の本姓である松平を、竹は武田を示す。「徳川は滅び、武田が比類なく栄える年になる」という意味である。

それに対して徳川四天王の一人・酒井忠次は、この句に少しだけ手を加えて信玄の元に送り返した。

「まつかれで　たけだくびなき　あしたかな（松枯れで武田首なき旦哉）」

世の中は澄むと濁るで大違い。濁点をつけ替えただけで、「松（＝徳川）は枯れず（＝滅びず）に武田の首が飛ぶ年になる」と全く逆の意味とした。

こんな智将がいるのでは迂闊に攻め込めないと考えたのかどうか、やがて武田軍は兵を引く。そして信玄はその年の４月、句の予言どおりに病死する。

かたや、家康はこれを機に武運が開けて、天下を取るに至る。以来、正月になると、江戸城のすべての門に、竹の先端を斜めに切った門松が飾られるようになったという。現在、一般的に見られる形式の門松である。

この話、真偽のほどは定かではない。実際は武田軍に城を取り囲まれた家康軍が「開城」という戦術をとったという説もある。開城とは城の門を無防備に開けっ放しにする、いわばノーガード戦術で、敵は何か罠があるのではと、うかつに城に攻め込めなくなる。巧みな心理作戦である。

ともあれ武田さんや竹田さん、竹内さんなど、竹や武のつく姓の家の門松は竹の先端を切らないほうがいいだろう。なお当然のことながら、信玄を祀る甲府市の武田神社の門松は竹の先端を斜めに切らないということである。

極意42 スギの剪定と台杉仕立て

●自然樹形の基本と伝統的な台杉

スギの正しい剪定法

スギは森林国であるわが国を代表する針葉樹である。真っ直ぐに天に向かって伸びることから「直ぐの木」が語源になったといわれている。また「杉」の字のつくり部分は針葉を意味するらしい。

スギは代表的な陽樹で、日当たりを好み、生長が早くすぐに大木になるが、浅根性なので風当たりの強い場所には適さない。また、乾燥と大気汚染にも弱いので都市部の植栽にはあまり向かない木である。

スギの剪定は十〜十二月上旬か三〜四月頃に行う。一〜二月頃の厳寒期は避けなくてはならない。スギは耐寒性の強い樹種ではあるが、冬の乾いた風に非常に弱い性質があり、厳寒期に強い剪定を行うと小枝が枯れるなどの障害が生じることがある。

剪定は、一般に込みすぎた枝や枯れ枝、逆さ枝を抜く程度で、あまり切りつめないようにしたい。横方向に伸びている葉を残し、上へ伸びる枝を付け根から切るのが基本となる（図❶）。自然樹形を大切にして、上へ行くにしたがって細くなるように、円錐形の輪郭で整えるのがポイントである。また、スギは針葉樹としては例外的に幹吹き（胴吹き）が多く出るので、元から落とすようにする。幹吹きに養分を取られて枝先にまで行き届かなくなり、かつ幹吹きが生長すると木の内部が込み合って樹形を乱し、全体に光が回らなくなる。

ここ数十年来、スギやヒノキは花粉症の元凶とされてやや敬遠されている向きがある。しかし最近ではスギ、ヒノキともに花粉の少ない品種が育種により開発されている。花粉の生産量は一般のスギ、ヒノキと比べて一パーセント以下ということである。

図❶ スギの剪定法

上向きの枝を切る
横向きの枝を残し、長い下向きの枝を分岐の部分で切り戻す

台杉の起源は丸太の生産

スギの仕立てといえば台杉が有名である。台杉は京都の北山杉に用いられる仕立て方で、寺院などの庭に独特の端整な風情をつくる。

以下、その台杉の仕立て方（図❷）を簡単に解説する。

❶七～十年生の北山杉の主幹を高さ五〇～八〇センチくらいのところで切断して芯を止める。この作業は四月頃が適している。この主幹を「取り木」と呼ぶ。

❷取り木の切り口付近から発生した数本の枝を真上に真っすぐ伸ばして多幹とする。この多幹を「立ち木」と呼ぶ。立ち木の本数は三～五本が適当だろう。

❸それぞれの立ち木の先端と裾付近に枝葉を残し中間部の枝はすべて払う。

図❷　台杉仕立て

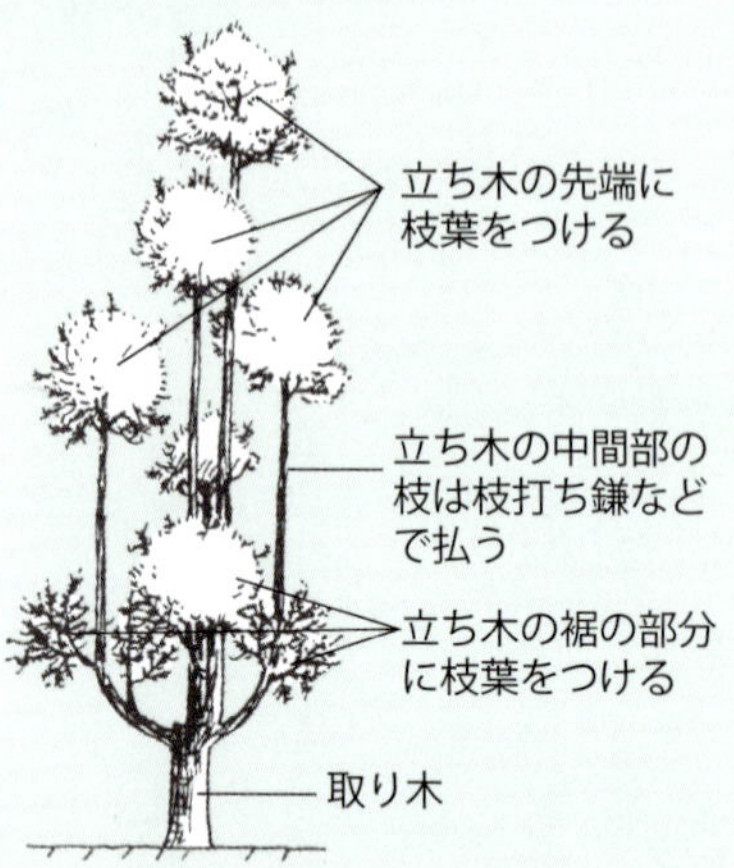
立ち木の先端に枝葉をつける
立ち木の中間部の枝は枝打ち鎌などで払う
立ち木の裾の部分に枝葉をつける
取り木

台杉は前述のように日本庭園に好まれて用いられているが、もともとは観賞用に仕立てられたのではなく、実用的な必要性から生まれたものなのである。

室町時代の中頃くらいより、北山杉の磨き丸太は建物の床柱や垂木として優れた材料とされ、非常に需要が高かった。そこで効率よく生産する手段として編み出されたのが、一本の木から複数の丸太を取ることができる、この台杉方式である。

立ち木の枝打ちを行うのはスラッと真っ直ぐな良質の丸太をつくるためで、スギの健全な生育のために先端と裾の枝葉を残す。床柱や垂木に適した太さまで育ったものから順次伐採し、その後、再び取り木から発生する立ち木を真っ直ぐに育てる。この繰り返しで良質の丸太を生産してきたのである。このような木材生産方式は世界にも例を見ない。台杉が唯一であろう。

戦後の建築基準法改定による建物の防火措置の規定や、床柱や垂木材の需要の減少などで、今では木材生産という役割こそなくなったが、台杉は観賞木として優美な姿を見せつつ今日に至っている。それは先人たちの叡智が生んだ一つの文化遺産といっても過言ではないであろう。

フィトンチッドの効果

多くのお寺は境内に昔から豊富な緑がある。特に都市部のお寺の境内は地域の緑の拠点であり、地域の共有財産といってもいいであろう。

したがって貴寺でもしっかりと木々を管理し見守っていただきたいと思う。

お寺の緑はやはり気持ちがいい。特にスギやヒノキ、コウヤマキといった針葉樹がつくる森は格別である。

夏にひんやりとした木陰をつくるだけでなく、おごそかな雰囲気のなか、ほのかではあるが馥郁たる香りが鼻をくすぐり、非常にリラックスした気分になる。

これはやはり、フィトンチッドによるものなのであろうか。

ひと昔前、森林浴がブームになったが、そのときにフィトンチッドという言葉が樹木の出す物質として一般にも聞かれるようになった。フィトンチッドは特定の物質名ではなく、植物が自らを守るために分泌するさまざまな物質の総称で、「フィトン」は植物を意味し、「チッド」は殺すという意味がある。ちなみに、もともとはロシア語である。

その語源のとおり、フィトンチッドには他の植物の生長を抑えたり、害虫や有害な菌を殺す成分を含んでいる。

たとえば、セイタカアワダチソウが周囲の植物の生育を阻害して群落を形成する話は有名で、また蚊取り線香（除虫菊）の殺虫成分も、このフィトンチッドによるものである。

このフィトンチッドが人間の心や身体に与える効果に関しては、６～７年前くらいから、林野庁、厚生労働省、各研究機関や大学、企業などが官民一体となって科学的に検証し予防医療などに役立てる取り組みが始まっている。

まだまだ研究途上ではあるが、フィトンチッドは、①ストレスホルモンを減少させる、②交感神経の活動を抑え、副交感神経の活動を高める、③血圧・脈拍数を安定させる、④心理的に緊張が緩和し活力を増進させる、⑤ＮＫ（ナチュラルキラー）細胞を活性化させ免疫力を向上させる、といったような効果があることが解明されている。まさに緑の力であろう。

お寺に多いスギやヒノキ、コウヤマキなどの針葉樹は揮発性のフィトンチッドを多く分泌するといわれている。なるほどお寺の緑が心地よく、気持ちいいのもうなずける。

極意43 ヒノキ科樹木の育て方

●剪定で枯れさせないために

ヒバ、ヒノキとサワラの剪定

ヒバとは檜葉と書き、アスナロをこう呼ぶこともあるが、ヒノキ、サワラをはじめとしてイトヒバ、チャボヒバ、ニオイヒバ、オウゴンヒバなど、鱗片状の葉をもったヒノキの仲間の総称（ヒノキ亜科）となっている。

ヒノキは建築材として一級品であり、古くから木彫りの仏像の材料ともなってきた。長野県木曽地方には日本三大美林の一つに数えられる自然林がある。

庭木としても針葉樹のなかでソフトなイメージがあり、仕立ても容易で使い勝手がいい。

このヒノキと非常によく似ている樹種にサワラがある。ちょっと見ただけではなかなか見分けがつかないという人も多いだろう。そこで両者の見分け方を伝授しよう。

ヒノキの葉は先がやや丸みを帯びている。対してサワラの葉はヒノキよりやや小さく先が尖り気味である。また、葉の裏を見るとそれぞれに白い気孔線がある。ヒノキは、この気孔線がY字形、サワラはX字形となっている（図❶）。

ヒノキもサワラも萌芽力があり、刈り込みにも耐えるので円錐形や円筒形、あるいは玉ものなどに仕立てられることが多いが、ここではあくまでも自然樹形で管理する方法を解説する。

ヒノキとサワラの手入れは、それほど手間のかかるものではないが、美しい自然樹形を保つには、年に二～三回の剪定が必要となる。

基本的な剪定は十一～十二月に行う。きれいな姿で正月を迎えるという意味もあるが、それより木が活動を停

図❶ ヒノキとサワラの見分け方

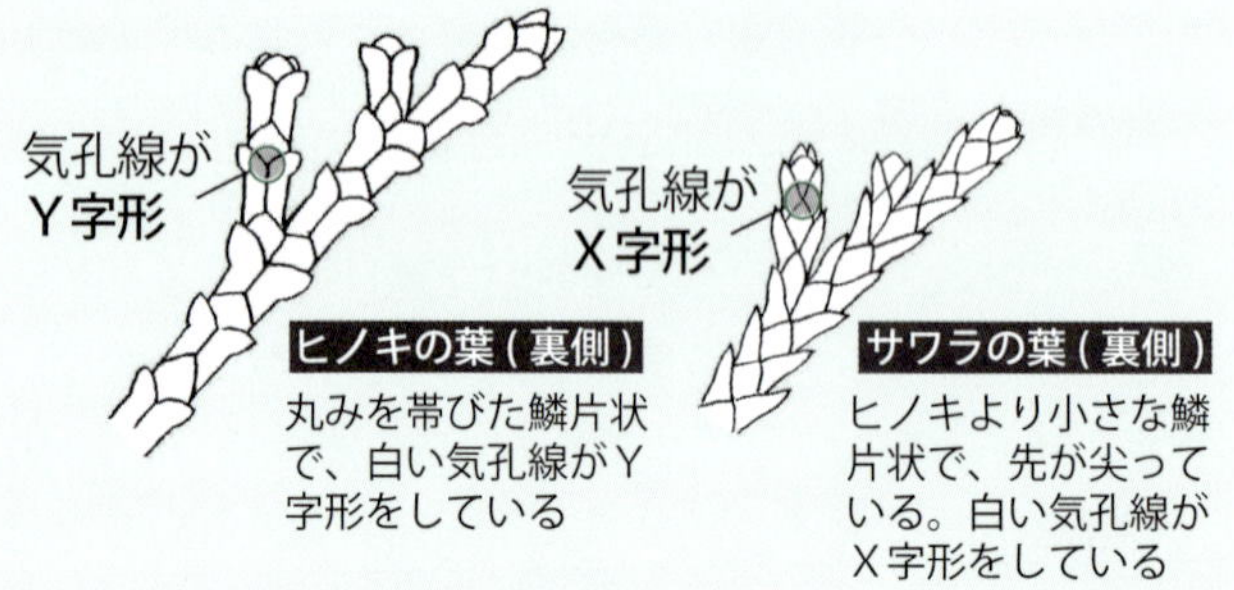

気孔線がY字形
ヒノキの葉（裏側）
丸みを帯びた鱗片状で、白い気孔線がY字形をしている
気孔線がX字形
サワラの葉（裏側）
ヒノキより小さな鱗片状で、先が尖っている。白い気孔線がX字形をしている

止するので、生理的に適した時期なのである。

樹冠内の枯れ枝や込み合ったり、からんだりしている枝を抜いて全体の樹形を整える。このとき枝の途中で切ると枯れる場合があるので、必ず元からはずすようにしなくてはならない。

アスナロの葉

人気の高いアスナロ

次は新芽が伸びる前の春、三～四月頃、込み合う枝や弱い枝を元から抜いて樹形を整えるとともに新芽の伸びを促す。その後、新芽が伸びきる七月頃に、樹冠から飛び出している徒長枝や直立している立ち枝を除くようにするとよい。注意すべきは、ヒノキやサワラは葉のない元の部分まで深く剪定すると、新芽が芽吹かなくなるので、強剪定は避けた方がよい。

花粉症と無縁のアスナロ

さて、ここでもう一つ紹介しておきたい木がある。「明日こそヒノキになろう」のアスナロである。アスナロはヒノキよりも葉が大きめで光沢があり、和洋どちらのスタイルの庭にも調和する。

生長が遅く樹形も乱れにくい（生長が遅いから、いつまでたってもヒノキになれずにアスナロなのかもしれない）。また典型的な陰樹であるために、日陰地の植栽に適し、かつ大気汚染にも強いので、ビルに囲まれた都市部の日当たりの悪い狭い敷地などに好都合な木である。

こんなことから最近アスナロの人気が高まっている。

人気の秘密はそれだけではない。針葉樹というとスギやヒノキが真っ先に浮かぶことだろう。境内にスギ木立が何本もあるお寺も多いと思うが、スギやヒノキの難点は花粉症の原因となることである。特に近年、夏が異常な暑さで、そんな暑さが続いた翌年の春先には花粉の飛散が大量だという。毎年春先になるとクシャミ、鼻水、目の痒さでたまらなくなる人も多いが、このアスナロは姿形こそスギ・ヒノキに似るが、花粉症とは無縁の存在なのである。ご近所に気兼ねなく安心して植えることができる。

アスナロの爪引き

アスナロをはじめとしたヒバ類はおおむね金気を嫌い、ハサミを使って剪定すると切った部分の葉が赤茶色になってしまう傾向がある。

したがって、少々手間はかかるが、爪引きといって葉先を指先で摘んで樹形を整えるのが無難な方法である。

ことアスナロに関していえば、毎年新芽の爪引きさえ丹念に行っていれば、前述のように生育が遅く萌芽力もそれほど強くないため、極端に樹形が乱れる心配はない。

爪引きは、春に新芽が出揃ったら、芽が硬くなる前に行う（図❷）。中心にある最も強い芽を指先でつまんで引き抜くように摘み取るとよい。中心の芽を摘み取ると、脇の芽のほうに勢いが分散され、その脇の芽が樹冠の輪郭線の位置まで伸び一定の大きさを維持できる。

翌春にはその先端から新芽を吹くので、同様に中心芽

図❷ アスナロの爪引き

引き抜くように摘む
中心にある最も強い芽を、指先でつまんで引き抜くように摘み取る

図❸ チャボヒバの剪定法

必ず葉のある位置ではさむ
葉のない枝元のほうで切ったり刈ったりするのは避ける
伸びすぎたり、込み過ぎた枝を葉を切らないように裁縫用の糸切りバサミで切る

図❹ イトヒバの剪定法

摘む
枝先を揃えるときはできるだけハサミを使わずに手で摘む

を摘み取るといった具合に、毎年爪引きを繰り返して、樹形を維持するのである。

チャボヒバ、イトヒバの剪定

針葉樹は一般に不定芽が出にくく、葉のないところで枝を切ると枯れてしまうが、特にチャボヒバ、イトヒバはその傾向が強い。「絶対に葉のないところで切ってはいけない」というのが鉄則である。

チャボヒバ、イトヒバは三~四年経った古枝からは萌芽しない。古枝のところまで深く切り込んでしまうと新芽の発芽が望めなくなり、その枝は元まで枯れてしまう。したがって剪定するときは葉のついている枝先だけをはさむ。木が大きくなりすぎたからといって、枝の途中で切り戻すと発芽しなくなる。樹形を維持するためには、一気に行わないで、毎年のこまめな剪定が必要となる。

剪定は新芽の固まった六月頃と枝の伸び切った秋、最低年二回は必要だが、新芽が伸びてきたら、その都度整えてやるのが理想である。

チャボヒバ、イトヒバも金気を嫌う傾向があり、ハサミで葉を切ると、一時的にではあるが葉が赤茶色に変色する。このため、飛び出した枝を指先で摘み取るか、葉を切らないように先の細い裁縫用の糸切りバサミなどで、枝だけをはさんで整えるとよい（図❸❹）。非常に細かい作業になるとは思うが、手間を惜しんではヒバ類の手入れはできないと心得ていただきたい。

カイヅカイブキの剪定

一般にイブキと呼ばれる、ヒノキ科の針葉樹の一属であるビャクシン類についても見ておこう。

ビャクシン類にはカイヅカイブキ、ミヤマビャクシン、ハイビャクシンなどがある。このうち庭木として一般的なのがカイヅカイブキである。

カイヅカイブキは、枝が巻き上がるようにように生育し、ロウソクの炎のような樹形になるのが特徴で、枝が横に広がらないので狭いスペースに植えても圧迫感がない。また、生垣としてもよく用いられる。

ミヤマビャクシンは槙柏《しんぱく》の盆栽として人気が高く、ハイビャクシンは匍匐性で庭木というより、グランドカバー（298頁参照）として扱われる。

ここではカイヅカイブキの剪定について述べる。

図❺ カイヅカイブキの小透かしと芽摘み

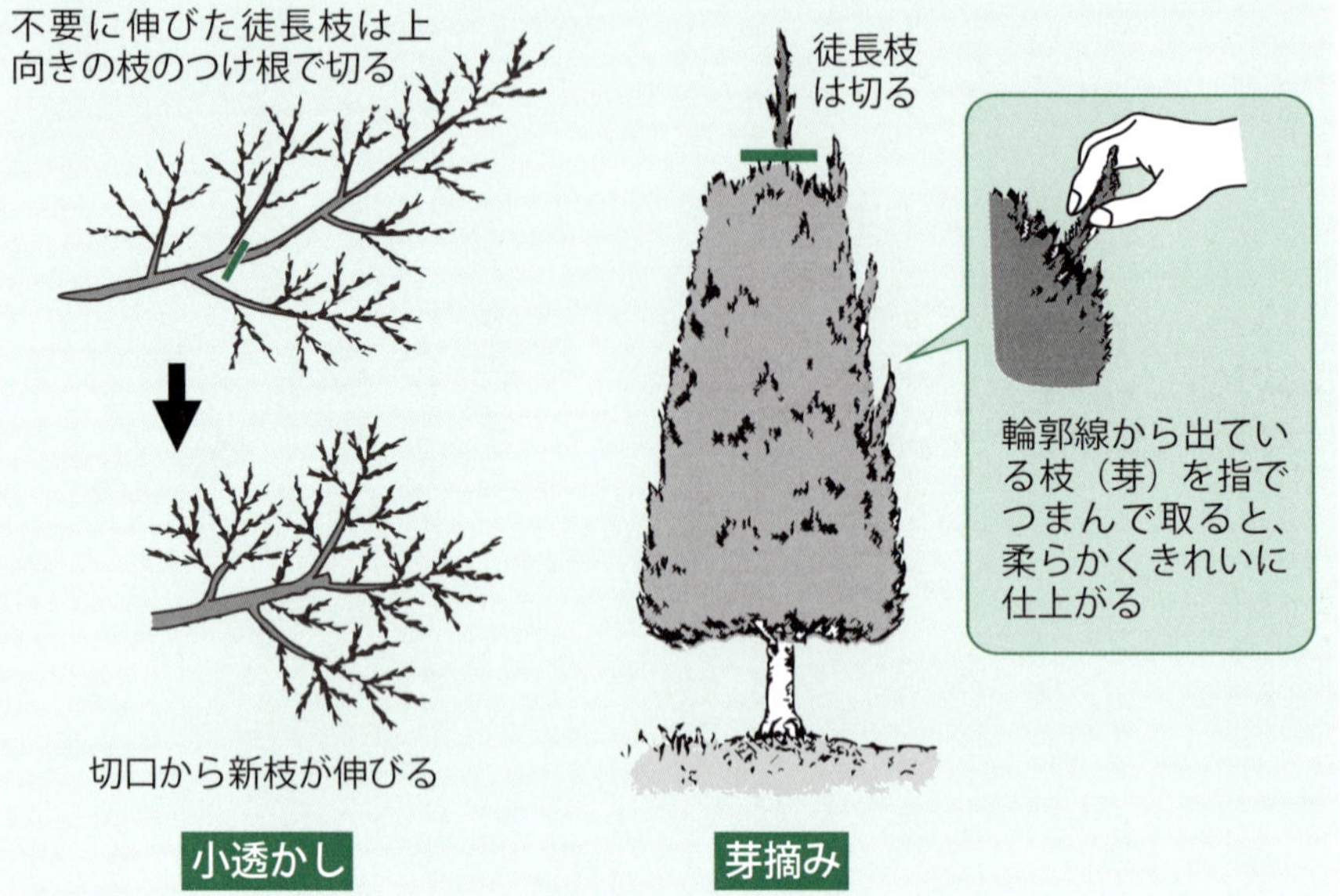

不要に伸びた徒長枝は上向きの枝のつけ根で切る
切口から新枝が伸びる
小透かし
徒長枝は切る
輪郭線から出ている枝（芽）を指でつまんで取ると、柔らかくきれいに仕上がる
芽摘み

カイヅカイブキは刈り込みによって、輪郭を整えて大きさを維持するのが普通だが、刈り込む前に小透かしを行って、樹冠内部の風通しをよくし、日差しが入るようにして、蒸れないようにすることが大切である（図❺）。

ただし、ハサミで葉を途中から切ると、スギのような針状の葉が出たり、葉が赤褐色に変色して見苦しくなることがある。これは鱗片状の葉をもつビャクシン類に共通の特徴で、剪定の際には、枝の芯の部分だけをしっかりと切るようにしたい。

また、葉先が伸長して輪郭線から飛び出た枝を、ハサミを使わずに指で摘み取って整える場合もある。これを芽摘みといい、じつにきれいに仕上がる。特に初夏になると、春から伸びた新芽の飛び出しが目立つようになる。伸び出した直後の枝先は柔らかく、節状になっているので、指で容易に摘むことができるので、早めに作業することを心掛けたい。

なお、カイヅカイブキをはじめとしたビャクシン類をナシと近接して植えてはならない。これは赤星病というナシの病気を媒介するためで、主なナシの産地では、条例によって、ビャクシン類の植栽が禁止されている。

極意44 イヌマキとコウヤマキ

●玉散らしと古っ葉引き

庭に重厚な風格を与えるマキ類

春に新たに芽吹いて甦る花木や落葉樹を見るのは大きな楽しみなのだが、庭に風格を与えるのは、寒中にあっても姿を変えることのない常緑樹の存在である。特に作り木すなわち「仕立て物」は重厚ともいえる格式を庭にもたらす。

ただし近年、特に都市部では世代の若返りや敷地の狭小化とともに、どちらかといえばカジュアルな雰囲気の庭が好まれるようになった。

玉散らしに仕立てられたマキ

用いる樹木も雑木や花木が主体となり、仕立て物は敬遠されがちである。

しかし、雑木は管理が大変である。どうにもならなくなって庭のつくり直しを依頼される場合も増えてきてた。

こんな現状にある今こそ、伝統的な仕立て物の木が見直されるべきだと思う。せめて、お寺の庭ぐらいは仕立て物を使った格調の高い庭であってほしいと思っている。

そこでお勧めしたいのが、イヌマキ、ラカンマキ、コウヤマキなどのマキ類である。

マキ類は年に二〜三回の刈り込みで、玉散らしなどの仕立てが可能で、幹や枝を曲げて樹形をつくることもできる。玉散らしとは、枝ごとに葉を密生させ、枝に玉が載っているように仕立てることをいう。

仕立て方次第でマツに匹敵する風格を持たせられ、玄関前や門冠りとして植えて重厚な雰囲気をつくることもできるのである。

玉散らしの仕立て方

マキ類は玉散らしに仕立てると持ち味がいきる（次頁図❶）。玉散らしはまず幹をS字型に曲げるとより風格

図❶ マキ類の玉散らし仕立て

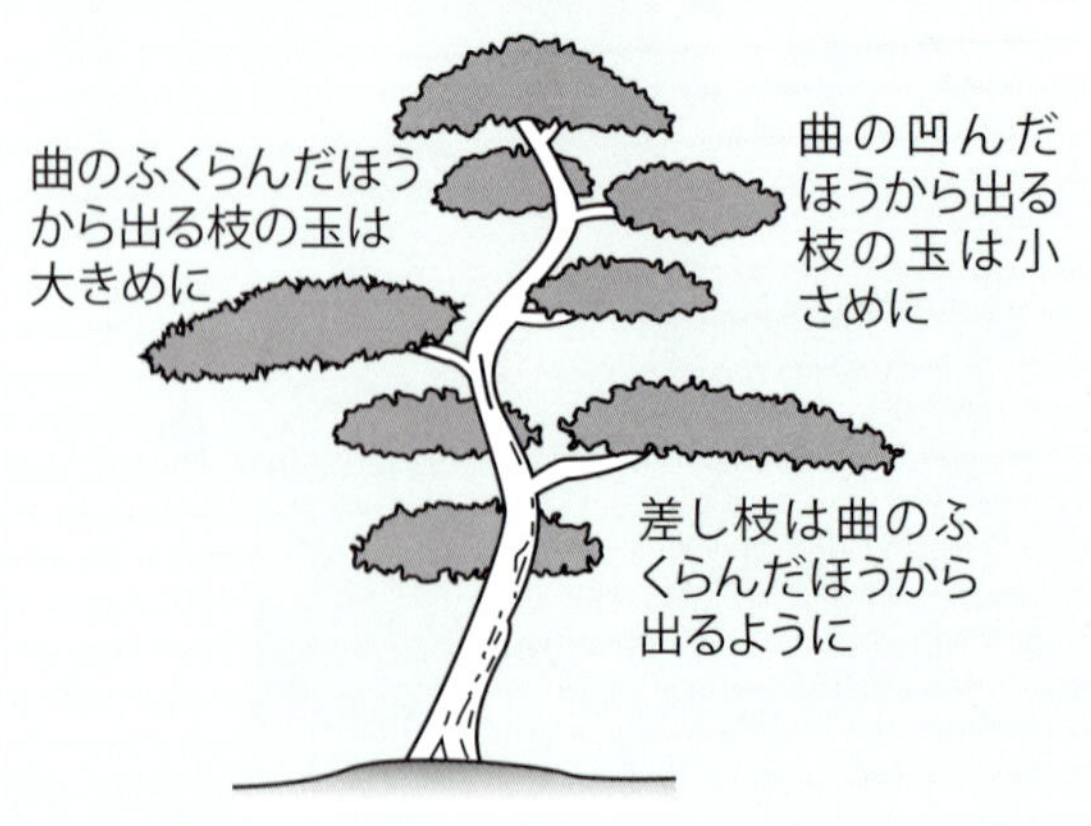

が出る。幹を曲げることを我々は「曲をつける」などといっているが、曲づけは若木のうちから、数年かけてじっくりと行わなくてはならない。マキは幹枝が柔らかいので比較的容易に曲げることができる。

曲づけは以下のような要領で行われる（図❷）。

❶まず木を斜めに傾けて植えて、木と交差させるように竹竿などの支柱を立てる。

❷木と支柱の交点は幹を傷めないように杉皮を巻いてシュロ縄で結束する。

❸幹の上部に曲をつけて、支柱に結束する。

❹幹のさらに上部に曲をつけるときは、支柱をもう一本、既に立ててある支柱に交差させるように立てて、幹を支柱に結束する。上部に行くほど曲の間隔を小さくすると安定した姿となる。

幹と同時に枝も誘引してつくらなくてはならない（214頁図❸）。マキは自然に任せておくと枝が上に向かって伸びる。マキらしい風格ある樹姿を保つには、枝が水平よりやや下がり気味に出るように誘引する必要がある。

比較的、細い枝であれば、シュロ縄を結んで引き下げることができるが、太くなった枝は無理に引き下げようとすると、枝がつけ根から裂けてしまう恐れがある。したがって、太い枝を誘引する場合は、まず細い竹などを幹に固定し、それを添え木として枝に結びつけて引き下げるとよい。

玉散らしの玉、すなわち枝葉の茂りは太い枝は大きく、細い枝は小さく、また下枝を大きく、上へ行くにしたがって小さくするのがポイントだが、もう一つ注意しなくてはならないことが、幹の曲に呼応させることである。具体的には幹の曲のふくらんだほうから出る枝の玉は大きめに、凹んだほうから出る枝の玉は小さめにする。最も

図❷ マキ類の曲づけの基本的な手法

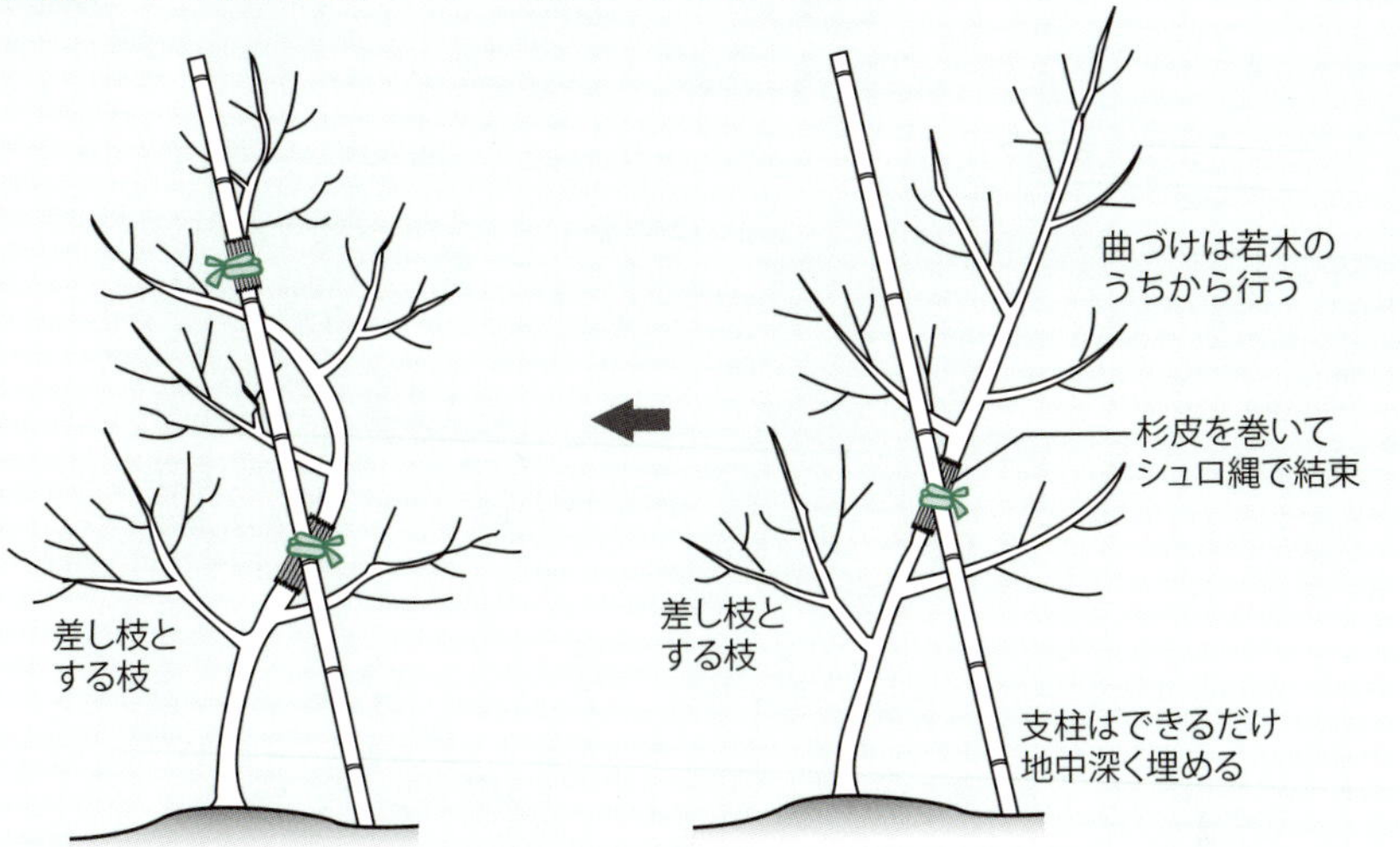
曲づけは若木のうちから行う
杉皮を巻いてシュロ縄で結束
差し枝とする枝
差し枝とする枝
支柱はできるだけ地中深く埋める

幹の上部に曲をつけて、支柱に結束する。上部に行くほど曲の間隔を小さくすると安定した姿となる

木を斜めに傾けて植えて、木と交差させるように竹竿などの支柱を立てる。木と支柱の交点は幹を杉皮を巻いてシュロ縄で結束する

太く長い枝を差し枝と呼ぶが、特にこの差し枝は必ず曲のふくらんだほうから出さなくてはならない。これを無視すると不格好極まりない玉散らしとなってしまう。

マキは成木の太い枝でも、ノミを入れて内部の芯を抜き、ふかふかになった部分に縄を巻きつけて、ぐるっと一回転させることによって簡単に枝を引き下げることが可能である。実際にこのように即席に枝づくりをしている業者もあるようだが、私たちはあまり感心しない。ノミを入れてよじった部分がいつまでも傷として残るし、何よりも無理矢理つくった感じとなり、じつに不自然だからである。玉散らしのための幹枝の誘引は、四～五年、あるいは六～七年をかけて、毎年枝を整えつつ、少しずつ形をこしらえていくものである。あくまでも自然に樹形が整うように仕向けてやることが必要なのである。

なお、同じようにして、イヌツゲなども玉散らしに仕立てることができる。

マキの古っ葉引きとは

マキ類の剪定は秋口に徒長枝やからみ枝、込んでいる枝などを元から間引いて枝振りを整えるのが基本となる。

図❸　枝を下げる誘引方法

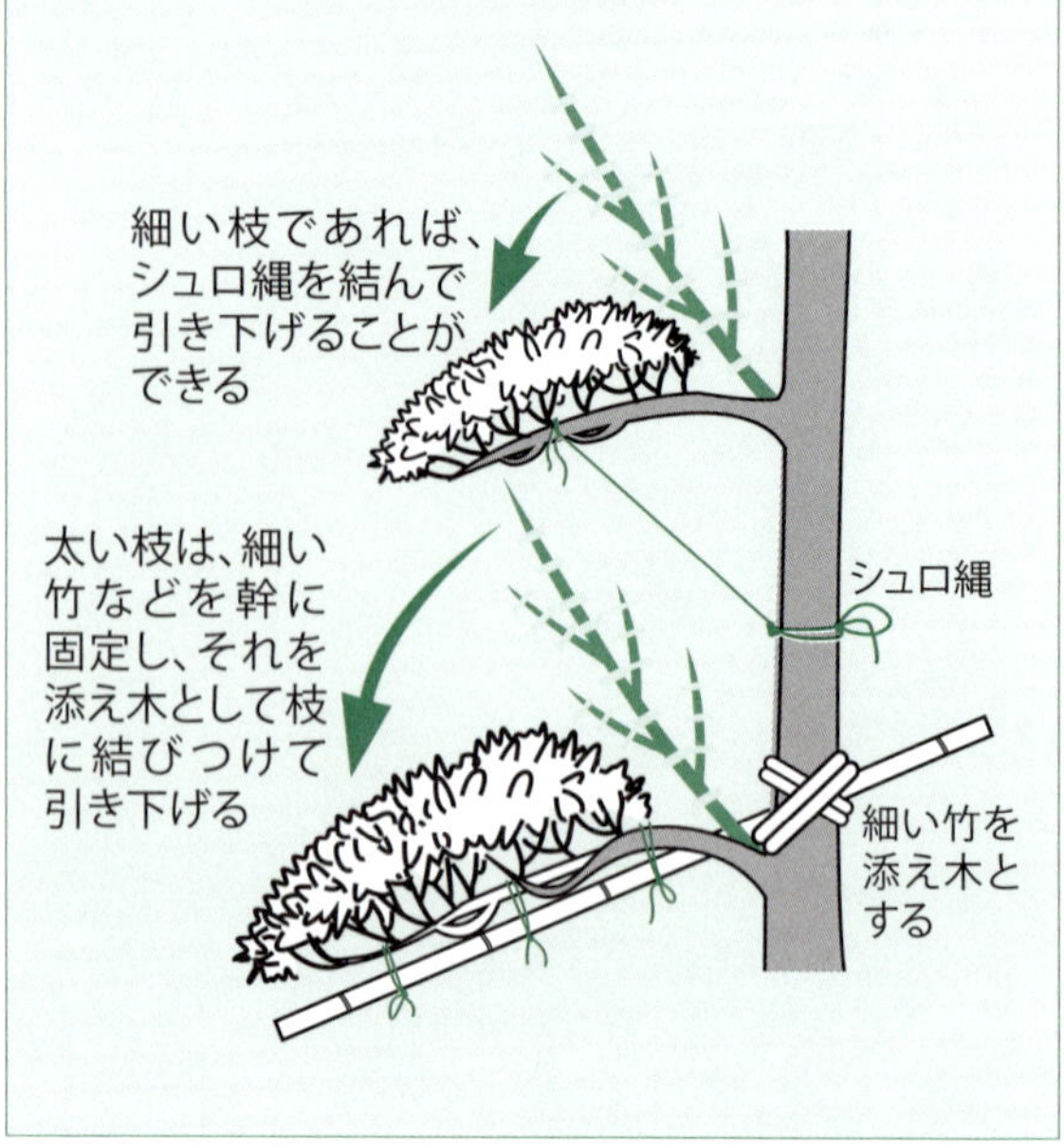
細い枝であれば、
シュロ縄を結んで
引き下げることが
できる
太い枝は、細い
竹などを幹に
固定し、それを
添え木として枝
に結びつけて
引き下げる
シュロ縄
細い竹を
添え木と
する

玉散らしに仕立ててあるものは、各枝の葉の固まりが半球形になるように刈り込む。この場合、下から上へと刈り込むのがポイントで、刈り込みバサミを裏使いにして上面が丸く柔らかい感じになるように仕上げるのを目標とする。

またイヌマキをより美しく仕上げるためには古《ふる》っ葉《ぱ》引きが欠かせない。

図❹　マキ類の古っ葉引き

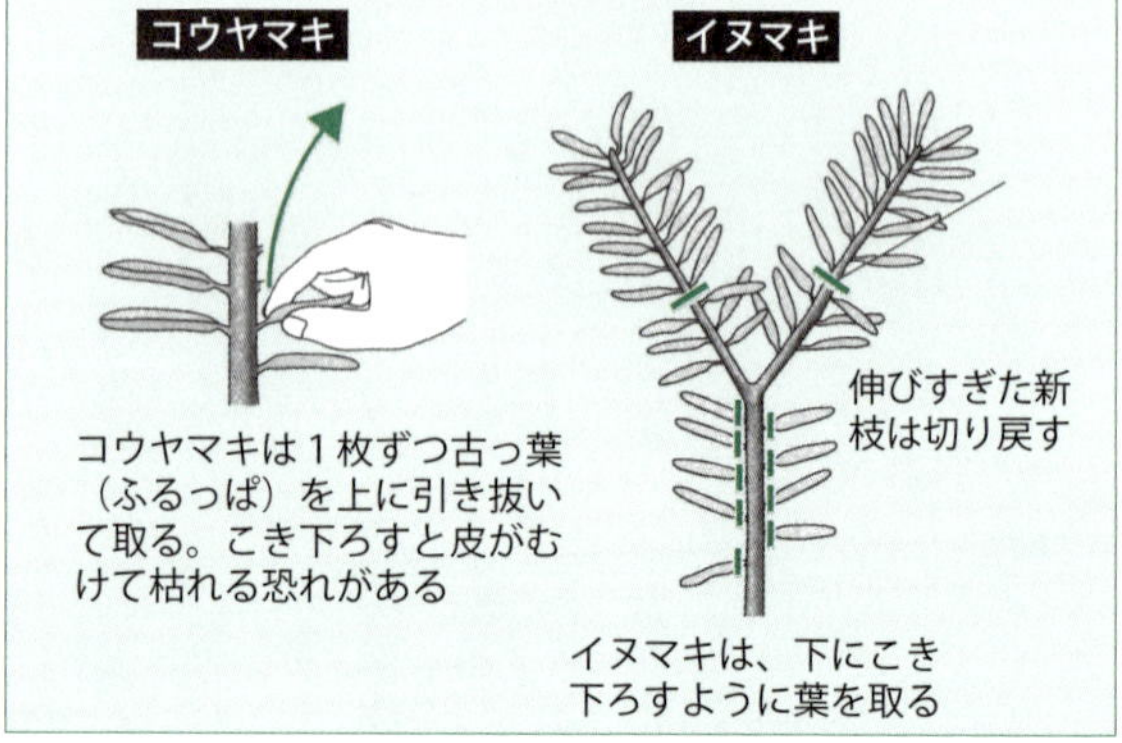
コウヤマキ
イヌマキ
コウヤマキは１枚ずつ古っ葉
（ふるっぱ）を上に引き抜い
て取る。こき下ろすと皮がむ
けて枯れる恐れがある
伸びすぎた新
枝は切り戻す
イヌマキは、下にこき
下ろすように葉を取る

古っ葉引きはマツでいうところのもみあげだが、これが結構手間のかかる作業なのである。

マツなら古っ葉を五～六本まとめてつかんで引き抜くとパラパラと取れるのだが、マキの場合は軸が細く、乱暴にやると皮がむけて枯れる恐れがある。葉を一つ一つ指で取らなくてはならない（図❹）。

また、イヌマキは下にこき下ろすように葉を取ればいいが、コウヤマキは逆に引き抜くように取らないと皮がはがれてしまうので注意したい。

なお、マツのもみあげは秋に行うが、マキは非常に寒がりなので六～七月には古っ葉引きを済ませる。涼しくなってから衣をはがされると、マキは風邪をひいて残った葉が白くなってしまう。九月に行う場合は全部落とさずに半分くらいは残すようにする。

古っ葉をむしり取ると同時に伸び過ぎた新枝をはさんでやれば、すっきりと美しく仕上がる。

また、マキ類は枝のつけ根から不定芽が出たり、根元からヒコバエ（ヤゴ）が出やすい傾向にある。放っておくと樹形が乱れるばかりか、樹勢を衰えさせてしまうので、見つけ次第、かき取っておきたいものである。

仕立て物は、たった一本の忌み枝の存在で独特の樹形が台なしになってしまうので注意が必要なのである。

イヌマキを買いにくる中国人

尖閣諸島の問題以来、隣国、中国との間で何かとギクシャクとした関係が続いている。ここで政治的な外交問題をあれこれ論じるつもりはないが、我々の業界でも中国との関係でちょっとした問題が起きている。

数年前から、テレビのニュースなどでも報道されているが、中国のバイヤーが日本の植木を買い漁っている問題である。

特に四百を数える植木業者が集中し、全国でも有数の「植木のまち」として有名な千葉県北東部の匝瑳《そうさ》市などでは、中国人バイヤーが頻繁に訪れては植木を大量に購入して中国本土へ運び出しているという。匝瑳市ばかりでなく静岡県の浜松市など、植木業が盛んな町の多くで中国人の姿を見かけるという。

数ある植木のなかでも、特に人気が集中しているのがイヌマキである。それも幹を曲げて枝を誘引して仕立てた「つくり木」にである。

中国人がイヌマキを買い付け始めたのは今から六、七年前くらいからで、北京五輪を挟んだここ数年、買い付けは急拡大した。イヌマキは中国では羅漢松（ロウハンソン）と呼ばれ、うねりのある幹や枝の姿が龍を思わせることから、「幸せを呼ぶ木」として珍重されている。「羅漢松さえあれば、一生、貧乏する心配がない」と縁起をかつぐ富裕層が多く、好んで自邸の庭に植えるため、非常に高値で取引されているというのである。

中国で育つのか、仕立てられるのか

近年、日本国内ではめっきりと伝統的なつくり木の人気がなくなり、需要も伸びない傾向にあるなか、地元ではちょっとした植木バブルに沸いている。まさに「金のなる木」である。しかし手放しで喜んでばかりもいられないようで、同時に困った問題にも直面している。

中国人バイヤーのやり方はいうなれば無計画な森林の乱伐採にも等しい。イヌマキがなくなればマツ類やモミジ類といった具合に根こそぎ買い占めていく。このままでは町から植木がなくなり、「植木のまち」の金看板も下ろさなくてはならなくなるかもしれない。

また、中国サイドに立って考えてみれば、日本と気候や土壌の異なる地で木がきちんと生育するかという心配もある。

特にイヌマキは非常に寒がりの木で、寒い地方では耐えられないかもしれない。

我々がイヌマキを植えつけるときは、立春を過ぎてから行うことが普通だし、あえて寒い期間に植えなくてはならない場合には、根元に腐葉土をたっぷりと敷くようにしている。このようなノウハウが、はたして中国にあるのだろうか。

気候や土壌の問題だけでない。イヌマキの美しい樹形を果たして維持していけるのかどうかも大いに気掛かりである。

日本の樹芸すなわち庭木の仕立ての技術は、世界にも比類なきものと、我々は自負している。

イヌマキは祖父の代で植えたものを孫が売るといわれている。庭木として立派な商品になるのは樹高が三メートル以上、幹まわりが八〇センチから一メートル級のものので、そこまでしっかりと仕立てるには、苗木から育てて八十～百年という気の遠くなるほどの歳月がかかるというのだから。

中国の庭師がどの程度の技術を有しているかは定かでないが、イヌマキの仕立てや手入れなど、決して見様見真似で一朝一夕にできるものではない。変にいじってダメにしてしまうケースが多くなるのではないかと懸念するわけである。

庭木というのは本来、地産地消が一番。その地域の環境で育ったものが、その地域の庭に植えられて健やかに育つのが理想なのである。

遠い異国の地に植えられる木がかわいそうな気もするが、いかがだろうか。

緑の説法 17

聖地高野山とコウヤマキ

コウヤマキは植物学でいうとコウヤマキ科コウヤマキ属の針葉樹だが、コウヤマキ科にはコウヤマキ属が唯一であり、コウヤマキ属にはコウヤマキ一種のみしかない一科一属一種の木なのである。

ほかに、このような一科一属一種の木にはイチョウやヤマグルマ、ハンカチノキがあるくらいで非常に珍しい。

コウヤマキは日本にのみ自生する針葉樹で、漢字で「高野槇」と書く。真言密教の聖地・高野山に多く産することが名の由来となっており、高野山では霊木とされている。

コウヤマキの葉

昔、高野山では「禁植有利竹木」という決まりがあり、果樹や花木のほか、タケやウルシなどの有用植物を植えることを禁止していた。そこで弘法大師は御仏前に花の代わりにコウヤマキの枝葉をお供えしたと伝えられている。

高野山に多く自生しているということのほかに、丈夫で枯れにくい、年中美しい光沢ある緑葉をつけている、心地よい香りを漂わせる、などがコウヤマキを供花の代わりとした理由とされている。

コウヤマキの樹姿

コウヤマキは現在でも供花として真言宗だけでなく他の宗派にも広く使われている。この辺の話は釈迦に説法だと思うが、花よりずっと長持ちするというのが一番の利点なのであろう。

ところで、この霊木コウヤマキは、ヒマラヤスギ、ナンヨウスギと並んで世界三大庭園樹の一つとされているのをご存じだろうか？

円錐形の美しい自然樹形はそれだけの価値があり、和風庭園でも洋風庭園でも無理なく調和する。特に広い庭では主木として植えても、背景として扱っても、魅力的な景観を構成する。貴寺の境内にコウヤマキがあったら、ぜひ大切に育てて庭づくりにいかしていただきたい。

第11章

落葉樹の手入れ

極意45 イチョウとケヤキの手入れ

●適度な大きさと樹形を保つ剪定

イチョウの剪定の仕方

　イチョウもケヤキも街路樹としてことに有名で、広場や公園にも植えられる。どちらかというと遠目で見て生きる木なので一般家庭の庭に用いられることはあまりない。大きくなり過ぎて、もてあましてしまい、果ては伐採してくれということになりかねないからである。

　とはいえ、両者ともお寺の広い境内や庭でならば、十分に植栽効果を発揮できると思われるし、実際によく見かける。ただ、見かけはするものの、やはりもてあまし気味なのか、放置しっぱなしで暴れている（樹形が乱れている）ケースが多い。もっとも我々の目から見ると街路樹のイチョウやケヤキもおざなりの剪定を行っているせいか、見苦しい樹形をしているものが多いのだが……。

　イチョウは芽吹きがいいので、胴吹きやヒコバエが非常に出やすい。また、逆さ枝、からみ枝、かんぬき枝などの忌み枝も発生しやすいので、それらをはずすだけでもずいぶんとすっきりとする。

　また、大きくなりすぎたイチョウを小さくするには、「武者立ち」仕立てをお勧めする（図❶）。武者立ちにするには、まず樹芯を止める、すなわち目的とする高さの位置で幹を切る。同時に太枝も見合った位置で切る。すると幹から胴吹きの枝が発生するので、それらの枝を育てて毎年同じ位置で切り戻すようにして樹形をつくる。このような剪定を繰り返し、枝張りの小さな樹冠を維持しつつ枝数を増やしていく。毎年同じ位置で切るので切口が拳《こぶし》状になる。ほかの木では拳状になるのは見苦しく、決して感心できるものではないが、イチョウの場合は拳からの芽の吹き方がおもしろく「拳仕立て」などともいわれる。庭木としてイチョウを楽しむ一つの方法である。

ご存じのように、イチョウは非常に優れた火防《ひぶ》せの木、すなわち防火樹である。水っけが多く、幹肌が厚いので少々の火にあぶられたくらいでは燃えやしない。加えて樹芯が強いので焼けても枯れずにまた芽を吹く。

関東大震災の折に浅草の観音様が焼失しなかったのは境内のイチョウが水を吹いたからだという伝説もあるくらいだ。イチョウを火防せの木として植えるときは建物から四～五メートルほど離して植えると効果的である。

図❶ イチョウの武者立ち仕立ての方法

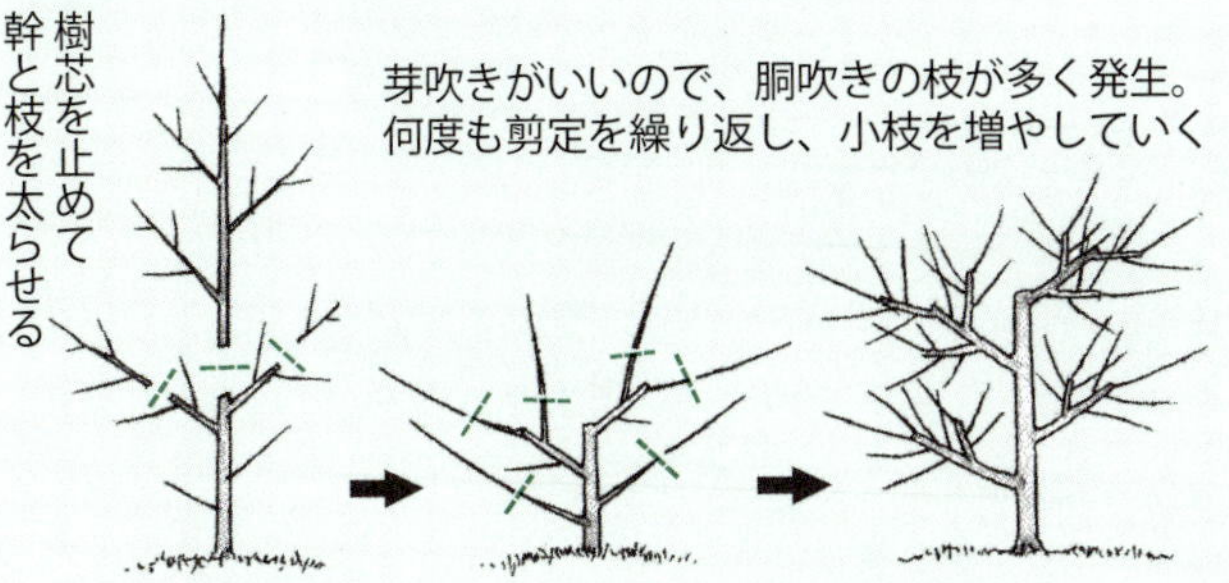
樹芯を止めて幹と枝を太らせる
芽吹きがいいので、胴吹きの枝が多く発生。何度も剪定を繰り返し、小枝を増やしていく

ケヤキの剪定の仕方

ケヤキは独特の逆さほうき状の自然樹形が魅力で、それを大切にしたい木であるが、やはり生長して大きくなりすぎる。適度な大きさを保ちながら樹形を維持するには、短い枝を残して荒透かしを行い、目的とする大きさのラインを決め、その位置まで枝先を切り戻す。ケヤキは丈夫な木だから、太い枝をおろしても枯れ込むことはまずない。すぐに切ったところから新芽が吹き、枝数が増えるので再び剪定してほうき形の姿を保つようにする。

図❷ ケヤキの剪定法（荒透かし）

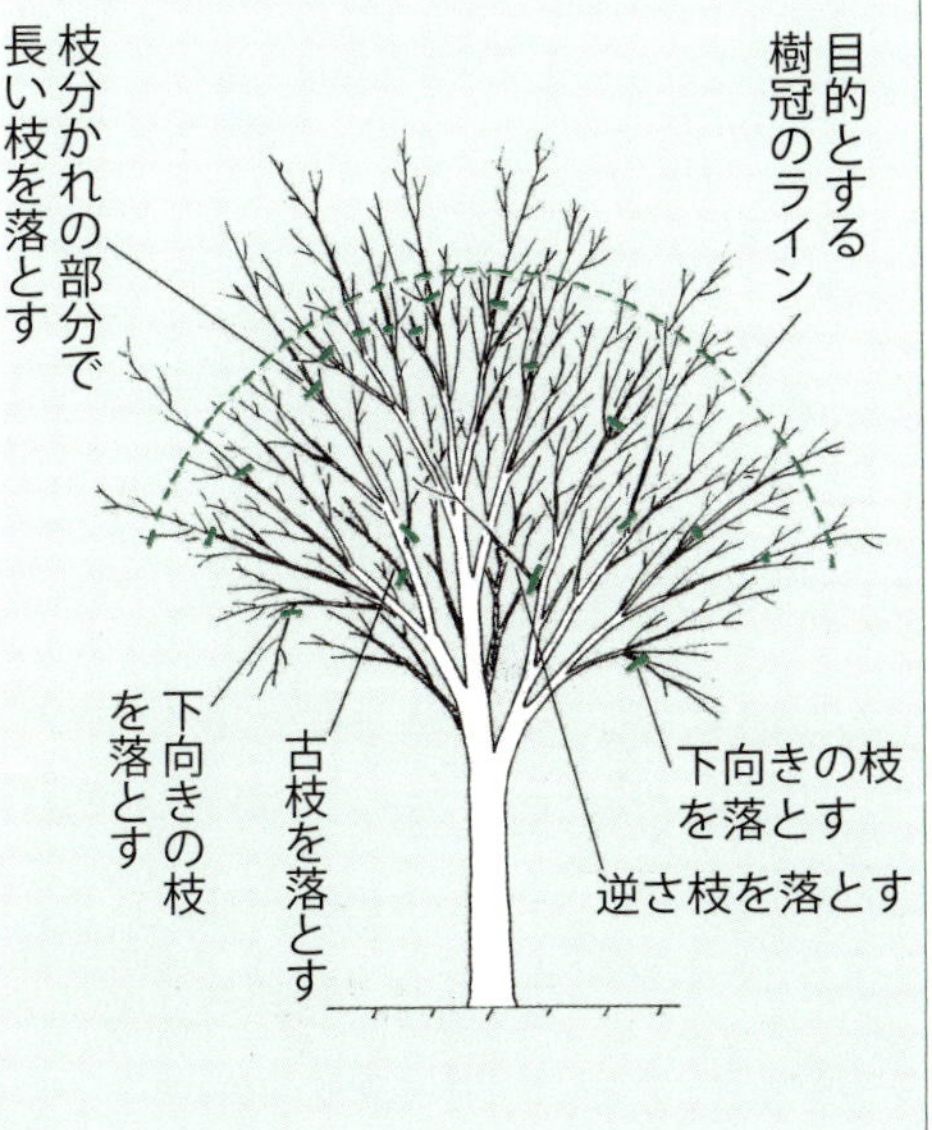
目的とする樹冠のライン
枝分かれの部分で長い枝を落とす
下向きの枝を落とす
古枝を落とす
下向きの枝を落とす
逆さ枝を落とす

緑の説法 18

黄葉か紅葉か

やがて散りゆく前の束の間の命を燃やすかのように真紅に色づく紅葉……。その終焉の美ともいえる艶めきは、春のサクラの華やぎとは一味違った、しみじみとした情感となって人々の心に深く沁みわたってきた。古くは万葉の頃から野山を歩いて色づいた木々を観賞する習慣はあったという。たとえば『万葉集』には紅葉の美しさを詠んだ歌が数多く収められている。

「春べには花かざし持ち秋立てば黄葉かざせり」

「黄葉を散らすしぐれに濡れて来て君が黄葉をかざしつるかも」

「奈良山の嶺の黄葉取れば散るしぐれの雨し間なく降るらし」

さて、ここに3首を紹介したが、3首とも「紅葉」ではなく「黄葉」と詠っている。黄色く色づいた葉を詠んだ歌はじつに80首を超える。それに比べて「紅葉」「赤葉」など、赤く色づいた葉を詠んだ歌はわずか数首しかない。

ちなみに、現在では「黄葉」も「こうよう」と読むが、この時代は「もみち」あるいは「もみちば」と読まれていた。「もみち」とは木の葉が色づく様子を表す動詞「もみつ」の名詞形であり、それが転訛して「もみじ」となったといわれている。

万葉の時代は色づく葉といったら「黄色」だったのである。実際に昭和29年に行われた平城京の発掘調査ではコナラやクヌギ、カシワなどの黄色から褐色に色づく葉が多数出土され、逆にカエデなどの赤く色づく葉はほんのわずかであったということである。

これはたぶんに中国の影響によるものと思われる。中国では黄は皇帝の色で聖なる色、最高位の色であった。加えて中国では気候や風土の違いからか紅葉より黄葉する木が多かったともいわれている。遣隋使、遣唐使を繰り返し送り、中国文化をひたすら取り入れようとした時代であったので、日本でも黄色は高貴な色として尊ばれたと考えられている。

「黄葉」が「紅葉」と表記されるようになったのは平安時代になってからである。この頃になると日本にも独自の文化が確立され、特に華美な貴族文化の影響下、春のサクラと並んで、他のどの木よりも鮮やかに赤く染まるカエデが秋を代表する風物となった。『古今和歌集』では「紅葉」を詠んだ歌が圧倒的に多い。サクラより多いくらいである。そして、その平安の美意識を脈々と継承しつつ、紅葉は独自の文化へと昇華して今日へと至っている。

極意46

モミジや雑木の手入れ

●大きさの維持と樹形を整える

モミジとカエデの違い

　モミジといえば晩秋の燃えるような紅葉が最大の魅力だが、モミジの素晴らしさは秋の紅葉だけではない。新緑の美しさは格別のものがあり、風に揺れるしなやかな枝先は実に涼やか。冬の、葉が落ちたあとのあらわになった幹肌の美しさ、そして枝振りも見事。モミジは年間を通して楽しめる木である。

　ところで、私たちはモミジといったりカエデといったりするが、モミジとカエデはどう違うのか、ご存じであろうか。

　結論からいうと植物分類上では、カエデとモミジは同じである。しかし植木や園芸、盆栽の世界では葉の切れこみ数、切れこみ具合によって区別している。大まかに言えば、イロハモミジ、ヤマモミジ、オオモミジなど葉が五つ以上に切れ込んで掌状のものをモミジと呼び、それ以外の葉が三つに切れ込んでいるトウカエデなどをカエデと呼んでいる。

間引き剪定で小さく仕立てる

　モミジは自然のままの樹姿を楽しむ木で、剪定により無理に形をつくらないほうがいい。下手に強い剪定をすると、その部分から勢いのよすぎる枝が出たり、切口がゴツゴツして、自然樹形の柔らかな風合いを損ねてしまうものである。

　しかし、だからといって、そのまま放置したら大きくなりすぎて、小さな庭では手がつけられなくなる。

　モミジは本来、若木のうちから、毎年、枝先の細かい部分をこまめにはさんで、独特の柔らかな樹形を維持しながら育てて行くのが最もよいのだが、作業に手間がかかるし、何よりかなりの技量を要する。

　モミジをこれ以上、大きくしたくないという場合には、枝分かれしている部分で、長いほうの枝を元から抜き、細い枝に更新するとよい。いわゆる「間引き剪定」であり、この方法で確実にひと回り小さく仕立てることができる（次頁図❶）。

このとき、枝の途中で切ると、そこから勢いのある枝が出て、上へ横へと伸びて、著しく樹形を乱すので注意が必要である。必ず枝のつけ根で切ることに留意したい。

枝先は手で折るとよい

モミジの枝先を自然風に整えるためには、はさみを使わずに手で折るとよい。我々はこれを「折り込み」などといっているが、折り込みをすることにより、切口が目立たず、勢いのある徒長枝も出にくくなって、風が吹くとさわさわとそよぐようなモミジ特有のしなやかな梢をつくることができる。

モミジは樹液の流れていない休眠中であれば、煙草くらいの太さまでの枝なら指先でポキッと簡単に折れる。もし折れないようならば、時期尚早か時期を逃したと判断できる。折り込みによって剪定適期を見分けることができるのである。

図❶ モミジの間引き剪定法

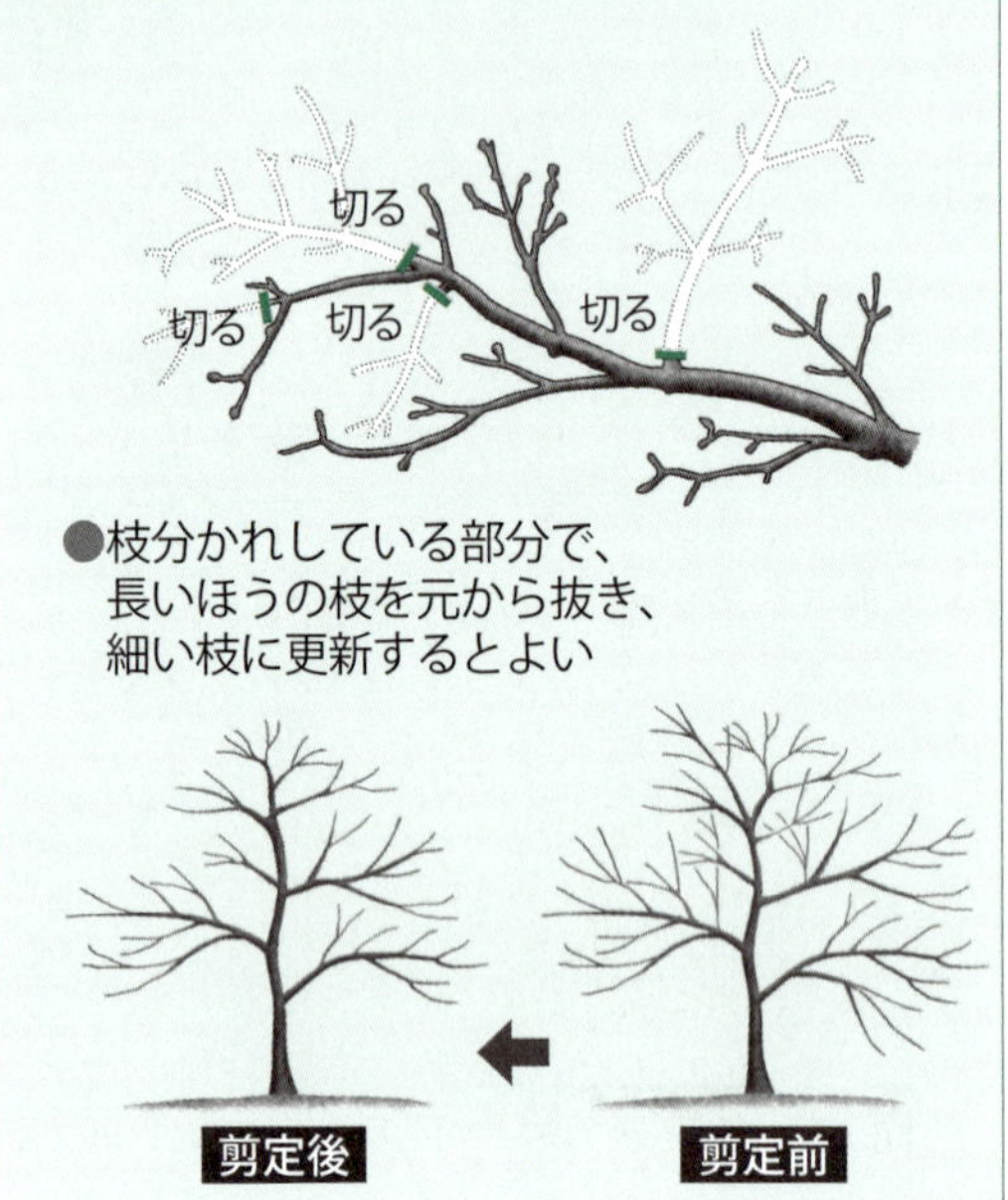
切る
切る
切る
切る
●枝分かれしている部分で、長いほうの枝を元から抜き、細い枝に更新するとよい
剪定後
剪定前

普通、落葉樹は葉を落としている冬期は休眠中で、この時期であればいつ剪定しても木を傷めることはない。ただし、モミジだけは別である。モミジは葉を落として眠りについたかと思うと、あっという間に目覚める。正月明けには根が活動を始め樹液が流動する。この時期に剪定すると、切口から樹液が流れ出て腐ったり衰弱する原因となる。モミジは落葉後すぐに剪定することが重要で、遅くとも落葉後一カ月以内には済ませたい。

庭に欠かせない雑木

さてモミジの手入れ法を述べたついでに、雑木に関しても言及しておきたい。なぜ、ここで雑木なのかといえ

モミジの間引き剪定作業

ば、ヤマモミジなども雑木の一種とされており、またクヌギやコナラ、シャラ、ヤマボウシなどの落葉広葉樹も一般に雑木と呼ばれているからである。

思えば雑木とは、雑草の樹木版のような感じであまりありがたくない名である。

そもそも雑木とは建築などの用材として利用価値がないというレッテルを貼られた木であり、マツやスギ、ヒノキなどより低く見られてきた。

しかし庭の世界では全く違う。雑木は自然風の庭には欠かせず、近年、特に人気が高まっている。ややもすると堅苦しくなりがちなマツやマキ、モッコクといった仕立て物に代わって軽やかな風情の雑木が好まれている。

風にさわさわと心地よくそよぐ、しなやかな枝振り。春に萌黄色の芽を吹き、初夏にはみずみずしい新緑が目にまぶしい。夏は涼しげな木陰をつくり、秋に葉は色づき、冬に葉を落とした木々は暖かい日だまりを確保する。

四季折々の風情を雑木の庭は表情豊かに演じ、自然の息吹をごく身近に感じさせてくれるのである。

雑木の維持・管理は難しい

こう書くといかに雑木が魅力的で、人気があるのもうなづけるであろう。植えた当初は美しい。しかし、雑木の長所ばかりを見て庭に取り入れると、あとで大変なことになりかねない。

雑木は仕立て物と異なり自然樹形を大切にするので、手入れも楽であろうと思ったら大間違い。雑木の庭を雑木ならではの趣を大切にしつつ維持・管理していくのは思いのほか難しいのである。

雑木は一般に生長が早く、一定の大きさを保つことは至難の技。放っておくと数年後には樹形がかなり乱れてしまう。かといって、やたらに樹芯を止めて、つまり梢の先端の上へ伸びる最も勢いの強い枝を切って生長を抑えようとすると、枝先がブツブツになり、雑木ならではのしなやかさが失われてしまう。

また、雑木は不定芽が出やすく、切った個所から勢い

コナラ、リョウブ、ヤマボウシなどの雑木の株立ちを主とした庭

のある徒長枝が伸びて、ゴツゴツとした不格好な樹形となりがちである。

樹形が乱れたから切る、切るとさらに樹形が乱れるという悪循環にはまったら、もうどうしようもない。

雑木の持ち味をいかす剪定とは

雑木は仕立てられないから難しい。正直、我々庭師でも少々苦労する。

まだ木が若いうちから枝抜きをして枝の広がりを制限したり、梢近くの二番芽あるいは三番芽に芯を切り替えて樹高をある程度抑えたりと、雑木の持ち味を殺さずに木の大きさを維持するためにいろいろと工夫をしている。

一般には、木が休眠中である冬場の落葉期に、徒長枝やからみ枝、枯れ枝を枝元から間引く程度にとどめておいたほうが無難であろう。木が大きくなり過ぎたり樹形が乱れたりしたからといって、下手に枝先をはさんで樹形を台なしにしないように気をつけたい。

我々は雑木の手入れをしているときほど、いきものを相手にしていると実感することはない。決してマニュアルどおりにはいかないのである。

緑の説法 19

なぜ葉は色づくのか

冬が間近に迫った晩秋の庭にひときわ冴えた彩りを添えるモミジ。

サクラと並んでわが国を代表する樹木である。まるで自らの命を燃やすかのように真っ赤に装い、やがてひと葉、ひと葉と枝を離れゆく儚さに、春の桜花の華やぎとは異なる、もの静かな感慨が見る者の心に染みゆく。

モミジの大木を主木とした庭

毎年この晩秋になると「今年の色づき具合はどうだろうか？」と、春のサクラのとき以上にヤキモキする。サクラは開花の時期が早いか遅いかで、その年によって花の艶やかさに大きな差があるわけではない。しかし紅葉は年によって美しさが違う。同じ木なのに、去年は鮮やかだったのに、今年はいま一つ色づきがよくないなどということが往々にしてある。

葉が赤くなるメカニズムを簡単に述べると、光合成によって生成された糖分が葉に蓄積され、それが気温の低下とともにアントシアニンという赤い色素に変化することによって葉は赤く見えるのである。同時に、クロロフィル（葉緑素）が分解され、さらに赤色が引き立つ。

このようなことから、紅葉が美しくなるか否かは、秋になってからの気象条件が大きくかかわってくる。晴天が続き直射日光が強いことと、夜間に急激に冷え込むこと。日中の気温が 20 ～ 25 度で夜間は 5 ～ 10 度と昼夜の気温の差が大きいと葉が鮮やかに色づく。また、空気が澄んで葉が充分日光を受けられることや、大気中に適度な湿度があって葉が乾燥しないことなども美しい紅葉の要因となる。

近年、異常な夏の猛暑を引きずってか、お彼岸が過ぎても日中の気温がかなり高い年が続いている。

ただ 10 月に入ってからは、夜になるとグッと冷え込むようになることも多い。そんな年は美しい紅葉が期待できるかもしれない。

極意47

トネリコの育て方

●美しい葉と樹姿をつくる方法

トネリコの名前の由来

一般にトネリコといっても、名前は聞いたことがあっても、マツやサクラ、ウメ、モミジなどとは異なり、どのような木か今一つピンとこない人が多いのではないかと思う。

まずは簡単に紹介しておこう。

トネリコはモクセイ科トネリコ属に属する落葉樹だが、トネリコ属の総称としての意味もある。

トネリコの樹皮にはイボタロウムシというカイガラムシの一種が付着しやすい。昔、この虫が分泌するロウ物質を、動きの悪くなった戸の敷居に塗って滑りをよくしたことから、「戸塗木（トヌルキ）」といわれ、それが転訛してトネリコとされたのが名の由来と考えられている。

ちなみにこのロウ物質は「とすべり」あるいは「イボタロウ」などと呼ばれ、古くから戸の滑りをよくするほか、ロウソクや丸薬の包み紙、織物の艶出し、あるいは止血剤などに用いられた。

中国では四川省を中心に、イボタロウムシを養殖し、多量のロウを生産していた。日本でも福島県会津地方が産地として知られ、会津ロウとも呼ばれたという。パラフィンが合成されるまでは貴重な物質であったのだろう。

日本のトネリコといえば…

ヨーロッパなどでは、トネリコといえばセイヨウトネリコのことを指す。北欧神話にユグドラシルという巨大な世界樹が出てくるが、この世界樹・ユグドラシルは植物学的にセイヨウトネリコであるといわれている。

一方、日本ではトネリコといえば一般にシマトネリコのことをいう場合が多く、園芸店や種苗店でもシマトネリコがトネリコという名で販売されているケースがほとんどである。

ただし、実際はトネリコとシマトネリコとは異なる種で、トネリコは東北から中部地方にかけての山地に自生する落葉樹だが、シマトネリコは暖地性で関東以西での栽培に適し、トネリコ属には珍しい常緑性あるいは半落葉性（寒い地方では落葉する）の樹種である。

シマトネリコは株立ちになることが多く、枝先に艶のある小さな葉が密についた姿は、和風庭園にも洋風庭園にもほどよく調和するので人気がある。

六～七月には花序を出して香りのある白い小さな花を咲かせ、秋には白い実（翼果）をつける。花は蕾の期間が長く、咲いたと思ったら一日ほどで散ってしまう。

この木の特徴は花よりも、やはりその樹姿にあろう。常緑でありながら落葉樹のようなしなやかで柔らかい風情が何より最大の魅力で、一本でもシンボルツリーとしての役割を十分に果たすことができる。

図❶ シマトネリコの剪定法

伸び過ぎた枝や込んでいる枝、からみ枝、逆方向に伸びる枝、ヒコバエなどの忌み枝をつけ根から間引いて樹形を整えるとともに、古い枝をはさんで新しい枝に更新する

シマトネリコの剪定法

シマトネリコは前述のように暖地性で半落葉性の樹種なので、冬の最低気温が零度くらいになると葉を落とす。暑さに強い反面、寒さには弱いのである。落葉させないためにはなるべく日当たりのいい場所で育てることが必要となる。鉢植えの場合は、冬場は室内に入れて観葉植物として愛でるのがいいだろう。

ただ、シマトネリコは生長が早く、すぐに大きくなってしまう。お寺の広い境内や庭で栽培するのには問題ないが、玄関前や比較的狭い庭などに植えた場合は、剪定によって小さくまとめ、植栽スペースに見合った大きさを維持することが必要となる。

剪定時期は新芽が吹く前の二～三月頃がよい。

伸びすぎた枝をはさんだり、古くなり太くなった枝を間引いて新しい枝に更新する。それほど花を期待する木ではないので、花芽などは気にせず樹形を整えることに主眼を置くようにしたい（図❶）。

できれば、若木のうちに将来の樹形を考えて樹芯を止めたりするなど、大きくなる前に手を打っておくのが一番望ましい。大きく生長してから樹芯を止めたり、太い枝をおろしたりするとゴツゴツと不恰好な姿になったり、ときに木を著しく衰弱させてしまうこともある。

コバノトネリコの剪定法

トネリコの仲間をもう一種、紹介しておこう。コバノトネリコである。

コバノトネリコという名はあまり馴染みがないかもしれないが、この木の別名「アオダモ」と聞けば、野球好きにはピンとくるだろう。

そう、バットの材料として有名なあのアオダモである。プロ野球選手がアオダモの苗木の記念植樹を行っている映像を見たことがあると思う。材質が大変に堅く弾力があるので、これほどバットに適した木はない。

ちなみにアオダモという名は、もともとは東北地方の方言名で、枝を切って水に入れると、水が藍色の蛍光を発することに由来するといわれている。

この木は落葉樹で、北は北海道、南は九州まで日本全国に広く分布し、暑さ寒さにも強いのでシマトネリコより育てやすい。

花はシマトネリコより早く、四～五月に花序を出し小さな白い花をホワホワとした感じに無数につける。満開時には樹冠全体に時ならぬ雪が積もったように見える。

秋につく実（翼果）は淡紅色をしており、遠目でみると花が咲いているように見えるのも独特の風情だ。加えて秋の紅葉も赤く鮮やかである。

こうしたことから、コバノトネリコはシマノトネリコに劣らない人気を集めている。

株立ちの自然樹形が美しく、シマトネリコと異なり生長が遅いので姿も整いやすい。

したがって、取りたてて手の込んだ剪定は必要なく、落葉期にからみ枝や徒長枝を枝元から抜いて樹形を整える程度で十分である。下手に枝先をはさんだりすると、かえって自然風の趣が損なわれてしまう。

ただ、大きく生長すると樹高が一〇～一五メートルにも及ぶので、あまり大きくしたくない場合は、あらかじめ高さの上限を決めて、数年に一回くらいはその高さの位置で芯を止めるとよい。

極意48

ヤナギとギョリュウ

●美しい枝垂れ形をつくる

ヤナギといえばシダレヤナギ

ヤナギの種類は世界に約三百五十種、日本に約三十種あるということだが、日本でヤナギといえば、一般にシダレヤナギを指すことが多い。庭木の世界ではほとんどイコールである。

しかしヤナギには、冬芽から顔を出す銀白色の毛をもった花穂が印象的なネコヤナギや、曲がりくねった幹が特徴のウンリュウヤナギなどの種類もあり、これらは生け花の花材としてよく用いられる。また、ヤナギの葉といえば、シダレヤナギに代表されるように細長い葉が思い浮かぶが、円形から卵円形の葉を持つマルバヤナギ(アカメヤナギ)といった種類もある。さらには高山などではミヤマヤナギといって草のような地を這うヤナギも存在する。ちなみに、春先に白い花をつけるユキヤナギは、ヤナギとは名ばかりで、バラ科の落葉低木である。

シダレヤナギは古くから、ほかのどの木にもまして高い霊力をもつと信じられてきた。春に先駆けて鮮やかな新芽を吹き、挿し木ですぐに根づいて盛んに生長する。そのしなやかな姿からは想像できない生命力が人に畏敬の念を抱かせたのであろう。

また、このシダレヤナギは湿気を好み、強靭な、しかもよく張った根を持ち、倒れても再び発芽してくる逞しさから、川辺に植えて水害防止および土留め対策とした。先人たちの知恵であり、今でもシダレヤナギが水辺に植えられることが多いのはこのためである。

シダレヤナギの剪定

シダレヤナギを剪定する際に注意しなくてはならないことがある。それは垂れ下がっている枝先を枝の途中ではさんではいけないということである。いわゆる切り戻し剪定という方法で、これをやるとはさんだ部分から新枝が何本も伸び出して、風に揺れるように柔らかく枝垂れる風情が台なしになってしまう。伸びすぎた枝や、込み合ってからんだ枝、枯れ枝などは、必ず枝元からはさんで間引くことが大切となる。これはシダレザクラやシダレウメ、シダレモモなどの枝垂れもの全般にいえることである。

新しきギョリュウの剪定

シダレヤナギは本来、公園や街路樹としていきる木なので、より庭に向いているギョリュウについて、ここで紹介しておこう。ギョリュウは「御柳」と書き、枝垂れた姿がシダレヤナギに似るが、ヤナギ科ではなくギョリュウ科の落葉樹。シダレヤナギよりも細い枝に、アスパラガスを思わせる細かい葉をつける。淡紅色のこまかい花を五月と九月の年二回咲かせるので人気が高まり、最近になって庭に取り入れられるようになった。

図❶ ギョリュウの剪定法

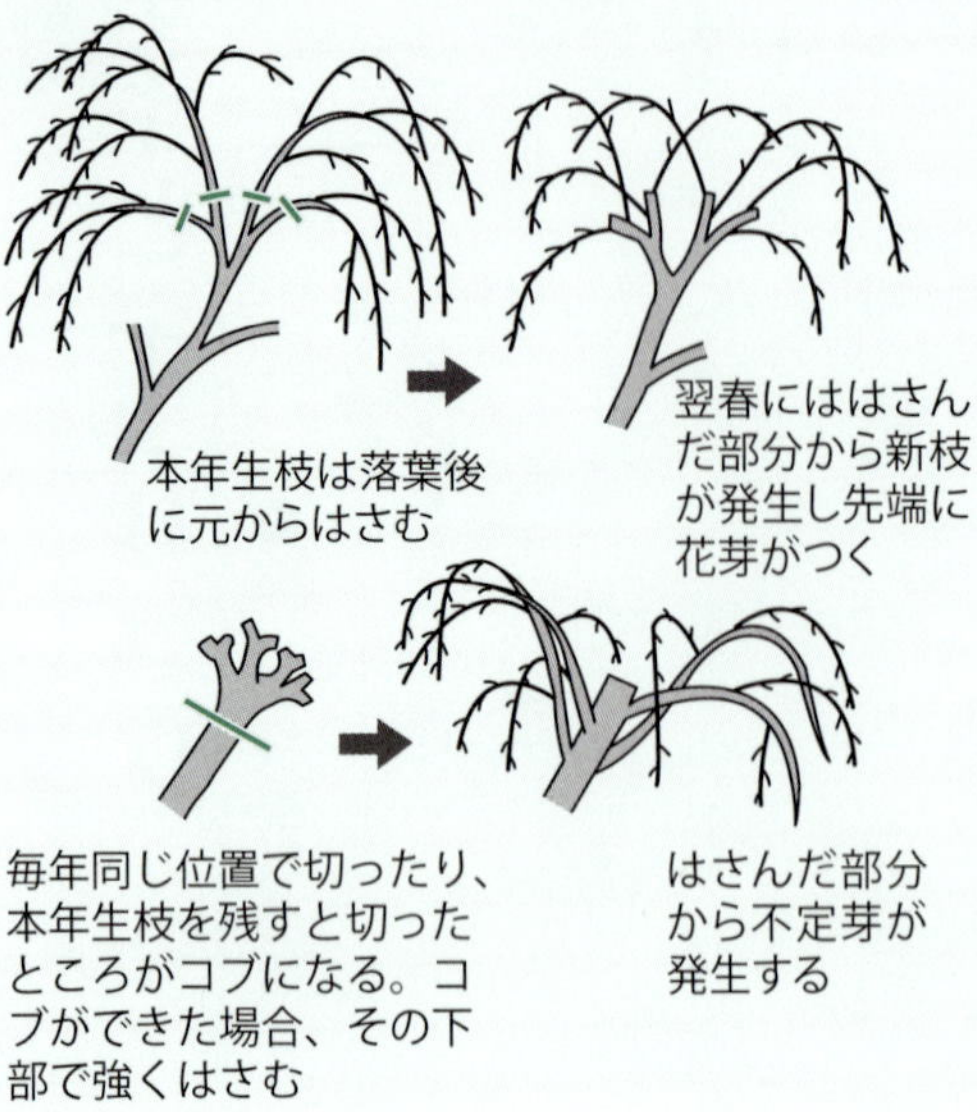
本年生枝は落葉後に元からはさむ
翌春にははさんだ部分から新枝が発生し先端に花芽がつく
毎年同じ位置で切ったり、本年生枝を残すと切ったところがコブになる。コブができた場合、その下部で強くはさむ
はさんだ部分から不定芽が発生する

ギョリュウの花芽は夏に、春から伸びた新枝の先端につくので、新枝が伸び始めてから剪定したのでは、花芽を飛ばして花がつかなくなる。したがって剪定の時期は冬場の落葉期に、自然樹形を大切にしながら行う。枝元に本年生枝《ほんねんせいし》を残してはさむと、その部分がコブ状になって見苦しくなるので、前年生枝《ぜんねんせいし》まではさみ込んで、翌年の新枝を伸ばすことが大切である（図❶）。この新枝の先端に花が咲くことになる。ただ、よく様子を見ていると、ギョリュウは三年生以上の古い枝から芽吹いた新枝には、あまり花芽がつかないようである。前年生枝を見極め、その部分まではさみ込むことにしている。

ギョリュウは新しい庭木であるから、最初は性質もはっきりしなかったが、作業をするなかで木をよく観察して性質を把握し、要領をつかんでいったのである。

庭師としてベテランと呼ばれるようになった現在でも、このようなことは往々にしてある。

第4編

花や実のなる木の育て方

第12章　花木の手入れ
第13章　芳香樹の手入れ
第14章　果樹の栽培法

第12章

花木の手入れ

極意49

ウメの手入れ

●樹形づくりと花を咲かせる基本

サクラ切る馬鹿、ウメ切らぬ馬鹿

境内にウメが植えられているお寺も多いことと思う。まだまだ厳寒の立春を過ぎたころ、あらゆる花に先立って開花するウメ。冷たい空気に震えるかのように咲く健気な花の姿に、確かな春の足音を聴く。

「サクラ切る馬鹿、ウメ切らぬ馬鹿」という言葉がある。

ウメは萌芽力があり強い剪定にも耐える。少しくらい太い枝を切りつめても、切口から腐ってしまうようなことはない。

したがって、多少樹形は乱れるかもしれないが、初心者でも安心して手を入れられる。

そんなウメを軽い気持ちで、ちょっといじってみてはいかがだろうか。

裸で登れるように…？

「ウメの木は裸で登れるようにしろ」

ウメを剪定するにあたって、これは我々の間で代々いい伝えられている言葉である。

ウメはやたらと内側に向かって伸びる徒長枝が出てくる。放っておくと、ぐんぐんと勢いよく伸びて枝どうしがからみ合い、とてもではないが手がつけられなくなる。樹形が乱れるだけではない。

徒長枝に養分や水分がとられ、樹形をつくる小枝が枯れてしまう。早いうちに、このような徒長枝をつけ根の部分からはずして、木のふところ（内側）をすっきりと透かしてやらなくてはならない。

早春に他に先駆けて花をつけるウメ

ウメは裸で木に登っても、枝で身体が傷つかないように剪定せよ、ということである。

葉芽と花芽の見分け方

また、一般に「花木は花後に剪定せよ」という。花芽ができてから剪定すると花芽を落としかねないからである。ただしウメの場合は例外で、もっぱら秋から冬にかけて行う。

ウメの花芽はだいたい八月いっぱいくらいに決まる。それ以前に剪定すると、花芽になろうとしていたものも勢いを得て葉芽になり、ゆくゆくは枝となる。結果、翌年の開花は芳しくない。若木ほどこの傾向が強い。

十月頃になると、花芽も固まり剪定しても葉芽になるようなことはない。この時期に剪定するには葉芽と花芽を見分けなくてはならない。見分け方は細くとがっているのが葉芽で、丸くふっくらしているのが花芽である。ただ、これだけではなかなか判別しづらい。もっとよ

図❶ ウメの花芽と葉芽の見分け方

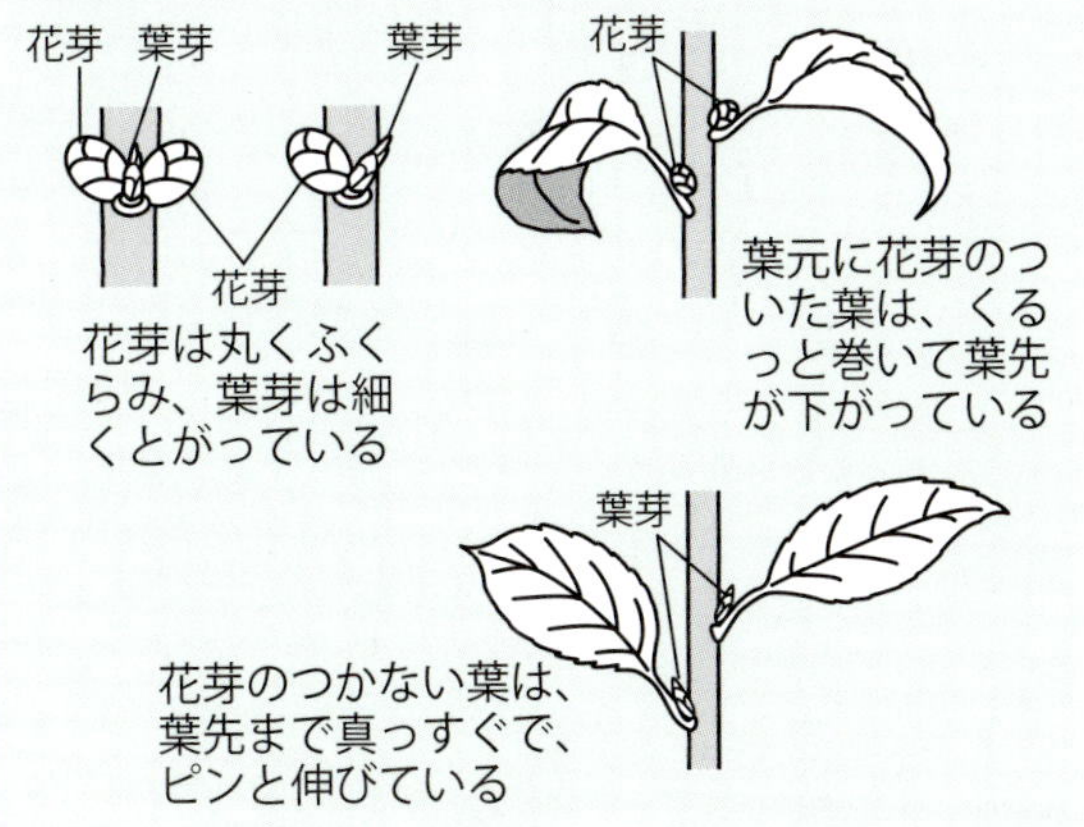
花芽
葉芽
葉芽
花芽
花芽は丸くふくらみ、葉芽は細くとがっている
花芽
葉元に花芽のついた葉は、くるっと巻いて葉先が下がっている
葉芽
花芽のつかない葉は、葉先まで真っすぐで、ピンと伸びている

く分かるのが葉を見ることである。花芽のつかない枝の葉はピンと伸びているが、花芽のついた枝の葉はクルクルと巻いていて色も少し白っぽい（前頁図❶）。

図❷ ウメの剪定法

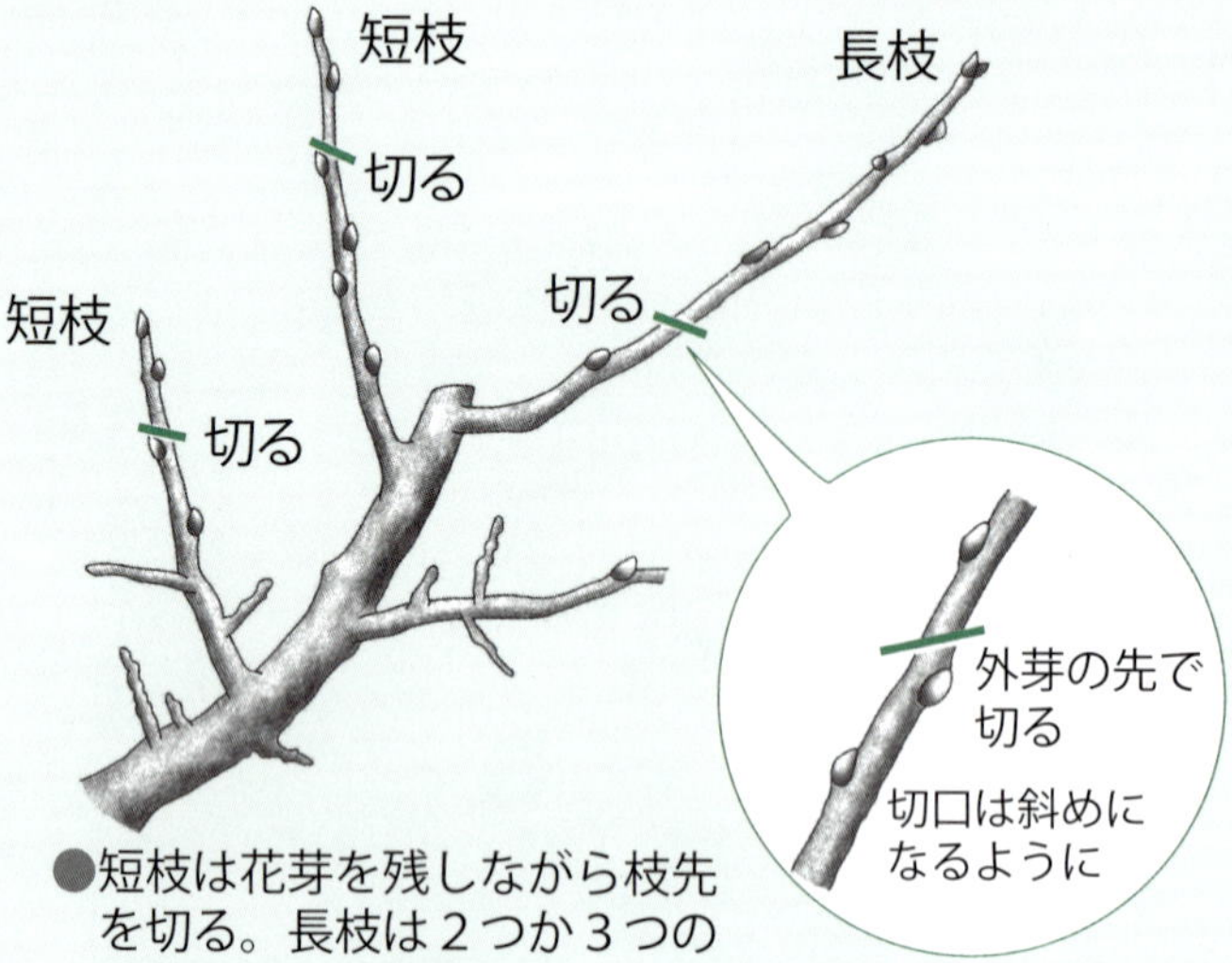
短枝
切る
長枝
切る
短枝
切る
外芽の先で
切る
切口は斜めに
なるように

●短枝は花芽を残しながら枝先を切る。長枝は２つか３つの花芽を残して切る

それでも不安な場合は、新年を迎えて蕾がはっきりとしてから剪定するとよい。

ウメらしい樹形をつくる方法

花つきをよくしようと、花芽を残すことだけを考えて毎年剪定を繰り返していると、ウメ特有の趣ある樹形をつくることはできない。

ウメは勢いがよく枝先が伸びやすい。伸びるに任せておくと花のつく位置が次第に上へ上へと行ってしまい、幹まわりが淋しくなる。幹に近い短枝に花をつけてこそ、日本画に見られるようなウメらしい風情となる。

そのためには、長い枝は花芽を二つか三つ残す見当でその先をはさんで短くする。花芽のついていない短枝は枝先を半分か三分の一程度はさむ（図❷）。

このとき必ず外芽のすぐ上ではさむことを忘れてはならない。これを毎年繰り返せば樹形を乱すことなく花を観賞できる。

ウメはひと枝ひと枝をつくっていくつもりで姿を整えることが大切なのである。

九九消寒で春を待つ

古代中国で最初に暦がつくられたとき、冬至を中心とし１年の始まりとしたという。冬至は別名「一陽来復」と称す。

「冬至来たりて陽気起こり、万物うごめきて新しき生命生まれ出る」といわれ、この日を境に太陽の力が復活し、運が向いてくると考えられていたのである。

中国には古くから「九九消寒」という風習がある。

これは冬至から九日ごとを、一九、二九、三九……、と数え、九九＝八十一日で本格的な春が訪れるというものである。中国では昔から「九」は陽の数（奇数）のなかでも最高位とされ、また「久」と同音であることから、長久平安の数として重んじられてきた。

「九九消寒」はその間の気候の変化を歌にして楽しんだりした。たとえば、次のような歌がある。

一九二九不出手、三九四九冰上走。

五九六九河辺看柳、七九開河、八九燕来。

九九加一九耕牛編地走。

「一九二九は袖から手が出せず、三九四九で川が凍って氷上を走れる。五九六九で川辺に柳が見られ、七九で氷が解けて川の水が流れ、八九でツバメが飛来。九九にもう九日足したら牛が田畑を耕す」というような意味だ。

また「亭前垂柳珍重待春風」という句を、冬至から毎日１画ずつ書いたりもする。「家屋の前のシダレヤナギが暖かな春風を待つ」という意味の句で、９文字はすべて九画の漢字である（「垂」は旧字）。

さらに、この九九消寒をビジュアルで表現したのが「九九消寒図」だ。

冬至に 81 の白い梅の花を描き、毎日一輪ずつ赤く塗りつぶして行く。

その日の天気によって微妙に塗り方を変えるなどの工夫もする。立春の頃には半分が紅梅となり、すべてが紅梅となるのは啓蟄も過ぎた３月半ば、あと数日で春分という頃である。

梅の花の一輪一輪が春を待つ心なのである。その心持ちは我々日本人でも同じであろう。

それは江戸期の俳人・服部嵐雪の有名な次の句に表されている。

「梅一輪、一輪ほどの暖かさ」

極意50

マンサクとロウバイ

●早春の寒さのなかで花を楽しむ

「まず咲く」マンサクを

ウメの蕾がほころび始め、春真っ先に咲くことから「まず咲く」が名の由来といわれているマンサクが花をつける。マンサクは株立ち状に広がった枝いっぱいに葉に先立って黄色い花が咲き乱れ、まだ冬枯れの庭にいち早く春の訪れを告げてくれる。マンサクは漢字「満作」と書くが、枝いっぱいに花をつける姿が「豊年満作」を連想させることから名がついたという説もある。

マンサクの花

マンサクには、ほかにも花が比較的大きいシナマンサクや、赤い花をつけるアカバナマンサクなどの品種がある。また、常緑性で五〜六月に花をつけるトキワマンサクやベニバナトキワマンサク、それに秋の花と紅葉が美しいベニマンサクといった種類もあるが、これらは属が異なる。マンサクとシナマンサク、アカバナマンサクは「マンサク科マンサク属」、トキワマンサクとベニバナトキワマンサクは「マンサク科トキワマンサク属」、ベニマンサクは「マンサク科ベニマンサク属」である。ベニマンサクは一属一種で、秋、葉が落ちる頃に花をつけるという珍しい花木である。

花が終わりかけた頃に剪定

マンサクは開花後に伸び出してきた新枝のうち、充実した短枝に翌年の花芽が七月頃にできる。落葉樹は葉のない冬場に基本剪定を行うのが常だが、マンサクの場合は落葉期に枝をはさむと花芽を落としてしまう。

したがって花が終わりかけた頃に、花が咲いた枝（二年生枝）を、半分から三分の二くらい残すつもりではさむとよい。

この剪定をしておかないと、年ごとに花が枝先へ枝先

図❶ マンサクの剪定法

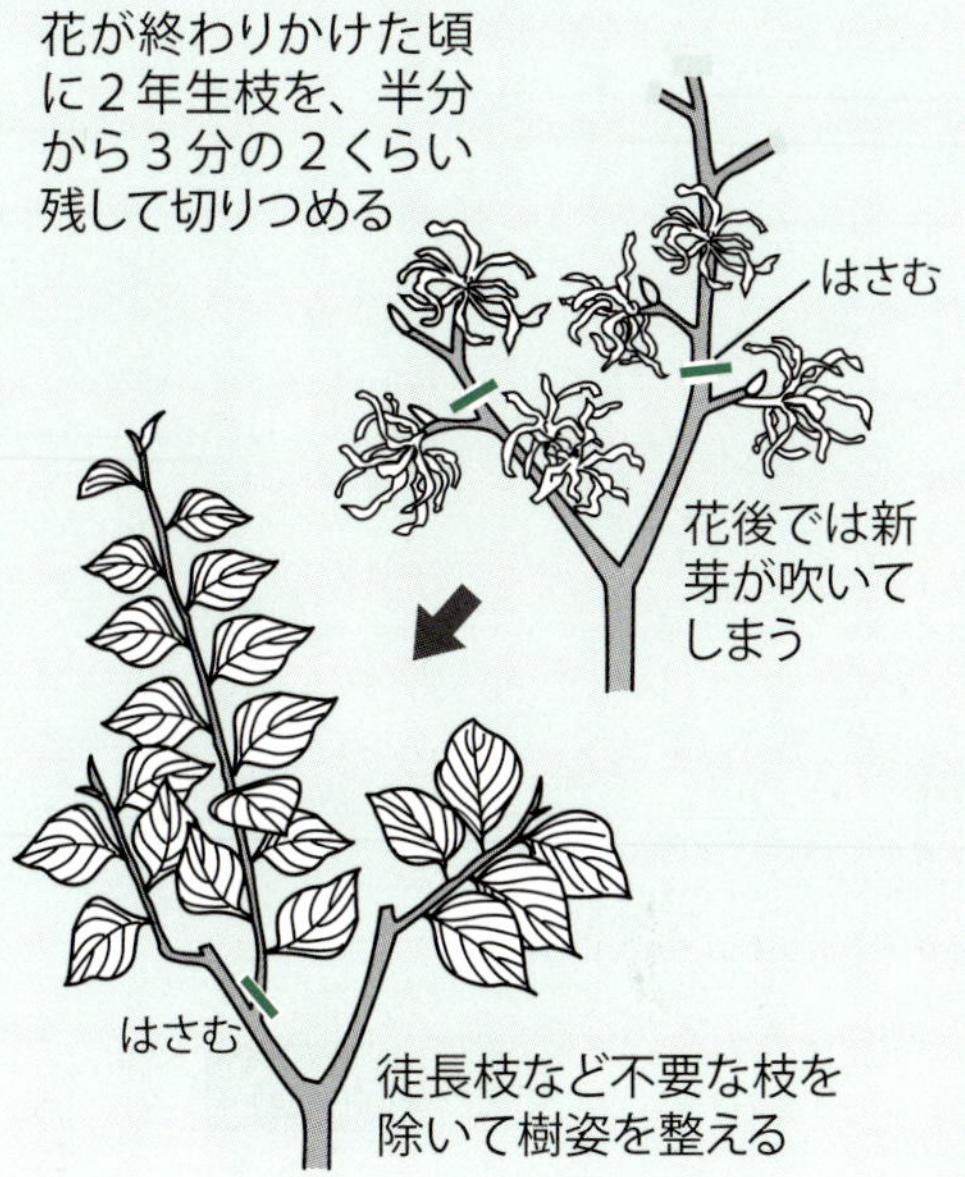
花が終わりかけた頃に２年生枝を、半分から３分の２くらい残して切りつめる
はさむ
花後では新芽が吹いてしまう
はさむ
徒長枝など不要な枝を除いて樹姿を整える

へとつくようになって、花の位置が上へ上へと行ってしまう。花をほどよい位置で眺めるためには、二年生枝を必ず切り戻しておくことが必要である（図❶）。

二〜三本の幹立ちにする

マンサクは放任しても株立ち状に整うが、枝を横に広げて伸びて行くので、隣り合う木と枝がからみ合ってしまうこともある。不要な枝を元から飛ばし、二〜三本の幹立ちにして育てると、すっきりした形となる。大きくなりすぎた株も同様に、勢いのよい幹を二〜三本残して、残りの幹を地際《ちぎわ》からはずすようにする。はずしたあとで、込み合っている枝をつけ根からはさんで、間引くとよい。威勢のいい徒長枝には花はつかないので、特に時期を選ばなくても、剪定によって花芽を飛ばしてしまうことはない。

ロウバイの剪定

ロウバイも春まだ浅い頃、マンサク同様にいち早く黄色い花をつけ、冬枯れの庭を彩る。地域によってはマンサクより花が早い。香りもいいので建物の近くに植えて楽しむのもいいし、切花としても利用できる。

ロウバイは漢字で「蝋梅」と書く。花が蝋細工のような光沢をもつことから名がつけられたといい、「梅」とあるが、ウメの仲間ではない。恐らくはウメと同じ時期に咲くことに由来していると思う。本家のウメに対して蝋細工のようなウメということだろう。

ロウバイは花の中心が紅褐色になるが、花全体が黄色いソシンロウバイもある。ソシンロウバイのほうが香り

ロウバイの花

も強いので人気があり、種苗店でもロウバイよりも多く出回っている。

ロウバイは放っておくと樹形が乱れ、花の位置も上がってしまうので、樹高を抑える剪定が欠かせない。時期はマンサクと同じく花後がいい。勢いがいい徒長枝は枝元からはずし、花のついた枝は五～六芽残してはさむようにする。こうすると、残した芽から伸びた短枝に、翌年の花芽をよくつけるようになる（図❷）。

ヒコバエはすぐに取り除く

ロウバイは古株になってもヒコバエ（ヤゴ）が頻繁に発生する。ヒコバエは地際から発生するため養分が回りやすく、放っておくとすぐに大きく育ってしまうし、ヒコバエに養分を取られて樹勢が弱まり花つきが悪くなる。

図❷ ロウバイの剪定法

ロウバイは10月末頃から花芽がはっきりしてくるので、基本剪定を行い樹姿を整える

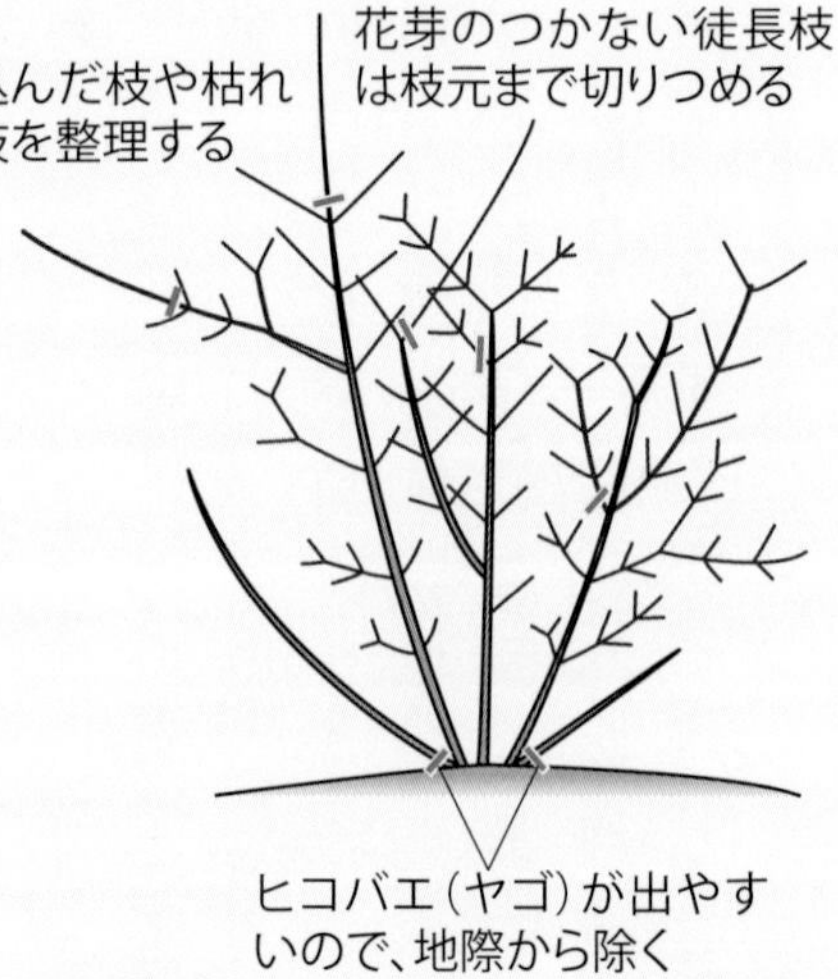
花芽のつかない徒長枝は枝元まで切りつめる
込んだ枝や枯れ枝を整理する
ヒコバエ（ヤゴ）が出やすいので、地際から除く

したがって見つけたらすぐに取り除くことが必要となる。

十月末頃になると、花芽がはっきりしてくるので、花後剪定とは別にもう一度、花芽のついていない徒長枝や、著しく樹形を乱している枝を枝元からはさんで、姿をつくるとよい。ロウバイは枝が暴れ気味となる傾向があるが、立ち枝や逆さ枝をはずすだけでもすっきりとした姿になる。

極意51

サクラの上手な手入れ

●花を咲かせ長く楽しむために

ソメイヨシノは広い場所でいきる

サクラが咲き、花吹雪舞う華やぎの季節の訪れは、我々庭師も心が躍る。

世の中に絶えて桜のなかりせば
　春の心はのどけからまし

『古今和歌集』に収録された有名な在原業平の歌にあるように、千年以上も昔から日本の花といえばサクラであり、サクラの開花を待つ心持ち、花を愛でる心持ち、そしてやがて散りゆく姿に抱く感傷は今も昔も変わるものではない。

このサクラと聞いて真っ先に思い浮かべるのがソメイヨシノであろう。

春の到来とともに葉に先立って樹冠いっぱいに花をつけるソメイヨシノの姿は、近くで見ると妖しげなほどの艶やかさで魅了され、遠目で見ると薄く紅の混じった白霞がたなびくような、幻想的な美しさに息を呑む。

境内にソメイヨシノを植えて近隣や地域でちょっとした桜の名所となっているお寺も多いのではないだろうか。

実際に「庭にソメイヨシノ」をという依頼は多い。しかし、お寺の境内のように広い場所では問題ないのだが、一般の住宅庭園となるとちょっと困る。

というのも、ソメイヨシノに限らずサクラ類はおおむね生長が早い。すぐに大きくなって枝葉を茂らせ非常に圧迫感を与える。加えて根を縦横無尽に張り、他の木の養分まで奪ってしまうこともある。

サクラ一本植えたら他の木は植えられず、これでは庭づくりなどできようもない。

最低でも八〇〜一〇〇坪程度の広さがなくてはもてあましてしまう。お寺の場合も配植を重視した庭づくりをしようとする場合は、避けたほうがいい木である。

それでも「どうしても庭にサクラを」という人には、比較的小型のシダレザクラやヤエザクラ、ヒガンザクラ、カンザクラなどをお勧めしている。

ただしサクラ類はいずれの種類も性質は似たりよったりなので注意が必要ではある。

五つの主な原種

ひと口にサクラといっても、その栽培品種は三百を超える。しかし、すべての品種はいくつかの原種を元にして自然交雑や人工交配を繰り返して誕生してきている。なかでも主要となる原種が以下の五種である。

■ヤマザクラ（山桜） 開花は四月上旬～中旬。花色は白～淡紅色。東北南部～九州の温暖な地域に分布する。

■エドヒガン（江戸彼岸） 開花は三月下旬～四月上旬。花色は白～淡紅色。本州、四国、九州に広く分布する。

■マメザクラ（豆桜） 開花は三月下旬～四月上旬。花色は白～淡紅色。花が他の品種よりひと回り小さく下向きに咲く。生長しても樹高三～八メートルほどで低・中木に分類される。小さな庭に向き、盆栽にも仕立てられる。関東から中部にかけて分布し、特に富士山の麓や箱根地方に多く自生することから、**フジザクラ（富士桜）**、**ハコネザクラ（箱根桜）**の別名がある。

■カンヒザクラ（寒緋桜） 中国の東シナ海沿岸部から台湾にかけて分布する亜熱帯性の品種。本来、日本に自生はないが、沖縄地方で野生化している。沖縄でサクラといえばもっぱらこのカンヒザクラを指す。開花は沖縄で一～二月上旬、関東より南でも栽培され二月～三月上旬にかけて開花する。花色は赤～緋色、下向きに釣鐘状に咲く。日本人のサクラのイメージからは少々遠いかもしれない。

■オオシマザクラ（大島桜） 開花は三月下旬～四月中旬。花色は白が多い。伊豆大島や伊豆半島に自生。ヤマザクラに対して**サトザクラ（里桜）**と呼ばれる品種は、このオオシマザクラの系統が

◆主なサクラの品種の系統図

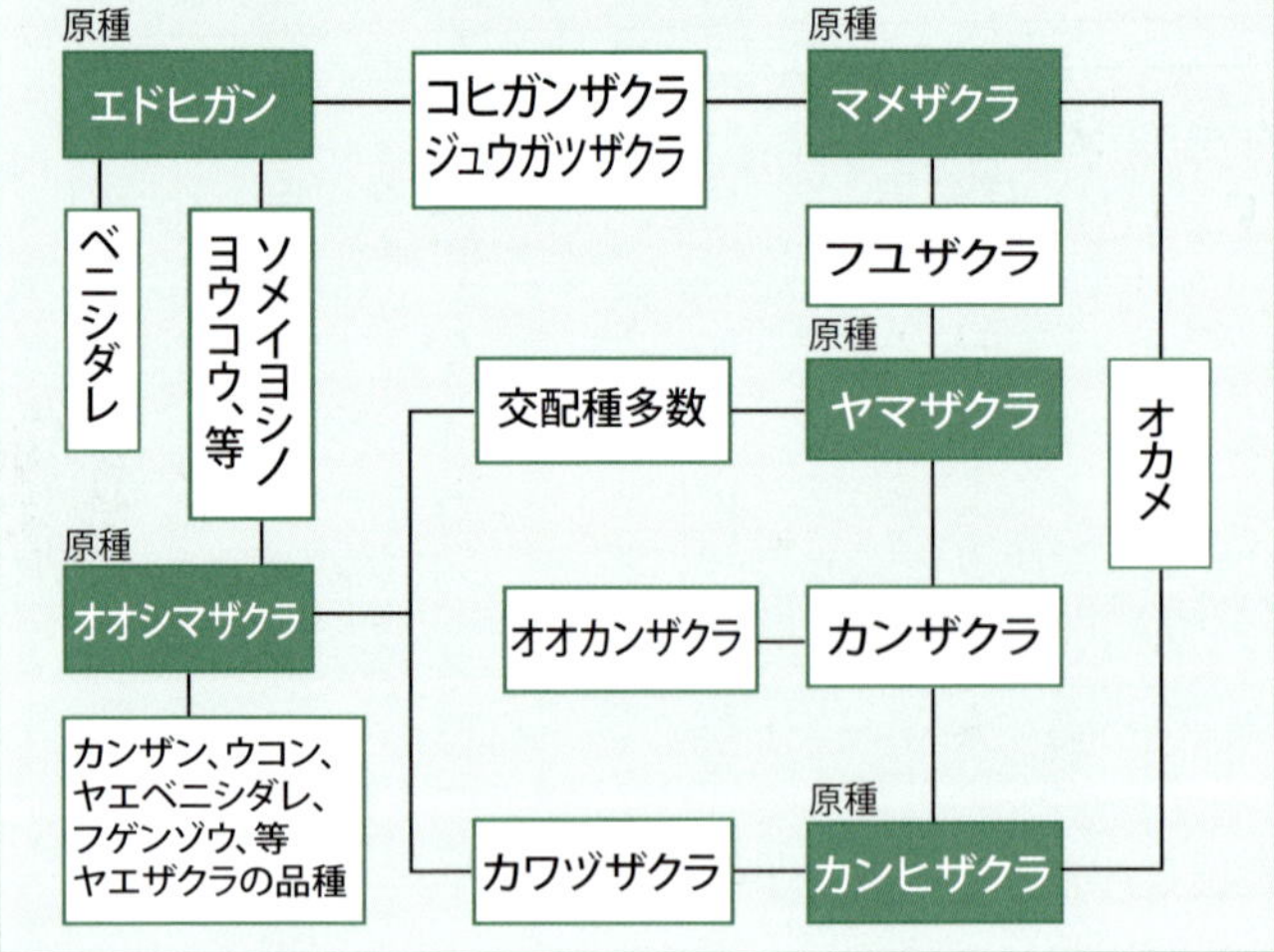

原種
エドヒガン
コヒガンザクラ
ジュウガツザクラ
原種
マメザクラ
ベニシダレ
ソメイヨシノ
ヨウコウ、等
フユザクラ
原種
ヤマザクラ
交配種多数
オカメ
原種
オオシマザクラ
オオカンザクラ
カンザクラ
カンザン、ウコン、
ヤエベニシダレ、
フゲンゾウ、等
ヤエザクラの品種
原種
カワヅザクラ
カンヒザクラ

多くの品種の母種であるオオシマザクラ

多い。

現在、栽培されているほとんどの品種が以上の五種を元につくられており、とりわけヤマザクラとオオシマザクラとの交配によってつくられた品種はかなり多い。サクラを代表するソメイヨシノは、エドヒガンとオオシマザクラの交配種である。

早咲き、遅咲き、二季咲き

さて、日本人なら、できるだけ長くサクラの花を楽しみたいものである。それには花期の異なる品種を混ぜて植えることにより、春の間中、いや、植える品種によっては秋から冬にかけてサクラの花を楽しむことも可能である。そこで「早咲き」「遅咲き」「二季咲き」と分けて代表的な品種を次頁に表にした。

早咲き、遅咲きに関してはソメイヨシノの開花期（三月上旬～四月上旬）を基準として、ソメイヨシノと同時期か、それより早く開花する品種を「早咲き」、ソメイヨシノより遅く開花する品種を「遅咲き」としている。なお、開花期は関東地方を基準としているので、南の地方では関東より半月からひと月ほど早く、北の地方は半月からひと月ほど遅い。

早咲きの品種はほとんど花弁が一重なのが特徴である。

遅咲きに分類される品種はほとんど花弁が八重である。遅咲き＝ヤエザクラと理解してもいいだろう。だいたいが四月中下旬、遅いもので五月に開花する。

二季咲きは年二回、春と秋に花が楽しめる品種で、人気が高く、近年、小型の品種も出回っている。

前述のように、さまざまな品種を混ぜて植えれば長くサクラを楽しむことができるが、特にカワヅザクラやカンザクラ、ヤエザクラなどが花つきがよくお勧めである。二季咲きのフユザクラやジュウガツザクラは大きく育てても見栄えがしないので、一メートル以下の高さで楽しんだほうがよいだろう。

◆早咲き、遅咲き、二季咲きの主なサクラの品種

※開花期基準は関東地方

	品種名	交配母種	開花期	花色	特徴
早咲きの品種	オカメ	カンヒザクラ マメザクラ	2月下旬～ 3月上旬	白～ 淡紅色	イギリスで交配させてつくった品種。樹高は最大で3メートルほどなので小さな庭に向く。花は下向きに咲く
	カワヅザクラ（河津桜）	カンヒザクラ オオシマザクラ	2月上旬～ 下旬	白～ 淡紅色	1955年に静岡県河津町で原木が発見。2月いっぱい開花。庭で育てやすいが、幹が枝分かれして横方向に広がる
	カンザクラ（寒桜）	ヤマザクラ カンヒザクラ	2月上旬～ 下旬	淡紅色	年が明けてから最も早く開花する。温暖な地域ではもっと早く1月から咲き始める。花が大ぶりな大寒桜もある
	コヒガンザクラ（小彼岸桜）	エドヒガン マメザクラ	3月下旬～ 4月上旬	淡紅色	高木にならないので小さな庭への植栽や盆栽に向く。ヒガンザクラ（彼岸桜）ともいう
	ヨウコウ（陽光）	アマギヨシノ カンヒザクラ	3月中旬	濃紅色	ソメイヨシノに先駆けて咲き、花弁が大きいのが特徴。親である天城吉野はエドヒガンとオオシマザクラの交配種
	ベニシダレ（紅枝垂）	エドヒガン系	4月上中旬	濃紅色	エドヒガン系のシダレザクラで花色が濃い品種。小さく仕立てることにより、庭でも育てることが可能
	その他の早咲きの品種として、ミヤビ（みやび）、オモイガワ（思川）、シナミザクラ（支那実桜）、ジンダイアケボノ（神代曙）、ソトオリヒメ（衣通姫）など				
遅咲きの品種	カンザン（関山）	オオシマザクラ系	4月中下旬	濃紅色	オオシマザクラ系で、ヤエザクラの代表格。明治期に東京の荒川堤から全国に普及した。セキヤマとも呼ばれる
	ウコン（鬱金）	オオシマザクラ系	4月中下旬	淡黄緑色	花は八重で葉緑素が含まれ、淡黄緑色を呈し、人気が高い。花が小ぶりで緑が濃いギョイコウ（御衣黄）もある
	フゲンゾウ（普賢象）	オオシマザクラ系	4月中下旬	淡紅色 ～白	オオシマザクラ系のヤエザクラで、室町時代から愛でられている。花色は最初は淡紅色だが、のちに白に変わる
	ヤエベニシダレ（八重紅枝垂）	エドヒガン系	4月中下旬	濃紅色	エドヒガン系の八重咲き枝垂れ形の品種。小さく仕立てることにより、庭でも育てることが可能
	その他の遅咲きの品種として、アサヒヤマ（旭山）、アマノガワ（天の川）、コウカ（紅華）、シロタエ（白妙）、ヨウキヒ（楊貴妃）など				
二季咲きの品種	フユザクラ（冬桜）	マメザクラ系	4月上中旬 10～12月	淡紅色 ～白	マメザクラの系統で、ヤマザクラかオオシマザクラのいずれかがかかわっていると推測される。12月上旬が花のピーク
	ジュウガツザクラ（十月桜）	マメザクラ エドヒガン	4月上中旬 11中旬～ 12月中旬	淡紅色 ～白	八重咲きで、春の花は秋よりもやや大きい。10月頃に咲き始め、冬の間にもポツポツ咲く。小型なので小さな庭に向く
	アーコレード	ベニヤマザクラ コヒガンザクラ	3月下旬 10月下旬	淡紅色	イギリスで育種された半八重咲きの品種。日本では二季咲きとなる。大輪の花をつけ、特に春の花は色も濃く美しい
	二季咲きではないが、秋～冬にかけて開花する品種としてヒマラヤザクラがある				

◆主なサクラの品種の開花暦（関東地方を基準とする）

10月　11月　12月　1月　2月　3月　4月　5月

- 八重桜（関山・鬱金、など）
- 山桜・冬桜
- 紅枝垂・十月桜
- 大島桜・染井吉野
- 江戸彼岸・小彼岸・豆桜
- 陽光・オカメ
- 河津桜
- 寒緋桜
- 大寒桜
- 寒桜
- ヒマラヤ桜
- 冬桜
- 十月桜

「サクラ切る馬鹿」の真意

庭で木を育てる場合、マツやモッコク、ウメ、カエデなど多くの木は、剪定によって庭のスペースに見合った大きさに仕立てるものだが、サクラの場合は昔からそうした樹形づくりがそれほど行われてこなかったようである。確かにヤマザクラやソメイヨシノなど大きく生長する品種は庭には向かないが、オカメやカワヅザクラ、ヨウコウ、ベニシダレ、ヤエザクラやマメザクラの仲間などは、全体に小ぶりで庭でも育てやすい。日本を代表する花を庭に植えないのは少々もったいない気がする。

古くから「サクラ切る馬鹿、ウメ切らぬ馬鹿」という言葉がある。これが一般的に広まってサクラの剪定が敬遠され、結果としてあまり庭に植えられなかったということかもしれない。

この言葉は、「サクラは切らずに放置しておくのがいい」という意味ではない。

実際、放っておいたら前述のように大きくなりすぎて手に負えなくなる。そればかりではない。枝が込み合って風通しが悪くなり天狗巣病《てんぐすびょう》などの病気にかかったり、虫がつきやすくなる。天狗巣病とは枝先の一部が細かく密生して枯れ込む病気で、見つけ次第、枝をつけ根から落とさなくてはならない。

サクラの剪定は落葉期に枯れ枝やからみ枝、込んでいる枝などを抜いて樹形を整えることを基本とする。

サクラは切ったあとの切口から雨水や腐朽菌が侵入し腐れを生じやすいので、「サクラ切る馬鹿」は「下手に切ってはいけない」ことをいい表した言葉なのである。

しかし、これも今は昔のことで、現在では切口を腐朽菌から守るのに効果的な殺菌剤がある。太い枝をノコギリで落とした場合は、切口を切り出しナイフで滑らかに削ったのちに殺菌剤を塗布すれば心配はない。

図❶ サクラ類の剪定法

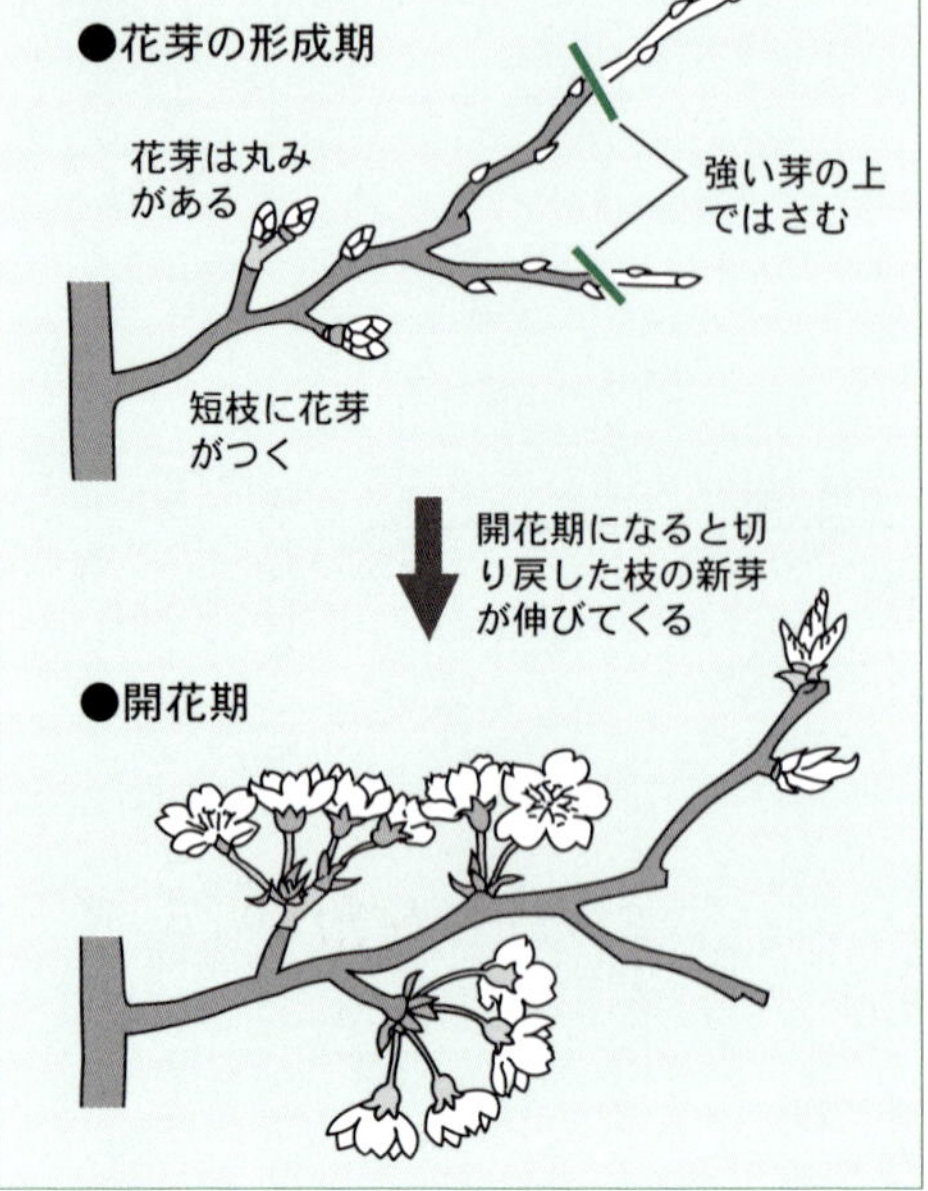
●花芽の形成期
花芽は丸みがある
強い芽の上ではさむ
短枝に花芽がつく
開花期になると切り戻した枝の新芽が伸びてくる
●開花期

剪定は花後から五月に

　花木はよく花後剪定を行う。花後剪定というのは文字どおり花が終わるか終わりかけのときに行う剪定のこと。花後剪定ではもっぱら花をつけていた枝をはさむ。今年開花した枝には翌年花がつくことはまずないので、その時点で不要な枝となる。花芽をつける枝にエネルギーを回すためにも花をつけていた枝は落としたほうがいい。

　サクラに限らず、ウメやモモ、カイドウ、ボタン、ハナミズキ、ツツジ類などといった春に開花する多くの花木は、梅雨明けから真夏にかけて花芽が形成される。花芽ができてから剪定を行うと花芽のついた枝を落としてしまう危険性があり、その場合、翌年の開花は見られなくなる。だから花木にとって花後というのは、次の開花を見るために一番安全な剪定時期なのである。

　サクラの場合は、最近は樹形よりも花を優先させる剪定を行うことが多い。本来は除くべき忌み枝であっても花をつける枝であれば残すようにしている。

　サクラの花芽は長い枝にはつかず、短く充実した枝によくつく。たとえば、サクラには幹吹き（胴吹き）がよく発生するのだが、この幹吹きが伸びた枝にはいい花がつくことが多いので残したほうがよい。

　また、からみ枝や懐枝なども、花がつく枝となることがと分かっていれば大切に育てるべきである。多少、樹形は乱れても、やはり花あってのサクラである。

　初夏には翌年の花芽ができるので、剪定は遅くとも花後から五月の連休明けには済ませたい。梅雨以降に行うと、花芽を落としてしまい、結果、翌年の開花が見られなくなる。落葉期になれば花芽と葉芽がはっきりと区別できるようになるので、過《あやま》って花芽を落とすことはまず

風情も華やかなシダレザクラ

なくなるだろう（図❶）。

なお、ヤエザクラやシダレザクラの場合は、花芽が枝の先端部につくため、放任すると花の咲く位置が先へ先へと伸びていってしまう。そのため花後に花のついた枝を半分くらいのところで切りつめて枝の伸びを抑えてやるとよい。

防虫や殺虫の心得を

サクラは害虫がつきやすい。主にモンクロシャチホコやアメリカシロヒトリがよくつき、旺盛に葉を食い荒らす。

全国に桜の名所は多く、確かに花の盛りは美しいことこの上ないのだが、その近隣の家ではサクラに発生した害虫が庭の木に大量に移ってきて、非常に迷惑しているという話をよく聞く。

だから、サクラのあるお寺は特に気をつけてもらいたい。自分のところだけならしょうがないが、ご近所に迷惑がかかるのだけは避けなくてはならない。

害虫を見つけたらすぐに捕殺するか殺虫剤を散布する。常日頃から防虫、殺虫に心掛けることはサクラの持ち主の最低限の心得である。

さて、桜前線が日本列島を北上する時季がやってくると、サクラの名所は花見客で賑わう。

花見も昔と変わってきた。最近ではゴミを持ち帰らないで散らかし放題散らかしたり、近所の迷惑を考えず深夜までドンチャン騒ぎをしたり、サクラに登って枝を折ったりと、そんな「無粋な花見客」という害虫も増えている。これればかりは我々でもどうしようもない。本人たちの自覚を促すばかりである。

ソメイヨシノの寿命60年説は？

春の華やぎ、花見といえばサクラのなかでも、ひときわ美しいソメイヨシノである。それほどに、私たちが馴染み、親しんでいるソメイヨシノだが、その歴史は意外と浅く、誕生してからまだ200年と経っていない。江戸時代末期に江戸の染井（現在の豊島区駒込近辺）の植木屋が、オオシマザクラとエドヒガンを交配して生み出し、古くからサクラの名所として知られていた奈良の吉野山に因んで「吉野」という名で売り出したのが最初である。

花つきがよく、生長が早いことから、またたくまに全国各地に広まった。このように誕生したソメイヨシノは自然に種子ができないので、すべて接ぎ木で繁殖される。つまり、人の手を介さないと繁殖できないサクラなのである。日本だけでなく全世界に無数に殖やされたソメイヨシノも、元をただせば1本の木から増殖されたクローン植物といえるだろう。ソメイヨシノは桜前線にしたがって一斉に開花するのは、ソメイヨシノがクローンゆえにすべての株の遺伝子が同じだからだという説もある。

ところで「ソメイヨシノ寿命60年説」というのをご存じだろうか。戦後まもなく、数多く植えられたソメイヨシノがそろそろ寿命を迎え、サクラの名所がなくなってしまうのではないかと危惧する声もある。

確かにソメイヨシノの寿命は長くはないが、60年かどうかははっきりしない。青森県弘前市には日本最古といわれている樹齢100年を超えるソメイヨシノがある。それではなぜ「寿命60年説」が提唱されたのか。

ソメイヨシノは数あるサクラの中でも最も大きく生長する。樹齢40～50年で高さ15m、枝張りが20mにもなる。このように大きく生長することを想定せずに、あらゆる場所に植えられたものだから、現在その弊害が出てきているという見方がある。植える間隔を狭く植えた場合、30～40年経つと隣どうしの枝がからみ合って、日照不足となり樹勢が衰えはじめる。そこへ、単に太い邪魔な枝を切るという、木の生理を全く無視した剪定が行われ、結果、腐朽菌の侵入などで、より衰弱に拍車をかけることになる。衰弱すると病気にも侵されやすくなる。ソメイヨシノはサクラ類のなかでも天狗巣《てんぐす》病にかかりやすく、放置しておくと一帯に蔓延し、ことごとく枯死する。

人の手によってつくられ、人の手によって殖されたソメイヨシノ……。その寿命を60年とするならば、それもまた人に与えられた寿命かもしれない。

極意52

レンギョウ、ユキヤナギ、コデマリの上手な手入れ

●ときに行う荒療治、株の更新

迎春花レンギョウの手入れ

レンギョウの花が咲くと、あとわずか数日経てばサクラ（ソメイヨシノ）の開花が見られることを私たちは悟る。レンギョウに触発されるかのように、サクラが開花し、ツツジ、ハナミズキ、フジ……と、次々に開花し、まさに春本番を迎える。株立ち姿の枝いっぱいに黄色い花を咲かせるレンギョウに、春の讃歌の序曲を奏でているかのような趣を感じる。

レンギョウの黄色い花

レンギョウはモクセイ科の落葉低木で、日本では古くから庭木として親しまれ、多く植えられてきた。しかし、もともとは中国原産で江戸時代初期に渡来したと伝えられている。中国名を「迎春花」をいう。まさにピッタリのネーミングだ。

中国からの渡来植物の多くは薬用の目的で輸入されたものが多く、レンギョウもその一つである。果実を蒸して日干しにしたものを「連翹（レンギョウ）」と称して、現在も生薬として使われている。消炎や排膿、利尿などの効能があるほか、皮膚病にも効き、しわを取る効果もあるともいわれている。

レンギョウには細い枝をつる状に伸ばすツルレンギョウ、花が下向きに咲くシナレンギョウ、花が大きくて黄色の鮮やかで特に観賞価値が高いチョウセンレンギョウなど、いくつかの種類がある。

垂れ下がった枝に、花が群がって咲くレンギョウの姿は壮観だが、放っておくと姿が乱れて、株全体が大きくなり過ぎて、まとまらなくなってしまう。このため剪定によって一～一・五メートルほどの高さに維持したい。

葉や花が小さくて密なシナレンギョウは刈り込んで仕立てるのが普通だが、それ以外は刈り込まずに、木バサ

ミなどで株立ちの自然樹形をいかした剪定をするのが望ましい。剪定はあまり強く切り戻すと勢いのよい新枝が発生し、樹形が乱れる原因となるので、枝先の軽い剪定にとどめること。枝先を外芽の部分ではさんで、一〜一・五メートルほどの高さに仕立てるのが一般的（図❹）。

　さらに長く伸びた枝や込み合った枝、古い枝などを元から間引いて、樹冠内部をすっきりとさせる必要がある。

少なくとも三年に一度はこの剪定を行わないと、レンギョウ独特の樹形が損なわれてしまう。

　レンギョウの花芽ができるのは七〜八月頃で、春から伸びたすべての枝のつけ根にビッシリとつくので（図❶）、剪定は花後、遅くても梅雨入り前までには行うようにしたい。秋になってから枝をはさむと、花芽を飛ばし翌年の開花は見られなくなる。

図❶ レンギョウの花

枝いっぱいに
黄色い花が群
がって咲く

図❷ ユキヤナギの花

垂れ下がった細
い枝の、それぞれ
の葉のつけ根に、
白い小さな五弁
花を咲かせる

図❸ コデマリの花

枝から花序を出
し、その先に20
個ほどの小さな
五弁花が集まっ
て球状になる

図❹ レンギョウ、ユキヤナギ、コデマリの剪定法

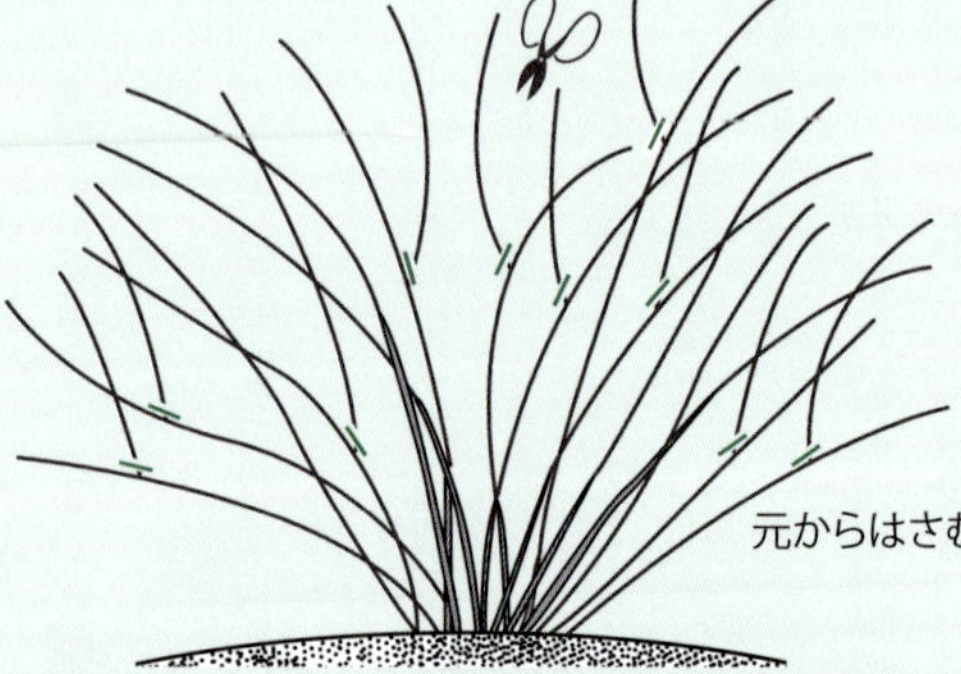
元からはさむ

花後に間を置かずに木バサミを使って、長く伸びた枝や込み合った枝、古い枝などを元から間引いて、樹冠内部をすっきりとさせる

ユキヤナギの手入れ法

次に、春に花咲く庭木のなかでも、決して華やかさはないが清楚なたたずまいで、古くから親しまれているユキヤナギとコデマリの手入れ法を紹介しよう。

ユキヤナギはヤナギという名がつくが、ヤナギの仲間ではなくバラ科シモツケ属の落葉低木である。開花は三月〜四月上旬くらいで、弓のように弧を描いて垂れ下がった細い枝の、それぞれの葉のつけ根に、白い小さな五弁花をびっしりと咲かせる。その姿があたかも雪をかぶったようなので、また葉がヤナギに似ていることもあり、ユキヤナギと名づけられた（図❷）。実に見事な命名だと感心させられる。

雪をかぶるようなユキヤナギ

ユキヤナギは、株立ちか、自然の姿で、植え込みの前付けや庭石や竹垣などに添わせて植えると庭の景色をつくるうえで効果的である。また、列植、すなわち多くの株を並べて植えれば、真っ白な花垣（花咲く生垣）として大いに目を楽しませてくれる。

ユキヤナギは花が終わったら、間をおかずにすぐに剪定することが望ましい。

まず、枯れ枝や古くなった枝や込み合う枝も適度に間引く。細いヒコバエ（ヤゴ）は株元から切り除き、勢いのよいものだけを残すようにするとよい（図❹）。

続いて、長く伸び過ぎている枝をはさむのだが、必ず内芽から伸びている枝を元から除くようにハサミを入れる。つまり上方向に伸びている枝をはさんで、枝を外側に伸ばしてやるのである。逆に外芽から伸びる枝をはさむと樹形が乱れ、しなやかに枝垂れる姿が台なしになってしまう。

枝数の多い株立ちの剪定には刈り込みバサミを使うことが多く、均一に刈り込むと作業が楽なのだが、このユキヤナギに刈り込みバサミを使うことは考えものだ。あとあとゴツゴツとした樹形となってしまい、ユキヤナギ特有の美しさが損なわれてしまう。

ユキヤナギの剪定は、面倒でも木バサミを使う。株の内部にハサミを差し込み、ところどころを透かすようにするのがコツで、こうすることにより自然な姿に仕上がるものである。

また、あまり強くはさむと、枝が立ち気味に伸び上がってきて風情がなくなるので、剪定は弱めに行うのもポイントである。

とにかく、細くしなやかな技ぶりをつくることに重きを置いた剪定が重要なのである。

コデマリの正しい手入れ

コデマリもユキヤナギと同じバラ科シモツケ属の落葉低木で、ユキヤナギとよく似た可憐な白い花を咲かせる。ただしコデマリはユキヤナギよりも開花が遅く、四月中旬から五月上旬、オオムラサキなどのツツジ類とほぼ同時に開花する。

コデマリの球状の白い花

ユキヤナギとコデマリの両者の花の違いは、枝からの花の出方にある。ユキヤナギは枝から直接、四～六個の花が束になって咲くのに対し、コデマリは枝から花序を出し、その先に二十個ほどの小さな五弁花が集まって球状になる（248頁図❸）。この花の姿を小さな毬に見立てて、コデマリと名づけられた。花の重さで枝が放物線を描いて垂れ下る姿も、ユキヤナギに劣らず風情がある。

ユキヤナギもそうだが、コデマリも実に風雅な名前で、それぞれの名づけ親はさぞや風流人だったことだろう。

なお、白い球状の花序がコデマリよりもひと回り大きいオオデマリという樹種もあるが、これはスイカズラ科で姿形は似るものの植物学的にコデマリとは別種である。

コデマリは自然樹形を大切にし、放任して育てるので、手入れもさほど行わなくてもかまわない。むしろ、むやみに刈り込んで自然風の趣を損なってはいけない。翌年の花芽は春に出た新芽の葉のつきぎわにできるので、夏以降に剪定をすると花芽を飛ばして来春の開花は見られなくなる。

剪定は花後に勢いよく伸びた枝をはさんだり、今年たくさん花がついた枝を元から除いたりする程度でよい。花枝をはずしたあと、さらに先端より三～四芽あたりの芽先を軽くはさんで揃えると、枝先を柔らかく整えることができる。

ときに思い切った荒療治もする

さて、レンギョウ、ユキヤナギ、コデマリなどの株立ちの木に、ほぼ共通して行う剪定法がある。

図❺ レンギョウ、ユキヤナギ、コデマリの株の更新法

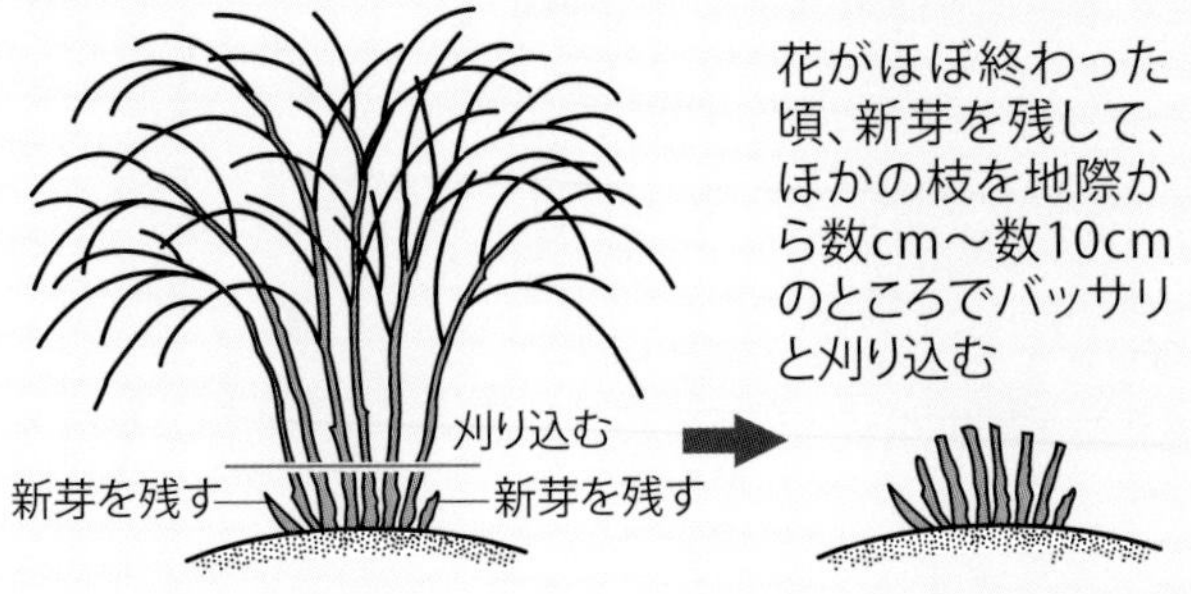
花がほぼ終わった頃、新芽を残して、ほかの枝を地際から数cm～数10cmのところでバッサリと刈り込む
刈り込む
新芽を残す
新芽を残す

これらの樹種は植えてから数年経って株が大きくなり過ぎると、枝がからみ合い独特の風情がなくなってしまうばかりか、古枝が枯れたり、樹勢が各枝に分散され花つきが悪くなったりする。そんな場合、姿を整えようと下手に枝をはさむとあとあと余計に暴れてしまう。

では、どうしたらいいかというと、思い切って荒療治をすることをお勧めする。花があらかた終わった頃には、たいてい地際から新芽が伸びている。この新芽を残して、ほかの枝を地際から数センチ～数一〇センチのところでバッサリと刈り込んでしまうのである（図❺）。

これは古い枝を新しい枝に切り替えて株を小さくする作業で、四～五年に一回くらい行うとよい。古枝を刈り込んだあとは木が弱っているので、株元に肥料をまいて力をつけてやることが必要である。

私が手入れにうかがっているお宅でも、このような荒療治を行うことがある。おつき合いしてまだ日が浅いお宅の場合、「勝手に刈り取ってしまった」とクレームをつけられることが往々にしてある。

「地際に残っている新芽が伸びて来年はまた花を咲かせます。心配ご無用」と説明はするが、本当に納得されるのは一年後であろう。

春夏秋冬、庭木の一つのライフサイクルをじっくり見守ってこそ、初めて我々の仕事はご理解いただけるものと思っている。

極意53

モクレンとコブシの手入れ

●小さくまとめ花を咲かせる方法

シモクレンとハクモクレン

冬の庭の風情も趣があっていいが、やはり庭木の冬衣を脱がす春に思いを馳せるのが人情である。

春待月（十二月の異称）が明け、年が改まると、新春、初春、迎春という言葉に見られるように、「春遠からじ」という感慨が胸をよぎる。

ウメやマンサク、ロウバイ、サクラと、春の花木の開花が待ち遠しくなる。

葉に先立って花を咲かせるモクレンも、春の訪れを実感させる花木の一つである。

4月頃に赤紫色の花が咲くシモクレン

チューリップのように筒形の花弁を半開き状に上向きに咲かせる、その特徴的な花はじつに見応えがある。

モクレンと名がつく樹種には、赤紫色の花をつけるシモクレンと、白い花をつけるハクモクレンがあり、単にモクレンといった場合はシモクレンを指す。

花色以外にもシモクレンは株立ち状になり、ハクモクレンは幹が立ち上がって大木になるという違いがある。

花期はどちらも春だが、シモクレンが四～五月、ハクモクレンが三～四月と、ハクモクレンのほうが一カ月近く早く開花する。

モクレンの正しい手入れ

■剪定適期と剪定

シモクレンもハクモクレンも剪定は花が咲いた後に行うのがよい。

ただ、あまり強くはさみすぎてはならない。モクレンは生長力が旺盛で、はさんだ後の枝が勢いよく伸びてしまう。

花芽はシモクレンが七～九月、ハクモクレンが五月頃に、花後に伸びた新枝の先端にできるが、勢いのいい枝には花芽がつかなくなり、花のつきが悪くなる。

大きくなった木を小さくまとめるには、花芽がふくらんで見分けられるようになる十一月の半ば以降に、花芽のすぐ上で切り戻すことが大切である（図❶）。

こうすることによって翌春の花を犠牲にすることなく、株を小さくできる。

図❶ モクレンの剪定

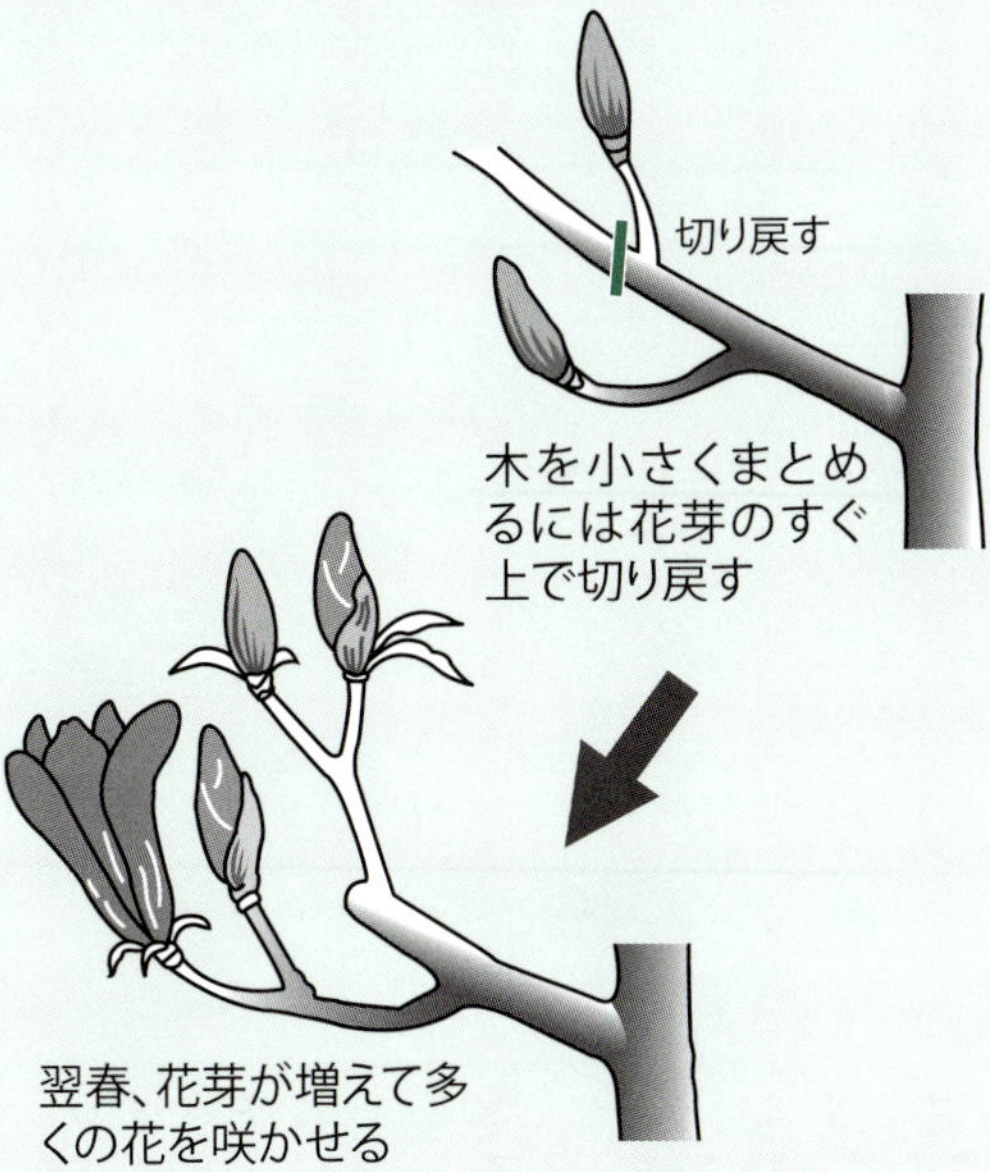

■ハクモクレンの樹高を抑える

ハクモクレンはかなり丈が高くなるので、適当な高さで樹芯を止めて上へ伸びるのを抑える必要がある。

我々が樹高を抑えるのによく使う手として、植えるときに根の下に石や瓦を敷くという方法がある。これは根を横に広げることにより、枝も横に張るようにさせて上への伸びを抑えるためである。

また、剪定の際に、上向きの枝をはさんで、勢いの弱い下向きの枝を残すのも有効な方法で、生長を抑えると同時に、花つきをよくすることができる。

ただし、下向きの枝ばかりを残すようにすると、樹勢が著しく衰えるので、多少の加減が必要となろう。

■ヒコバエをいかすか否か

シモクレンは地際から発生する方向のいいヒコバエ（ヤゴ）をいかして株立ち状に仕立てる。

幹数が増え過ぎてしまったら不要なヒコバエを間引いて三〜四本立てにするとい。

一方、ハクモクレンのヒコバエはすぐに除くことが必要である。ヒコバエは木が衰弱すると発生するが、ハクモクレンはホオノキを台木として接ぎ木してあることが

3月頃に開花するハクモクレン

ハクモクレンより小さいコブシの花

多く、ヒコバエはホオノキなので、これを放っておくと花が咲かなくなることがある。

ハクモクレンに似るコブシ

ハクモクレンはシモクレンよりも、同じモクレン科のコブシに近い。というか、ハクモクレンとコブシはちょっと見ただけでは見分けがつかないほどよく似ているのである。

ともに白い花を咲かせ、樹高が高くなる。違いはコブシの花はハクモクレンより小さく全開する。また、ハクモクレンは枝が太く上へ上へと伸びるのに対して、コブシの枝は横に広がる傾向がある。

ただし、剪定などの手入れの仕方はおおむね共通している。

なお、コブシは昔から農事暦の目安になっている。

たとえば、コブシの花は三月に開花するが、この時期に大豆をまくとよいなどといわれている。また「コブシの花見て芋あげよ」とか「コブシの花が散ると田植え」などと、コブシと農作業にまつわる、さまざまな諺が残されている。ゆえにコブシは「田打ち桜」「田植え桜」「種まき桜」などとも呼ばれている。

さらに、「コブシの花が上向きに咲けば豊作、下向きに咲けば凶作」あるいは「コブシの花が上向きに咲けば旱魃、下向きに咲けば雨が多い、横向きは風が強い、花が多ければ洪水」などと、コブシの花の咲き方を見て、その年の農作物の豊凶や気象を占う地方もあるという。科学的根拠は不明だが……。

極意54

ツツジ類の手入れ

●花後剪定で翌年にも開花を

ツツジ祭りのあとのミステリー

萌え出ずる木々の若葉とともに、これからの時期の庭や公園を彩るのがツツジである。サクラの次に春の主役に躍り出る花はツツジといえよう。

ツツジの代表的品種であるオオムラサキ

ツツジ類（ツツジ科ツツジ属）には五十を超える品種があるが、代表的な種類としては、花が大きく最も華やかなオオムラサキツツジをはじめ、ヒラドツツジ、ヤマツツジ、リュウキュウツツジ、クルメツツジなどがある。サツキも開花期は名の通り五月とほかより遅いがツツジの一種である。これらは常緑だが、落葉性のレンゲツツジやミツバツツジもある。

全国のツツジの名所といわれる公園、お寺や神社などでは四月下旬から五月上旬にかけて「ツツジ祭り」を催するところが非常に多い。暖かな春陽のもとで、赤紫、赤、ピンク、白と、さまざまな種類の花の艶やかさを競わせる。大規模なものになると小高い丘に数千株から数万株も植え込んでいるので、一面、真っ赤に染まって実に壮観である。

ところが、ツツジ祭りの期間中あれほど咲き誇っていたツツジが、開催期間を終えると花が一切なくなってしまう場合が多い。普通は開花時期が過ぎたとしても何株かはまばらに花が残っているものだが、花がついている株は一つもない。これはきわめて不自然、自然の摂理に反するのではないかと思うだろうが……。

翌年の開花のために

境内にツツジがあり、大切にしているお寺のご住職なら既におわかりかと思う。そう、植木職人たちが総出で

図❶ ツツジ類の刈り込みの強弱

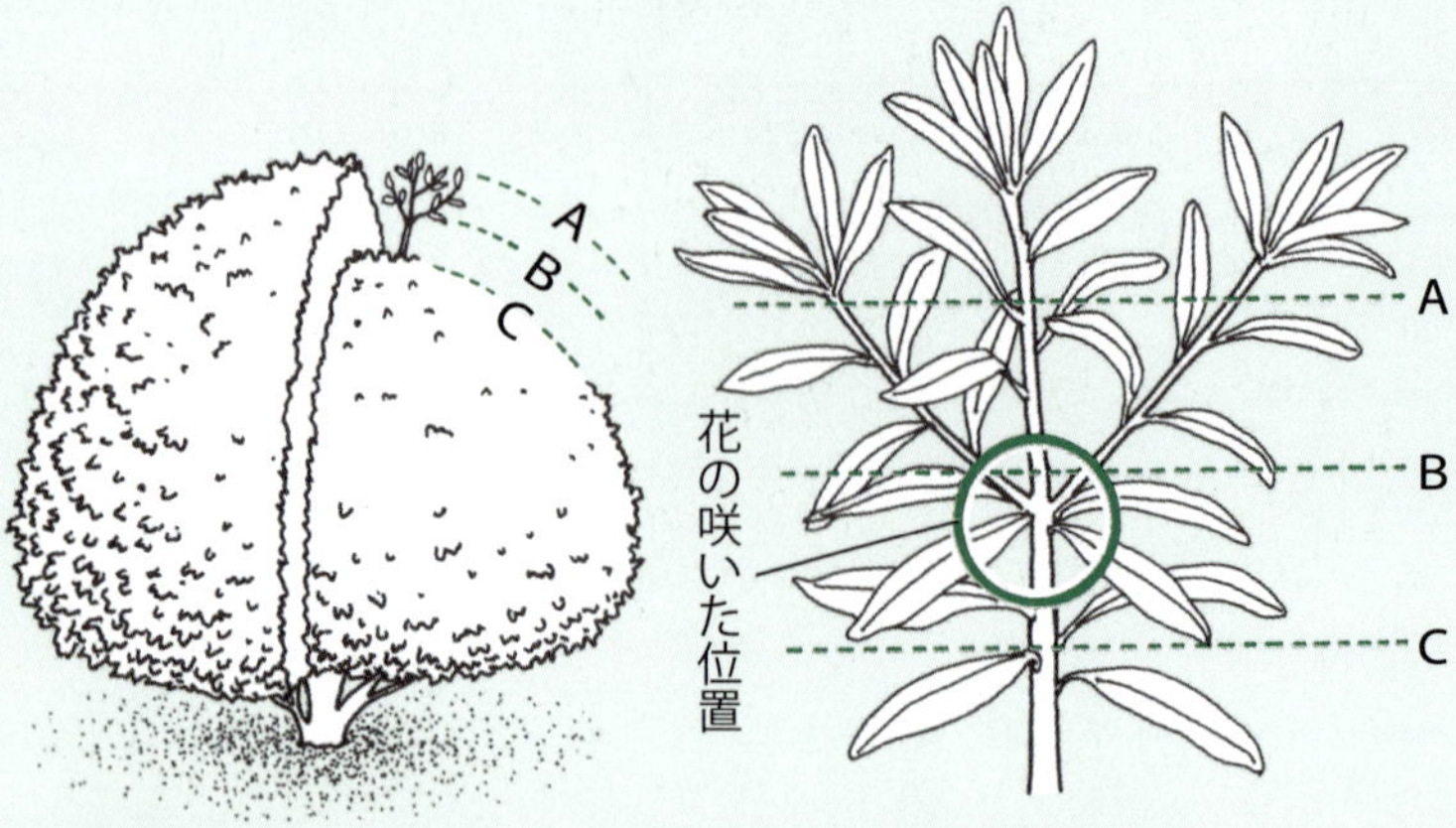

●株の大きさを変えたくないときは、新枝のつけ根Bで刈り込む
●株を大きくしたいときは、Aの部分で弱く刈り込む
●株を小さくしたいときは、Cの部分で強く刈り込む

ツツジの花がらを摘みながら刈り込みを行ったのである。なぜ、花が残っているのに刈り込んでしまうのかというと、来年もしっかりと花を咲かせるためなのである。

これまでたびたび解説しているが、木の芽にはいずれ枝や葉になる葉芽と花になる花芽がある。けれども、葉芽と花芽は最初から決まっているわけではない。気温や日照時間、あるいはその木の栄養状態によって葉芽の一部が花芽に変化するのである。これを花芽分化というが、花芽分化の時期は樹種によって異なる。花芽が決まってから剪定を行うと花芽を落としてしまうことがあり、これでは翌年の花は咲きようがない。かといって花芽が分化するかなり前に強い剪定をすると、枝や葉が勢いよく伸びて花芽がつきにくくなる。花木はおおむね花が咲き終わった後、花芽ができる前に剪定するのが基本なのである。

ツツジ類は花が終わりかけた頃に花芽分化をし、来年の花芽ができ始める。花が終わるか終わらないかの頃、「もう少し花を楽しみたいな」と思う頃に、花の咲いた位置で刈り込むのがベスト（図❶）。これを毎年繰り返すことにより、一定の大きさを維持させつつ翌年の花を咲

枯山水の庭に季節の彩りを添えるツツジ

かせるのである。

この作業は、まだもったいないと思う気持ちを断ち切って決行しなくてはならない。完全に咲き終えてからでいいだろうとグズグズしていると、きたない花がらも目立つし、新芽がかなり伸びてそれだけ作業が大変になってしまう。

ツツジに限らず、木が花を咲かせるのは年一回の大仕事である。その木のライフサイクルを考えて的確な手助けが必要となる。

多くの花木は開花期はいいのだが、それ以外の季節は存在を忘れがちになることが往々にしてある。特に冬場の落葉期など寒々しくもある。ところがツツジは違う。主役となる開花期以外も庭の重要な脇役としてじつに重宝する。常緑樹であるうえに（前述のレンゲツツジ、ミツバツツジ、あるいはドウダンツツジは別として）、背が高くならない灌木（低木）なので、高木や庭石の足元に植えて空間を引き締めるのに役立つ。また、ほどよく土面を隠し庭に立体感を与える。玉ものに仕立ててリズミカルな景をつくり、枯山水のような和風の庭にも合うし、洋風庭園にも無理なく調和するのがツツジなのである。

極意55

フジの上手な手入れ

●落葉期の剪定と藤棚づくり

ノダフジとヤマフジ

フジは春、ツツジ類とほぼ同じ時期に開花する。フジの花穂《かすい》が優美に垂れ下がった姿は、昔から人々をことのほか魅了していたことは想像に難くない。

フジの名の由来は、花房が風に吹かれて揺れ、花びらが舞い散る様子から「吹き散る」が縮まり「フヂ」となり、それに藤の漢字が当てられたという。

フジはマメ科の蔓《つる》性の落葉樹だが、日本には大きく分けてノダフジとヤマフジの二つの系統がある。単に「フジ」といったらノダフジを指し、日本国内に広く自生するヤマフジと区別している。

ノダフジは江戸の昔から畿内では「吉野の桜、野田の藤」といわれていた、野田村（現在の大阪市福島区）のフジを、著名な植物学者の牧野富太郎博士が優秀種として命名したことに始まる。フジ棚に仕立てられ、古くから各地で名所・名木となっているフジのほとんどはこのノダフジである。

ノダフジは、花は小さいが花穂が二〇センチから、長いものでは一メートル近くにまでなるものもある。なかには九尺フジといって花穂が二メートル近くにまで及ぶ品種もある。

それに対してヤマフジは、花は大きいが花穂が短く、一〇～二〇センチくらいでノダフジに比べて開花が早い。

株立ちに仕立てられたフジ

図❶ フジの苗木を植えて藤棚に誘引する方法

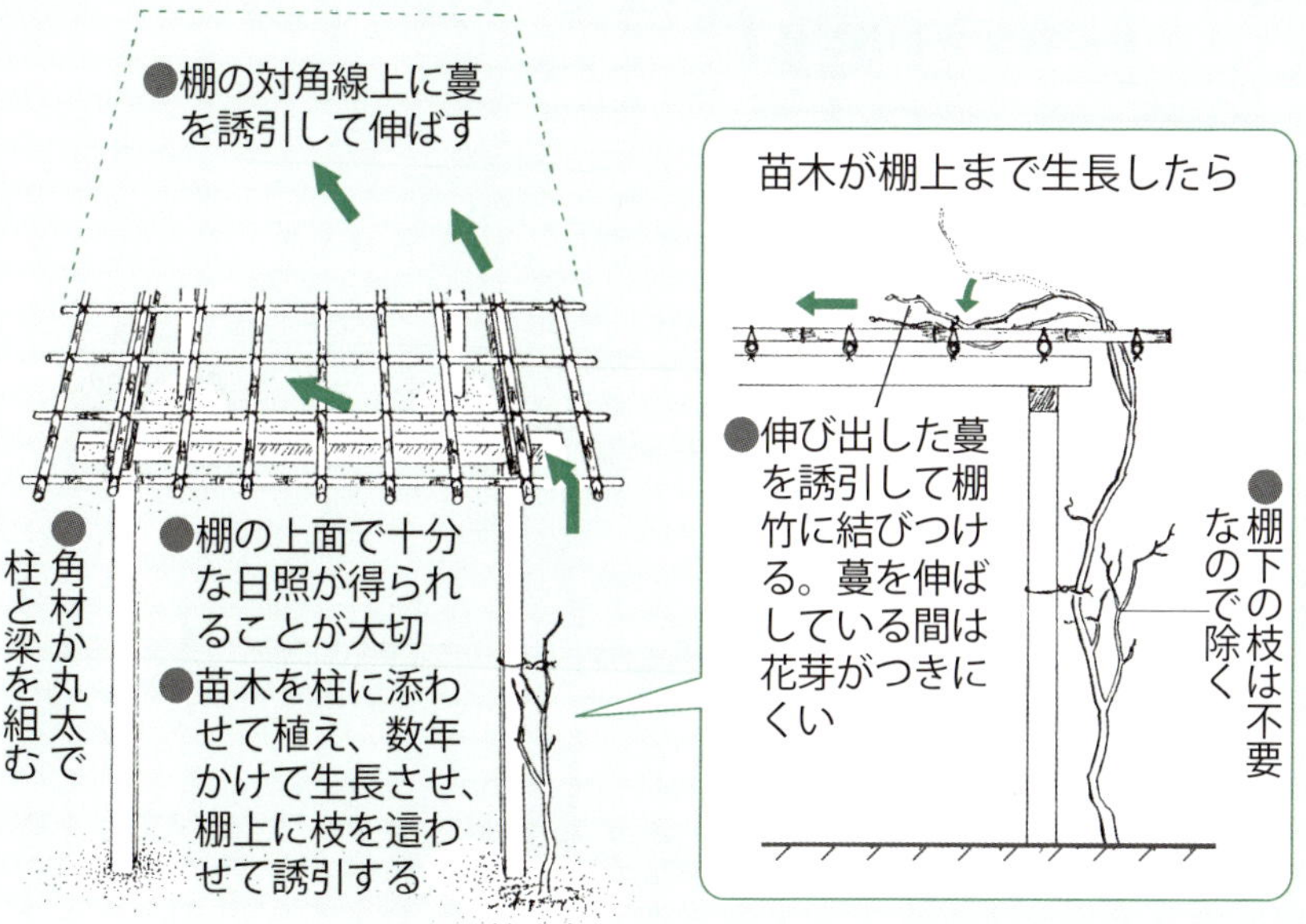
●棚の対角線上に蔓を誘引して伸ばす
●棚の上面で十分な日照が得られることが大切
●苗木を柱に添わせて植え、数年かけて生長させ、棚上に枝を這わせて誘引する
●角材か丸太で柱と梁を組む
苗木が棚上まで生長したら
●伸び出した蔓を誘引して棚竹に結びつける。蔓を伸ばしている間は花芽がつきにくい
●棚下の枝は不要なので除く

花が見応えがあるので一品仕立てや鉢植えに利用される。

なお、ノダフジの蔓は右巻き、ヤマフジは左巻きと、まったく逆となっている。

現在、フジは多くの品種がつくられており、花色が紫のほかに、薄紅色、白、珍しい黄色、あるいは八重咲きの種類もあるが、蔓の巻く方向を見れば、原種がノダフジかヤマフジかがすぐに分かる。

藤棚をつくる方法

藤棚は、柱と梁を角材や丸太で組み、その上に竹材などを格子状に組んだ桟を載せるのを基本とする。桟の高さは二メートルから二・五メートルほど、高くても三メートルくらいまでが適当であろう。

棚をつくったら、一本の支柱に苗木を植えて、生長とともに棚上に蔓状の枝を誘引するが、このとき、棚より下の部分の枝は必要ないので、つけ根から除いておくようにする。

木が棚上まで届いたら、桟の竹に結びつけて枝を誘引するが、真上から見て四角い桟の上を対角線上に枝を伸ばすようにする（図❶）。

フジの花つきがよくなる剪定法

フジの本格的な剪定は十二月〜二月の落葉期に行う。フジは今年の花が終わったあと、七〜八月頃に翌年の花芽ができるが、落葉期には蔓のつけ根の辺りの短い側枝にふっくらとした花芽がついているのが確認できる。

フジは生長がいいので蔓の先端がぐんぐんと伸びる。

図❷ フジの剪定法

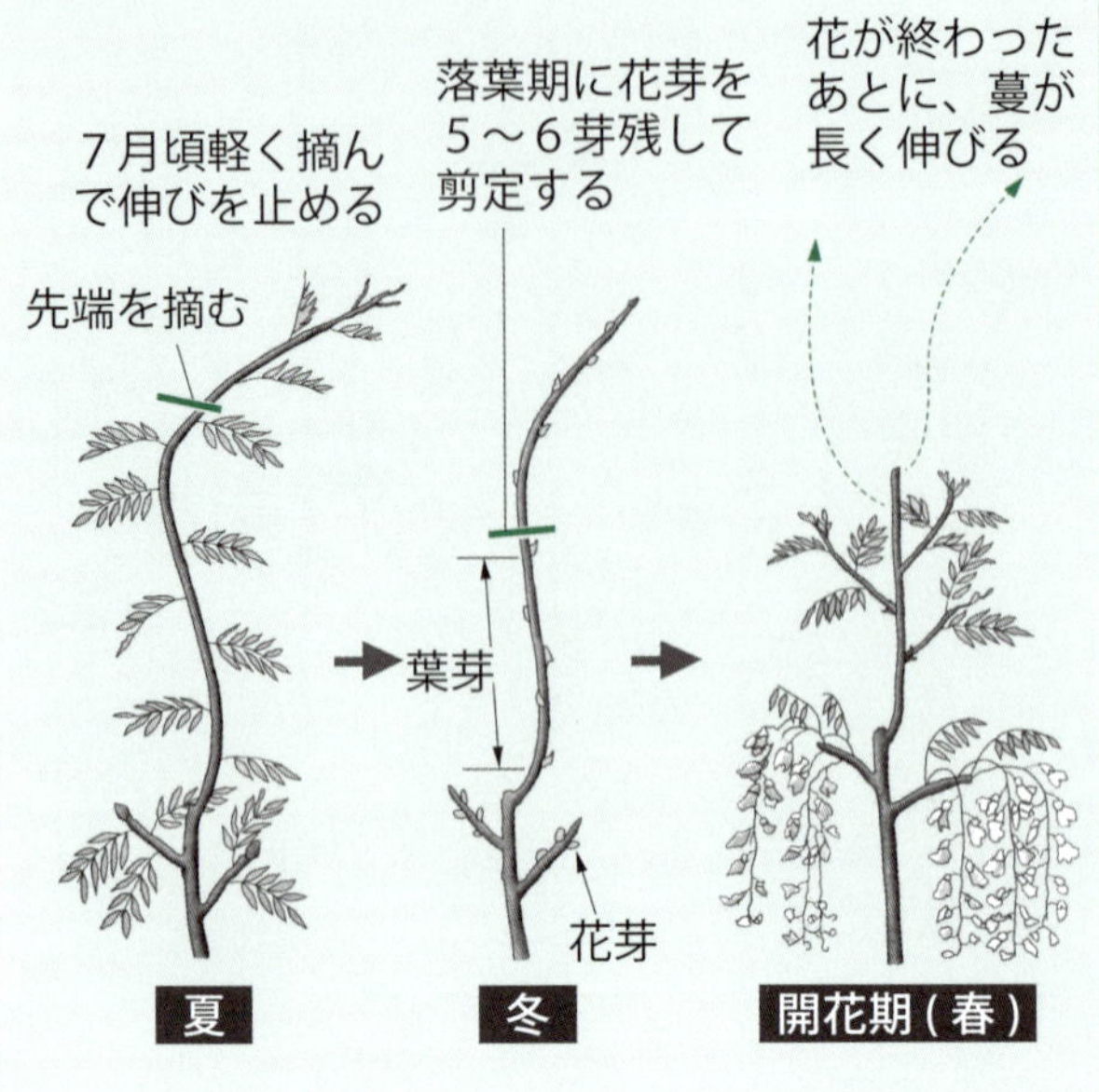
7月頃軽く摘んで伸びを止める
先端を摘む
落葉期に花芽を5〜6芽残して剪定する
葉芽
花芽
花が終わったあとに、蔓が長く伸びる
夏
冬
開花期（春）

花芽はそのような長く伸びた枝にはほとんどつかず、そこから発生する短い側枝につくので、伸びるに任せておくと極端に花が少なくなってしまう。

フジの剪定の基本は、花芽より先に五〜六芽の葉芽を残す位置で、長く伸びた蔓をはさむことである（図❷）。そうすることによって、花芽をつける側枝をたくさん発生させる。この剪定を怠ると花がつきにくくなる。

開花後から夏場にかけては枝葉が込んで鬱蒼とする。短い側枝に十分に日が当たらないと翌年の花つきが悪くなるので、適度に枝葉を間引いて全体に日が当たるようにするとよい。

前述のように、フジは勢いがいい木である。勢いがよすぎて蔓ばかりが伸びて花つきが悪くなる。だから多少いじめてやるとよい。私たちがよくやるのは、幹に太めの針金をきつめに巻きつける方法である。こうすると生育が抑えられて花つきがよくなる。針金は花芽がついたら外すようにする（図❸）。

根を傷めるのも効果的。スコップなどを地面に突き刺して根切りしたり、太い根を探り出してナイフで数カ所、皮を剥く。ただし真夏は根が水分を吸収するため消耗が

図❸ 花つきが悪いとき

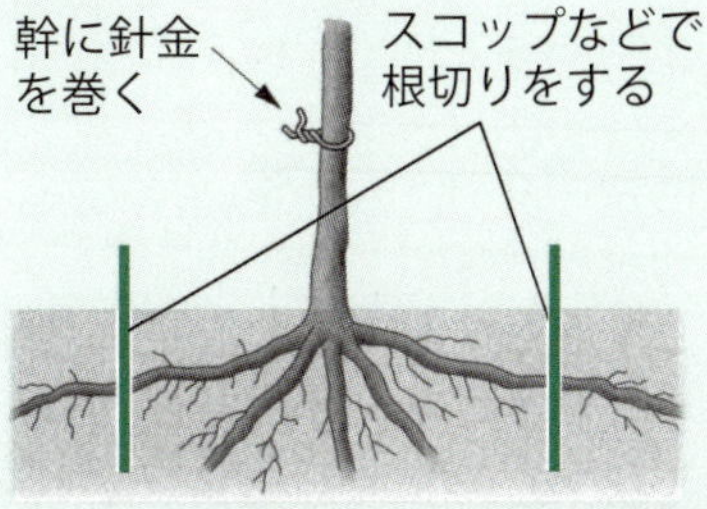
幹に針金を巻く
スコップなどで根切りをする

●花つきが悪いときは、幹に針金を強めに巻きつけて生長を抑えたり、スコップを地面に突き刺して根切りをしたりするとよい

激しいので避ける。やるのなら花後がよい。

なお、成熟した木であれば花がらを摘んで実をつけさせないようにすることも大切である。

もう一つ、フジを育てるうえで大事なのが夏場の乾燥に注意することである。日頃から、水やりを怠ってはならない。

東京の亀戸天神などもそうだが、フジの名所といわれるところにはたいてい池がある。水蒸気を発して根元を適度に湿らせてくれるのが生育にいいようである。

美しき花に人の心あり

亀戸天神や奈良の春日大社の「砂ずりのフジ」など、日本にはフジの名所といわれる場所が数多く存在するが、なかでも特別天然記念保存木に指定されている埼玉県春日部市の「牛島のフジ」はじつに見事である。

樹齢が推定千二百余年ともいわれる三本のフジの大木が、根元から枝を数本分岐して大きなフジ棚の上を這う。フジ棚の上面の面積は一本当たり、およそ七〇〇平方メートルもあり、花房の数は全体で一万を超えるという。ご覧になった方もいらっしゃると思うが、開花期には息を呑むほどの壮麗な風景が展開される。

私などは、そのような見事に咲き誇る花を見ると、仕事柄どうしても開花期以外の手入れということに意識がいく。

一年のうちフジの開花期は一カ月にも満たない。そんな束の間の花の美しさのために、職人たちは日々努力しているのである。

特に落葉期は、寒空の下、大変な労力を要していることは想像に難くない。

牛島のフジだけでなく、各地の花の名所を訪れたら、美しく咲き誇る花のなかに、そんな職人たちの苦労と努力、そして技や仕事っぷりを垣間見ていただければ幸いに思う。一人でもそのような目をもった方がいれば、庭師たちの苦労が報われよう。

極意56

アジサイの適切な手入れ

●時期を誤らない剪定の基本

花後剪定は避ける

梅雨時に雨が降らないと、あとあと困ることになることは分かってはいるが、やはりこの時期には仕事が思うようにはかどらない。そして何より鬱陶しい。

そんな鬱陶しさをひととき忘れさせてくれるのがアジサイの花である。雨にそぼぬれ、ひときわ輝きを増すアジサイの花の風情はまさに一服の清涼剤である。

お寺の境内や参道によく似合うアジサイ

古都鎌倉の明月院はことに有名だが、全国には「あじさい寺」と称されるお寺がたくさんあり、花の時期には多くの参拝客が訪れることと思う。

それほどアジサイの花に魅せられている人は多く、お寺の参道や境内に欠くことのできない花になっているのではないだろうか。

ツツジやサツキなど花木一般は花後にすぐ剪定するのが基本とされているが、このアジサイは例外である。開花中に花のすぐ下にすでに翌年の花芽ができているので、花後すぐに切ると花芽を落としてしまい翌年の開花はみられなくなる。

アジサイは下手に切りつめないでのびのび育ててやらないといい花はつかない。「あじさい寺」のご住職にとっては釈迦に説法かもしれないが……。

樹形を小さくまとめる方法

アジサイは生長が早く、また株立ち状なので、すぐに大きくなり、しかも横に広がる。かなり場所をとり、ほかの木の邪魔になることも少なからずある。

鬱蒼と茂り極端に形が乱れるようであれば、枝を整理しなくてはどうしようもなくなる。そんなときは、冬に長く伸びている古い枝を、地際で間引いて新しい枝に更新する。あとは根元から出ていて姿を乱している枝をはさむ程度にとどめる（図❶）。

図❶ アジサイの剪定法

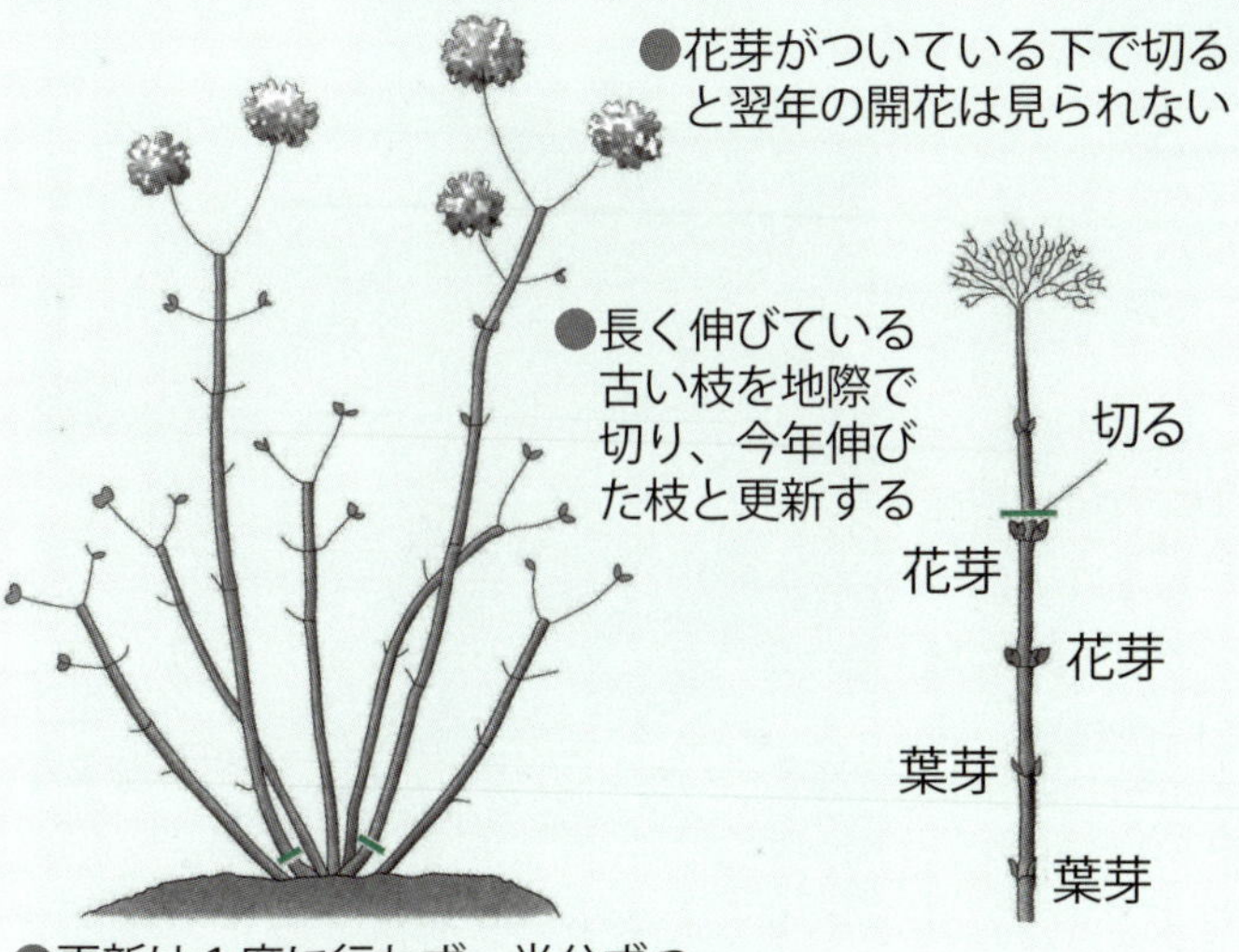
●花芽がついている下で切ると翌年の開花は見られない
●長く伸びている古い枝を地際で切り、今年伸びた枝と更新する
切る
花芽
花芽
葉芽
葉芽
●更新は１度に行わず、半分ずつ２年がかりでやるとよい

あまりに大きくなりすぎて、もてあますようであれば、多少荒療治になるが、すべての枝を地際からみんな切ってしまうとよい。

しばらくの間は、花をがまんしなくてはならないが、数年も経てば株も小さくまとまるし花も楽しめるようになる。

すべての花を犠牲にするのは抵抗がある場合には、今年、半分を切り、残り半分は翌年に切るというように二年がかりで行うとよい。切るときには今年花をつけた枝を切り、つけなかった枝を残す。残した枝は翌年の花を用意しているからである。

また、花芽に注意すれば、花が終わるか終わらないかのうちに、花がついている先端を切る方法もある。切った花は切花として楽しむのもいい。

この場合、冬にもう一度、花芽を確かめて花芽の上で切るようにする。

ただ、この方法だと、たいして丈を低くすることはできず、また慎重に行わないと深く切り込み花芽を落とすリスクがともなうので、やはり荒療治にはなるが、前述のように地際で更新する方法のほうが確実ではある。

タチアオイで梅雨明け

梅雨明けを知らせる？タチアオイ

梅雨時の花といえば、雨に濡れそぼつアジサイが印象深いが、この時期、公園や民家の庭先に植えられているタチアオイのあでやかな花もひときわ目を引く。

タチアオイは人の背丈を超えるくらいに直立した茎に、ハイビスカスにも似た直径 10cm ほどの花をいくつも咲かせる。

花の色は赤、ピンク、紫、白とさまざまで、八重咲きの品種もある。

アオイといったら、一般的にこのタチアオイのことを指し、かなり古くから親しまれてきた植物である。

江戸時代は天保年間の『世事百談』という随筆のなかに《花葵（タチアオイの別称）の花咲きそむるを入梅とし、だんだん標の方に咲き終わるを梅雨のあくるとしるべし》という一文がある。

タチアオイの花は茎に沿って下から上へと順々に咲いていくのだが、梅雨入りの頃、茎の下のほうの花が咲き始め、上のほうの花が咲き終わる頃、梅雨が明けるということである。

近年、梅雨明け宣言がなかなか発表されない傾向にあるようだが、この話が現代でも通用するかどうか、確かめてみてはいかがだろうか。

タチアオイは暑さにも寒さにも強いので、ほぼ全国的に分布していると思われる。

貴寺の境内や庭にない場合でも、近所を歩けば、公園や民家の庭先など、どこかしらで必ず見かけることができるだろう。

タチアオイの花を愛でながら梅雨明けを待つというのも、ちょっとした楽しみとなることと思う。

極意57
サルスベリの手入れ
●真夏を彩る花を美しく咲かせる

本格的な剪定は冬の落葉期に

サルスベリは漢名を「百日紅」という。その名の通り、夏から秋にかけ百日近くもの長い間、鮮やかな濃いピンクの花を次から次へと咲かせる（白い花やピンクと白が混じった花、ラベンダー色の花を咲かせる品種もある）。

サルスベリは前項のアジサイとは違った意味で、花後剪定は避けなくてはいけない。花後に急いで剪定すると、切口から土用枝が発生して、ものすごい勢いで伸びる。

真夏の庭を彩るサルスベリ

翌年、その枝からさらに花芽をつける枝が出て、やたら大きくなり樹形がまとまらなくなる。

花後は花がらを除く程度にとどめ、本格的な剪定は冬の落葉期に行うのがよい。サルスベリは春から伸びた枝先に花芽をつけて夏に開花するので、落葉期には花芽を気にすることなく剪定することができる。

花を大きくするか、花数を多くするか

サルスベリは剪定の強弱で花のつき方が異なってくる。花数は少なくてもいいから、見事な大きな花を咲かせたいときは強剪定、花房は小さくてもいいから、多くの花を咲かせたいときは弱剪定をそれぞれ行う（次頁図❶）。

強剪定は、今年伸びた枝を枝元に二〜三芽残して深く切り戻す。枝元からだいたい一〇センチくらいの位置である。すると、切った部分から大きな花をつける強い枝が出る。前年に伸びた枝も、勢いのいいものを二〜三本ほど残してほかは元から抜いてしまう。残った枝のみにエネルギーが回り、結果、花も大きく見事なものとなる。

弱剪定は、枝を四分の三から三分の二くらいを残すように軽く枝先を切り戻す。花芽がつく枝が多く伸びるので、花はたくさん咲くが個々の花房は小さくなる。

ただし、花つきはその年の気象条件に大きく左右され

る。木も生き物、剪定だけではなかなか思い通りにならないこともある。サルスベリの場合は、経験上、梅雨が長引き雨が多い年にはあまり花つきがよくないようである。日照りが続く乾燥した年のほうがよく咲く傾向にある。雨で蕾が落ちてしまうことが原因の一つであろう。

図❶ サルスベリの剪定法

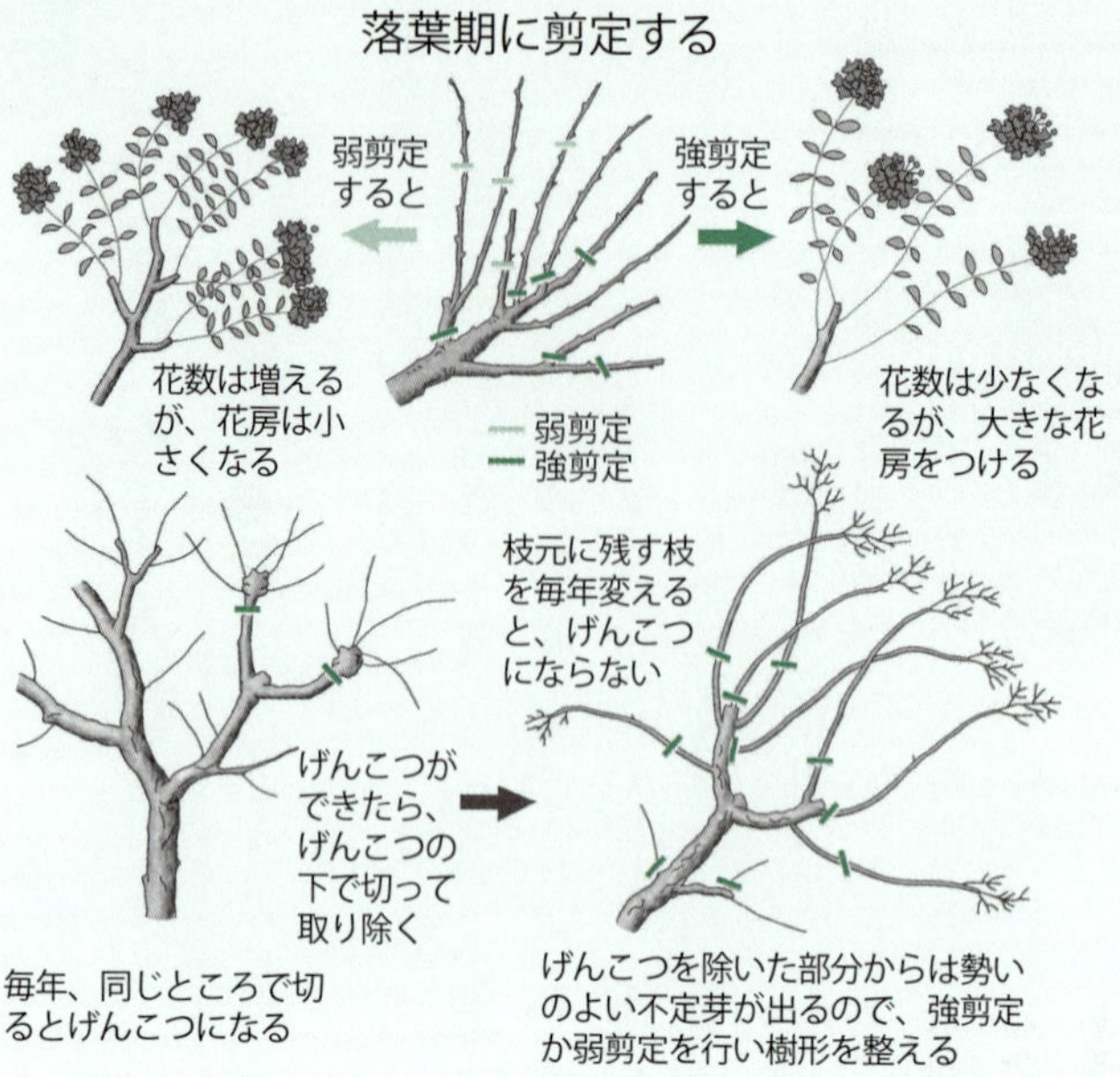
落葉期に剪定する
弱剪定すると
強剪定すると
花数は増えるが、花房は小さくなる
花数は少なくなるが、大きな花房をつける
弱剪定
強剪定
枝元に残す枝を毎年変えると、げんこつにならない
げんこつができたら、げんこつの下で切って取り除く
毎年、同じところで切るとげんこつになる
げんこつを除いた部分からは勢いのよい不定芽が出るので、強剪定か弱剪定を行い樹形を整える

とはいっても、空梅雨でも困るし、サルスベリにとっては痛し痒しである。

げんこつをつくらない

また、サルスベリの剪定で、もう一つ注意したいことが〝げんこつ〟をつくらないことである。

特に強剪定するときに、毎年同じ位置ではさんでいると、やがて切口の部分がふくらんでコブのような状態になってしまう。枝が拳を握っているような姿なので、これをげんこつなどと呼んでいる。「拳《こぶし》づくり」などと名づけて風情を楽しむ場合もあるようだが、あまりほめられたものではない。大きくなるとかなり見苦しい。ザクロやムクゲなども同様の性質がある。

げんこつをつくらないためには、前年はさんだ位置よりも少し下ではさむようにするとよい。また、げんこつが大きくなってしまった場合には、げんこつの下で切って取り除く。げんこつの下は古枝なので、切った先から小枝がたくさん発生する。勢いのいい枝やいい方向に伸びそうな枝を二、三本残して、あとは元からはずして樹形を整えるとよい。

極意58

ノウゼンカズラとクレマチス

●つる植物に花を咲かせる

つる植物を庭の景観づくりに

橙色のラッパ形をしたノウゼンカズラの花

近年、特に東日本大震災後、夏を省エネで快適に過ごせるようにと「緑のカーテン」が流行している。緑のカーテンはゴーヤやヘチマ、アサガオなどのつる植物を園芸用ネットに絡めて、遮光・断熱効果や葉からの水分蒸散作用によって、極力、冷房を使わずに快適な室温を維持するためのものである。

ただしゴーヤ、ヘチマは一年生の草本で、夏が終われば実の収穫とともに取り外してしまう。そこで庭のあしらいとして、多年生のつる植物を取り入れることをお勧めする。

つる植物には美しい花が咲くものも多くあり、お寺の庭や境内の景観づくりに効果的である。竹垣や庭門、塀などに絡ませたり、生垣に混ぜて彩りを添えたりするなど、工夫次第でさまざまなバリエーションの空間づくりができるだろう。

ノウゼンカズラの手入れ

そこでまず、ノウゼンカズラの手入れを紹介しよう。

ノウゼンカズラはラッパ形をした橙色の花が、花の少ない真夏の季節を彩ってくれる。花は一日で落ちてしまうが、基部から先端にかけて次々に咲いていくので、初秋まで楽しめる。

ノウゼンカズラは伸びすぎるのが難点といわれるほど、勢いよく伸びる。落葉樹なので葉が落ちている期間につるをはさんで短くするのが重要なポイントとなる。

また、この植物は新しいつるの先端部に開花するので、剪定しないと、古い枝、つまり開花が終わったつるが伸びて、枝葉が茂るわりには花数が少なく、淋しい姿になってしまう。枝先からつるをたどっていくと枝分かれしている部分にぶつかるが、そこが今年の枝の始まりとなる。枝元を一〇センチほど残してはさむようにすると、新芽の発生が促され、元気のいい花をつけるようになる。

もう一点、ノウゼンカズラは、地際からヒコバエ（ヤゴ）が出やすい。それも地下茎が浅く長く伸びているので、親株から離れたところでヤゴが見つかることがある。これを放っておくと、親株がヤゴに養分を吸い取られて樹勢が衰えてしまう。ヤゴを見つけたらすぐに取り除いておくことが必要となる。

四つ目垣にからませたクレマチス

ノウゼンカズラは新枝に蕾が二十個ぐらいつくが、開花するのは各枝とも十輪ほどに減るのが普通で残りは落ちてしまう。これを「自然落蕾」というが、あまりに落ちる数が多い場合は、たいてい乾燥が原因である。このようなときは株元に腐葉土などを敷いて乾燥を防ぐようにしたい。

なお、最近では花がやや小さく、小苗のうちから花を咲かせるアメリカノウゼンカズラが多く出回るようになったが、手入れは同じでいい。

ところで、ノウゼンカズラは古くは「まかやき」と呼ばれていた。「目赫《まかがや》き」が語源で、目もくらむほどまぶしく美しい花といった意味だという。

江戸時代、貝原益軒が著した『花譜』には《花を鼻にあてて嗅ぐべからず、脳を破る。花上の露目に入れば目暗くなる》と、ノウゼンカズラの花にひどい毒性があるかのように書かれている。ノウゼンカズラの名誉のためにいっておくが、これは全く根拠のない話で、毒性はないので安心してよい。おそらくは古い俗説をそのまま信じたか、「まかやき」という名から誤解したのではないかと考えられる。

クレマチスの美しい育て方

さて、もう一種、紹介したいのが「つる植物の女王」

とも称されているクレマチスである。昔ながらのテッセンやカザグルマもクレマチスの一種であるが、近年、国内で育種された新種に加えて、海外からも四季咲き種などの新種が入ってきて、庭園愛好家の間でも人気が高い。

花色、花の形ともに変化に富み、竹垣やフェンスにからませると、なかなか風情がある。

ちなみにテッセンという名は、つるが鉄線（針金）のように丈夫であることに由来するという。

一般的な春咲き種は、毎年二〜三月に前年に伸びた古いつるをはさんで、垂れ下がらないように斜めに誘引してやることが重要なポイントとなる。

図❶ クレマチス（四季咲き種）の剪定法

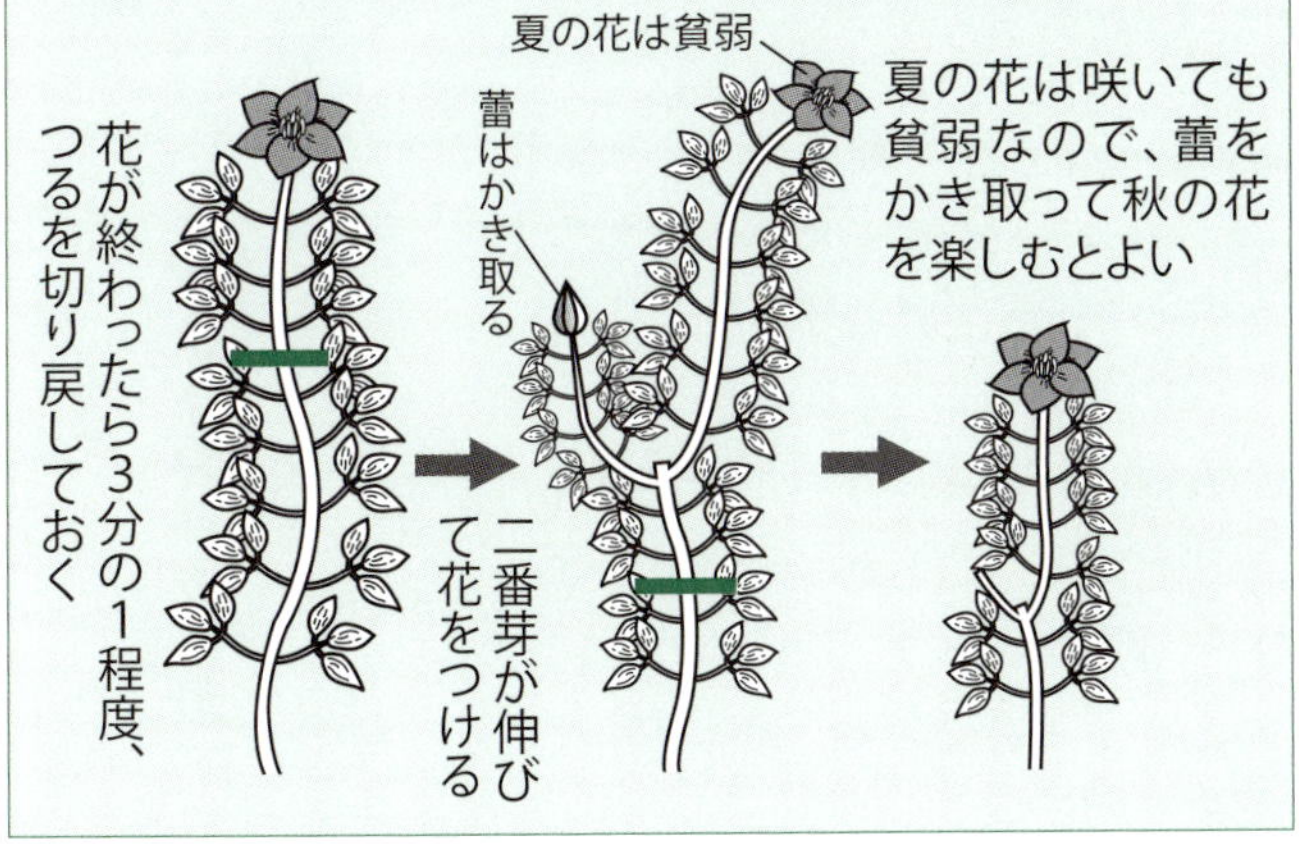
花が終わったら3分の1程度、つるを切り戻しておく
夏の花は貧弱
蕾はかき取る
二番芽が伸びて花をつける
夏の花は咲いても貧弱なので、蕾をかき取って秋の花を楽しむとよい

はさむ位置だが、つるを長く伸ばすと新枝がたくさん伸び、花数は増えるが花が小さくなる。短くはさむと新枝の発生が少なくなり、花数はやや減るが、ひと花ひと花が大きく見事に咲く。やはり大きく立派な花を楽しみたいので、できるだけ短めにはさむとよい（図❶）。

四季咲き種は、花が咲き終えたら実が結ばないように、三分の一ぐらいを切り戻す。はさんだ後のつるの葉腋（葉のつけ根）からは二番芽が伸びてきて、再び蕾をつけるが、夏の花は咲いても貧弱なので、蕾はすべてかき取ってしまうとよい。その後、八月くらいに七〜八節伸びた頃に、三〜四節残して切り戻しておく。こうすると、四季咲き種は秋に立派な花を楽しむことができる。

また、立派で美しい花を楽しむには冬に寒肥と、花が咲き終わったあとのお礼肥として、油粕に骨粉を三十パーセントほど混ぜた有機質肥料を一株あたりに一〜二握りほど、根が張るあたりに浅くすき込んでおくとよい。

なおクレマチスは品種によって剪定方法が異なるので、その品種の特性をよく確認することが必要となる。

つる植物で壁面緑化を

庭師に与えられた重要な役割の一つが都市緑化である。

東日本大震災後の夏の省エネ対策として、街をもっと緑で覆う必要性をことさら感じる。都市部のヒートアイランド現象の緩和につながるのである。

かつて、まだエアコンの普及していなかった時代、日本の民家では、部屋の南側にヘチマやヒョウタンの棚をつくったり、竿にアサガオを仕立てたりして、楽しみながら暑さをしのぐ工夫をしていた。

我々が庭師の立場から提案するのが、このような自然の力・庭の力・緑の力を最大限にいかそうということである。緑は強烈な日差しをやわらげてくれると同時に、葉の蒸散作用で空気を冷やし、心地よい涼風を運び、温度の上昇を抑えてくれる。

ここは少し前の日本に学ぶ必要があろう。

近年、屋上緑化が着目されているが、もう一つ非常に効果的な都市緑化の手法がある。それは壁面緑化、すなわち建物や塀などの構造物の垂直面を緑で覆うことである。

壁面緑化は壁の断熱や冷却に大きな効果が期待でき、また、屋上緑化のように荷重や、植物の生育に必要な土壌の厚さなどの条件を考慮する必要性もそれほどないので、植物を植えるスペースが極端に少ない建築空間の緑化工法として、現在注目されている。

全国の自治体でも壁面緑化の普及推進に向けて、助成や減税あるいはガイドラインの作成などの措置を講じているところが多い。

この壁面緑化に主に使われるのが、つる植物である。

つる植物は、アサガオのように巻きひげで支柱などに螺旋状に巻きついていくのが一般的で、実際につる植物といえばそのイメージが強いと思う。

しかし、ナツヅタやキヅタのように気根や付着根を出して壁面に張りついてよじ登って行くものや、クレマチスのように葉柄を絡ませるもの、ツルバラのようにトゲをひっかけるものなど、その登り方はさまざまなものがある。

種類によっては壁の前面にワイヤーロープを張ったり、ラティスをつくったりして、つる植物の性質を巧くいかして、その場所に合わせた壁面緑化が行われている。

つる植物による壁面緑化は大いなる可能性を秘めている。

極意59 ツバキとサザンカの手入れ

●樹形をまとめて花を長く楽しむ

鮮やかなヤブツバキの花

ツバキとサザンカの違い

古くから「椿の寺」あるいは「山茶花の寺」と称し、境内に見事なツバキやサザンカの花が咲くお寺も多い。ツバキもサザンカもわが国を代表する常緑の花木であり、非常に馴染みも深いと思うが、ツバキとサザンカの区別が分からないといった人が意外と多い。

じつは、サザンカもツバキなのである。こういうと分かりづらいかもしれないから、噛み砕いて説明すると、ツバキはツバキ科ツバキ属の植物の総称であり、そのツバキ属のなかにサザンカも属しているのである。

しかし、狭義の意味では、ツバキはヤブツバキのことで、私たちが普通にツバキといったら、それはヤブツバキのことを指す。そのヤブツバキを原種として、ユキツバキ、ワビスケなど二千を超える品種がある。

一方、サザンカにも多くの品種があるが、原種のほかはカンツバキとハルサザンカの二つ系統に分けられ、そのほとんどがツバキとの交雑種である。

そこでツバキ（ヤブツバキ）とサザンカの違いだが、花の時期はサザンカが十一月頃から暮れにかけて、対してツバキのほうは年を越して五月頃までと非常に花期が長いのが大きな特徴である。

またツバキの花は萼《がく》の部分から丸ごとポトッと落ちるが、サザンカは花びらがバラバラに散る。武士が「首が落ちる」といってツバキを嫌った話はよく知られている。

花以外では、ツバキは葉に光沢があり、その光沢から

図❶ ツバキとサザンカの剪定法

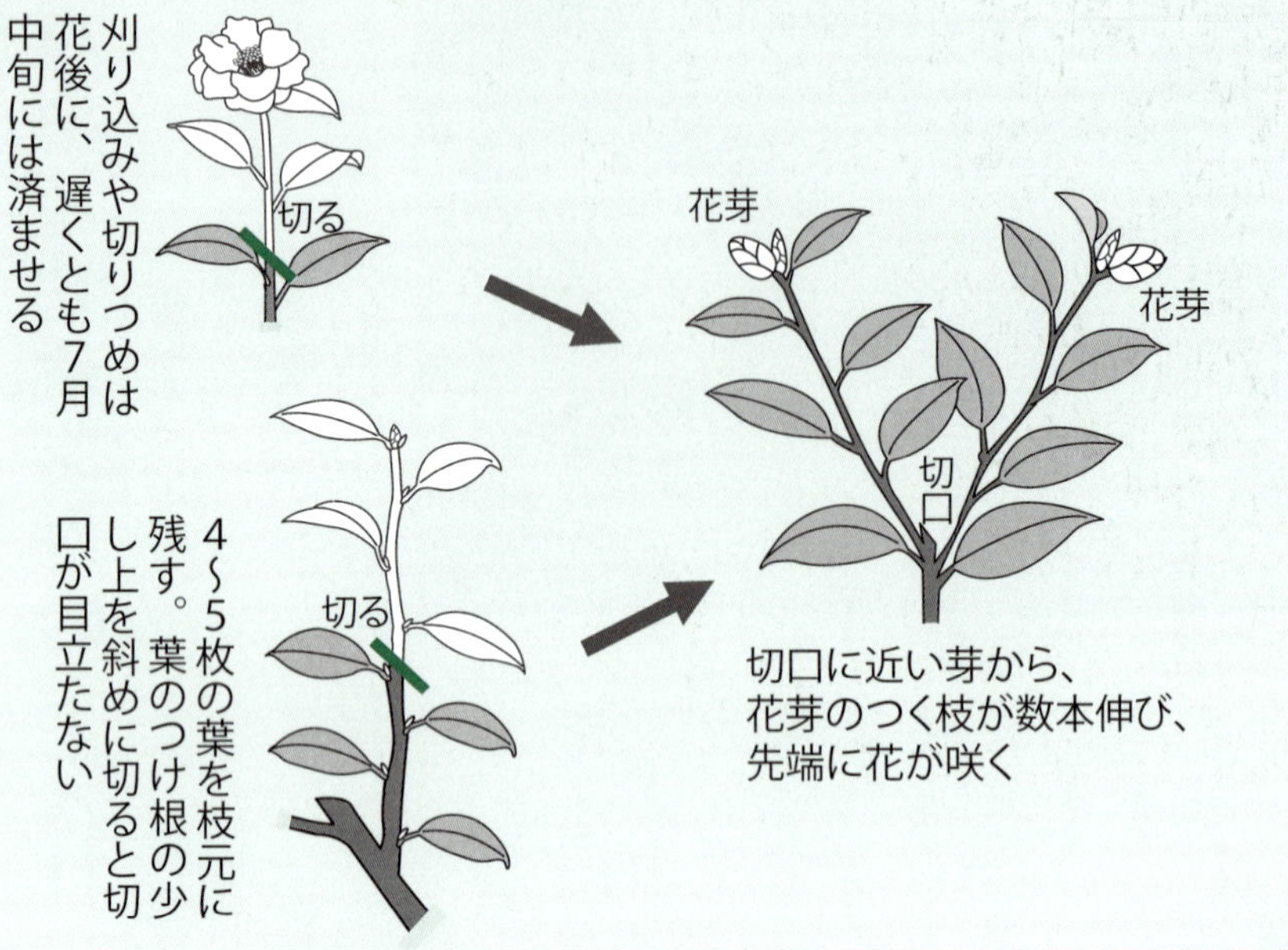

刈り込みや切りつめは花後に、遅くとも7月中旬には済ませる
切る
4〜5枚の葉を枝元に残す。葉のつけ根の少し上を斜めに切ると切口が目立たない
切る
花芽
花芽
切口
切口に近い芽から、花芽のつく枝が数本伸び、先端に花が咲く

「艶葉木」がツバキに転訛したという説もあるが、サザンカはツバキに比べると葉が小さく光沢が少ない。

ツバキとサザンカの剪定

ツバキもサザンカも萌芽力が強いので、刈り込みにより生垣や円筒形に仕立てることができる。両者とも七〜八月頃にその年に伸びた新枝の先端に花芽がつくので、刈り込みは花後に行い、遅くとも七月の中頃までには済ませるようにしよう。

自然樹形で楽しむ場合も、ある程度剪定して樹姿を整え、同時に樹冠内部に日照と通風を確保する必要がある。日当たりの良し悪しで枝の伸び方が異なるので、放っておくとどうしても枝葉の多い部分と少ない部分ができて、いびつな格好となってしまう。

枝元に四〜五葉残して切り戻すのを基本として、勢いのよい枝は強く、勢いのない枝は弱くはさむというように、全体の姿を見て強弱をうまく按配することが大切である（図❶）。

とはいっても、これがなかなか難しい作業で、経験を積んで覚えていくしかない。

なお、ツバキもサザンカも、深く切り込みすぎても枯れるということはまずないので、そのへんは安心して作業ができる。

ただし、一つ注意していただきたいのが、必ず葉のつけ根か、枝分かれしている部分ではさむこと。そうしないと切口が目立ってブツブツと見苦しくなるばかりか、長く残った枝先が枯れこんでしまうこともある。

これはツバキやサザンカに限らず、どの木でも同じことではある。

恐ろしいチャドクガに注意しよう

ツバキ、サザンカにつく害虫でやっかいなのがチャドクガ（茶毒蛾）である。チャドクガがつくのがツバキ類の最大の欠点といってもいい。

チャドクガは非常に食欲旺盛で葉を食べつくし、ひどいときには木を一本丸坊主にしてしまう。それはかりではない。毒蛾の名のごとく幼虫の毛には毒があり、直接触ろうものなら皮膚がかぶれ二〜三週間はひどいかゆみがとれない。

さらにやっかいなことに、幼虫が脱皮したあとの抜け殻にも毒針毛が残るし、蛹《さなぎ》や卵にも毒針毛が付着する。虫が発生しない冬場でもこの抜け殻や卵が枝葉についていると、風によって毒針毛が飛ばされ皮膚についで刺されたときと同じようにかぶれる。現在これが社会問題にもなっていて、特に子どもなどがアレルギー症状を起こすことがある。

刺されたときには、掻いたり強くこすったりせずに、患部にセロハンテープなどを貼って毒針毛を除き、水でよく洗ってから抗ヒスタミン含有のステロイド軟膏を塗っておくことが必要である。

このチャドクガは年二回発生する。五月のゴールデンウィーク頃に幼虫が孵化し、六〜七月頃に成虫が羽化して産卵し、八〜九月に二回目の幼虫が発生するので、薬剤散布など防除・駆除対策を万全にしておくことが必要となる。

最近では、幼虫を固着させて動けなくすると同時に、毒針毛の飛散を抑える噴霧剤も発売されている。これは殺虫成分を使用していないので、農薬には当たらず安全に使用できるので重宝する。ただ、使用後は噴霧した部分の枝葉を取り除いて処分することが必要となる。

第13章 芳香樹の手入れ

極意60 ジンチョウゲの刈り込み

●適切な時期に小さくまとめる

春浅い二月下旬から三月上旬、冷えた空気に混じって漂うジンチョウゲの香りが何ともいえない郷愁を誘う。

ジンチョウゲは背が低く、自然に半球形のこんもりとした樹形に整うので、ことさら剪定する必要はないのだが、根が弱くて、大きく生長すると倒れてしまうこともある。

ジンチョウゲの花

　そのような場合には小さくまとめることが必要となる。萌芽力が強く枝葉が密生するので刈り込んで丸く仕立てるとよい。

　刈り込む時期は花後すぐ、まだ花が多少残っていて、もったいないと思う頃がベストであろう。開花後まもなくして伸びた新芽に翌年の花芽がつくので、五月頃に伸び始めた新枝を刈り取ってしまうと、花芽を落とし翌春の花が見られなくなる。

　もし春に刈り込みができなかった場合は、秋、九〜十月頃に弱い刈り込みを行うようにしていただきたい。同時に内部の枯れ枝やからみ枝を、枝分かれ部分からはさんで風通しをよくしておくことも必要である。

　なお、ジンチョウゲは寿命の短い木である。何十年とは生きることはない。前述のように根が弱くて、思うように地中の養分や水分を吸い上げることができないためである。ただ、幸いに挿し木で簡単に増やせるので、刈り取った枝を再利用して増やすとよい。

極意61
カラタネオガタマの人気の訳
●香り強き芳香樹の仕立て方

カラタネオガタマという名はあまり馴染みがないかもしれない。

しかし芳香樹として、これから人気が出てくる可能性を秘めた木なので、ここに紹介したい。

カラタネオガタマは漢字で「唐種招霊」と書き、名の通り中国原産のモクレン科の常緑低木である。日本には江戸時代に渡来したといわれている。

ちなみに、同属のオガタマノキは日本に自生し、古くから神前に供える玉串として利用されてきた。また神木とされて神社の神域などにも植栽されている。

香りが強いカラタネオガタマの花

カラタネオガタマはオガタマノキよりも小型で、四〜五月頃に黄褐色の花を咲かせる。

モクレン科の木の花は芳香が強いことで知られているが、このカラタネオガタマは特に強い。花は小さく直径三センチほどだが、まるでバナナのような甘い香りが辺り一面に広がるのである。

樹高三〜四メートルくらいまでしか生長しないので、狭いスペースにも植えられ、管理も比較的楽である。樹形が乱れにくいので、花後に徒長枝や枯れ枝を抜き、込み合っている部分を多少透かす程度で十分である。

刈り込みも可能なので生垣としても仕立てられる。

最近は花垣などと呼ばれる花の咲く生垣が人気で、ユキヤナギやモッコウバラ、ベニバナトキワマンサクなどが花垣に仕立てられ、それぞれが開花期には美しい花のスクリーンとなる。花垣はお寺の境内だけではなく、外観を美しく彩るにはうってつけの方法だと思う。ぜひ試されてはいかがだろうか。

このカラタネオガタマは花に加えて、香りの垣根ともなり、通りすがりの人も思わず足を止めるかもしれない。

極意62

クチナシの育て方

●刈り込みと枝抜きで仕立てる方法

クチナシに四徳あり

クチナシは春のジンチョウゲ、秋のキンモクセイと肩を並べる芳香樹であり、中国ではウメ、ユリ、キク、スイセン、モクセイ、マツリカ（ジャスミンの一種）とともに、天下の名香花「七香」の一つに数えられている。また同じ中国ではクチナシには四徳があるともいわれ、古くから珍重されてきた。

初夏に甘く香るクチナシの花

この四徳とは、「純白の花」「清純な香り」「冬でも青々と茂る葉」「橙色に熟す実」を指す。

このなかで「花色」や「香り」「常緑の葉」に関しては、なるほどと思う人が多いと思うが、「橙色に熟す実」に関してはあまりピンとこないかもしれない。

クチナシといえば、やはり花と芳香なので、いたしかたないことなのだろうが、橙色に熟す実もクチナシの大きな観賞要素であり、花の少ない秋から冬の庭を彩ってくれる。

花より利用価値の高い実

クチナシの実は熟しても裂けることがない。いくら熟しても口を開かないことから「口なし」といわれるようになったことが、クチナシの名の由来のようである。あるいは、実を梨に見立てたり、実の上部に残る萼片《がくへん》を鳥のくちばしに見立て、口のある梨「口梨」となったという説や、実は生食すると苦いので「口苦し」が転訛したという説もある。

いずれにしてもクチナシの名はその実に由来している。これは、昔はクチナシの実が花以上に重要なものとして扱われていたことと関係があるのだろう。

クチナシの実は古来、漢方薬の原料として利用され、実を粉末にして卵白と一緒に練ったものは、捻挫、筋肉

図❶ クチナシの剪定法

花の下から伸びた新枝の
先端に翌年の花芽をつける
●込みすぎている
枝を枝分かれの
部分で間引く
●徒長枝や勢いのよ
すぎる枝は、枝元
に４～６枚の葉を
残して切りつめる

痛、腰痛、腫れなどに貼ると効果があるという。

また、日本では平安時代から染料としても利用されてきた。『源氏物語』の「賢木の巻」には、クチナシの実で濃黄色に染めた袖口のすばらしさが描かれている。

さらに、江戸時代の料理本には「クチナシ飯」のレシピが載っている。実を煎じた黄色い汁でご飯を炊き、慶事の際に饗されたという。現在でも地方によってはクチナシ飯を炊くところがある。

ちなみにクチナシは英名で「ガーデニア（Gardenia）」という。園芸品店でもときどきガーデニアという名前で売られていることもある。欧米ではガーデン（庭）を代表する植物なのかと思いきや、アメリカの植物学者であるアレキサンダー・ガーデン（Alexander Garden）という人の名に因んだ命名であった。

刈り込み派か、枝抜き派か

さて、蘊蓄はこれくらいにして、クチナシの手入れ法を紹介しよう。

クチナシは性質が強い樹種で、真夏の乾燥と冬の寒風を避ければ順調に生育する。

剪定に関しては、植えられている場所や好みによって、刈り込みで行うか、枝抜きをするかを決めるとよい。

クチナシは枝分かれが少なく、自然に株立ち状にまとまるので、毎年剪定をする必要はない。

多少伸びすぎた枝を抜く程度で十分に自然樹形が整う。ただ株が大きくなりすぎた場合には、樹形を小さく仕立てる剪定が必要となる。

勢いのある枝を樹冠内部の枝分かれしている部分で切りつめる（前頁図❶）。

また、クチナシは刈り込みによって球形に仕立てることもできる。刈り込むことによってさらに枝数が増えて、樹冠が揃って見た目に美しくなる。

じつはクチナシの剪定に関して、我々の間でも「刈り込んで仕立てた方がいい」という刈り込み派と、「枝抜きで行え」という枝抜き派に分かれている。

刈り込み派は「刈り込みを行うと花が平均的につき、枝抜きをすると残された枝が暴れて姿が乱れる」という。

一方の枝抜き派は「できるだけ放任して、古くなった枝を間引くほうが株立ち状の自然の風合いを損なわない」という。

双方とももっともな主張で、結論的には好みの問題と、植え場所が放任して育てるだけのスペースがあるかないかという広さの問題ということになる。

いずれの方法で剪定するにせよ、注意すべきことは花後できるだけ早く行うということである。

花後まもない八〜九月には、花の下の部分から伸びた新枝に翌年開花する花芽がつく。八月以降に剪定を行うと花芽を落としてしまい、翌年の開花は見られなくなる。

「もうちょっと花を楽しみたいな」と思う頃がベストで、特にクチナシの花の場合、枯れて茶色に変色してもいつまでも花托についていて見苦しいので、早めに剪定するに越したことはない。

もし時期を逸するようなことがあれば、その年はもう剪定は行わないことが望ましい。

オオスカシバの幼虫に注意を

またクチナシで注意すべきは、その葉にオオスカシバの幼虫（青虫）がよくつくことである。油断すると葉や蕾をことごとく食害されてしまう。梅雨の頃から秋くらいに青虫を見つけたら、一刻も早く捕殺するようにしたい。小さいうちは見つけにくいが、葉の裏を注意して見ると、ボツボツと黒い糞がついていることがある。これがあったら青虫が潜んでいるサインなので、すぐに殺虫剤の使用などの策を講じることが必要とされる。

クチナシのような香りの強い木は、庭が視覚だけで観賞するものでなく、嗅覚ひいては五感全体で感じるものだということを教えてくれる。

極意63 モクセイの上手な手入れ

●秋の芳香樹の樹形を仕立てる

キンモクセイは早秋の香り

夏が終わっても、まだ暑さの混じった秋風が吹き始める。秋のお彼岸を過ぎる頃になるとようやく涼しくなり、さわやかな風のなかに何ともいえない独特の甘い香りが漂ってくる。

キンモクセイである。キンモクセイの葉のつけ根に集まって咲いているオレンジ色の小さな花が強い芳香を放っているのである。

秋口に香り漂うキンモクセイの花

キンモクセイは春先のジンチョウゲ、初夏のクチナシと並んで芳香樹として人気が高い。

モクセイといえば植物学上は白い花をつけるギンモクセイを指すが、私たちが普通にモクセイといったらこのキンモクセイを指すのが慣例である。それだけキンモクセイのほうが人気があり、一般化しているためであろう。ちなみに、ギンモクセイの葉は縁が鋸《きょ》歯《し》状、つまり葉がノコギリの葉のようにギザギザになっている。ここがキンモクセイとの大きな違いであり、花期以外に両者を見分けるポイントとなっている。

ただ、キンモクセイもギンモクセイも剪定などの手入れ方法は全く同じなので、以下、モクセイと総称して解説していこう。

モクセイの剪定時期

夏から秋にかけて開花する花木はおおむね花芽分化から開花までの期間が短いのだが、なかでもモクセイはかなり短い。八月上旬頃に花芽をつけて九月にはもう開花する。

剪定は花が終わった後が適期である。花後であればいつでもいいのだが、できるだけ早く行ったほうが、翌年、勢いのいい新枝が出て花つきがよくなる。

モクセイの花芽は春から伸びる新枝の葉のつけ根につ

くので、やむを得ず来春に剪定する場合でも、遅くとも四月の半ばくらいまでには終わらせるようにしたい。

　それ以降に行うと新枝を飛ばしてしまい、結果、花芽がつかず開花を見られなくなってしまう恐れがある。

　なお、仮に四月半ば以降に剪定を行って新枝を飛ばしてしまったとする。それでもモクセイは萌芽力が強いので、再び新枝が出てくる。ただし、出るには出るのだが、その枝にはまず花芽はつかない。

図❶ モクセイの自然樹形の剪定法

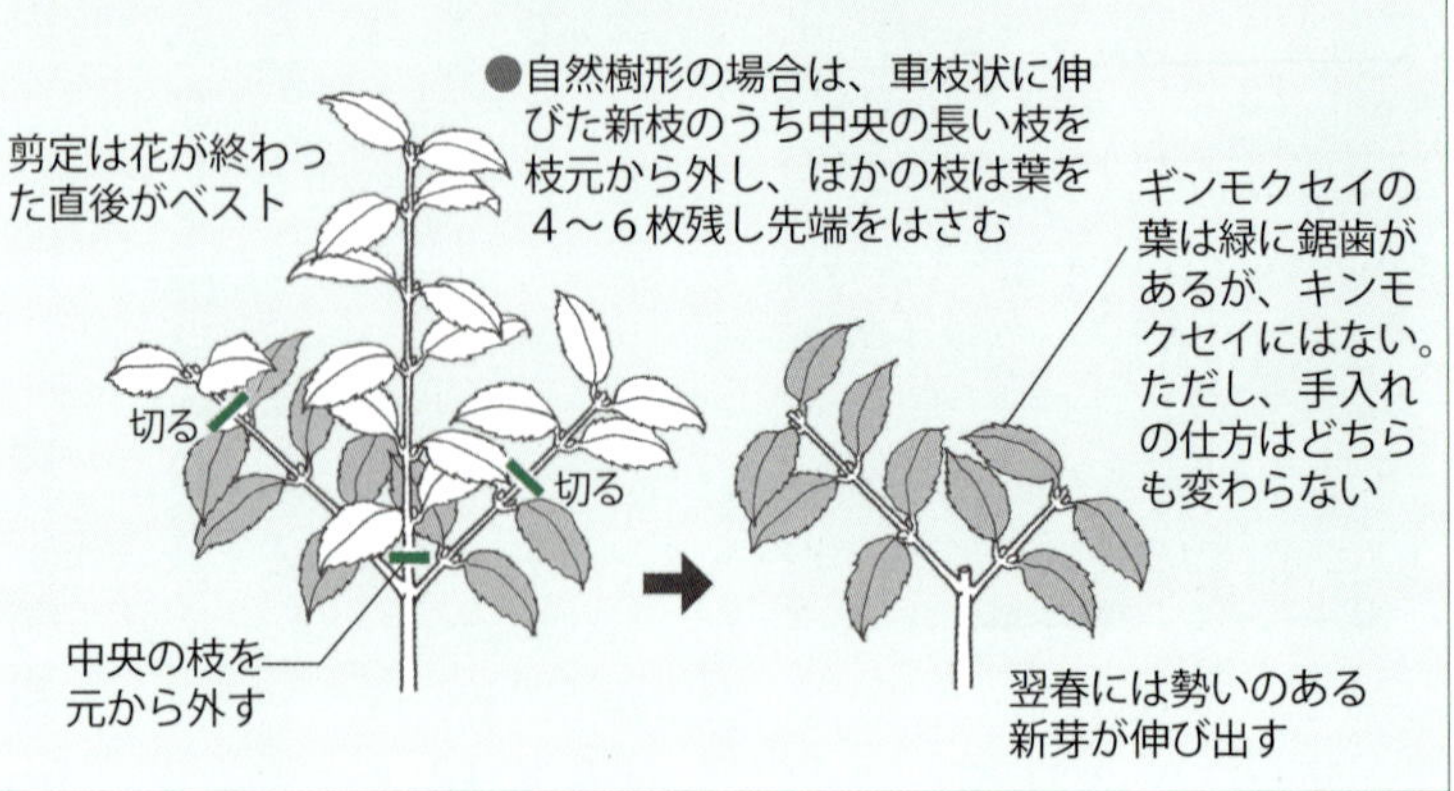
剪定は花が終わった直後がベスト
●自然樹形の場合は、車枝状に伸びた新枝のうち中央の長い枝を枝元から外し、ほかの枝は葉を４〜６枚残し先端をはさむ
ギンモクセイの葉は緑に鋸歯があるが、キンモクセイにはない。ただし、手入れの仕方はどちらも変わらない
切る
切る
中央の枝を元から外す
翌春には勢いのある新芽が伸び出す

自然樹形と円筒形の剪定

　モクセイは幹が真っすぐに立ち上がり、枝が幹を取り囲むように細かく張るので、自然に任せても円錐状の整った形に生長する。

　自然樹形で楽しむ場合は枝透かしを行って通風をよくすることが必要となる。枝先の剪定は、車枝状に伸びている新枝のうち、中央の長い枝を枝元からはずし、他の枝は四〜六葉を残すようにして先端をはさむのが基本となる（図❶）。

　ただ自然のまま放任しておくと樹高が十メートルほどにもなり、樹冠も相当大きくなるので、限られた広さの庭ではもてあましてしまう。お寺の境内のような広い場所でも、モクセイ一本を単独で植えない限り、大きな樹冠が他の樹木と重なったりして圧迫感を与えるばかりか、互いの健全な生育に好ましくない。そこで樹芯を止め、円筒形に仕立てることをお勧めする（図❷）。

　モクセイは萌芽力が強いので刈り込みによって仕立てることが一般的である。比較的浅く刈り込んで樹冠を整えていくのが基本で、もし前年に刈り込んだのであれば、必ず前年の刈り込み線の外側を刈る。強く刈り込みすぎ

図❷ モクセイの円筒形仕立て

●刈り込みで円筒形に仕立てる場合は、必ず前年の刈り込み線の外側を刈るようにする。花芽は新枝から伸びた枝につく

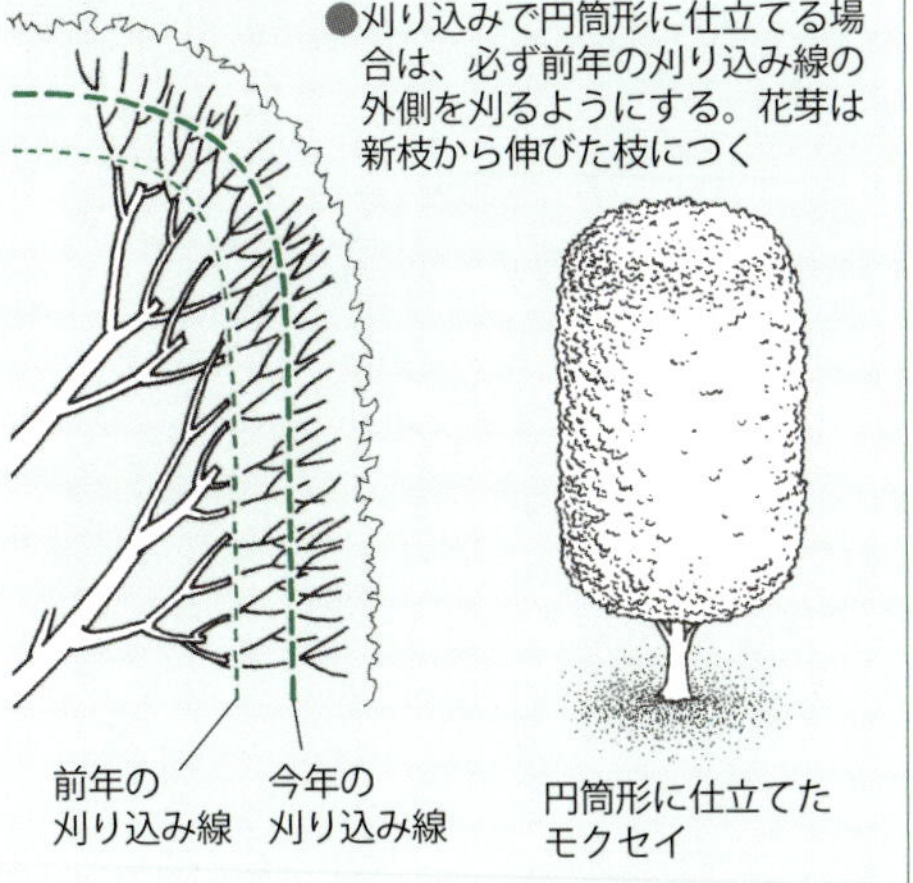

ると枝枯れを起こす恐れがある。毎年、花後に浅めに刈り込んで少しずつ大きくしていくとよい。

このような仕立ては樹冠の茂り具合が片寄らないように均一にすることが大切で、美しさを維持するポイントとなる。

しかし、どれほどていねいに刈り込んで表面を整えたつもりでも、すべての新枝が均一に伸びることはめったになく、春には樹冠から徒長枝（とび枝）がものすごい勢いで飛び出してくることが往々にしてある。その場合は樹形を優先させて、徒長枝を元からはさむ。

そのほか、部分的に枝抜きをし、常に枝振りを均一に維持するように心掛けたい。

開花には葉水がよい

ところでモクセイは意外と大気汚染に弱い傾向にあり、煤煙や排ガスなどが多いと、生育に悪影響が見られ、花芽がつきにくかったりする。

モクセイは「梅雨どきに雨の多かった年は花がよく咲く」といわれる。梅雨どきはちょうどモクセイの生育期の真っ只中で、雨が葉の表面についた汚れをきれいに洗い流し、光合成が促進されるためと思われる。

ということは、たとえ空梅雨でも、春から夏にかけての生育期にこまめに葉水を与え、葉をきれいな状態に保つことが、秋に花を美しく咲かせるのに効果的ということである。

また、病気や害虫にやられているわけでもないのに、葉がパラパラと落ちてしまうことがある。これはあきらかに日照不足による衰弱が原因である。

モクセイは特に太陽光線を強く要求する木なので、まずは建物の北側など日陰になる場所には植えないこと。周囲の木が茂り過ぎていて日光をさえぎっている場合などは、それらの木々の枝葉を透かすなどして、できるだけ日当たりを改善することが必要である。

第14章 果樹の栽培法

極意64

カキはいかに育てるか

●実りがよくなる秘伝

郷愁へと誘うカキ

仕事柄、自然のなかに身を置き、季節とともに移り行く木々や草花を見ていると、日本の自然は季節の変わり目が特に美しいように感じる。一つの季節が終わるときの余韻、そして次の季節の予兆、その余韻と予兆が重なり合うなかに、自然界はえもいわれぬ美しさを見せる。

ことに晩秋は格別である。日一日と気温が下がるごとに、モミジやイチョウの葉が紅や黄に色づき、そして冬に向けて、徐々に衣を脱ぎ捨てて行く木々。山は錦から枯れ色に姿を変え、どこまでも荒涼とした景色が広がる。何ともいえない寂寥感が漂う。我々、日本人はそんな寂寥感のなかに、そこはかとない美を見いだし、「もののあはれ」あるいは「侘び寂び」というキーワードを用いて独自の文化へと昇華させた。そこに日本の文化の底知れぬ奥深さが垣間見える。

そして、今回の主役であるカキ。

カキほど古くから日本の風土に深く根ざした果物はない。平安の頃から栽培され、江戸時代にはすでにいくつもの品種がつくられた。今日ではその種類は千を超えるという。全国各地で栽培され、たわわに実るその姿に私たちは何となく懐かしさを覚える。

《里《さと》古《ふ》りて柿の木持たぬ家もなし》という松尾芭蕉の句があるが、ひなびた山村の風景を想像していただきたい。稲はすっかりと刈り取られて干され、山は錦から枯れ色に姿を変え、どこまでも荒涼とした景色が広がる。

そんな寂寥感ある風景のなかに、鈴なりの朱の実をつけた一本のカキの木があったらどうだろう。そのカキの木に人の温もりを感じるのではないか。自然とともに暮らしを営む人々の温もりであり、その温もりが里山の風情を盛り立てる。

カキは実を収穫するための果樹であるが、それ以上に日本の晩秋から初冬にかけての風物詩として、郷愁の世界へと私たちを誘う重要な役割を担っているのである。

さらに、干し柿をつくるために農家の軒先に吊された「柿暖簾」などは生活と密着した独特の美しさを見せる。

実を摘んで実をならせる

さて、それではカキの栽培・管理方法を解説しよう。

「モモクリ三年、カキ八年」といわれているように、カキは実をつけるのに時間がかかる果樹であった。しかし、それも今は昔のこと。近年ではガーデンセンターなどで売られている苗木は接ぎ木したものがほとんどで、その接ぎ木苗を植えれば二〜三年で実をつけるようになる。

ただ、モモやウメなどのように花のあとすぐに実がなるものと異なり、カキやミカンは花から実になる期間が長い。カキの場合は五月頃に開花し、結実は九〜十月である。このような果樹は「隔年結実」といって、実がよくつく年と不作の年が交互にくる。これは実を結ぶためにエネルギーを使い、翌年の成り枝（実のつく枝）を伸ばす分に回らなくなるためである。

毎年、確実に実をならせたいのであれば、開花後に小さい実ができた頃、ひと枝に一〜二個残して、あとは摘み取り、木を疲れさせないようにするとよい。

また、カキは雌雄同株だが、「富有」「次郎」「平核無《ひらたねなし》」といったポピュラーな品種は雄花がなく雌花しかつけない。雌花だけで結実しにくいようであれば、そばに受粉樹として雄花をつける「禅寺丸」「筆柿」「西村早生《わせ》」などの品種を植えるか、人工受粉をするとよい。

枝ごと折って収穫する

次は、収穫に際してであるが、カキは成り枝ごと折ったほうがよい。今年、実のついた枝には翌年は実がならないので、その枝ごと折って実を収穫しながら、ついでに枝透かしを行ってしまうのである（次頁図❶）。カキの枝は意外と簡単に折れる。

少々乱暴なやり方と思われるかもしれないが、わざわざヘタのところでハサミを使って一つ一つ実を採っていたのでは手間がかかるばかりでなく、実のつかない無駄な枝が多く発生し、枝が込んで日当たりが悪くなる。そうなると翌年実がつく枝までだめにしてしまう。下手に枝先を切り戻しても同じ結果である。

図❶ カキの花芽のつき方と剪定法

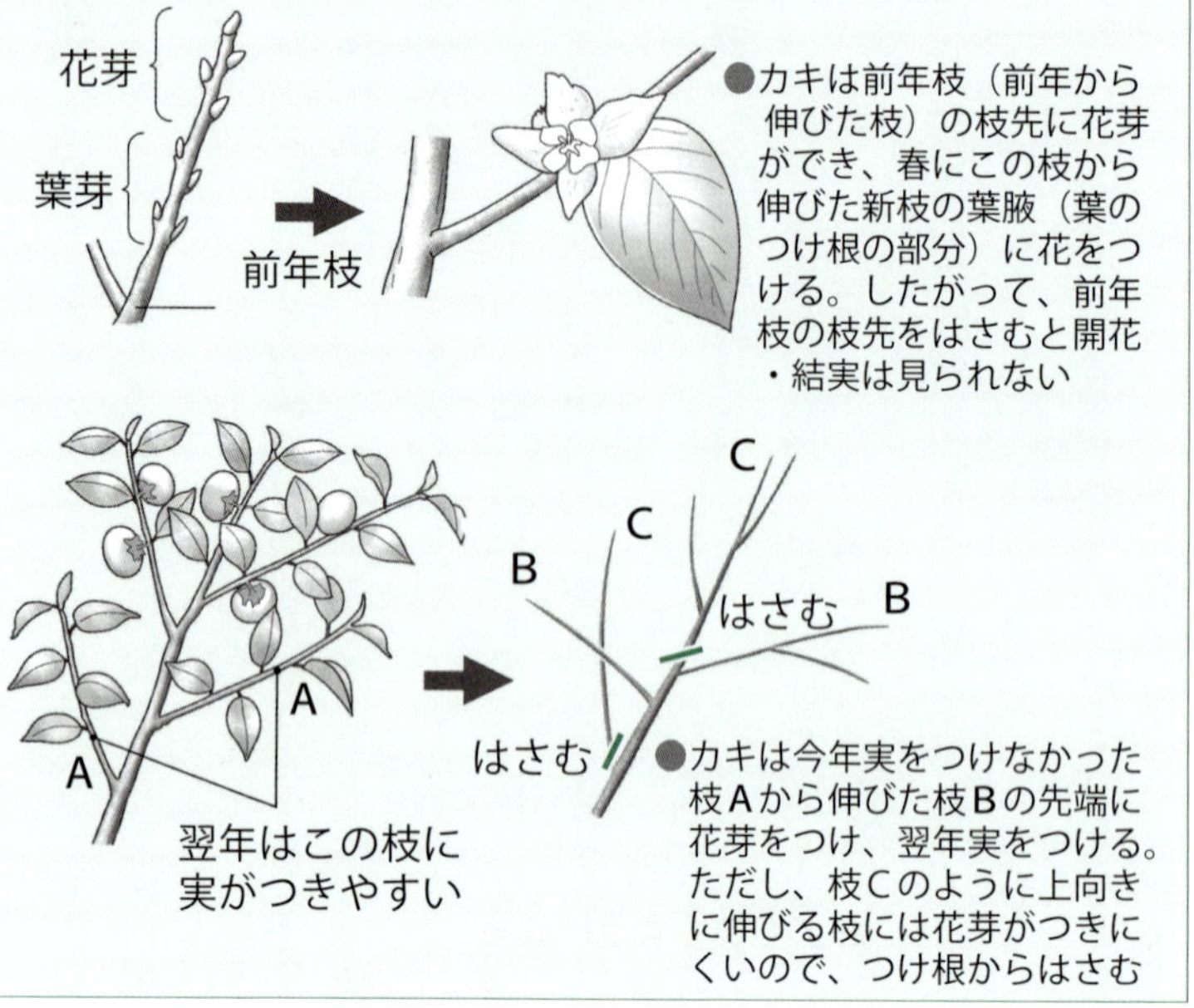

花芽
葉芽
前年枝
●カキは前年枝（前年から伸びた枝）の枝先に花芽ができ、春にこの枝から伸びた新枝の葉腋（葉のつけ根の部分）に花をつける。したがって、前年枝の枝先をはさむと開花・結実は見られない
A
A
翌年はこの枝に実がつきやすい
C
C
B
B
はさむ
はさむ
●カキは今年実をつけなかった枝Aから伸びた枝Bの先端に花芽をつけ、翌年実をつける。ただし、枝Cのように上向きに伸びる枝には花芽がつきにくいので、つけ根からはさむ

カキは前の年に伸びた枝から新しい枝が伸びて、その枝の先端に主に花芽がつき実を結ぶ。したがって前年伸びた枝の枝先を切ってしまうと実がならない。とはいえ、成り枝とそうでない枝は、経験が浅いとそう簡単に区別できるものではない。

本来、カキは落葉期である冬場に枝透かしを行って、日当たりや通風を確保したほうがいいのだが、自信がない場合には、成り枝を折り取る以外は、放っておいたほうが無難である。

また、カキの枝は簡単に折れるので、決して木に登ってはいけない。

昔は子どもがカキの実を取ろうとして木に登り、枝が折れて落ちて怪我をしたという話をたびたび聞いたものだ。近頃では、そんなワンパク坊主もめっきりいなくなったが、十分注意することが必要である。作業するときも必ず脚立などを利用することに心掛けたい。

木が生長し大きくなりすぎて困った場合は、プロに相談して剪定してもらうことをお勧めする。

「植え穴の底に瓦を敷け」の訳

カキは、横に伸びた中くらいの枝に実がよくつく。しかし、カキは放っておくと上にまっすぐ伸びていく性質をもつ木である。

樹木の枝の張り方は、根の状態と関係がある。根が横に張るような木は枝も横に広がり、根がまっすぐに地中深く伸びる木は上へ上へと枝が伸びる傾向にある。カキはゴボウ根と呼ばれ、後者に属する。

我々はカキを植えるときに、先輩から「植え穴の底に瓦を敷け」と教えられた。こうすると根は下に伸びることができずに横に張る。その結果、枝も横に張り、実もよくつくようになるというわけである（図❷）。

なお、カキは冷気や乾燥を嫌うので、植える場合は日当たりのよい場所を選び、根元を乾燥させないことが大切である。

図❷ カキの根と枝の関係

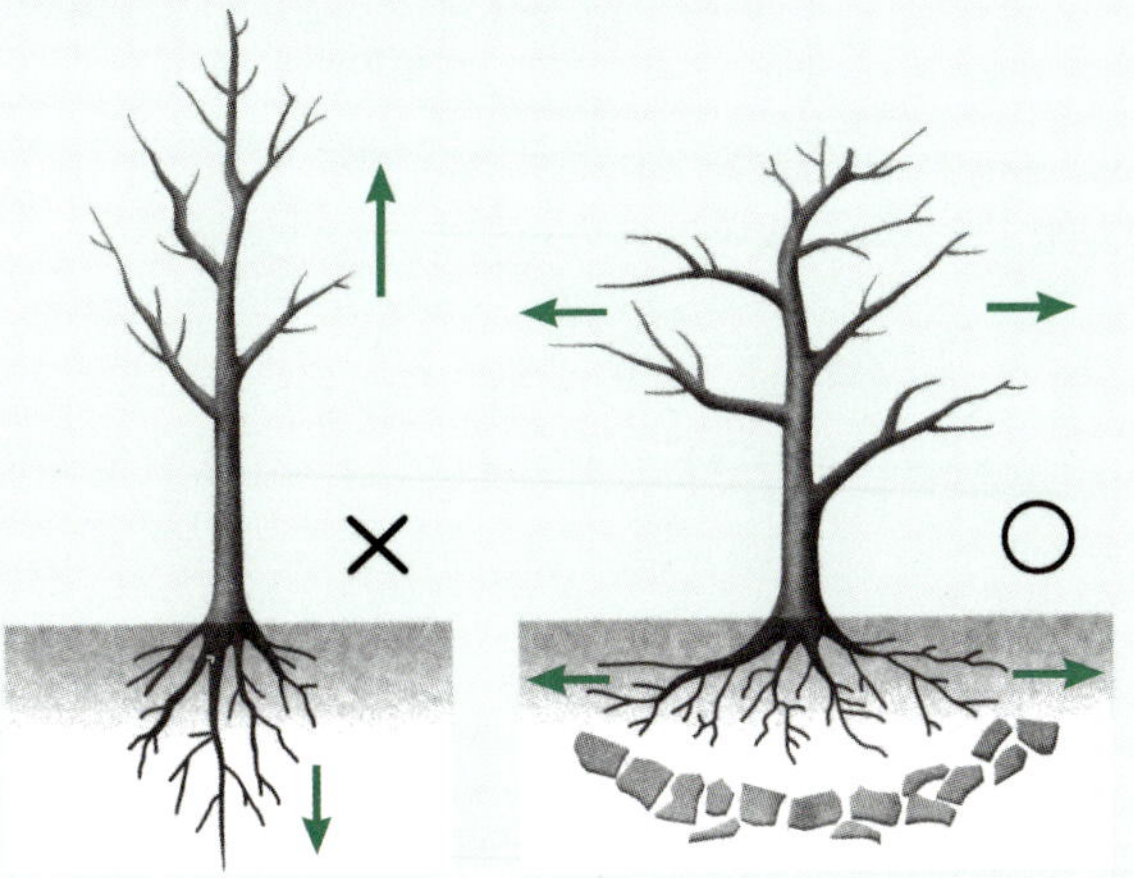

●放っておくと根が地中深く伸び、枝も上へと伸びて実がつきにくい

●植え穴の底に瓦などを敷くと、根が横に広がり、枝も横に伸びて実がよくつくようになる

カキノヘタムシに要注意

七〜九月頃に熟してもいない実が赤くなって次々と落ちてしまうことがある。それはカキノヘタムシという害虫のしわざである。

カキノヘタムシは実が大きくなってきた頃に、ヘタの部分から侵入して食い荒らし、実を落とす。これを放っておくと、収穫時には実がほとんどなくなってしまう。

カキノヘタムシは枝の分かれ目の部分や樹皮の下にマユをつくって越冬するので、マユを見つけ次第、取り除くようにしたい。

緑の説法 24

郷愁を誘う「残し柿」

昔から「柿が赤くなると医者が青くなる」といわれ、ビタミン類とミネラルが豊富なカキの実は、医者いらずの万能薬として重宝された。

実ばかりではない。葉もビタミン類やフラボノイドなどを多く含み血管を強化する作用や止血作用を持つとされ、柿葉茶などで民間療法に用いられてきた。殺菌効果があるので柿の葉寿司などにしたりもする。

近年では花粉症予防に有効とされ、サプリメント等に加工され商品化されたものも流通している。

木材としても材質が緻密で堅く、家具や茶道具、桶や和傘などの材料として利用される。柿渋は耐水性があるので、和傘や団扇の紙に塗られた。さらに実についているヘタさえも乾燥させると咳止めの特効薬になったという。

カキほど利用価値が高く、有用な果樹はないだろう。

カキはまた庭木としてもすぐれた文化性をもつ。

里山の風情をつくり、古くから観賞にも十分に供され、常に人々の生活と密接なつながりのあった木である。

収穫し終えたカキの木に、１個だけ取り残した柿の実を見かけたことはないだろうか。これは「残し柿」または「木守柿」などといい、冬場に食べ物がなくなる鳥のために残してあげるものだという。自然と共存する者として自然への感謝の表れであろう。

来年の豊作を祈ったり、山の神にお供えをするというような意味もあるといわれている。

こうした風習は、未だに全国に残っているようで、古くから伝わる日本人ならではの素朴で優しい感性からきたものであろう。

また、昔、ある地方では娘が嫁ぐにあたってカキの枝を持って行き、嫁ぎ先の家のカキに接ぎ木をしたといわれている。

嫁が生涯を閉じると、すでに大木になっているそのカキの枝を切り、火葬の薪やお骨を拾う箸にしたという。

こう聞くと、古い農家などに今も残っている大きなカキの木には、代々の女たちの魂が宿っているように思われてならない。

文芸評論家の唐木順三氏は著書『飛花落葉』のなかで柿についてこう語る。

《まことに一顆明珠、……柿は母の心をつたへる。ふるさとの色をつたへる》

極意65 リンゴの上手な手入れ

●庭で小さく育て収穫するために

北のリンゴと南のミカン

北のリンゴ、南のミカンといわれる。リンゴは冷涼で雨が少ない地方を好み、東北地方以北や長野などで主に栽培され、ミカンは逆に温暖な気候を好み、主に関東以西の太平洋岸で栽培されている。

しかしながら、いつの時代もないものねだりするのが人情というもので、「南は北好み、北は南好み」などと、縁遠いものほど庭に植えてみたいという傾向がある。

現に私たち造園連にも東海や近畿、中国地方の人から「リンゴを植えたい」とか、東北地方や北陸地方の人から「ミカンを育てたいがどうだろうか」といった質問も寄せられている。

結論を先にいうと「まったく不可能なことではない」ということになろう。

確実な品種を選び、かつ適切な管理を行えば、極端な気候帯を除いて、ほぼ全国的に栽培は可能なのである。

リンゴは青森や長野、ミカンは静岡や和歌山、愛媛、熊本といった県がそれぞれ産地として有名だが、それらはあくまでも市場に出回る商品としてのリンゴとミカンの生産である。

したがって、お寺も含めて一般の庭で果樹を育てる場合、ことに気候的に合わない地方で育てる場合は、果樹としてよりも庭木として楽しむことを第一義とし、なおかつ、副産物的に果実を収穫できればと考えればいいのではないかと思う。

たとえ実った果実が、量が少なくても、小さくて色つやがなくても、味がよくなくても、収穫したという喜びは味わえるし、それ以前に果樹には花木としての楽しみがある。

なぜならリンゴもミカンもじつに可憐な白い花を咲かせるからである。リンゴは青森の県花、ミカンは愛媛の県花に指定されている。ミカンなどは常緑樹では数少ない観賞に値する花である。

開花、そして結実という大きな目的をもって手入れができるところがリンゴ、ミカンをはじめとする果樹の最大の魅力ではないかと思う。

矮性台木でコンパクトに

リンゴは日当たりがよく、土の層が厚い場所を選んで植える必要があるが、寒冷地向きなので夏の暑さに弱く、日やけを起こしやすいので、西日が長く当たる場所を避けて植える。

品種としては、暖地でも比較的育てやすいのが、「ふじ」や「陸奥」「世界一」「王林」など、小さい果実の品種（主に観賞用）では「アルプス乙女」や「姫国光」が適当だろう。

図❶ リンゴの樹形づくり

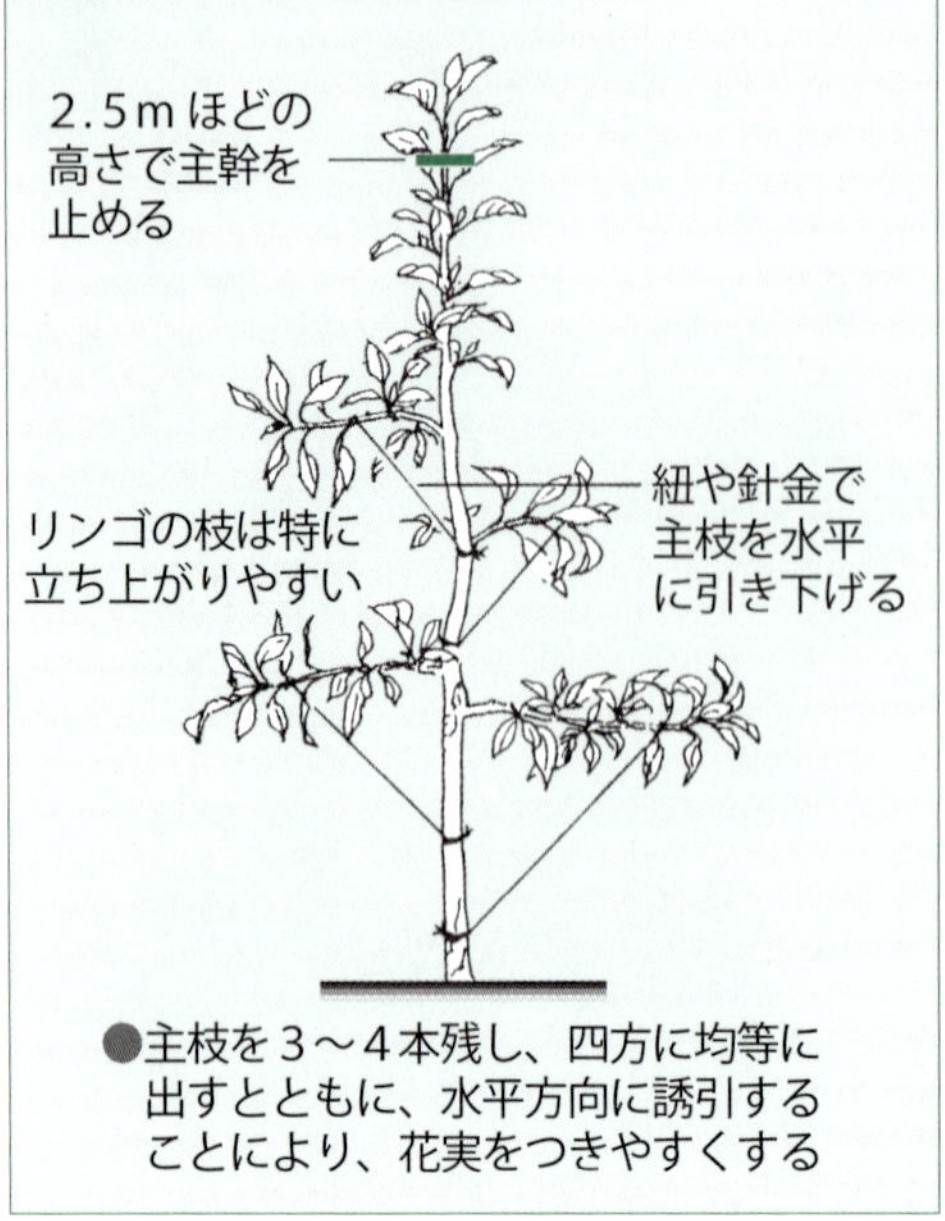

2.5mほどの高さで主幹を止める
紐や針金で主枝を水平に引き下げる
リンゴの枝は特に立ち上がりやすい
●主枝を3～4本残し、四方に均等に出すとともに、水平方向に誘引することにより、花実をつきやすくする

リンゴは自家不結実性なので、異なる二種以上の品種を混植させなくてはならない。ただし品種どうしで相性や開花期の違いがあるので、求める際にきちんと確認することが必要となる。

現在、リンゴの苗木には「矮性台木」に接がれたものが広く普及している。

矮性台木とは、樹高が高くならない性質の台木のことで、これに接ぎ木された穂木は台木の影響を受けて樹勢が抑えられ、大きく生長しても二・五メートルほどで、一坪ほどの広さがあれば十分に植えられる。

また、普通の苗木は植えてから結実するまでに五〜六年かかるのに対して、矮性台木の苗は三〜四年ほどで結実するという利点があるので利用しない手はない。

ただし樹勢が弱くなりやすく、寿命が短くなったりする欠点もあるので十分な管理が必要となる。

根張りが弱く、風で倒れたり折れたりしやすいので、植えつけ後は支柱を取りつけたほうがよい。支柱は一本の添え木でいいだろう。

リンゴの仕立て方と剪定法

リンゴは主幹が中央にまっすぐ立っている自然樹形をもつが、前述のような矮性台木の苗を用いても、伸び放題に放任すれば木が大きくなり、樹形も乱れ、樹冠内部に光が届かなくなる。基本剪定は落葉期の冬場が適している。

主幹を二～三メートルの高さで止め、間引き剪定により徒長枝や込んでいる枝などの不要枝を除き、主枝（幹から出る枝）を三～四本程度、四方に均等に出るように配する樹形に仕立てる（図❶）。リンゴの主枝は立ち上がりやすい性質をもつが、上に向かって伸びる枝は花と実がつきにくい。

図❷ リンゴの枝先の剪定法

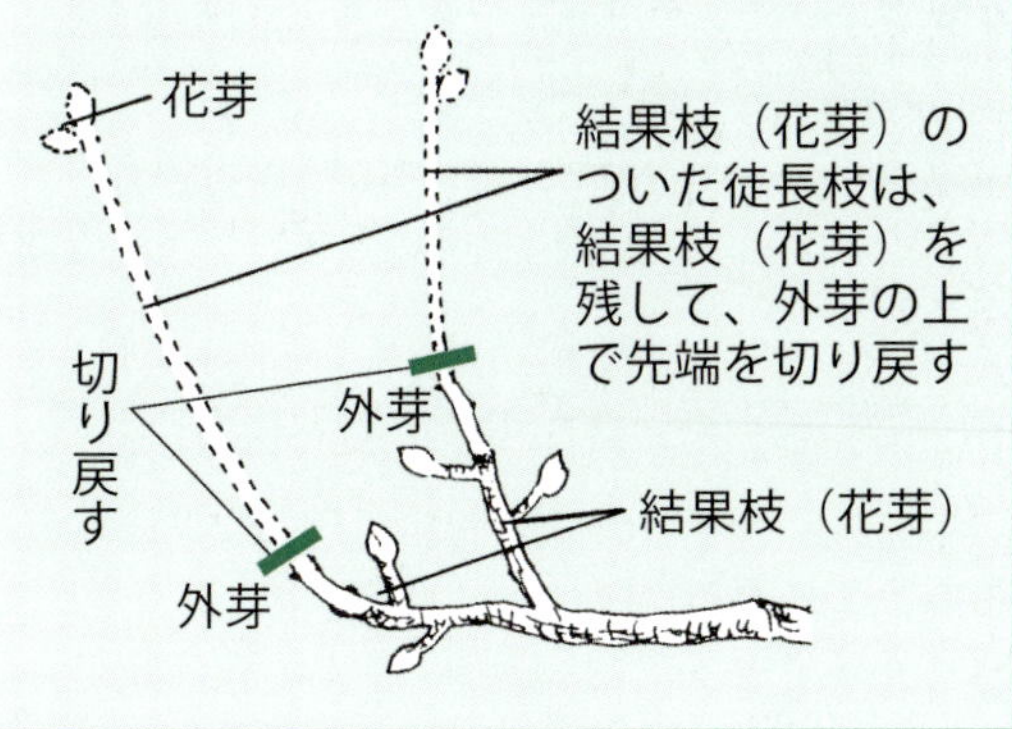
花芽
結果枝（花芽）のついた徒長枝は、結果枝（花芽）を残して、外芽の上で先端を切り戻す
切り戻す
外芽
結果枝（花芽）
外芽

そのため、若木のうちからヒモや針金で引き下げて水平に近い状態に誘引し、花と実がつきやすくする。

リンゴの花芽は前年に伸びた枝についた芽が伸びてその先端につく。そして四～五月頃に花が咲き、秋に実となる。

実がつく枝を結果枝というが、リンゴの場合、一〇センチ程度の短い枝が結果枝（短果枝）となる。この結果枝を残して枝先を外芽の上で切り戻し、枝づくりを行うようにする（図❷）。

摘蕾と摘果で充実した果実を

果実の充実は一果当たりの葉の枚数に影響される。実が多くつけばそれだけ一果当たりの葉の枚数が少なくなるので、実が発育不良となる。

そこで開花前の摘蕾や実がついたあとの摘果を行い、着果数を調整する必要がある。

摘果の場合は、開花の二週間後くらいに、形がよくて大きな中心果を残すようにして、ほかを摘み取るのが基本となる。一果当たり三十～四十枚の葉数を目安にするとよいだろう。

古今東西、ザクロは何を象徴するか

男性のなかにいる唯一の女性のことを「紅一点」という。

この言葉は、中国は北宋の時代の政治家・王安石《おうあんせき》（1021 ～ 1086）が綴った次の一篇の漢詩に由来する。

「万緑叢中紅一点（ばんりょくそうちゅうこういってん）」

一面の緑の草むらに紅く色鮮やかに咲き、ひときわ目を引く一輪のザクロの花を称えた詩である。

紅一点とはもともとはザクロの花のことであった。

中国ではザクロの花は、その艶やかな紅色と、筒状のガクがついた独特の形が、女性の裳裾、つまり現代でいうスカートを思わせ、女性の美の象徴とされた。

女性は結婚し子どもを産む。

ザクロもやがて実を結ぶ。

ザクロの実は種が多いことから、中国では子孫繁栄のシンボルとされ、婚礼の席には祈りを込めて祭壇に飾られたという。

ちなみに日本では安産、子宝の女神・鬼子母神像が吉祥果としてザクロの実を手に持つ。

ザクロの実には女性ホルモンのエストロゲンが含まれており、単に縁起を担いだだけの話ではないのかもしれない。

ところ変わって 3000 年前の古代イスラエル。

３代目の王・ソロモンはザクロの実の先端についたヘタ（ガク）を見て、そこから王冠を思いついたという。王冠といえばギザギザの山型の形をイメージすると思う。

実が熟す過程のザクロにはまさにそのイメージ通りの形のヘタがついているのである。

以来、西欧や中東ではザクロは「王冠をいだく果実」として権威のシンボルとされた。

しかし時代が下ると全く逆の「民主主義のシンボル」となった。

王冠に似た無用の「ヘタ＝権威」ではなく、食べることができる「たくさんの小さな果肉＝民衆」のほうに、ザクロの本当の価値があるということらしい。

極意66

ミカンを栽培するには

●品種の選び方と摘果の方法

柑橘類のある家は栄える

昔から「柑橘類のある家は栄える」といわれている。ご存じのように、ウンシュウミカン、ナツミカン、ダイダイ、ユズ、スダチ、キンカンなど、ミカン科の常緑樹を柑橘類と称するが、これら柑橘類は冬でも暖かいところでなくては育たない。

そんな暖かい土地に住んでいれば、健やかに長生きできるし、また子孫も残しやすく、のちのちまで家は繁栄する。

さらに、ミカン類の果実にはビタミンやクエン酸を多く含み健康にいい。

案外こんな事柄が「家は栄える」という言葉の根拠になっているのかもしれない。

我々も新しい庭をつくった折に、その家の繁栄を祈念して庭の片隅にユズやキンカンを植えておいてあげることもある。

早生系ウンシュウミカンが育てやすい

ミカン類にはさまざまな品種があるが、一般の庭の栽培に向くのはやはり代表的な在来種であるウンシュウミカンであろう。

ウンシュウミカンには早生系と普通系があり、実の熟す時期がやや異なる。

早生系は十月頃に熟し、普通系は早生系の収穫後の十一〜十二月頃に熟す。

寒い地方で育てる場合は、霜が降りる前に実る早生系の品種を選ぶとよい。早生系には宮川早生や興津早生などの品種があり、いずれも木が小型で、実の収穫量も多く、かつ病害虫にも強く丈夫なので、温暖な地域でも無難な選択となろう。

若木のうちに基本樹形をつくる

ミカンは日当たりと風通しのいい場所を選んで植える。若木のうちに樹高を二メートルから高くても二・五メートルくらいを目標に、樹形を立ち木性の主幹形か楕円形

図❶ ウンシュウミカンの剪定法

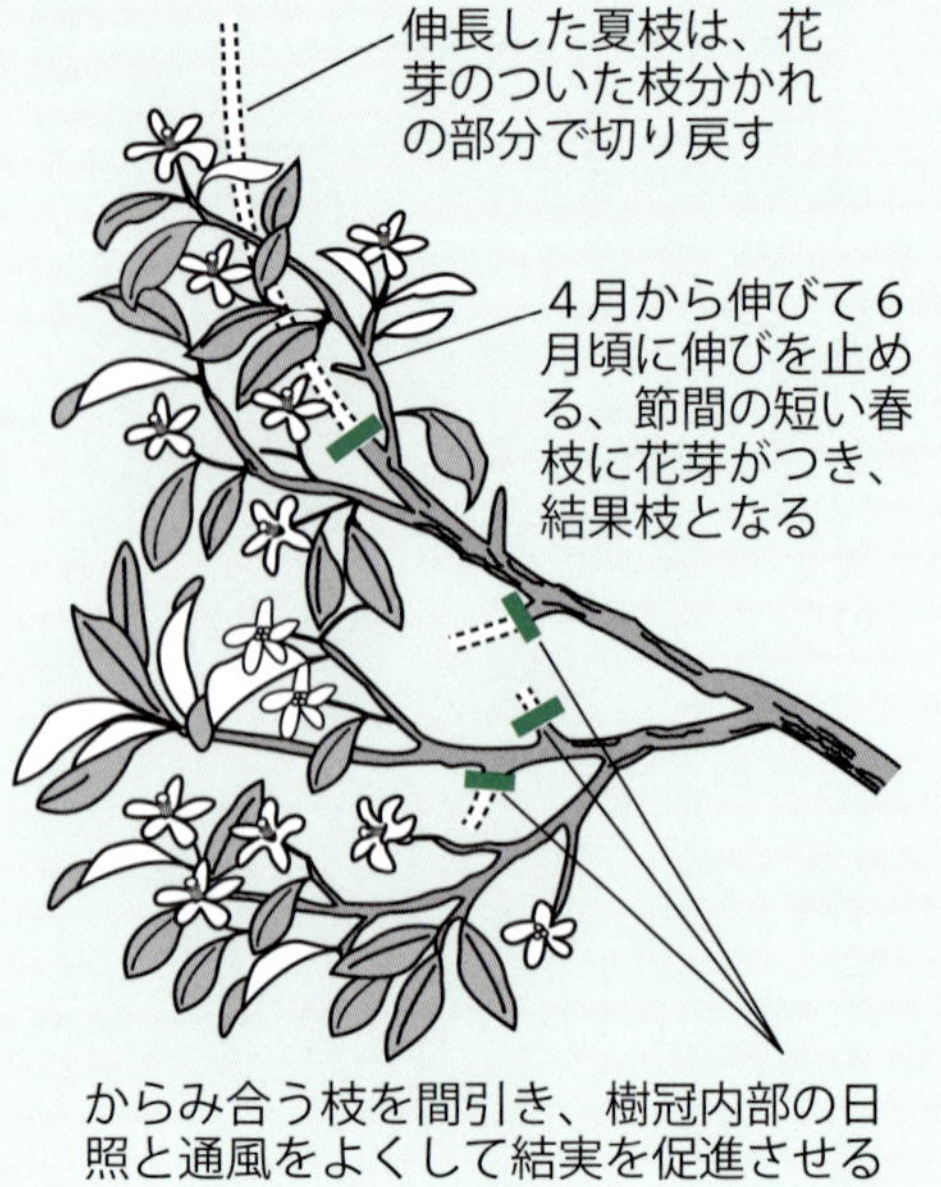
伸長した夏枝は、花芽のついた枝分かれの部分で切り戻す
4月から伸びて6月頃に伸びを止める、節間の短い春枝に花芽がつき、結果枝となる
からみ合う枝を間引き、樹冠内部の日照と通風をよくして結実を促進させる

に仕立てるとよい。

　または主枝を三本くらい残して他を間引き、半球形に仕立ててもよいだろう。

開花期に剪定を

　ミカンは春枝、夏枝、秋枝と、年に三回新枝が発生するが、翌年に結果枝となるのは一〇～二〇センチくらいの短い春枝である。

　剪定は花の咲いている時期に、花つきを見ながら行う。花のない枝をはさむほか、元気のよい徒長枝を枝元からはずす。さらにふところ部分の小枝も日当たりや風通しをよくするために抜く（図❶）。

　花が多くつきすぎているときは、花のついている枝を枝元から抜いたり、枝先をはさんだりして、結実の数を調整する。

　ミカンの場合、あまり実が多くつきすぎると木が疲れて、翌年の収穫が悪くなってしまうのである。

摘果で隔年結果を防ぐ

　ミカンには隔年結果の傾向がある。隔年結果とは収穫のよい年と悪い年が交互にくることで、その年に実がつきすぎると木が疲れて翌年は実つきが悪くなる。

　これを防止して毎年一定の収穫を期すために摘果をする必要がある。

　七～八月頃に幼い果実や上向きについている実を摘む。早生系で一果に対して四十枚前後の葉数が目安となる。ちなみに普通系では、一果に対して二十五枚前後を目安とする。

緑の説法 26

描かれた桃はなぜ尖っているか

真夏の果物といって、まず思い浮かぶのが、とろけるように甘い桃。

ここで、ちょっと紙と鉛筆を用意して簡単な桃の絵を描いてみていただきたい。

どうだろうか？　おそらく、ほとんどの人が逆ハート型で先端を尖らせているのではないだろうか。

桃の絵は普通に描いたのではウメだかアンズだか区別がつかない。

桃を誰にも分かるように桃らしく描くには、やはり先を尖らせなくてはならない。

しかし、そのような尖った桃を見たことがあるだろうか。

おそらくは日本中のどこの果物屋を探しても丸い桃しか見当たらないはずである。

それでは、なぜ桃は逆ハート型で先が尖って描かれるのだろうか。

実は、現在の丸い白桃は、明治時代になってから、ヨーロッパから移入された品種を改良して、岡山県でつくられたものなのである。

したがって、江戸時代までの桃は絵のような形をしていた。

つまりは日本古来の桃は先が尖っていたのである。ただ甘味に乏しく食用にするには少々難があったようで、桃の実はもっぱら厄除け、魔除けとして供されていたらしい。

桃は神代の昔から邪気を払う霊験あらたかな果実とされていた。

『古事記』にはイザナミノミコトが桃の実を投げつけて鬼を追い払うという話が出てくる。

次いで、誰もが知っている昔話、桃から生まれた「桃太郎」の登場である。

さらに桃には長寿や子宝を授ける力があるともいい伝えられてきた。

実際、桃の種は「桃仁」という生薬として知られ、生理不順や更年期障害などの婦人病に対して薬効がある。

「川で拾った桃を食した老夫婦がみるみる若返り、妻が元気な男の子を出産した。しかし、年甲斐もなくできた子として世間体を考え、桃から生まれたことにした」

一般には、あまり知られていないが、桃太郎にはこのようなサイドストーリーがある。

極意67

ユズの上手な栽培法

●充実した実をならせるために

ユズは育てやすいが…

柑橘類は、実の熟す時期は種類によって異なるが、開花の時期は五~七月頃とほぼ同じで、性質も似ており風のあたらない温暖なところですくすくと生育する。剪定などの管理面も共通しているところが多い。

なかでもユズは庭木としてお勧めである。ユズは柑橘類のなかでも最も寒さに強く、東北や北陸地方でも栽培されている。加えて樹勢も強く乾燥や過湿にも耐え、病害虫にも強いので育てやすい。

ただし「ユズ、ダイダイ十三年」という言葉もあり、実がなるまでに時間がかかるのが難点ではある。

種子から育てたのでは結実まで十年はかかるので接ぎ木苗を購入し植えるとよい。それでも結実までに早期結実種で三~四年、普通種では七年以上をみる必要がある。

その代わり、いったん実がつき始めたら、八月~十二月にかけて長く楽しむことができる。ここは子どもの成長を見守るようなつもりで、じっくりと育てたい。

植える場所は日当たりがいいところを選び、風当たり、とくに北風が強いところは避ける。

ユズの正しい剪定の仕方

ユズは若い間は生長がゆるやかなので四~五年は剪定をせずに枝葉を増やし、樹勢をつけさせる(早期結実種では一~二年)。そのあと枝が伸びて、伸び過ぎて下垂すると自然に生育が鈍る。そして枝元から勢いのある枝が発生するので、その枝を骨格として大切に育てることにして、下垂した枝は枝分かれの部分で抜くようにする(図❶)。また、枝が込んできたら、立ち枝や逆さ枝、徒長枝などを間引いて樹冠の内部にも日光が入るようにすることが必要となる。

柑橘類は年に三回枝が伸びる。四月に出た新芽が六月頃にいったん伸びを止めて春枝となる。八月中旬くらいに先端の芽が伸びて夏枝となり、さらに十月上旬から中旬に秋枝が伸びるのである(図❷)。春枝は翌年の結果母枝(実がつく枝が出る枝)となるので大切に育て、夏枝は勢いがいいので残して樹形づくりに利用する。秋枝は充実していないので半分くらいにはさむとよい。

充実した実をならせる方法

ユズの花は雄しべと雌しべが揃っている両性花なのでよく結実するが、充実した実を収穫するためには七月ごろに摘果（実を間引くこと）をする必要がある。

摘果の要領は、葉の多い枝についている実を残して、全体のバランスを見ながら、葉のない枝や葉の少ない枝についている実を摘む（図❸）。前述のように、実がついている期間が長いので、庭木として果実を観賞するもよし、料理の香りづけやジャム、ユズ味噌、そしてユズ湯などの用途に応じて適した時期に収穫してもよい。

なお、何年経っても葉ばかりが茂ってなかなか結実が見られない場合は、春先にスコップで根元を突き刺して根切りをするとよい。

木は可愛がるばかりではだめで、ときにはきびしく接することも必要で、これも子育てと同じである。

図❶ ユズの正しい剪定法

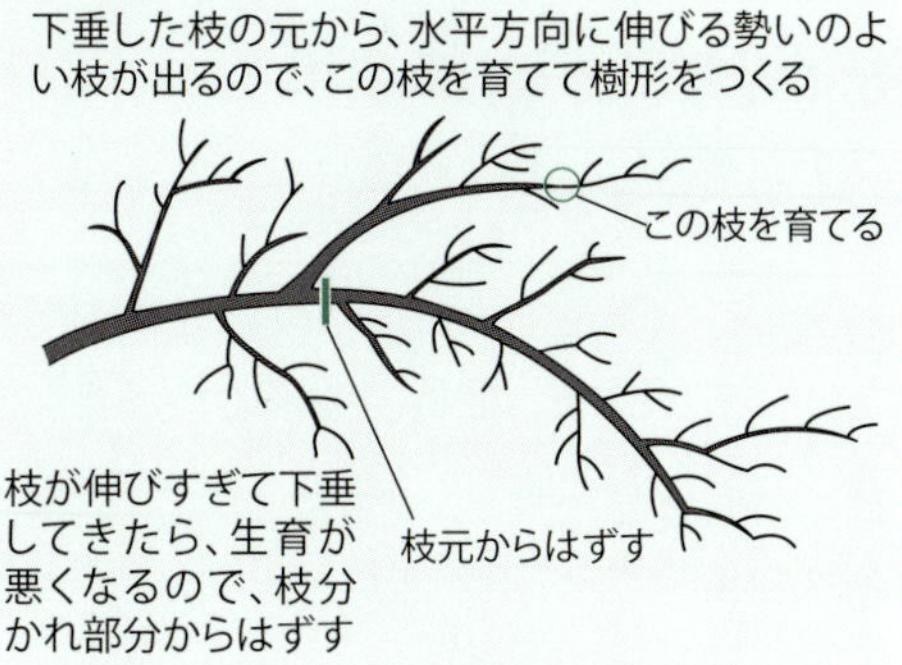
下垂した枝の元から、水平方向に伸びる勢いのよい枝が出るので、この枝を育てて樹形をつくる
この枝を育てる
枝が伸びすぎて下垂してきたら、生育が悪くなるので、枝分かれ部分からはずす
枝元からはずす

図❷ ユズの枝の伸び方

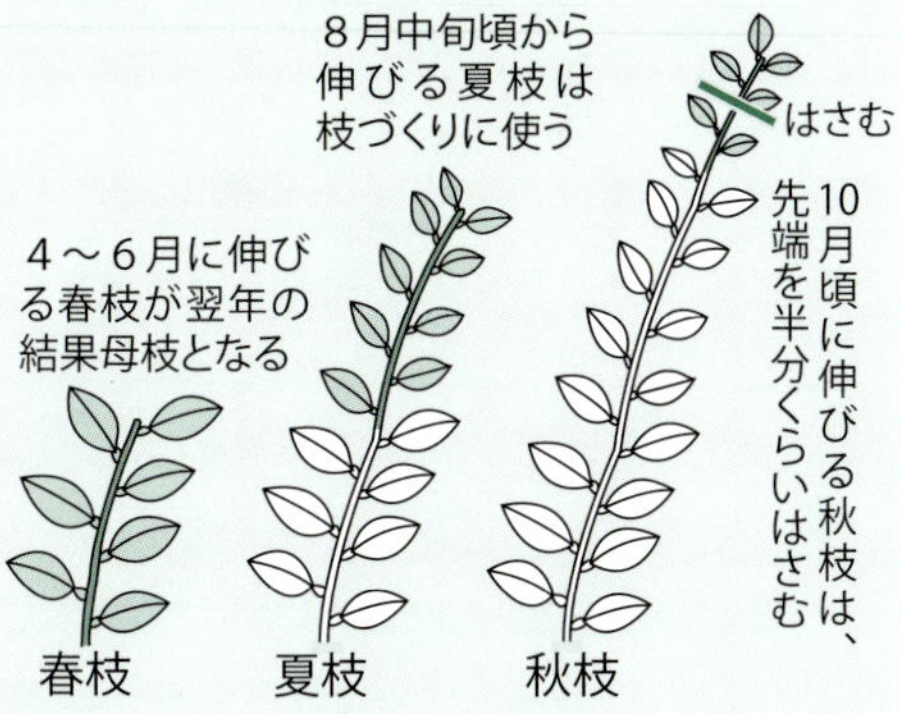
8月中旬頃から伸びる夏枝は枝づくりに使う
はさむ
10月頃に伸びる秋枝は、先端を半分くらいはさむ
4～6月に伸びる春枝が翌年の結果母枝となる
春枝
夏枝
秋枝

図❸ ユズの果実のつき方

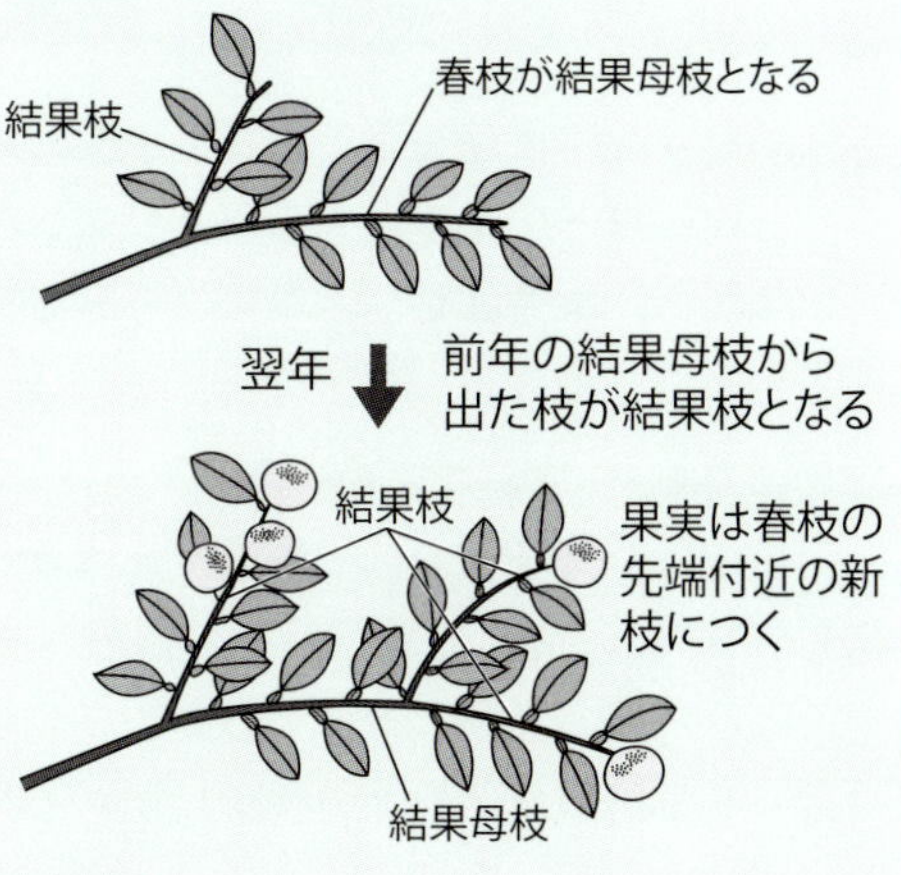
結果枝
春枝が結果母枝となる
翌年
前年の結果母枝から出た枝が結果枝となる
結果枝
果実は春枝の先端付近の新枝につく
結果母枝

柚子湯の起源と一陽来復

年の瀬はただでさえ忙しいのに、日が短くて仕事時間も限られるので、私たちは段取りよく作業をこなす。

そして、冬至の日には早々に仕事を切り上げて柚子湯に浸かる。これがまた気持ちがいい。独特の柚子の香が身体全体に染み込み、疲れが徐々にほぐれ、心身ともに癒される。

柚子を５～６個輪切りにして、そのまま湯に浮かべるか、布袋に入れて湯に浮かべるだけでよい。

冬至に柚子湯というのは江戸時代に、とある銭湯が始めたとされている。

珍しいものの好きな江戸庶民のこと、すぐに評判となり柚子湯は大盛況、瞬く間に広まり、冬至に柚子湯は身近な生活習慣として定着したという。

そこには、冬至＝「湯治」、柚子＝「融通がきく」といった江戸庶民の好きなダジャレ感覚があったとも考えられているが、やはり根底には健康や開運を祈念する気持ちがあったものと思われる。

冬至は「一陽来復」といわれるように、この日を境に太陽の力が回復し、だんだんと強まっていくと考えられていた。陰から陽へと転ずる日である。

そこで太陽の力の復活を祝うことから、黄色で丸く太陽と似ていて、かつ、この時期が旬な柚子を風呂に浮かべて薬湯としたということである。

しかし、このような縁起かつぎのようなことばかりでなく、冬場に柚子湯に浸かるということは、健康面でじつに利にかなっている。

柚子湯には芳香によるリラックス効果もさることながら、血行を促進して冷え性を緩和したり、身体を温めて風邪を予防したり、また神経痛、腰痛などを和らげる効果があることが科学的に実証されている。

さらには柚子の果皮に含まれるクエン酸やビタミンによる美肌効果もあるというから、女性はぜひとも試してみるといいだろう。

このような柚子湯、冬至の日にだけ浸かるのは、少々もったいないような気がする。

ちなみに冬至に食べると無病息災とされる「冬至七種」というものがある。南京《なんきん》（かぼちゃ）、人参《にんじん》、蓮根《れんこん》、銀杏《ぎんなん》、金柑《きんかん》、寒天《かんてん》、饂飩《うどん》（うどん）の７つである。お気づきのことと思うが、これらはすべて「ん」が２つ入っている。「運」を２倍取り込むという縁起担ぎもあるのだろう。

第5編

苔や芝生や蓮華の育て方

第15章　地被・宿根草・水生植物

第15章 地被・宿根草・水生植物

日本庭園ではグランドカバーの素材として砂や砂利、植物（地被《ちひ》植物あるいはグランドカバープランツなどと総称される）では芝生、苔、あるいは笹、また、さまざまな山野草や宿根草《しゅっこんそう》が昔から使われてきて、それぞれが庭の意匠を司る大切な役割を担ってきた。

そのなかでここでは苔について語ってみたいと思う。

極意68 苔の張り方と手入れ

●苔で日本庭園独特の深みを出す

庭にはグランドカバーが重要

庭をつくるときに私たちがまず最初に考えることの一つに、地面をどのように化粧しようかということがある。

土がむきだしのままでは何とも味気なく風情が削がれる。木や花、石組などもいきてこない。また築山をつくったりして地面に起伏をつけた場合などは、雨で土が流出して崩れてしまうことも多々ある。

このように景観の面だけでなく、土の安定ということを考えて、庭づくりには地面を覆うことが大切なのである。私たちは地を覆うことを「グランドカバー」といっている。まさに直訳の英語である。

苔に美を見いだした日本人

最近、一部愛好家の間で苔がブームとなっている。苔をマリモのように仕立てた苔玉、苔盆栽や苔を張った盆景など、苔の美しさを生かした和風モダンともいえるインテリアをつくり、思い思いに楽しんでいる。

そんな苔の魅力をいち早く発見し、取り込んだのはやはり庭の世界で、苔は伝統的な和風庭園では地表を覆う植物として必要不可欠なものとなっている。

わが国において、いつの頃から苔が庭園に用いられたのかは定かではないが、平安時代の『作庭記』（橘俊綱編）のなかに《隙々には苔などを伏すべきなり》という記述も見られ、かなり古くから利用されていたことがうかがわれる。

苔は本来、下等植物であり、特に美しい花が咲くわけでもなく、欧米などでは決して利用価値の高い植物とはいえない。

庭に最も多く使われているスギゴケ

そんな苔に美しさを見い出し、庭園の主要な材料として取り入れた日本独特の美意識は、特筆に値するであろう。

桃山時代に形づくられた露地（茶庭）においては、非常に重要な地模様として、幽玄な美しさを醸し出し、以来、枯山水や池泉庭園などすべての様式にわたって、日本の庭の構成・意匠として深く根づいたのである。

苔庭は難しくはない

お寺の庭というとやはり基本は和風庭園であり、グランドカバーとして苔を用いて深山幽谷の景を表現しているところが多いと思う。

また、これから苔庭をつくってみようと考えているご住職もいらっしゃることだろう。苔は四季を通じて新鮮な緑を保ち、巧く育てれば歳月を重ねるごとに味わい深くなっていく。

しかし、苔庭はつくることも、その管理も難しいと考えている人が多いようだが、決してそんなことはない。苔は本来どんなところにも自生するのであるから、日照や湿度、通風、土質などの条件を整えることによって、無理なく苔庭をつくることができるのである。

日本に自生する苔は二千種類にも及ぶといわれるが、通常、庭園で使用されるものには、最も多く用いられているスギゴケをはじめ、シノブゴケ、ハイゴケ、シラガゴケ、ヒノキゴケ、スナゴケなどがある。
その土地の環境や庭の立地条件に適応した種類を選ぶことが大切である。

苔の生育環境と育て方

ところで苔というと「じめじめした日陰を好むもの」と思っている人が少なくない。けれども、それが苔の栽培に失敗する大きな原因である。

■日照 苔はほかの植物と同じく光合成をして生きているので、日照不足では育たない。ただあまり強い日差しは必要なく、直射日光を嫌う。半日陰が最適である。

「苔は朝露の降りる場所に植えろ」という言葉がある。朝露は夜間に土面から上昇した水蒸気が早朝の冷たい大気に冷やされて、水滴になったものである。朝露が降りるところは、地面や草木からの水分の蒸発が活発で湿度が高い。苔はこの朝露を吸って茎葉を開き、柔らかな朝日を浴びて光合成を行う。日中は気温も上がり湿度も低くなるので、葉をしおれさせて光合成を休む、これが苔の一日の生活リズムで、つまり苔が半日陰を好む理由である。

午前中に光が当たり、直射日光が長時間当たらないような場所を選んで苔を植え、かつ夏場は木陰、冬場は枝越しに木漏れ日が差し込むようにと、木々との関係も重視する必要がある。

■湿度 苔は空気中の水分を葉や茎から直接吸収することによって生活している。十分な湿度がないような場所では、夕方に散水するとよい。ただし、水の量が多すぎると、病原菌の繁殖を助長してしまう。また、高温下での多湿は特に苦手で、蒸れて枯れてしまうことがあるので注意が必要である。

■通風 苔の上を風が通り抜けると、空気中の湿度が奪われてしまい、苔の生育に必要な水分が不足する。苔の付近は、竹垣や生垣などで風を遮るようにするとよい。

■土質 苔は根から水分を吸収するわけではないので、苔の生育に土中の水分はほとんど必要ない。土は砂質で水はけのいい土質が適している。

土中に水が溜まると、病原菌が発生する原因となりかねないので、土中の過湿を防ぐような土壌づくりが必要となる。

深みを出す苔の張り方

苔を張る時期としては、三～五月が適しており、日差しの強い夏場や乾燥する冬場は避けるようにする。また、水はけのよい土壌をつくるために、畑土と川砂を混ぜて、その下に砂利を敷いて排水層をつくったり、地面に起伏をつけ、築山風にすることも一考に価する。こうすることによって景観にも深みが出る。

苔を張る手順としては、まず苔を張る部分の土を掘り起こし、土を細かく砕いてレーキなどを用いて均す。苔片に水をたっぷり含ませてから、すき間ができないようにして土の上に並べていく。

しっかり押し付けるようにして密着させ、その後で軽く灌水する。

地面に起伏をつけて苔のボリューム感を強調

苔の管理の要点は灌水

苔は空気中の水分にごく微量に溶けている養分を茎葉から吸収するので、特に肥料などをやる必要はない。肥料をやると肥やけを起こして赤褐色に変色したり、病気にかかりやすくなる。したがって、犬や猫の糞尿にも気をつけなくてはならない。

苔の管理ではやはり灌水がことのほか重要となる。特に植えつけた後はある程度密生するまでは、決して乾燥させないように毎日水やりすることが大切である。

苔が全面を這うようになったら、多少乾き気味の環境に慣れさせるためにも、灌水の回数を減らす。二～三年経ってしっかりと根づいたら、水はほとんど降雨に任せてもよいだろう。

なお、水は雨水や井戸水などの天然の水がよく、水道水を与える場合には、水を汲み置きして、二、三日ほど天日にさらしてからやるようにするとよい。

葉がしぼんできたら、ジョウロなどでゆっくりと、地表面が湿る程度に灌水する。また雑草をこまめに取り除くことが大切である。

冬場は気温の低下や乾燥、それにともなう地表の凍結や霜柱などによる害を防ぐために、「敷き松葉」（171頁参照）で苔を保護するとよい。

苔の上に枯れ落ちた松葉を密に敷き詰めるもので、茶庭では、冬の趣の一つとして好んで用いられている。敷き松葉にはもっぱらアカマツの葉が利用される。かつては自然に落ちた葉や、もみあげで落とした葉を集めておいて使用したものだが、最近では敷き松葉用の松葉が園芸店などで市販されているので重宝する。

緑化資材としての苔の有効利用

今日、ヒートアイランド現象の緩和など都市部での環境改善のための緑化資材として苔を活用しようという動きがある。屋上緑化などの人工地盤上の緑化に積極的に利用していこうという試みである。

苔類は地球上でも最古の植物群であり、地球の環境が今よりもずっとひどい、極めて過酷であった年代から、延々と生きてきた非常にたくましい植物である。じつは苔には根がなく、土中から水分を吸収せず、葉や茎によって空気中の水分を取り込む機能をもつ。

たとえ水分が全くなくなったとしても、いったん仮死状態になって、再び水分が供給されることによって即座に生き返る。

したがって、どんな悪条件の場所にも生息できる逞しさが備わっている。極端な話だが、土がなくても、むき出しのコンクリートにも生やすことができるのが苔なのである。

苔をマット状に固定した製品や、コンクリート表面の小さな空隙に種苗を播いたりする方法など、緑化方法もさまざまに開発されている。特に荷重制限や防水機能が大きな問題となる屋上庭園に、苔は重宝して使われるようになることであろう。

苔の生活史や生態的な特性を最大限にいかすためには、現段階ではまだまだ研究途上の部分もあるが、今後、苔がますます貴重な都市の緑化資材になっていくことを期待したい。

緑の説法 28

苔寺に苔はなかった!?

一面の苔に覆われた現在の西芳寺

「苔寺」として名高い京都の西芳寺は、庭全面がビロードのような美しい苔に覆われている。

西芳寺は1339年に夢窓国師が入山して臨済宗寺院として再興された寺だが、当時の庭園の姿は、苔などは全く生えていなくて、一面に白砂が敷かれた白砂青松の景を呈していたという説が有力となっている。

実際、『国師年譜』『蔭涼軒日録』『西芳寺縁起』などの西芳寺に関する文献に、庭園のことは記されているが、苔に関する記述はどこにも見当たらないのである。

西芳寺は応仁の乱で境内のほとんどの建物を焼失し、その後荒廃して参拝者もなく、室町、桃山、江戸時代と長い期間にわたって荒れるに任せた状態であった。

その間に庭は原生林に姿を変え、地面は今日見られるような苔に覆われたといわれている。

西芳寺の庭の立地・環境が美しい苔を育むのに最適だったことも多分に影響してのことだろう。

西芳寺は京都盆地の西端に位置し、東側を除く三方を山に囲まれている。

ということは、朝日は入るが西日は直射しない。また、池から蒸発する水分によって湿気が保たれている。

庭ではモミジを中心とした木々の枝葉が日差しを和らげると同時に、湿気を程よく停留させている。加えて、庭全体がゆるい傾斜地になっていて、それだけ水はけがよい。

このような好条件が重なって、見事な苔が繁茂したといえるであろう。

西芳寺の苔庭はまさに庭園芸術の極致であり、その大自然と悠久の時が一緒になって生み出した美は、遥かに人智を超えたものである。

極意69

芝生の張り方と手入れ

●芝張りと美しく保つ維持管理

日本庭園にも馴染む芝生

青々とした芝生の広がりには開放的な明るさがあり、くつろぎや憩い、子供の遊び場の提供など、住宅庭園のなかには一面に芝生を張っただけで庭としているところさえある。

芝生というと、どうしても洋風庭園をイメージしがちであるが、じつは日本の庭にもけっこう古くから芝生は使われてきている。

平安末期から鎌倉、室町時代にわたって詠まれた幾首かの和歌には「芝」「芝生」「しばふ」「庭のしばくさ」などの言葉が見られ、芝生が日本庭園の重要なグランドカバーの一つであったことがうかがわれる。

実際、庭や境内に芝生を張っているお寺も多い。芝生が和の意匠にそぐわないということはなく、ほどよく馴染むのである。

日本芝と西洋芝の違い

芝は種類によって性質が異なり、それぞれ手入れや管理の方法も異なる。気候、日照、土壌など、芝を張る場所の成育環境をよく見極め、用いる芝の種類を選ぶ必要がある。

芝は「日本芝」と「西洋芝」の二種類に大別される。

日本芝は夏芝とも呼ばれ、冬場は枯れて休眠状態になる。高温多湿の日本の気候風土に適し、おおむね、踏み圧や刈り込みにもよく耐える強い性質をもっているが、十分な日当たりがないとよく育たない。

コウライ芝が住宅庭園には最も広く利用されている。

西洋芝はおおむね、涼しく乾燥しているところが適しているので、日本の気候では管理が難しい。代表的なベントグラスやブルーグラス類は、冬場でも枯れずに青々としており、冬芝とも呼ばれている。

芝はどのように張るのか

芝生地のつくり方は張芝《はりしば》と植芝《うえしば》と播種《はしゅ》（種まき）による方法があるが、日本芝の場合はほとんどが張芝によって行われている。

◆主な芝の種類と特徴や用途一覧

種類			特徴と用途
日本芝	夏型	野芝	日本原産の芝で、東北・中国・九州地方に自生。低温や病虫害に強く丈夫で、手入れが簡単であるが、住宅庭園にはあまり適さない。主に公園や運動場に見られ、寒冷地にも用いられる
		コウライ芝	わが国の住宅庭園では、最も広く用いられる代表的な芝。低温に強く、野芝よりも葉が柔らかいので、美しい芝庭をつくる。ただし、美しさを保つためには、絶えず刈り込むなど、常日頃の管理が重要である
		ヒメコウライ芝	コウライ芝の改良品種。性質や用途はコウライ芝とほぼ同じであるが、コウライ芝よりも葉が繊細で密生する
		ビロード芝	葉が小さく、密な美しい芝生となるが、性質が弱く、生長も極めて遅いので繁殖が難しい。したがって公園などあまり広範囲には向かず、住宅庭園のごく限られた狭い部分に用いられる
西洋芝		バミューダ・グラス	踏み圧、刈り込み、暑さに強く、環境適応性に優れるが、日照不足に弱い。公園や運動場、ゴルフ場などによく使われる
		ティフトン類	バミューダ・グラスと他種との交配によってつくられた芝で、踏み圧や刈り込み、病虫害に強い。生長も速く丈夫な美しい芝生をつくる。公園や運動場、洋風庭園にも適する
	冬型	ベントグラス類	発芽や初期の生育が遅いのが欠点だが、やわらかく緻密な淡い緑の葉をもち、美しい芝生をつくる。冷涼地を好み、北海道、東北、関東北部、中部山岳、北陸地方などでよく育つ。主にゴルフ場のパッティンググリーンなどに用いられる
		ケンタッキー・ブルーグラス	かなり丈夫な芝で、特に踏み圧、刈り込みに強いが、暑さに弱く冷涼地を好む。発芽が遅く美しい芝生になるまでには少々時間がかかる。公園、運動場、ゴルフ場などに適するが、北海道では一般の住宅庭園にも用いられている

張芝の材料となる芝《しば》片《へん》は、通常、厚さ三センチ、長さ四〇センチ、幅一五～一八センチくらいの短冊型に切られ、これを二十枚一束として市販されている。一束でだいたい一平方メートルが目安となっている。

❶まず雑草を取り、土を三〇センチほど掘り起こして土中の小石や根などを取り除いて、そのままの状態で四～五日ほど放置して、日光や風雨にさらして土中の病原菌を駆除する。場合によっては除草剤や土壌消毒剤を使用し

て雑草の種子や病原菌を殺滅させるとより効果的である。

❷通気や排水をよくするために砂や土壌改良材、有機肥料を土と混ぜながら整地する。水はけをよくするために一パーセント以上の勾配をつけて、レーキなどで土をていねいに均す。

❸土の上に芝片を並べていく。主な並べ方は図❶に示すように、ベタ張り、目地張り、市松張りなどの方法がある。

張り終えた直後から、ほぼ完成された芝生を見たい場合にはベタ張りにするが、通常は目地張りとし、目地幅は一・五〜三・〇センチ程度とする。

目地を格子状にすると、雨水などが流れることによって目土《めつち》（後述）が洗い流されてしまうので、目地は互い違いになるようにする。

❹芝片を並べ終えたら、ふるいにかけて細かくした土を、芝の葉先が見える程度に全面にまく。

そして竹箒などでていねいに均しつつ目地に土を入れ、さらに目地に入った土をヘラなどでしっかりと押さえる。これを目土かけといい、新しい根を発生させるために行う作業である。

❺最後に、芝と土をよく密着させるために、角材などを用いて叩いたり、ベニヤ板を置いて踏みならしたりする。面積が広い場合にはローラーを使い転圧することもある。

張芝は原則として三月から九月までの間であれば真夏を除いて可能だが、最適期は三月中旬から四月下旬まで。十月以降に行った場合には、根が張らないうちに、霜柱で芝が持ち上げられてしまうため、根づかなくなる。

図❶ 芝の張り方

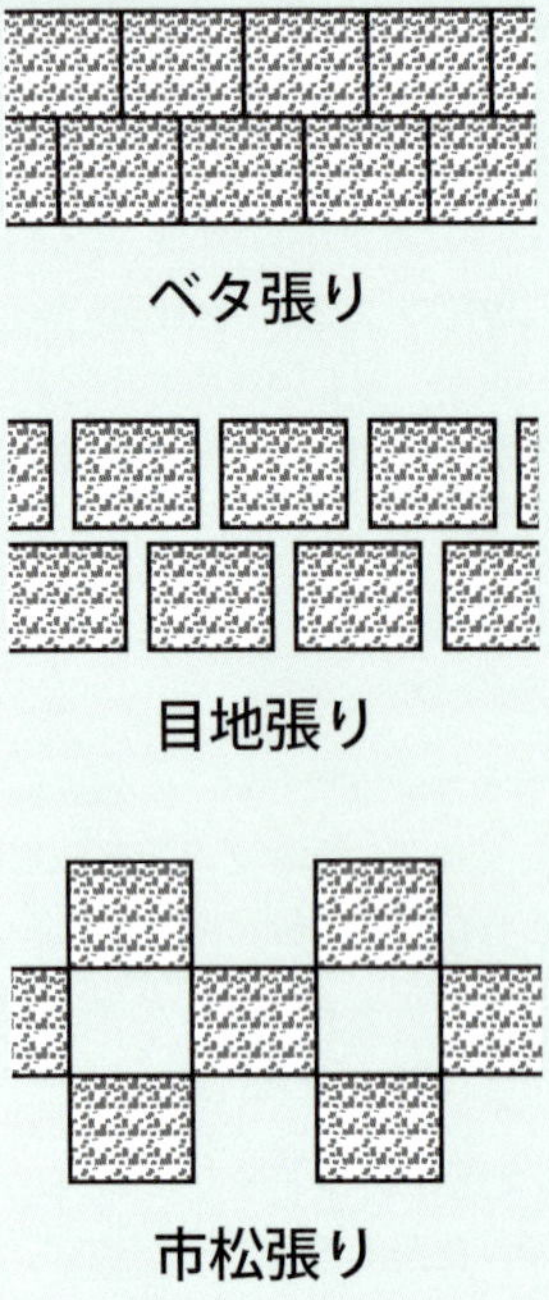

芝生を美しく保つ管理方法

芝を張ったあとは、芝生をそのまま放置しておくと葉や茎が伸びすぎたり、あるいは枯れたりしてたちまち見苦しくなる。

したがって適宜、灌水、刈り込み、施肥、目土かけ、エアレーションなど適切な管理を行って、常に美しく保つことが大切である。

■刈り込み

芝を伸びるに任せておくと、通風や日照が悪くなり、生育の衰えや障害、病害虫の被害を受けやすくなる。また、芝は適度な回数の刈り込みを行うことにより、根や茎の分岐が促進され、旺盛な生育を見せる。密な芝になりやすくなるのである。

全面に芝生を張り美しく管理された熊本の水前寺成趣園

芝生の刈り込みの高さは二～三センチくらいが、観賞上そして芝の生育上、最も好ましい高さとされている。

年間の刈り込み時期と回数は、芝の種類や生育状況（肥料や土壌）によって異なるが、生育が旺盛な時期ほど頻繁に刈り込む必要がある。

夏芝と呼ばれている日本芝（一部西洋芝も含む）は五～九月、特に七～八月が生育が旺盛な時期で、冬芝と呼ばれている多くの西洋芝は、四～六月および九～十一月が生育の旺盛な時期である。

刈り込み方法は、主に芝刈機を使って行う。芝刈機には手動式のものと動力式のものがあり、最も軽便に使われるのは手動のリール式の芝刈機である。

■目土かけ

芝生地の維持を目的に行われる目土は、露出した匍匐《ほふく》茎《けい》に土をかけることで、不定芽を生じさせて芝生地を密にしたり、芝生地に生じた凹凸を均して、芝を均一に生育させる効果がある。

目土かけを行う時期は、春の芽出し前と刈り込み直後に行うことが基本である。

夏芝では、芽出し前の三月頃に一回、生育期間中に刈り込みを行った後に一回と、年二回を標準とする。冬芝は、春から初夏にかけて、また、秋から初冬にかけての間に刈り込みを行った直後に行う。だいたい年間三～五回を標準とする。

目土のかけ方は、芝生全面にむらなくふりかけ、茎の間に目土がよく入るようにし、板などで叩いたり、すりこむようにして均す。厚さは一～三センチほどの範囲で調節するようにする。

広い面積の芝生地ではローラーなどで転圧することが必要である。

■施肥

肥料をやる時期は、日本芝などの夏芝は三月、五～六月、八～九月の年三回、冬芝は二、四、六、九、十月に各一回ずつが標準とされている。

春から初夏の生育期間中に施す肥料は、窒素、リン酸、カリがほぼ同じ割合か、窒素分がやや多めのものが適している。

■灌水

西洋芝は適宜、灌水することが必要だが、コウライ芝などの日本芝はおおむね乾燥に強いので、降雨のみで生育可能である。

ただし、水分が蒸発しやすい夏期には朝夕二回の灌水が必要である。

■除草

芝生地には各種の雑草が生じるので適宜、除草を行わなくてはならない。

一般の住宅庭園などの小面積の芝生地の場合は、カマなどの草取り用の器具でていねいに抜き取るようにする。公園やゴルフ場などの面積の広い芝生地では、省力化のために除草剤を使用するのが一般的である。しかし、除草剤は、薬剤の種類や使用法を少しでも誤ると、芝生や草花、樹木を枯らしてしまうばかりでなく、人体や小動物などへも影響を与えるので、取り扱いには十分な注意が必要である。

なるべくなら除草剤は使わないことが望ましい。

■エアレーション

芝生地の床土は、踏み圧などにより時間が経過するにつれて固くなり、通気や排水が悪くなる。

そこで、芝生地に小さな穴を多数開けることによって通気や排水をよくする管理が行われる。これをエアレーションといい、専用のスパイクを用いる。

極意70

宿根草で和風ガーデニング

●庭に宿根草をあしらう方法

日本庭園と一線を画すガーデニング

日本では十数年来、ガーデニングの名のもとに家庭園芸が流行り出した。庭狭しと花卉《かき》植物やハーブ類で飾る、いわゆるイングリッシュガーデンに影響されてのことだと思う。これによって人々の庭に対する概念が多少変化したように思う。

いうまでもなく、「ガーデニング」とは直訳すれば「庭づくり、庭いじり」といった意味である。しかし庭は庭でも明らかに従来の日本の庭とは一線を画すものであった。

それまでのわが国の庭のイメージは、石組があり、飛石や敷石を園路とし、石燈籠や蹲踞《つくばい》が設けられ、植栽もマツなどの仕立て物といったように、一つの様式美をもつものであった。花といえば、ウメやツツジ、ボタンやフジ、ツバキなどの花木が彩りを添える役割を担った。

これはひとえに枯山水や露地（茶庭）といった、華美を排したストイックともいえる日本の伝統的な庭園文化が現代まで踏襲されたためであろう。

そこへガーデニングという黒船の来襲である。私たちの仲間のなかでも、特に伝統的な庭づくりばかりを守ってきた人たちは当然、面食らった。それもそのはず、お施主さんの庭に対する意識が変化したのだから。

加えて、長くつき合っていただいたお施主さんも代替わりをして世代が若くなってきたこともあり、新しいガーデニングというブームに引き寄せられた。

一時はどこもかしこもコンテナで花をあしらったり、ハンギングバスケットなる花飾りで門や玄関を彩っていた。園芸ショップで売られる花の種類も増えた。外来種も多く見かけるようになった。

しかし、今日では一時ほどのブームは去り、だいぶ落ち着いてきたようである。その理由は、ブームに飛びつきやすい新しいもの好きの人たちが飽きてきたということもあるが、草花の面倒を見るのは思った以上に手間がかかるということが一番大きいと思う。

ブームの渦中にいる人は、常に庭に何かしらの花が咲

和の空間に巧みに草花を取り入れて調和させた庭園
（「2004 年浜名湖花博」造園連出展庭園より）

いていないと我慢ならない。それが人の心理というもので、そのような状態を保つのは大変な労力である。ほとほと疲れてしまうのも無理はないだろう。

結果、本当に園芸が好きで、花を愛し、庭を愛する人のみがガーデニングを続けている。

それはそれで喜ばしいことである。

日本流ガーデニングの勧め

それともう一つ、植えた草花が地域の気候や土壌条件に合わずに育ちにくかったというケースが多かったこともあるだろう。

庭というものは、そもそもその地域の自然や風土が育んできたものである。ことにお寺の庭となるとその地域の自然を象徴する貴重な緑の財産であると思う。

ガーデニングはガーデニングでいいのだが、欧風のもののまねをするばかりでは芸がない。やはり日本には日本流のガーデニングがあってしかるべきである。

石組や枯山水、あるいは茶庭風の庭にも草花を無理なく溶け込ませることは十分に可能なのである。

これまでの伝統的な庭園スタイルを壊すことなく、草花をあしらうことによって、ひと味違った庭に仕立てる、これはこの数年間、我々が提案してきたことなのである。

宿根草を中心とした庭づくり

では、日本流ガーデニングとは何か。具体的に申し上げれば、宿根草《しゅっこんそう》を中心とした庭をお勧めしている。

宿根草は花そのものはそれほど派手でなく、それだけに自然風の落ち着いた風情を表現できる。日本の庭でも昔からシャガ、ホタルブクロ、ホトトギス、シラン、エビネ、キョウガノコ、ナルコユリなどの宿根草が下草として使われてきている。

宿根草は多年草ともいい、一、二年草と異なり、一度植えれば、根や地下茎の一部が地中で生き続け、毎年、時期が来ると芽を出して花を咲かせる草花である。

したがって、植え替えや株分けも二～三年に一度ですみ、花期を考えて植えれば一年中何かしらの花が楽しめる。また宿根草は一度根をおろした場所に徐々に順応するため、暑さや寒さ、乾燥にも耐えることができる。

一、二年草に比べると、丈夫で管理の手間がかからず、コストも軽減されるというメリットもある。

この宿根草のなかでも近年、人気を集めているホスタという植物をご存じだろうか。夏に白や淡い紫の小さな釣り鐘状の花をつける宿根草である。

石段と石組に花をあしらって彩り華やかな庭に

石積みの手前に宿根草を植えた庭

ホスタというおしゃれな名がついているが、これは日本の山野に自生していたギボウシが欧米で品種改良されたものなのである。したがって、日本の気候や土壌で容易に育てることができ、和風庭園の風情にもほどよく調和する。

市場に出回っている宿根草のなかには、このホスタのように、もともとは日本に自生する草花が欧米に渡り改良され、再び日本に戻ってきた品種が少なくない。

晩春から夏にかけて長い花穂

◆庭づくりにふさわしい主な宿根草

日陰を好むもの
アカンサス（ハアザミ）、アストランティア、アマドコロ、イカリソウ、ギボウシ、キョウガノコ、シャガ、シュウカイドウ、シラユキゲシ、シラン、スズラン、ツワブキ、ハナシノブ、ヒマラヤユキノシタ、フクジュソウ、フッキソウ、ヘメロカリス、ホトトギス、ミヤコワスレ、ヤブラン、ヤマブキソウ

湿地を好むもの
ウインターグラジオラス、カキツバタ、キショウブ、シュウメイギク、ハナショウブ、ミソハギ

耐寒性のあるもの
アルメリア、カーネーション、クリスマスローズ、ポピー、ムラサキセンダイハギ

耐暑性のあるもの
バーベナ（ヒメビジョザクラ）、フィソステギア、ペチュニア、ペーパーカスケード（ハナカンザシ）

に赤やピンク、白などの小花をつけるアスチルベという草は、日本に自生するアワモリショウマがドイツで品種改良されたものである。

在来種と外来種で…

外来種でも和風の庭に調和する品種も数多い。たとえば、南アフリカ原産のアガパンサスは初夏に紫や白の花を傘状につけ、高木の下草などに用いると清潔感ある風情をつくる。寒さにも強く日本の土壌でも無理なく育つ。

欧州原産のアルケミラや、北米原産のフロックスなどの、可憐な花の姿も、和風の庭に好まれている。

宿根草は開花期間が短いものがほとんどなので、それぞれ開花期を考慮して年間を通して何かしらの花が咲いているように計画すると楽しいと思う。

また同じ種類の宿根草は植生が同じなので、それだけで群生をつくる。そして隣り合う他の種類の群生と相まって自然の風情を形づくる。

最初は一株一株間隔をあけて植えるようにするが、茂るにつれて野趣に溢れたものとなっていく。

山野草などの日本在来種と外来種をうまく組み合わせたり、地元の草花を取り入れたりして、貴寺が新しいスタイルの「花の寺」として、地域に自然の美しさを提供していただければと思う。

草花という小さな命と向き合い慈しむことも、修行の一つと考えていただければ幸いである。

緑の説法 29

ヒガンバナの真実

野辺に燃え立つほむらのように緋色の花を咲かせるヒガンバナ。この花を見て、誰もが一度は不思議に感じたことがあると思う。

「この花にはなぜ葉がないのだろうか？」と。

じつは彼岸花の葉は花が咲き終わった後に出てくる。細くて光沢のある葉だ。そして春を過ぎると葉は姿を消して、秋に茎だけが地面から伸びて先端に花をつける。

花の印象があまりにも強すぎて、花が咲いていないときには、たいていの人はその草が彼岸花だとは気づかないのである。

ヒガンバナは曼珠沙華とも呼ばれているが、「葉見ず花見ず」という別名もある。花と葉が同時に存在することはなく、それゆえに「花は葉を想い、葉は花を想う」という意味が「葉見ず花見ず」という名には秘められている。

ところで、ヒガンバナはほかにも地方によってさまざまな呼び名を与えられている。その数はゆうに1000を超える。

数例をあげると、死人花、幽霊花、地獄花、墓花、葬式花、捨子花……。

どの地方でもあまりありがたくない呼び名を頂戴している。どうやら、この花には昔から不吉なイメージがつきまとっているようだ。

これはおそらくヒガンバナが墓地に多く見られたためであろう。

なぜ墓地に多いのだろうか？

ヒガンバナの球根は有毒である。一説によると、まだ土葬の風習があった昔、その毒で犬やネズミなどから遺体を守るために墓地に植えられたといわれている。だとすると、不吉な花どころか仏様を守る大切な花だったといえるのではないか。

実際に『法華経』の世界では「曼珠沙華」という名は「天上に咲き、見る者の心を柔軟にする」という意味がある。吉凶にうるさい生け花の世界でも、大らかに立てて美しい花の造形を鑑賞する。決して不吉な禁花などではない。

近年、ヒガンバナにもう一つの別称が加わった。「リコリス」である。これは学名の「Lycoris radiata」からの命名で、ピンク、黄、白、青とさまざまな花色の品種がつくられ、園芸愛好家たちの間で人気を博している。

リコリスという愛らしい名前が、これまでのヒガンバナのイメージを払拭する日も近いだろう。

極意71

宿根草の植えつけと株分け

●ギボウシとクリスマスローズ

宿根草が日本流庭園にふさわしい訳

前項で日本流のガーデニングとして、シャガ、ホタルブクロ、ホトトギス、シラン、エビネ、キョウガノコ、ナルコユリ、ギボウシ、アスチルベ、アガパンサスなどといった、宿根草を中心とした、落ち着いた風情の庭づくりをお勧めした。

ここでは、さらに突っ込んで、具体的な宿根草類の育て方を述べてみたい。

その前に、宿根草が扱いやすく、すぐれていると思われる点をいくつかあげてみよう。

❶一度植え込めば、毎年植え替える必要がない。

❷主として株分けで増やせるので、一・二年草や球根草のように毎年種をまいたり球根を植えたりする必要がない。

❸手間がかからず丈夫な種類が多く、概してよく増える。

❹種類が多く、姿や性質にも多様な個性があり、飽きがこない。

❺季節感にあふれ、情緒あるものが多く、下草や石の根締めとして、日本庭園になじむものが多い。

❻日陰や湿めった場所に育つものもたくさんある。

以上のように、宿根草にはいくつもの利点がある。これは日本の気候風土によるものであろう。

日本は全体としては温暖かつ湿潤で、寒暖の差は大きくても湿潤なために、種や球根の形で休眠しなくても十分にしのぐことができる。宿根草が生育するのに理想的な環境なのである。事実、アヤメやサクラソウ、キク類など、古くから日本で育種された草花の多くが宿根草であった。

宿根草の選び方、植え方

はじめて宿根草を育てる場合は、園芸店などで苗を購入して植えつけるのが無難であろう。苗はたいていビニールポットで栽培されているので、種から育てる手間がかからず便利である。

選ぶ苗は種類にかかわらず葉と葉の節間がつまり、が

図❶ 宿根草の株分けの方法

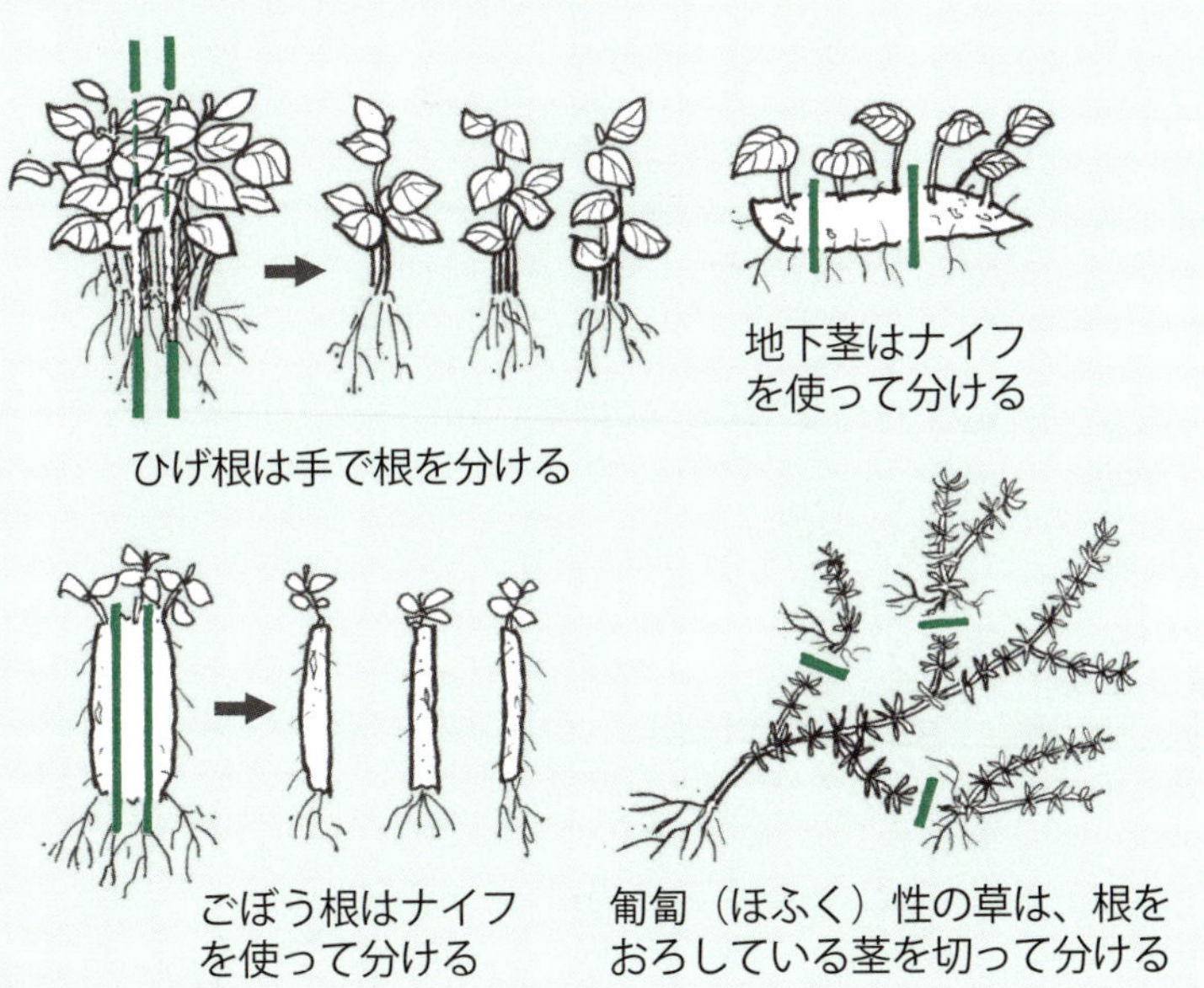
ひげ根は手で根を分ける
地下茎はナイフを使って分ける
ごぼう根はナイフを使って分ける
匍匐（ほふく）性の草は、根をおろしている茎を切って分ける

っしりしているものがよい。また、葉の色がよく、茎が伸びすぎていないもの、下の葉が枯れ上がっていないもの、株元がぐらつかないものを選ぶようにする。花に関しては、蕾が多く、多少花が咲き始めているもののほうが花色を確かめられる。

購入した苗はできるだけ早く植えるようにする。ポットの土は水はけのよくないことが多いからである。

まず、❶移植ゴテなどで穴を掘り、土をつけたまま苗をポットから出して植える。❷植える高さはポットに植えられていたときの地際と同じくするとよいであろう。決して深く植えすぎてはならない。❸植えつけた後は水をたっぷりとやって、❹ポットの土と庭の土をよくなじませる。❺土があまりよくないようであれば土壌改良を行う。腐葉土やピートモス、堆肥などをすき込んでよく耕し、通気性、通水性、保水性をよくする。

特にやせた土地以外では、肥料はやらなくてよい。下手に肥料をやると、丈が伸び過ぎて花がつきにくくなったりする。自然に任せたほうがよいだろう。

なお、根づいてからは、特に乾燥しているとき以外は、水やりは控えめでよい。ただし、冬場に乾燥するようであれば、敷きワラや落ち葉をかけるなどしてマルチング（植物の株元の地表面を被覆すること）を行うと霜害や乾燥防止に効果がある。マルチングは同時に夏の暑さから株を守る効果がある。

株分けして若返りを

宿根草は一般に二、三年も経つと株が大きくなって茂りすぎ、根も込み合ってくる。そんなときは株分けを行うとよい。株分けとは親株から子株を分けて移植することで、宿根草は主として株分けで殖やすのだが、株を若返らせる目的も株分けにはある。

この株分けは時期を選ばなくてはならない。植物は移植すると根の働きが緩慢になり生育に影響を与えることがある。だから株分けは、根の活動が活発でない、株が休眠中の時期を選んで行うのが普通である。多くの宿根草では、芽出し前の春先か、地上部が枯れ出した秋に株分けをする。ただし例外もある。アイリス類の株分けは花後すぐに行う。シャクヤクなどは早く芽がでるので、春先に行うと芽をつぶしてしまう恐れがあるので、初秋に株分けを行うようにする。

株分けの方法は、株を掘り出して土を落とし、手で引き裂くようにして分ける（前頁図❶）。手で分けにくいときはナイフを使ってもよいが、切り口の組織の損傷を避けるために、切れ味のよいナイフを使う必要がある。根がからみ合っているときは、一度水に浸けてから分けるとよい。

株分けするときは、芽がない株や根がない株にならないようにすることが大切で、必ず二、三芽が残るように分けるようにしなくてはならない。

株分けをしたら、すぐに植えつけて水をたっぷりと与える。肥料はとくに与える必要はない。

和風庭園に調和するギボウシ

以上、宿根草全般に関しての植え方や育て方を述べてきたが、ここで数ある宿根草のなかでも重宝して使えて、お寺の庭にもほどよく調和する種類を紹介しておこう。

一つはギボウシである。ギボウシは欧米で品種改良されてホスタ（Hosta）という名で園芸店などで流通されているユリ科の宿根草である。春に芽を出し、夏に白や淡い紫の小さな釣り鐘状の花をつけ、晩秋の霜が降りる頃には地上部が枯れる。葉は裏が白かったり、斑が入ったり、覆輪《ふくりん》（葉や花の外縁に入る斑）が入ったりと、じつに多くの品種がある。大きさも、葉の長さが二センチ程

育てやすく雅びな風情のギボウシ（別名ホスタ）

度の小型種から、一メートル近くにもなる大型種までさまざまなものがある。種類によっては庭石にさりげなく添えたりすると雅びやかな風情をつくる。

もともと日本の山野に自生している宿根草で、古くから庭の植え込みなどに用いられ、栽培は比較的容易といえよう。

日陰に強く丈夫なので、はじめての方でも失敗せずに育てられる。ただし、ほとんど日の当たらない場所では葉の色がきれいにならない。また、夏の長時間の直射日光では葉が焼けてしまう。このへんが難しいところではある。一般的に、葉が緑色系の品種より、黄色系のほうがより強い日差しに耐えられるとされている。

なお、中型種や大型種は二、三年で一メートル近い株張りになるものもある。したがって苗を数株植えつけるときには、株間を適度にあけて植えないと、あとあと込みすぎて窮屈になる。中型種で五〇センチ以上、大型種では一メートル以上は株間が必要と思われる。

二月の庭を彩るクリスマスローズ

もう一つお勧めしたいのがクリスマスローズである。ローズとついているがバラの一種ではなく、キンポウゲ科の宿根草である。ヨーロッパではクリスマスの頃にバラに似た花を咲かせるのでこの名がついた。日本ではヘレボレス系が主に栽培されている。これは花の少ない二月頃に開花するので、冬場の淋しい庭にほどよい彩りを添えてくれる。花（本当はアジサイなどと同じく萼《がく》）は白、薄緑、赤褐色、暗紫などの種類があり、決して派手でなく、どことなく品がある。日当たりのよい場所が花つきにはいいが、花後は半日陰で育てるのがよい。落葉樹の根元などにあしらうと、生育もいいし庭の趣が出る。

このように、高木類や宿根草をうまく組み合わせて、そこにさらに季節の一・二年草をあしらうなどすれば、庭づくりの楽しみはどんどん広がっていくことだろう。

緑の説法 30

張る、生る、飽き、殖ゆ

冬枯れが目立つ庭はやはり淋しい。落葉樹は衣を脱ぎ、常緑樹の緑も瑞々しさがない。芝も枯草色で、春風を待つ思いが募るばかりである。

しかし冬こそ、植物の健全な生育になくてはならない季節なのである。

春の花がことさら美しいのは、冬の間、地中に蓄えられていた命のエネルギーが、大地に溢れ出し、美を競い合うからだともいえよう。

「冬」という言葉は「殖ゆ」が転じたものといわれる。

冬に木や草は生命エネルギーを殖やす。地中いっぱいに生命エネルギーを充満させるのである。

そして、やがて芽が張る季節となる。

そう、春は「芽が張る」の「張る」が語源といわれている。

ついでにいうと、夏は「生る」、秋は「飽き満ちる」がそれぞれ語源とされている。

ちなみに2月のことを「如月」というが、その語源として、まだ寒く衣を更に重ね着しなくてはならないことから「衣更着」という説がある。

一方で草木が甦ることから「生更木」、あるいは草木の芽が張り出すことから「草木張月」から転訛したという説も有力とされている。

我々としては、やはり職業柄「生更木」「草木張月」の説を採りたい。春は「張る」季節なのだから……。

いずれにせよ、稲作を中心とした農耕文化の礎を築いた、わが国の先人たちは、植物のライフサイクルに併せて生活を営み、四季を表す名称も、それぞれの季節の植物の状態から呼称したと考えられる。

実際、日本ほど四季がはっきりと分かれた国はほかにない。

冬から春へ、春から夏へ、夏から秋へ、秋から冬へと、くっきりと目に見えて季節が転換していくさまは「移ろい」という感覚を日本人に植えつけた。

そしてサクラに代表されるような、季節の節目節目に咲く花に心を踊らせ、また、一時華やぎ、やがて散りゆくという、無常感をもった美しさに魅せられてきたのであろう。

我々、庭師ほど、季節の移ろいを身近に感じられる職業はない。

ご住職も庭仕事を通じて、木々や草花とふれあい、日一日と微妙に変化する季節の移ろいを、目で、耳で、肌で感じていただければと思う。

極意72

蓮華と水生植物を育てる

●ハスを一年かけて管理する方法

水生植物栽培のすすめ

もし庭に池をつくったら、ぜひとも楽しみたいのが、ハスやスイレンなどの水生植物の栽培である。

水生植物はその生息環境や生活形態によって、以下のように分けられる。

■**抽水《ちゅうすい》植物**　根は水底に張り、茎の下部は水中、茎の上部と葉を水面より上に高く伸ばすもの。主な種類にオモダカ、カキツバタ、ガマ、ミズアオイ、ヨシなどがある。

■**浮葉《ふよう》植物**　水底から長い茎を伸ばして、水面に葉を浮かせるもの。主な種類にハス、スイレン、アサザ、テンジソウなどがある。

■**浮遊《ふゆう》植物**　根が水底に張らずに水中にあり、葉が水面を浮遊するもの。主な種類にウキクサ、ホテイアオイ、ウォーターレタス、タヌキモ、サンショウモ、トチカガミなどがある。これらはおおむね繁殖力が旺盛で放っておくと水面を覆いつくしてしまうことがあるので、適宜間引くことが必要となる。

■**沈水《ちんすい》植物**　根を水底に張り、植物体の全部が水中にあり、水面より上には出ないもの。主な種類にフサモ、キンギョモなどがある。

■**湿性《しっせい》植物**　湿地や水辺に生育するもの。厳密には水生植物の範疇には入らない。オグルマ、サワギキョウ、セキショウ、トクサ、ミズトラノオなどがある。

これらの水生植物には、それぞれ生育に適した水深がある。

抽水植物は二〇センチ以下、アサザのような小型の浮葉植物で二〇～四〇センチ、ハスやスイレンなどの大型の浮葉植物で三〇～六〇センチと、おおむねこれくらいである。浮遊植物はあまり水深は考慮しなくてよく、沈水植物は日光が届き、光合成が可能な水深であれば生育できる（次頁図❶）。

多くの種類の水生植物を楽しむのであれば、池に水深差をつけることが必要で、魚や水生昆虫の産卵や生育過程でもこの水深差が重要な要因となる。自然は変化を好み、一律なものを嫌うのである。

図❶ 主な水生植物の植栽例

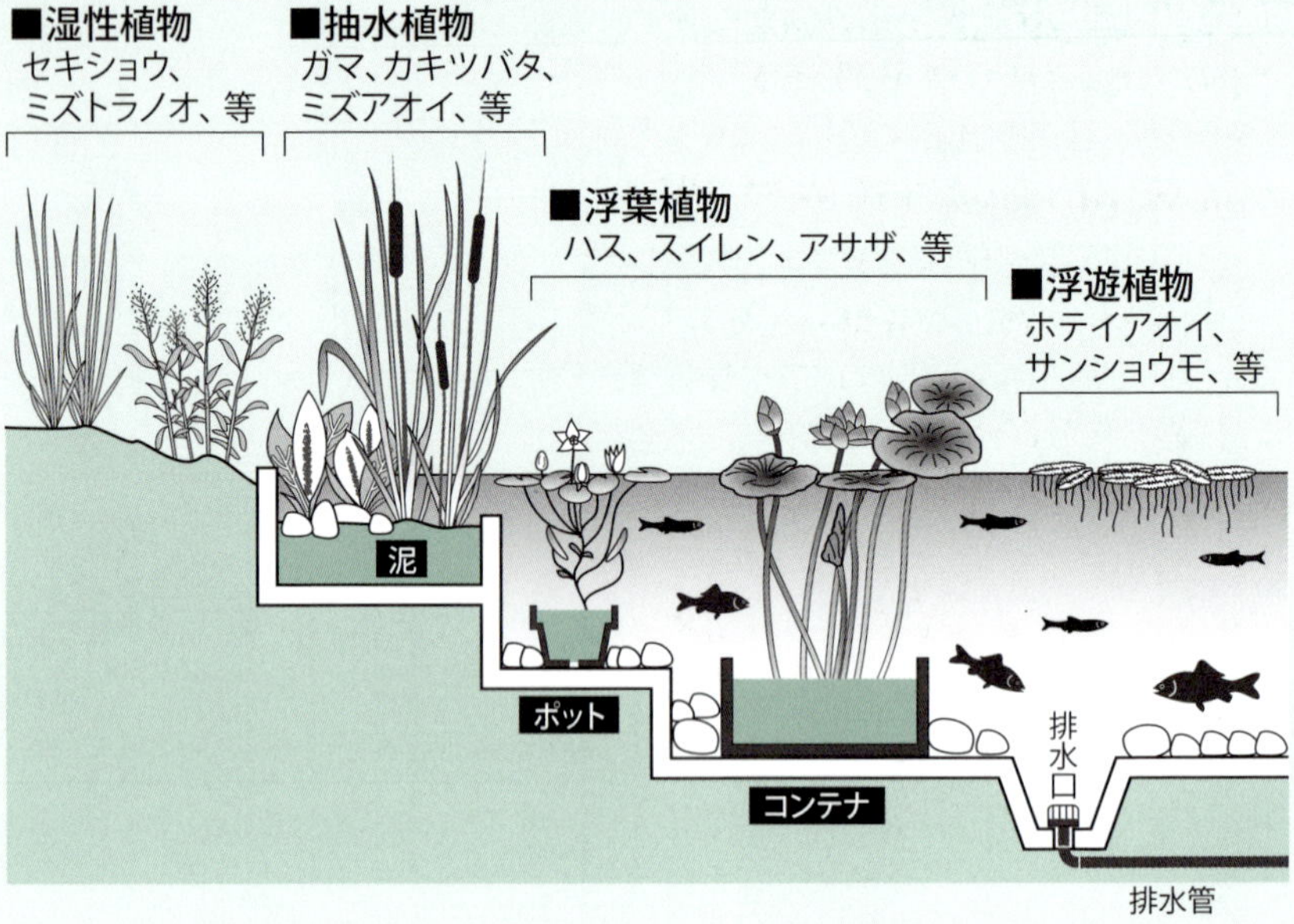
■湿性植物
セキショウ、
ミズトラノオ、等
■抽水植物
ガマ、カキツバタ、
ミズアオイ、等
■浮葉植物
ハス、スイレン、アサザ、等
■浮遊植物
ホテイアオイ、
サンショウモ、等
泥
ポット
コンテナ
排水口
排水管

ハス（蓮華）の上手な育て方

水生植物のなかでも特にお寺と関係が深いのがハスであろう。
ハスはおおむね丈夫で育てやすい植物である。早春から池底の泥のなかの細長い根茎（レンコン）が伸びて生長する。根茎には節があり、その節の部分から茎と根が伸びる。春には浮き葉が出て、その一カ月後くらいには立ち葉となる。六月頃から水中から花芽が伸びて先端に蕾をつけ、約二十日後には開花する（図❷）。

ハスを育て開花させるための第一条件は、日当たりである。できれば一日中、日が当たっていることが望ましいが、日当たりがいいとそれだけ水温も上昇し、池に藻が多く発生する。立ち葉が茂るまでは藻をこまめに取り除くことが大切である。また同時に繁殖力が旺盛な浮き草も多く発生して水面を覆いつくし、水中まで日光が行き届かなくなるので、取り除かなくてはならない。

ハスは通常、池底に三〇センチほどの泥（田んぼの土などが最適）を盛って、レンコンや苗を植えつけるのだが、株数をそれほど多くしない場合には、大きめの鉢やコンテナなどの容器に植えて池に沈めてもよい。そのほ

図❷ ハス（蓮華）の1年

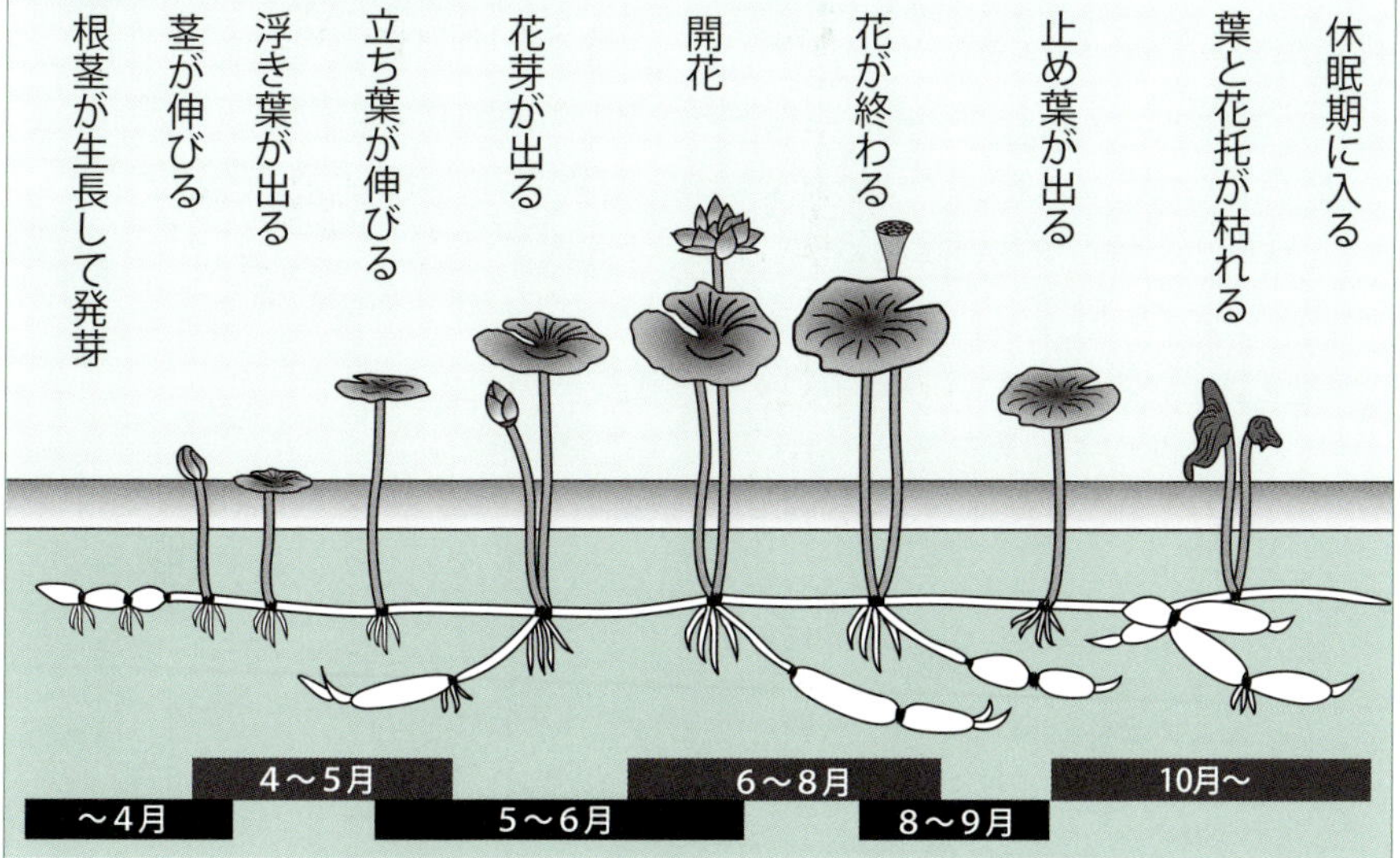
休眠期に入る
葉と花托が枯れる
止め葉が出る
花が終わる
開花
花芽が出る
立ち葉が伸びる
浮き葉が出る
茎が伸びる
根茎が生長して発芽
～4月
4～5月
5～6月
6～8月
8～9月
10月～

うが植え替えなどの管理が楽である。

花後は花托《かたく》のなかにぎっしりと詰まった実が徐々に大きくなり、蜂の巣のような形となる。この実は薬用や食用として利用できる。秋になって気温が下がってくると、最後の立ち葉が出るのを合図に根茎の生長が止まる。同時に地中のレンコンが太りはじめる。レンコンを太らせるのを優先するのであれば、花後、結実するまでの間に花茎を取り除くとよい。また晩秋から冬にかけて枯れた葉や茎は取り除く。

真冬は株を凍らせないように、日照を確保することが大切となる。水面に薄く氷が張るくらいなら、株まで凍ることはないが、寒い地方では気を配る必要がある。

全国には「蓮の寺」として名を馳せているお寺も多いと思うが、なかには外来種やザリガニの繁殖によって、名物のハスの株数が減少の一途をたどっているという話も聞く。ビオトープの取り組みに若干反するかもしれないが、庭は管理された自然であり、自然のままの状態に任せると、思わぬところで生態系が崩れることが往々にしてある。日本は植物相、生物相がじつに多様な国であることを忘れてはならないだろう。

蓮華は極楽浄土の象徴

お釈迦様はことのほか蓮華、すなわちハスを愛された。

釈尊が蓮華の上で瞑想する絵が描かれ、極楽浄土の象徴とされる。そのため、蓮華をかたどった台座に仏像を乗せたりしている。

また、死後に往生し、極楽浄土の同じ蓮花の上に生まれ変わって身を託すという思想があり、「一蓮托生」という言葉の語源になっている。

ハスは池底の泥のなかから水上に茎が真直ぐに伸び、まろやかにふくらんだつぼみが、夏の朝早くに美しい多弁の花を開く。「泥より出でて泥に染まらず」の言葉どおりに、ハスの風情はじつに清らかで、神々しくもある。

池底の泥が現世、水上が天上界であろうか。古来から仏教とかかわりが深く、極楽浄土に咲く花として尊ばれてきた。

また数千年前のヒンズー教の神話には「原初に存在したのは水だけで、その水のなかからハスの花が浮かび上がって来た……」との一説があり、仏教発祥以前から、生命の誕生を象徴すると考えられてきた花でもある。

実際に２千万年から１億年前と推測されるハスの化石が発見されており、気の遠くなるほど古い植物なのである。日本でもすでに『古事記』に「花ハチス」の記述が見られ、古代から存在していたことが分かる。

文献だけでなく科学的な研究からも、ハスが古代の植物であることが実証されている。ハスの種は皮が非常に厚く、土の中で発芽能力を長い間保持することができる。

1951 年、千葉市にある東京大学検見川厚生農場の落合遺跡で発掘され、理学博士でハス研究の第一人者として知られる大賀一郎氏が発芽させることに成功したハスの実は、放射性炭素年代測定により、今から 2000 年前の弥生時代後期のものであると推定された。このハスは大賀一郎氏の名を冠して「大賀ハス」と名づけられた。

また、世界文化遺産にも登録された岩手県平泉の中尊寺の金色堂須弥壇から発見され、800 年ぶりに発芽に成功した「中尊寺ハス」の例や、埼玉県行田市のゴミ焼却場の建設予定地から発掘され、発芽に成功した「行田ハス」は、1400 年から 3000 年前のものと推定されている。

美しく開くハスの花に、太古の眠りから目覚めた輝きを見ずにはいられない。

第6編 造園技能士との付き合い方

第16章　庭師の選び方と費用❶【庭園管理のために】

第17章　庭師の選び方と費用❷【庭づくりのために】

第16章

庭師の選び方と費用①

【庭園管理のために】

お寺と庭は切っても切れないもの

この章では「庭師をどのように選んだらよいのか」「契約はどのようにしたらよいのか」「作庭や管理にどれくらいの費用がかかるか」といった、いわば「庭師とのつき合い方」を解説する。

庭師とはどんな職業で、どのような仕事を、どのような流れで行うのかをご理解いただき、貴寺の庭づくり、および庭の管理の参考にしていただきたいと思う。

庭師サイドから、すなわち選ばれるほうの立場から、「庭師の選び方」というのもややおかしな感じがしないでもないが、これまでの経験を踏まえながら論を展開することにしよう。

大昔からお寺と庭は切っても切れない関係にあることはいうまでもない。

浄土や禅といった仏教思想を大自然に投影させて、庭という形で巧みに表現してきた。

中世くらいまでは「石立僧《いしだてそう》」といって僧侶自らが作庭に従事した。

近世からは、庭師や植木屋といった専門職が確立し、寺院のおかかえ庭師が作庭や手入れを行うべく出入りすることとなり、それが慣習として根づいた。

明治時代初期の廃仏毀釈を境に庭師の仕事の場が徐々に邸宅や公園などの公共事業に移行してきて、寺院に専属といったかたちで庭師が出入りするということは少なくなってきている。

もっとも観光寺院が多い京都は例外で、出入りの慣習は代々続いており、わが造園連の京都支部の組合員も伝統を守るべく日々精進している。

今日、建立されてさほど年月が経たないお寺、また代々続くお寺も代替わりして、庭園づくりや境内の樹木の管理に関して、「さてどうしたものか?」といった状況になるのは分からなくもない。

新たに庭師を選ぶポイント

そこで、新たに作庭や管理を依頼する場合に、庭師を選ぶポイントをいくつかあげてみよう。

■地元の業者を選ぶのが原則

「遠くの親戚より近くの他人」という言葉もあるように、近いと何かあればすぐに駆けつけてくれるというメリットが大きい。

しかし、何よりもその土地の気候・風土・土壌をよく知っているということが重要なポイントで、それに即した植生、すなわち「この木はよく育つが、この木は思うように育たない」といった土地の木を熟知しているといったことが一番であろう。

また、当該自治体の条例などから、緑化助成の請求や何らかのトラブル、剪定枝の回収・リサイクルといった面でも無理なく対応できる。

■作庭・管理の希望に合うかどうか

さて、地元の業者ということで絞り込んだら、次に作庭の内容や樹木の管理といった依頼内容から、自らの希望に合うところを見つけたい。

今日、造園という業種も多様化が進んでおり、それにともない造園業者のなかでも得手・不得手が出てきている。公共工事中心の会社では小回りが利かないところがあり、エクステリア会社のように外構専門のところは植物知識にやや劣る傾向がある。ガーデニングブームで台頭したガーデナーだと、やはりお寺の庭にはそぐわない。

最近ではインターネットで検索して造園業者を選ぶ人も多い。たいていの場合、ホームページに施工実績が掲載されており、なかにはその施工費も併せて記しているところもある。

そのほか、庭木の剪定などの管理に関する料金体系を掲載しているところもあるので、大いに参考にして、希望に合った施工や管理を行ってくれる業者を見つけるようにしたい。

■国家資格をもっている庭師か

「造園技能士」の資格は国から一人前の造園家だと認められた証である。

造園技能士は一級から三級があるが、特に一級を有していることが望ましい。

さらに、それより上級の「登録造園基幹技能者」の資格をもつ庭師ならば申し分ない。

「登録造園基幹技能者」は造園全般に関する知識と技能を有していることはもちろん、現場監督として状況に応じた施工法の調整や、作業を効率的に行うための人員の適切な配置、作業方法・手順の作成、施工の指示など多岐にわたった任をこなす役割を担えるに値する技能者に与えられる資格である。

これらの資格の所持者がいるかどうかは、その造園業者の技術の高さや知識を測る一定の目安になるであろう。

なお、民間の団体が認定する「庭園○○士」などといった、まぎらわしい名の資格も存在する。それらは先にあげた公的な資格ほど厳密に認定されておらず、名ばかりということもあるので要注意である。

庭師と末長くつき合うために

依頼先を決め、顔合わせとなったら、ここからは、末長くおつき合いするためにも、ご住職が実際に庭師と会って「この人に任せていいものか」ということを判断することになる。

■依頼の際に目を光らせておきたいこと

庭をつくる場合でも、管理の場合でも最初に、依頼内容に合わせた打ち合わせを行うことになるが、その席で目を光らせておきたいことがある。

基本的なことだが、礼儀・マナー、言葉づかいはどうか、ということからチェックする。「当たり前のことでは」と思われるかもしれないが、庭師のなかには悪い意味で職人気質を気取っている人がごく稀にいる。

また、ご住職の質問に対して、どれくらい的確に答えられるか、さらには依頼内容に関して、ただ話を聞くだけでなく、どこまで専門家の視点での提案がなされるかも重要なポイントである。

たとえば、既存の庭あるいは境内を見渡して、一日中日の当たるところに日陰を好む木が植えてあったとしたら、「この木は日の当たらない本堂の北側に植え替えたほうがいいですよ」などとアドバイスしたり、剪定に関しても「この木は生長が早いから、今のうちに芯を止めたり、思い切って枝を払っておいたほうがいいですよ」などと、的確なアドバイスができることがプロの庭師と

多忙なときは数人がかりで作業することもある。全員がヘルメットをかぶり安全管理にはことのほか気を配るのがプロの庭師である

しての資質であろう。

■見積もりはあいまいにしない

かつては、どんぶり勘定で、費用に関してかなり大雑把な業者も存在していた。

これはいい意味では、お寺も含むお施主さんとの間で綿密な信頼関係が築かれていて、それを前提に双方が納得する金額で仕事を行っていたという側面がある。

悪い意味では、自分は唯一無比の職人であり、比較対照もないから、高い金額を吹っ掛けるといったこともあったようである。

しかし、現代社会のなかでは、まず予算があり、その予算と仕事内容に応じたしっかりとした根拠のある見積もりをしなくてはならない。

見積もりについて「なぜその金額になるのか」と詳しい説明を求めても、あいまいな答えしか返ってこない業者では、よい仕事はできない。あいまいにしたままで仕事を依頼してしまうと、あとあと後悔することは必至である。

たとえば、見積金額が予算をオーバーした場合、極端に値下げしてくる業者もいるはずだ。この場合はとくに注意が必要である。あとあと仕事のクオリティを落として帳尻を合わせるといったことにもなりかねない。

あまり大きな声ではいえないが、作庭は材料の良否で、金額的な調整ができてしまう側面がある。悪質な業者になると、相手（お施主さん）が素人で全く知識がないのをいいことに、まがいものを使って知らんぷりしていることもある。

こういう業者は剪定でも、木の生理も花芽の有無も関係なく、大雑把な刈り込みで、見た目だけきれいに整えて「ハイ終了」といった、手抜き作業を平気な顔をして行うものである。

それだけ見積もりの根拠は重要なことなのである。

我々は見積金額が予算オーバーした場合は、予算の範囲で、再度、提案する内容を考えて、双方が納得するまでお施主さんと話し合うようにしている。

■実際の仕事を見よう

要望と提案、見積もり等、すべての条件が整い、契約書を取り交わし、作業に入ってもらうことになった。この庭師とは末長くつき合えるか、今回だけのつき合いか、実際の作業を見て最終的な判断をしていただきたい。

作業を見ても、細かい内容までは分からないかもしれないが、確実に分かることがいくつかある。

一つは、特に若手がどれくらいキビキビと作業をしているかということである。若手の元気のいい仕事っぷりは親方が若手の育成に非常に熱心なことがうかがわれると同時に、その会社の勢いを表す。今後伸びていくところとは末長く共存共栄できる。

二つめは、しっかりと安全管理を行っているかということである。

現場は常に危険と隣り合わせである。自傷・対人・対物いずれにせよ、いったん大きな事故を起こしてしまったら、業者も大きな損害を被ると同時に信用を失い、お寺も大きな迷惑を被ることになる。どんなに美味しいレストランでも一度食中毒を起こしたら営業できなくなるのと同じである。

きちんとした業者は現場監督が徹底的に指導し、作業員各々が安全に慎重すぎるほど気を配る。

きちんとヘルメットをかぶり（前頁写真参照）、高木の剪定などではしっかりと安全ベルトをかける。切った枝を下に落とすときは細心の注意を払い、太い枝は落ちないようにロープで吊ってゆっくりと下ろす。

また重量物の運搬の際にはしっかりと誘導し、決して無理な体勢での作業は行わない。電動工具類の扱いは、ことのほか慎重に行う。

この安全管理をおざなりにしているような業者とは末長くつき合う必要はない。

■一年後の結果を見よう

庭は生き物であるがゆえに、本当の結果がでるまでに時間がかかる。木を剪定したり刈り込んだりして手入れをした直後は非常にさっぱりして見える。

しかし、春夏秋冬と四季をめぐり一年後どのような状態になっているかが大切なのである。そこではじめて庭師の技量が判断できる。

極端に樹形が乱れてしまったり、太い枝の先端部がいわゆる「げんこつ」という丸い固まり状になってしまったり、木の生理を無視して下手な剪定をすると、衰弱して枯れてしまうことだってある。また花木の場合は、花芽を飛ばして、全く花が咲かなくなってしまうことも往

表❶ 某ホームセンターの庭園管理料金表

■剪定料金（木１本当たり）

樹　　高	料　　金
３m 未満の木	3,000 円程度／本
３～５m の木	6,000 円程度／本
５～７m の木	15,000 円程度／本

※高さ７m 以上の木、およびマツやマキなどの仕立物は別途見積もり
※発生した剪定枝は作業金額の 25%程度で処分する

■刈り込み料金（１㎡および１m 当たり）

種　　類	料　　金
植え込み（高さ１m 未満）	500 円程度／㎡
生　垣（高さ２m 未満）	2,000 円程度／ m

※発生した剪定枝は作業金額の 25%程度で処分する

■消毒料金（害虫駆除・木１本当たり）

樹　　高	料　　金
３m 未満の木	1,500 円程度／本
３～５m の木	3,000 円程度／本
５～７m の木	6,000 円程度／本

■除草・芝刈り料金（１㎡当たり）

種　　類	料　　金
草むしり	1,000 円程度／㎡
機械刈り	300 円程度／㎡
芝刈り（機械使用）	300 円程度／㎡

■その他の管理作業料金（木１本当たり）

種　　類	料　　金
支柱取り付け	15,000 円程度／本
施　　肥	3,000 円程度／本

々にしてある。

もし、そのような庭師に依頼してしまった場合は、高い授業料を払ってしまったと思っていただくしかない。

標準的な管理費用の相場を知ろう

先ほど見積もりについて述べたが、もう一つ懸念されていることが、作庭あるいは管理にいったいどれくらいの費用がかかるかということであろう。作庭に関しては広さや内容、使う材料によってかなりの開きがあり（池や流れなどの水景をつくると高くなる）、一概には語れないので、詳しくは次項にまわそうと思うが、管理については多くの業者がホームページやパンフレットに明記している。同業種間での比較対照ということもあり、それが価格の目安になってきている。

一例として、庭園管理に関して、あるホームセンターの価格を前頁の表❶にしたので参考にしていただきたい。

ただし、我々の場合は、おおむねこの価格よりやや割高になる。やはりホームセンターとは年季が違うし、それだけの自負をもって仕事をしている。いわば安心料が上乗せされると思っていただければ幸いである。

お寺に合った年間管理契約の勧め

庭園管理の標準価格を示したが、これはもっぱら個人住宅のもので、お寺の場合は、庭や境内も広く、木の本数も多い。七メートルを超える高木もそこそこあることだろう。見事な枝振りに仕立てられた立派なマツもあるかもしれない。

こうしたことからも、表のような価格だと、かなりの割高になってしまうと思う。そこでお勧めするのが年間管理契約である。

お寺には正月、春秋のお彼岸、盂蘭盆、施餓鬼、開山忌などの年中行事があり、その日までには檀信徒のためにも庭園をきれいに整えておきたいものであろう。

一口に庭の管理といっても剪定だけではない。消毒による害虫駆除、草刈りや掃除、施肥、竹垣のあるお寺では定期的に古くなった竹を交換しなくてはならないし、池のあるお寺では藻を取ったりして池の水をきれいにするといった作業もしなくてはならない。

したがって、費用は敷地の広さや木の本数、庭園の構成内容によって大きく変わってきて、年に何回手入れに入るかによっても変わってくるが、その都度、必要に迫ら

表❷ 庭の年間管理計画表（月別）の一例

〔関東地方を基準とする〕

	作業内容	1月	2月	3月	4月	5月	6月	7月	8月	9月	10月	11月	12月
樹木の剪定	常緑樹の剪定						■	■		■	■ 軽剪定		
	落葉樹の剪定	■	■ 骨格剪定（強剪定）							■ 軽剪定			■
	マツの手入れ					■ みどり摘み						■ もみあげ	
	花灌木の刈込み					■ 花後刈込み							
	生垣の刈込み					■	■				■		
樹木管理	消毒（害虫防除）				■	■		■	■	■			
	施肥	■	■ 寒肥			■ お礼肥			■ 追肥				
	冬囲い		■	■ 幹巻き等取り外し								幹巻き・コモ巻き等 ■	■
芝生管理・除草	芝刈り					■	■		■	■			
	消毒（害虫防除）				■			■			■		
	施肥					■	■		■				
	目土かけ					■							
	除草			■	■	■		■	■				
その他の管理作業		■ 竹垣の補修							台風対策（支柱等）■	■		迎春の準備 ■	■

れて入ってもらうより、年間管理契約にしたほうが、年内の予算もはっきりしてよいだろう。

　ただし、お寺の場合だと、彼岸、施餓鬼や盂蘭盆などの時期がお寺同士で重なり、地域のお寺の年間管理を任された業者がいくつかのお寺をかけ持ちしなくてはならないこともある。

　こうなると、ある程度の人数が必要となる。一人で開業しているようなところでは無理がでるだろう。職人を多く集めることのできる人であれば問題はないが。

　契約に際しては、管理にかけられる予算を踏まえて、「何をどこまでやるか」「年に何回、この時期とこの時期に」などというように、綿密に打ち合わせを行う必要がある。

　管理に長けた庭師であれば、この木は今年手を入れたから、次は二〜三年後でいいだろう、池の水の改修は一年おきでいいだろう、などと適切に判断できる。

　そういった庭師からの提案を踏まえ、きちんとした管理計画（表❷）をつくってもらうことが重要である。その計画に応じた見積もりを出してもらい、双方が十分に納得した上で契約を結んでいただきたい。

第17章 庭師の選び方と費用②【庭づくりのために】

参拝者が満足できるお寺の庭を

最近、書店などで「自分でできる庭づくり」といったような内容の書籍をよく見かける。ホームセンターでは、苗木や石材、木材や竹材、ガーデンファニチャーや庭園灯などのさまざまな庭園材料、また庭づくりのための各種工具や機械も簡単に手に入るようになった。

ここ数年、庭づくりへの意識がずいぶん変わってきたように感じる。「簡単、お手軽、お金をかけない」といった日曜大工ならぬ日曜ガーデナーの登場である。特に昨今の不況の折には、庭にそれほど費用をかけられないのが実情であろう。一般住宅では住まい手が趣味として庭づくりを楽しむのは大いに結構だと思う。庭がそれだけ身近な存在になってきたのは喜ばしい。しかし、お寺ではそうもいかない。やはり檀信徒あるいは参拝者が満足するような格調が必要であろう。

ご住職のなかには、ご自分でつくってやろうとお思いの方もいらっしゃるかもしれない。確かにセンスがあれば、好みの庭を設計・デザインすることは十分可能であろう。さらに知識と情報があって、樹木や石材など、それなりの材料を集めれば、時間をかけてコツコツとつくっていくことも可能であろう。しかし、当然のことではあるが、プロとアマでは大きな違いが出てくる。

素人には真似できないプロの仕事

日曜ガーデナーはおおむね自分の好みを優先しすぎる傾向がある。一番の失敗は思うに任せて木を多く植えすぎてしまうことである。

庭というものは建築などとは異なり、施工完了がイコール完成ということではない。たとえ竣工直後は、プロがつくった庭に見劣りしないものができたとしても、一年、二年と時間が経てばどうなるものか。

木を植えすぎると、木が生長するにともない、互いの枝葉が絡み合って圧迫感や煩雑感を与え、景色のバランスが著しく崩れてしまう。また、風通しが悪くなり、病害虫に侵されやすくなる。さらに樹冠に遮られて日差しが地面まで届かなくなり、低木や下草の生育に影響を及ぼす。庭は木や草花の生存競争の場ではなく共存共栄の場である。互いが互いにいい影響を与え合って、引き立て合うように配さなくてはならない。

我々は、一年後、二年後、さらには数年後の姿をしっかりと見据えて庭をつくっている。木を寄せ植えするときも、しっかりと間隔をとって、将来の生長と景観構成を予測しながら植える。石組などとの取り合わせも意識しつつ、庭全体のバランスを十二分に考える。木々の梢を風が気持ちよく通り抜けるくらいが絶妙な間なのだが、これは長年の経験から身についたプロならではの感覚で、素人が一朝一夕に真似できるものではないだろう。竣工直後の庭は多少物足りなさを感じるくらいがちょうどいいものだろう。

また樹種を選ぶ際にも、気候や植生といった地域の自然条件から、日当たりや風通し、土の状態といった敷地の環境を踏まえ、経験則からどのような種類の木をどの部分に植えれば健全に生育し、将来的に収まりがよいか（巧みに景色を表現できるか）を的確に判断する。

見えない部分にこそ気を配る理由

何度も申し上げてきたことだが、庭は生き物なのである。生き物を扱うことはことのほか難しく、少しでも手を抜くと生き物としての庭の寿命は限られたものになってしまう。適材適所の配植デザインは、庭をいかすために長年培ってきたプロの技である。

プロのプロたる所以は生き物たる木や草花の扱いだけではない。たとえば池や流れ、滝をつくるとき、下手な仕事をすれば時間の経過とともに漏水してしまう場合がある。特に護岸石組の石と石の間から水漏れするケースが多い。これでは、いくら立派な石組をこしらえても、見栄えを取り繕ったことにしかならない。それこそ念入りな防水処理を施さなくてはならない。

見えない部分にこそ気を配り、きちんと仕上げるのがプロ中のプロだと思っている。

美しさ、楽しみ、和み、寛ぎ、癒し、そのような庭が人に与える効果は、まず安心感というものが根底になくてはならない。その安心感をお施主さんにしっかりと保証して差し上げるのも我々のプロとしての大切な任務なのである。

庭づくりの流れを理解するために

それでは庭師（主に造園技能士）が常日頃行っている、庭づくりに際しての一貫した仕事の流れを紹介しよう。ご住職が我々庭師と一緒に、お寺の境内に庭をつくるということを想定していただきたい。そして、その共同作業をシミュレートすることによって、どの段階でどのような作業が発生するかをご理解いただき、そのときどきの対応を考えていただきたい。

❶庭のイメージづくり

まずはご住職がご自身でつくりたい庭の姿をイメージしていただきたい。どのような庭をお望みであろうか。

枯山水や茶庭といった伝統的な庭、放生池や蓮池のある庭、ウメやサクラ、ツツジ、フジ、アジサイ、モミジなど年間を通して花や紅葉が楽しめる庭、あるいは後々の管理が楽な庭、バリアフリーに配慮した庭……。庭のスタイルは様々だが、檀信徒や参拝客からも喜ばれるような、また地域の名所になるような、お寺にふさわしい庭を目指して、イメージを固めていただきたいと思う。

❷相談・打ち合わせ

つくりたい庭のイメージがある程度固まったら、庭師との打ち合わせとなる。「池や滝をつくりたい」とか、「石組・石積みをつくりたい」「植えたい木や草花がある」など明確な要望があれば構想を練りやすいのだが、たとえ漠然としたイメージでも構わない。それを具体的な形にしていくのが庭師の仕事である。ときに「ここは、こうしたほうが」という提案をする場合もある。ただ、だいたいの予算は決めておいていただきたい。また、いついつまでに完成するという竣工希望時期もある程度決めておく必要があろう。それに合わせて作庭の段取りをすることになる。

❸調査

実際に施工場所を拝見させていただいて、敷地の条件を調べることから始める。

敷地の簡易測量をして現況図をつくる。同時に、地

表❶ 造園工事の見積書の様式例

見積書

平成　年　月　日

発注者

下記の通り御見積申し上げます。

受渡日　平成　年　月　日

工事場所

取引方法

有効期限　平成　年　月　日

請負者

会社名　印

住所

電話

担当者　印

件名

税込合計金額　￥　円　｜　内消費税（5％）　円

名称	規格	数量	単位	単価	金額	備考

形、方位、日照、通風、土壌の状態、周辺環境、隣接地や道路との関係、給排水や電気設備などの埋設設備、既存樹木や既存石材の有無などを確認する。これらは扱う樹種や植える場所、つくる施設の位置に大きく影響を与えることになる。

❹設計・見積もり

ご住職のイメージ・要望と敷地調査の結果を踏まえて設計プランを作成し提案させていただく。一般に設計プランは平面図やパース（完成予想図）、スケッチなどを描くことによって庭の姿を分かりやすいように伝えることとなる。

同時に設計図をもとに積算した見積もりを提出させていただく。この見積もりの様式は造園会社によって異なるが、おおむね材料施工費（土壌改良、客土、植栽、石材工、仕上げ、清掃など）、材料調査費、設計料、発生材処理費、諸経費などが含まれる（表❶）。

造園連のホームページより四〇平方メートルほどの庭園プラン三例の施工費の目安を載せておいたので参考にしていただきたい（次頁図❶）。

ご住職は後々トラブルがないように、この時点で設計案に打ち合わせ内容がきちんと反映されているか、また見積もりの内訳はどうかなどを、しっかりとチェックして、不明な点があれば遠慮なく問い合わせて確認いただきたい。予算がオーバーであったり、プランに納得がいかない部分があれば、修正案を求めるなどして、互いにじっくり検討したい。完全に納得がいくプランと費用になるまで話し合い、双方がきちんと合意形成してから契約へと至ることが大切である。

❺契約

設計プランの内容と費用の最終確認を行い、同時に工

図❶ 作庭例（約12坪）と見積もり参考価格 （造園連ホームページより）

例1：眺めて楽しむ和の庭

見積もり参考価格：1,800,000〜2,000,000円

■植物材料

ヒメシャラ、イヌシデ、キンモクセイ、ヤブツバキ、コウバイ、ヤマモミジ、オオムラサキツツジ（40株）、ヒラドツツジ（30株）、クルメツツジ（22株）、サツキツツジ（50株）、低木類（ムラサキシキブほか）、下草類（ギボウシほか）

■石材・その他

景石（茶系：2.5t）、水盤、飛石（錆御影）沓脱石（錆御影）、延段、敷石（白御影）、砂利敷（伊勢砂利）、砂利敷（川砂利）

・竹垣（建仁寺垣：8m）

例2：季節を楽しむ庭

見積もり参考価格：1,100,000〜1,200,000円

■植物材料

イヌシデ、キンモクセイ、ヤブツバキ、コウバイ、ヤマモミジ、オオムラサキツツジ（40株）、ヒラドツツジ（30株）、クルメツツジ（22株）、サツキツツジ（50株）、低木類（ムラサキシキブほか）、下草類（ギボウシほか）

■石材・その他

水盤、飛石（錆御影）、沓脱石（錆御影）、延段、敷石（白御影）、砂利敷（川砂利）

・木製ラティス（8m）

例3：芝で遊べる家族の庭

見積もり参考価格：500,000〜600,000円

■植物材料

イヌシデ、キンモクセイ、オオムラサキツツジ（27株）、クルメツツジ（15株）、サツキツツジ（15株）、高麗芝（24㎡）、下草類（ギボウシほか）

■石材・その他

水盤（バードバス）、敷石（白御影）

・木製ラティス（8m）

※本作例は㈳日本造園組合連合会のホームページより転載した。

※3例とも8m×5m＝40㎡（約12坪）の敷地にデザインした。

※見積もり金額はあくまで目安である（関東地方を基準とした）。

※土壌の状況、施工場所、使用材料、施工条件などにより金額は変動する。

※見積もりには、以下のような内容が含まれる。

・材料施工費（土壌改良、客土、植栽、仕上げ、清掃）

・材料調査費　企画デザイン料　発生材処理　諸経費など

期（着工日・竣工日）や、工事に保証があるか、アフターケアや枯れ補償の有無など、契約条件の確認もしっかり行っておきたい。枯れ補償とは庭を施主へ引き渡した後、契約期間内（一年間が多い）に、水やりや施肥などの必要な管理をしているにもかかわらず枯れてしまった木を植え替える制度をいう。

支払い方法に関しては金額の大小

表❷ 造園の契約書の様式例

工 事 請 負 契 約 書

収入印紙
貼　付

発注者　　　（以下甲という）と
請負者　　　（以下乙という）とは
　この契約書（約款を含む）と添付の図面＿枚、仕様書＿冊とによって工事請負契約書を締結します。

1．工事名
2．工事場所
3．工　期　着手　平成　年　月　日
　　　　　完成　平成　年　月　日
4．請負代金　　　金　　　円也
5．支払方法　この契約成立の時　金　　　円也
　　　　　部分払　第１回　金　　　円也
　　　　　　　　　第２回　金　　　円也
　　　　　完成引渡しの時　金　　　円也
6．その他

以上この契約の証として本書２通を作成し、甲乙双方署名押印のうえ、各１通を保有する。

平成　年　月　日

甲（発注者）住所
　　　　　　氏名　　　　印
乙（請負者）住所
　　　　　　氏名　　　　印

にもよるが、契約時に前金として払い、残りは引き渡し後というのが一般的であろう。小額の場合は引き渡し後に一括というケースもある。いずれにしても支払い方法は業者によって異なるので、前もって確認することを忘れないようにしていただきたい（たいてい多少融通は利く）。なお、我々造園連では最長十年間の造園ローンのサービスも提供している。ご参考までに。

❻施工

双方がすべてを納得したら契約となる（表❷）。

現場で最終的な確認や作業工程の説明をして、庭の施工が開始する。我々は施工に際して、事前に綿密な工程表（次頁表❸）を作成して臨む。

悪天候や機械の故障、資材搬入の遅れなどのトラブルで工程通りに進まなくなることもあるが、その都度、工程表をチェックして臨機応変の対応で遅れを取り戻すよう心掛けている。

しかし、施工の過程で、ときに、やむを得ないプランの変更や微調整などが必要となることもある。その場合は、追加費用が発生する可能性も否定できない。このようなときは必ずご住職に、具体的に説明して確認を求めるので、十分に話し合って双方が納得する結論を出すことが重要となる。

❼竣工〜引き渡し

施工が完了したら、工事完了検査の後、ご住職立ち会いのもとで最終確認をして引き渡しとなる。木や草花、芝、苔などの日常的な管理方法、その他の留意点をアドバイスさせていただく。

❽アフターケア

引き渡し後は一カ月、三カ月、六カ月と点検を行い、木が枯れるなどの不都合がないか確認させていただく。

表❸ 庭づくりの作業工程表の例

（日数）

工　種	種　別	数 量	1	2	3	4	5	6	7	8	9	10	11	12	13	14	15	16	17	18	19	20	21	22	23	24	25	26
準　備	丁張など	1式	━	━																								
	粗整地	458.3㎥			━	━	━																					
池泉工	掘削	63.2㎥						━	━																			
	コンクリート	10.7㎥									━	━	━															
	護岸石積	93.3m								━	━	━	━	━	━	━												
	給排水	1式									━	━																
庭石工	据付	15.6 t															━	━	━									
園路工	延段	8.7m															━	━	━	━	━							
	飛石	28個																		━								
植栽工	上木	42本																				━	━	━				
	下木	384株																				━	━	━	━			
	張芝	297.1㎡																								━	━	
仕上げ	後片付・清掃	1式																										━

庭は心の鏡

前述のように、庭は竣工イコール完成ではない。一年、二年……と守り育てていかなくてはならない。

前項で、お話したように、年間管理契約を結んでおくと、庭師が必要な手入れを適した時期に行うので安心であろう。その場合、全く別の業者に頼むより、やはり施工した業者に依頼するのが、庭のことを隅々まで理解しているのでいいであろう。

ただし、常日頃の管理は、お寺の大切な仕事だと思っていただきたい。お寺の庭であるからこそ、日々の掃除は修行の一貫と心得て、常に美しく整えておく必要があろう。

庭の姿には人の心が如実に顕れる。荒れた庭は持ち主の荒んだ心根を物語っているのではないか。まさに庭は心の映し鏡で、いつも檀家や参拝者に見られているという意識を持っていただきたいと思う。

我々は常に丹精込めて庭をつくる。それは、庭の片隅に植えた一木一草、さりげなく置かれた石一つに至るまで、大切にし、慈しむ心をご住職たちに託しているとご理解いただければ幸いである。

緑の説法 32

セイタカアワダチソウとススキ

コオロギの声もか細くなってきた晩秋の原っぱに、未だに雑草はそのたくましい生命力で生い茂っている。なかでも目立つのが、てっぺんに黄色い花をつけて群生する背の高い草、その名もセイタカアワダチソウ。背丈は２mにもおよぶ。

セイタカアワダチソウは北米原産の外来種で、昭和40年代以降に全国で大繁殖するようになった。戦後、アメリカ軍の輸入物資に付いていた種子によって持ち込まれたとされ、養蜂家が秋から冬にかけての花の少ない時期に、貴重な蜜源として利用するために、拡大繁殖したともいわれている。

このセイタカアワダチソウは非常に繁殖力の強い植物として知られている。１株で４～５万個ともいわれる、綿毛のついた大量の種を四方八方に飛ばす。

加えて根からシス・デヒドロマトリカリア・エステルと呼ばれる、舌を噛みそうな名前の毒性物質を分泌し、周囲の植物の発芽や生長を阻害してしまう。フィトンチッド(205頁参照）同様の一種のアレロパシーである。

このような強力な武器をもった侵略者は、在来の植物たちを駆逐し、爆発的に増え、あっという間に、日本の原っぱという原っぱを我が物顔に占領してしまったのである。

しかし、ここ10年くらいの間で様相が変わってきた。一時隆盛を誇ったセイタカアワダチソウの勢力に陰りが見えて、背丈も小さくなり数も減ってきているという。その大きな理由は、セイタカアワダチソウ単一の群落で、毒素で攻撃する相手がいなくなり、自家中毒を引き起こしたためとされている。まさに自業自得だ。

そこへきて、在来種であるススキがジリジリと巻き返しを図るかのように再び生えてくる。ススキの捲土重来といったところか。

現在、日本のあちらこちらで、こうしたセイタカアワダチソウとススキのいわば仁義なき戦いが繰り広げられている。

北米原産の化学兵器で武装したセイタカアワダチソウに対して、ススキは少ない水分で効率よく光合成する省エネ作戦。毒素に耐性のあるススキも登場したと聞く。

この陣取り合戦がいつまで続くかは定かでないが、昔から私たち日本人に馴染みの深いススキを応援したいところではある。

著者紹介

白井 昇（しらい のぼる）

1944（昭和19）年、東京都生まれ。1972年に東京都狛江市で「和泉園」を創業し代表取締役。その実績が評価され、東京都技能検定委員、社団法人日本造園組合連合会東京都支部長、2009年には同会理事長に就任。寺社庭園から公園、さらには『椿三十郎』『Shall we ダンス？』『ALWAYS 三丁目の夕日』などの映画やテレビ、CMの緑化修景で知られる。

庭師のトップが直伝する

必携 寺院の作庭全書

二〇一三年四月二十日 第一刷発行

著者 白井 昇

発行者 矢澤 澄道

発行所 株式会社 興山舎

東京都港区芝大門一―三―六 〒一〇五―〇〇一二

電話〇三―五四〇二―六六〇一

振替〇〇一九〇―七―七七一三六

http://www.kohzansha.com/

印刷 製本 株式会社 上野印刷所

ISBN978-4-904139-79-0 C2077

定価はカバーに表示してあります。

索　引　【作庭用語など】

索　引　【植物名など】

※ 詳細な説明があるものについては、その植物名と該当ページを太字で示す

サ行

マ行

ヤ行

ラ・ワ行

主な図版図表一覧（ページ順）